《教育博士文库》学术委员会

本书为国家社科基金资助项目“教育机会分配的公平性问题研究”（10XJY005）阶段性研究成果。

教育博士文库

JIAOYU BOSHI WENKU

Zhongguo Jichu Jiaoyu Gongping

中国基础教育公平

——基于区域资源配置的比较视角

沈有禄/著

教育科学出版社

·北 京·

作者简介

沈有禄，男，1976年10月生，四川盐源人。2008年6月毕业于北京师范大学教育学院教育经济与管理专业（国家重点学科），获管理学博士学位，2011年6月华中师范大学教育学院教育学博士后流动站出站。

2008年10月起在广西大学教育学院工作，2010年8月起兼任学院副院长，同年12月破格获评教授职称，主要研究方向为教育经济学。

先后发表全国中文核心期刊论文60篇，获广西社会科学优秀成果奖二等奖1项（排名第一），获“中国发展研究青年奖学金·博士论文奖学金”1项，入选广西高校优秀人才资助计划，目前正主持国家社科基金等项目。

摘　要

在我国的基础教育发展中，教育机会均等实际上并没有得到政府强有力的财政保障，尤其是在保障受教育权利平等的资源的获得与占有上并没有得到政府财政的平等保护，还存在明显的区域差距和城乡差距不平等，而且这种不平等还在不断扩大。这是与构建和谐社会的目标格格不入的。在民主社会，受教育权利的充分保障与发展需要基础教育在资源配置上做到各地区及城乡间，甚至个体及群体间的大致平等，只有做到了教育资源配置的平等，才能从起点上及过程中来保证受教育权利的平等。教育资源配置公平是实现教育公平的必要条件，也是教育公平最重要的内容之一。

本书以教育资源配置理论、教育公平理论及公共教育财政理论为理论基础，通过对不平等及教育公平测度的借鉴，构建了一套教育资源配置公平的测度指标体系，并以此指标体系来测度我国基础教育资源配置差异的现状。本书对我国普通小学、普通初中、普通高中的财力、人力、物力资源配置在空间单元上的省际及城乡间的差异情况，在时间序列上选取了2003—2006年四年间的相关数据，以期能反映最近几年的配置状况；在具体的财力资源配置方面又细分为总的教育经费、基础教育经费、生均总教育经费、生均事业性教育经费、生均基建经费，生均事业性教育经费又细分为生均事业性经费中人员支出部分及公用经费部分、生均预算内教育经费，分别对其进行了省际及城乡间在最近四年的配置现状及其差异的描述分析；在人力资源配置差异方面，主要分析了普通小学、普通初中及普通高中的生师比、教师的学历、职称构成情况及代课与兼任占总计教师的比例在这四年间的省际及城乡间的配置差异情况，以及每十万人口中普通中小学在校生数的省际差异状况；在物力资源配置差异方面，具体分析了普通小学、普通初中及普通高中的生均校舍建筑面积、生均固定资产总值、生均图书册数、生均计算机台数在这四年间的省际及城乡间的配置差异情况。通过研究发现，我国基础教育无论是在人力、物力还是财力资源的配置上，省际及城乡间的差距仍在扩大，呈现典型的“马太效应”。

本书认为二元经济导致的城乡间及区域间的社会经济的不均衡发展以及不公平的资源配置政策，是导致我国基础教育资源配置呈现“马太效应”的最主要的原因。据此提出了政府应对城乡间及区域间的社会经济进行统筹协调，以缩小基础教育资源配置中存在的城乡间及区域间的差距；政府还应该把基础教育作为公民的“基本必需品”和“基本权利”，从法律层面加以“平等保护”，尤其是政府要尽到其政治责任，从“资源平等”的起点促进教育公平，只有基础教育资源配置公平了才能实现真正的教育公平。为此，政府要进行矫正性教育资源转移分配来补偿那些落后地区及处于不利地位的学生，如确定全国生均经费最低标准、建立教育财政转移支付等保护措施，通过建立基础教育投入的公共教育财政制度来保证公民接受基础教育这一基本权利的大致平等。

关键词　基础教育　教育资源配置　教育公平

The Equity of China's Elementary Education ——a Perspective from the Contrast between Inter-provincial Distribution of Educational Resources

ABSTRACT

In the development of the elementary education in China, the equal opportunity of the right to education has actually not been financially guaranteed by the government. The inequality of the educational resources which guarantee the equal right of education differs between developed and less developed regions, the gap also exists between the urban and rural areas, the difference and gap still grows worse. And this fact does not meet the goal of the construction of harmonious society. In modern civilized society the guarantee and development of the right to education requires the equal allocation of educational resources among regions and between urban and rural areas and somewhat even between individuals and groups of people. Only through this way can guarantee the equal right of education from the beginning and during the process of schooling. The equal distribution of educational resources is one key necessary requirement to achieve the equity of education, and it is also an important content of educational equity.

This book starts from the exploration of the theory of the distribution of educational resources, the theory of educational equity and public finance of education, using a set of measurements of the equal distribution of educational resources derives from the measurement of inequality and educational equity to describe the status quo of the distribution of financial resources of education, the distribution of human resources of education and the distribution of material resources of education among provinces of China from the year 2003 to 2006 in general primary schools, general junior secondary schools and general senior secondary schools, and that between urban and rural areas. The descriptive analysis goes into details on the total expenditure of education and elementary education, per capita educational expenditure, per capita educational course expenditure, per capita construction expenditure, per capita head expenditure and routine fees of educational course expenditure, per capita budgeted educational expenditure. The descriptive analysis of difference of the allocation of human resources goes to the pupil-teacher ratios, the composing of teachers' degrees and professional ranks, the percentage of part-time teachers among provinces and between urban and rural areas. The provincial difference analysis also goes to the students on campus in the general primary and secondary education in each 100 thousand people. The descriptive analysis of difference of the allocation of material resources goes to per capita campus construction area, per capita fixed assets, per capita books, per capita computers. The research finds that there exists a Matthew effect whatever in the distribution of the human, material and financial resources of education between regions and areas.

This book puts forth that the two-sect system of social economy causes the unbalanced development between urban and rural areas and among regions, thus causes the unequal distribution of the resources of elementary education which exagerates the Matthew effect of the distribution. So the government should develop the social economy harmoniously by eliminating the difference between regions and areas. The government should provide the elementary education as a fundamental necessary good and equally protect this fundamental right. Especially the government should bear its political responsibility to promote equal education from the beginning of the equality of resources. Only through this way can achieve the real educational equity, thus requires the government compensate the less developed and deprived regions and students from these areas, for example, ensuring the national bottom line of per capita educational expenditure, establishing the transfer payment in education etc. Through the establishment of the public financial payment for elementary education to ensure the equal right to elementary education for citizens.

Key Words: elementary education, distribution of educational resources, educational equity

目　　录

表 目 录

原始数据附表目录

序

我的博士弟子沈有禄要将其博士论文加以补充、修改为学术著作出版，让我为书作序，我感到很欣慰与高兴，这标志着这位弟子的学术研究水平在快速提高，科学研究能力有突出的进步，为此我表示欣喜与赞贺。

基础教育公平问题研究是热门话题。党的十七大报告提出要“优化教育结构，促进义务教育均衡发展，加快普及高中阶段教育”，可见，促进基础教育均衡发展是当前及今后基础教育发展中的重要战略选择与现实需要。教育资源配置公平是实现教育公平的必要条件，也是教育公平的最重要内容。因此该著作具有时代意义与实际应用价值。

该著作以教育资源配置理论、教育公平理论以及公共教育财政理论为依据，构建了一套我国基础教育资源配置公平测度指标体系，选取了2003—2006年四年间资源配置差异状况为研究数据资料，进行了专门研究分析，从某种程度上讲是第一次比较全面地对基础教育人力、物力、财力资源配置进行的分析，以期反映近几年资源配置状况，并在具体的财力资源配置方面又细分为总的教育经费及基础教育经费的分析、生均总教育经费、生均事业性教育经费、生均基建经费，生均教育事业性经费又分为生均人员经费与生均公用经费，以及生均预算内教育经费等。分别对其在省际及城乡间基础教育资源配置的现状及差异进行了具体描述。在人力资源配置差异方面，主要分析了普通小学、初中、高中的生师比、教师学历、职称构成状况，以及代课与兼职教师占总教师数比例在省际、城乡间差异状况；在物力资源配置方面，具体分析了普通小学、初中、高中的生均校舍面积、生均固定资产总值、生均图书册数、生均计算机台数等在省际及城乡间的配置差异状况。上述研究发现我国基础教育在资源配置上省际及城乡间的差异仍在扩大，呈现出典型的“马太效应”。

该著作还具体分析了造成基础教育资源配置不公平的原因，指出我国二元经济社会结构导致区域间和城乡间发展不均衡、不公平是主要原因，并在此基础上提出了促进基础教育资源配置公平的对策建议，有些建议是有参考价值的。如其中提出的构建基础教育公共教育财政制度，是有时代意义的。为此特作序推荐大家参考。

靳希斌

2011 年 4 月 28 日于北京京师园

第一章 导 论

第一节 问题的提出

一、构建和谐社会呼吁基础教育资源公平配置

中国自古以来就有“不患寡而患不均”的思想，这种思想深刻地影响着人们对教育现实的判断与期待，人们同样期盼着教育利益与机会的公平分配。然而，中国有许多学龄儿童没有获得应有的教育机会，或者没有接受义务教育甚至是小学，还存在相当数量的学生因沉重的学杂费而辍学、失学。据统计，2004 年全国小学辍学率平均为 0. 59%，初中辍学率平均为 2. 49%，中部地区特别是西部贫困地区一些小学辍学率可能在 2%，甚至还要高，初中辍学率估计要在 7%，甚至还高。小学和初中估计全国辍学的学生在 230 万。①

另外，即使有学上，其接受的教育质量也相差很大，特别是在教育资

① 全国 230 万中小学生辍学［EB/OL］. 北京：华夏网，［2006 - 12 - 08］. http：//www. chinatimes. cc/Article/ZGXW/2006 - 12 - 08/43222. html.

源配置方面严重的不公平导致了一些地区低质量的教育，各地教育发展质量差距较大。一方面是投入的不足，另一方面是分配不均，再加上对学生的各种收费，造成了“上学难、上学贵”的问题。教育同住房、医疗一起成为居民所背负的新的“三座大山”。国务委员陈至立在全国创建规范教育收费示范县经验交流会议上要求：要认真分析上学难、上学贵问题产生的原因，要落实好农村义务教育经费保障新机制工作，解决农村义务教育阶段上学难、上学贵问题。①

上学难、上学贵问题与和谐社会的构建是格格不入的，和谐社会要求在科学发展观的统领下，以人为本。以人为本就是要考虑个人发展的需要，努力满足人们的最低需要，而基础教育正是现代公民的基本需要之一，而且是非常重要的基本需要，是构建人们的基本可行能力的最重要的途径。没有这种基本可行能力，人们将很难进行其他诸多功能性活动。

和谐社会的构建需要解决人们之间在教育权利保障不均衡、教育资源分配不均衡的状况，这一方面要努力加大投入，另一方面要将现有的差距缩小，以免对社会的进步产生不利影响，尤其是教育资源分配不均造成的群分现象，使阶层差距有固化和加大的倾向。正如胡锦涛同志在全国优秀教师代表座谈会上指出：“要把促进教育公平作为国家基本教育政策，统筹城乡、区域教育，统筹各级各类教育，统筹教育发展的规模、结构、质量，认真研究解决教育改革发展中的重大问题，不断满足人民日益增长的教育需求。”②教育公平作为国家的基本教育政策暗示了：公平的教育机会，是现代社会公民基本人权的体现；教育公平会缓解收入差距扩大问题；中国社会绝不能为少数人的精英教育而牺牲大多数人的教育公平；促进教育公平是政府公共政策的基本职能。因此，有必要通过致力于更加公平的教育制度的变革来促进和谐社会的构建。

然而，我国的现实是教育资源配置的差距越来越大。

---

① 国务委员陈至立要求尽快解决上学难上学贵问题［EB/OL］. 北京：搜狐新闻网，［2006-05-13］. http://news.sohu.com/20060513/n243222795.shtml.

② 教育公平属基本国策，业界“八大不公”亟待破除［EB/OL］. 北京：搜狐新闻网，［2007-09-11］. http://news.sohu.com/20070911/n252070547.shtml.

以初中为例，从各地初中生均教育总经费的距平值的变化情况，可见，在普通初中生均经费的分配上，与全国生均经费平均水平相比，各地生均经费呈现出典型的“马太效应”，发达地区与全国平均值的差距越来越大，落后地区与全国平均值的差距也越来越大。

这种“马太效应”与构建和谐社会的目标显然是背道而驰的，因此有必要深入分析我国现阶段基础教育资源配置的差距状况，对这种差距的分析越深刻越透彻，就越能显现出问题，越是需要政府加以关注并给予解决，否则和谐社会的构建只是一句空话。

二、教育权利的保障与发展需要基础教育资源公平配置

在受教育权利方面，1948 年联合国通过的《世界人权宣言》第 26 条规定：“人人都有受教育的权利。……初等教育就属义务性质。”1989 年联合国大会通过的《儿童权利公约》指出 1990 年代的目标：“到 2000 年，普遍有机会获得基本教育，至少 80% 的小学学龄儿童完成小学教育。”“普及小学教育，特别强调减少目前男孩女孩之间的差距，特别重视女孩的教育和妇女速成识字方案。”1990 年世界全民教育大会通过的《全民教育宣言》明确宣布：“每一个人——无论他是儿童、青年还是成人——都应能获益于旨在满足其基本学习需要的受教育机会。”我国宪法、教育法、义务教育法、民办教育促进法等相关法律都有相关规定，即“公民有平等的受教育权利”。可是在具体执行时，却存在很大的差异，各级政府（从中央到地方）对公民的这一权利实际上是没有实现其承诺的。具体表现在：对城乡居民的差别对待，地区间的不均衡发展战略及不同的优惠政策（特别是公办与民办教育的学生与教师的“区别对待”）等。在这方面造成的主要问题是，法律的表面、形式上支持的平等受教育权在政府的发展战略、政策及其执行上没有得到具体有效的体现，剥夺了许多农村及城市贫困人群儿童的受教育权利。

如果说平等的受教育权是教育公平的起点公平的话，还需要补充一点，就是起点公平应该是入学机会得到平等的原初保障，即法律上规定的平等权利加上有充足的教育资源保障的入学机会的平等。因为，仅就法律字面上形式的权利平等不是真实的机会平等，具有对某种东西的平等的法律权利，与具有有效运用这种权利来保护其利益或追求其目标的能力两者

是根本不同的。如在教育资源或权利的分配上，政府的责任就是要使每个集团或个人能拥有基本平等的受教育权利的能力或手段，而不仅是字面上的或表面的法律意义上的平等的受教育权。因为，平等法律权利的价值毕竟要体现在人们运用它能干什么方面，而不能说他们知道他们拥有这些权利就满足了。①所以在教育政策决定的教育资源的分配中，公正分配的价值追求要求政府运用公共资源来构建几乎所有成员大致平等地享用各种机会的能力平台（手段），特别是对受损的利益集团成员的能力补偿支持系统。

现代民主社会的发展强化了教育权利，反过来教育权利的实现与扩展也有助于民主的提高。因此政府需要加大对教育权利平等保护的资源平等投入的努力，保障人们充分的受教育权，实现社会的持续发展。

三、教育资源配置公平是实现教育公平的基础

目前国际上普遍认为教育公平包括起点公平、过程公平、结果公平、教育对生活影响的前景公平（此条实际上可归属于教育的结果公平中）四个方面，其中每一阶段都涉及教育资源的配置问题。在起点阶段，需要有达到最低标准的教育教学设施，如学校占地面积、学校校舍等建筑面积、教科书图书册数、实验仪器设备台数等，需要有符合基本学历要求的教师，需要有前期一次性投资的各类物力、人力、财力的投入及办学后的持续资源投入，需要有为解决困难儿童入学而对其及家庭的补助性投入，学校交通、安全、营养等投入。在教育过程当中，需要对各种资源持续不断的投入才能保证教育教学的延续，在此过程中，还需要对处于教育教学中不利地位的学生、家庭、教师、学校等给予额外补偿性投入等。总之，在教育的每一阶段都需要教育资源的投入，而每一阶段的资源投入都影响着教育公平，前期的投入不公平可能影响后期的教育，并形成路径依赖或恶性循环等不利情况，尤其是对那些处于教育系统中不利地位的群体、个人、地区的矫正补偿投入对教育公平的影响是至关重要的，而教育公平要解决的主要问题之一也是对他们的需要的关注，在此基础上才能关注更高

---

① ［美］艾伦·布坎南．伦理学、效率与市场［M］．廖申白，等，译．北京：中国社会科学出版社，1991：115.

质量的教育问题。

在任何时代，统治阶级都会根据阶级利益的要求，根据社会生产和生活对教育的要求，根据国家和社会可提供的教育资源的总量，决定哪些社会阶层的子女有机会接受教育，他们分别接受怎样的教育。而统治阶级的教育资源分配政策对教育资源、教育机会、生活机会等分配的影响是至关重要的。教育资源配置公平包括了教育机会、选择教育的自由、师资及物质资源的相对平等占有、对弱势群体的补偿矫正等。有人可能认为教育资源的平等还只是一种形式上的平等，实际上教育资源配置公平是一种实质性教育公平的外在表现形式之一，也是实现真正教育公平的基本的物质保障手段。

正如1967年美国人权委员会发表的一篇报告《公立学校的种族隔离》中指出的："充足的教育资源虽然不是达到教育机会均等的充分条件，至少是必要的条件。"[①]而教育权利的平等在很大程度上是需要真正执行到位的经费政策来保证的，而不能仅是法律表面的教育权利平等。可以认为教育资源配置的公平是教育公平的第一要素，分析在"起点"阶段的教育是否公平，应该将教育资源配置作为"切入点"。[②]因此，政府需要对弱势群体提供大致平等的基础教育非人格资源，才能从某方面达到基础教育资源的人格资源平等，即人人享有平等的机会接受质量大致相同的优质基础教育，保证公民的全面基础性发展，实现基本可行能力的大致平等获得与发展。因此，"教育资源在学生中间平均分配，是受教育机会平等的一个必要标准。"[③]这需要政府尽到其责任来为处于不利地位人群提供更多的资源补助，帮助他们获得公平的教育。

就基础教育而言，每个公民受到大致平等的基础教育是保障其在将来的生活中享有大致平等的生活选择能力和创造与改善生活的基本条件或基础保障，对他们的基础教育资源配置公平的剥夺将是对其将来生活的可能选择集合与生活能力的剥夺，很有可能使他们处于一种绝对或相对的贫困

① 高建民．美国基础教育财政发展史研究［D］．保定：河北大学，2004：74.

② 向丽．义务教育阶段教育资源配置制度与教育机会均等——以武汉市东西湖区中小学为个案的研究［D］．北京：中央民族大学，2004：1.

③ 马凤岐．教育政治学［M］．北京：人民教育出版社，2002：191.

状态。因此只有实现基础教育资源的公平配置才能在保证公民基本生活能力构建的顺畅渠道，才有可能使他们享有比较公平的教育结果和较为公平的生活前景。故教育资源配置公平是实现教育公平的基础。

四、研究者的责任立场

人总是处于一定的社会关系中，与之伴随着各种各样的政治利益、经济利益、文化利益及其他社会利益。不论他愿意与否，或有没有认识到，他总是属于一定的阶层，有他的阶级情感。他或许是个狭隘的自利者，只为本阶层（利益群体）或者本人及其亲属朋友的利益着想，或许也有超阶级的情感，愿意想得更宽广一些，为更多的人的利益着想。作为一个研究者也同样如此，他总是带着一定的价值判断和阶级情感在做研究，希望能为某种社会现实作出一些有意义的分析和探讨，也希望能对某一现象进行更深入细致的探究，期望能通过对问题的细微放大，将事实更好地呈现给大家，期望能对政策制定者有所影响，期望能为他所代表的阶层或更广大人们做点哪怕是在他们看来很微不足道的工作。

第二节 研究的目的和意义

一、研究的目的

（一）对教育公平及教育资源配置理论的梳理和应用

国内对教育资源配置的研究，多是对高等教育资源配置公平与效率的研究，对基础教育资源配置公平的研究多集中在义务教育阶段，分析也不够全面。本研究构建并利用一定的差异测度指标体系，专门致力于对基础教育阶段的教育资源（财力、人力、物力）在近四年（2003—2006 年）的分配趋势来反映我国基础教育资源配置的实际情况，通过对各种类型的经费投入的分析，以及对这四年的人力和物力资源分配的分析，来比较省际间、城乡间的基础教育资源配置差异状况。本研究力图通过对教育公平理论的探讨，发现其与教育资源配置公平之间的关联，探讨教育资源配置与教育公平、教育资源配置与教育权利的关系。本研究将有助于发展教育公平理论及教育资源配置理论，并应用这些理论成果来指导实践，挖掘教育资源配置的深层次含义。

（二）对基础教育资源配置及教育公平的政策选择提供理论依据与实践经验

本研究对我国地区（省、自治区、直辖市）间、城乡间、地区内的基础教育资源配置情况进行了研究，尤其是分析我国基础教育财力、人力、物力资源配置的实际情况，剖析基础教育资源配置不公平的经济的、政策的原因，并据此提出了相应的致力于更加公平的基础教育资源配置的对策建议，借此来为我国基础教育资源配置及教育公平的政策选择提供理论依据与实践经验。

二、研究的意义

（一）理论意义

教育公平不仅是法律意义上的形式权利的公平，更重要的是实质性权利的教育公平，这需要教育资源的公平配置作为保障，基础教育资源配置公平是实现教育公平的必需的物质保证和基本条件。丰富发展了教育公平理论及教育资源配置理论，从教育公平的含义到教育资源配置公平的测度指标体系的构建，到应用这一测度指标体系分析我国基础教育资源的实际配置情况，这对构建基础教育资源公平配置理论都有积极的理论指导意义。

（二）实践意义

理论是灰色的，理论的价值在于其应用。本研究通过引入并建立一套测度教育资源配置公平的指标体系，对我国基础教育资源配置现状进行了详细的差异分析，从财力资源中的生均总教育经费、生均事业性经费及其人员经费与公用经费、生均基建经费、生均预算内教育经费，人力资源中的教师的学历、职称构成情况、代课教师及兼任教师比例，物力资源中的生均校舍建筑面积、生均固定资产总值、生均图书册数、生均计算机台数的各省区市间省际的差异比较及省际的与省内的城镇与农村差距的比较分析，得出我国基础教育资源配置存在差距呈扩大的趋势，分析这种差异的原因，并提出相应的对策建议，对我国今后的基础教育资源配置政策完善有一定的参照（配置不公平的现状）及借鉴作用。

第三节 研究的基本假设和方法

一、研究的基本假设

本研究借鉴罗纳德·德沃金的“资源平等”的分配正义观及阿马蒂亚·森的可行能力观，假定：（1）教育机会均等，首先，它是一种教育利益，一种基本的教育善，是一定共同体内社会关系在教育领域的体现。其次，在现代民主社会中，要求这种教育基本善在不同社会地位的群体与个人间按照主体人格地位平等的原则来分配，这体现的就是政府对公民受教育权利的同等关切，这要求政府尽其政治责任来保证公民的教育人格资源平等，即平等地尊重受教育者，把他当成真正意义上的有主体人格地位的人来看待；由于教育人格资源的不平等的客观存在，因此，需要用政府动用教育非人格资源如各种物质形态及能转化成物质形态的教育资源，如此才能保证公民的教育机会均等，而基础教育机会不均等是对公民可行能力剥夺的最主要的手段。因此，基础教育机会均等就是为了保证公民的可行能力平等的基础教育的人格资源平等与非人格资源平等。[①]（2）基础教育机会均等对人们来说是一种“基本必需品”，是人的“基本权利”，这种基本权利需要实实在在的资源加以保障。根据公共选择理论，假定：（3）政府也是一个“经济人”，地方政府的“经济人”色彩更浓，其自我追逐利益的偏好更强，如果在约束不到位的情况下，他们不会尽力促进基础教育资源（机会）的均等分配。在教育利益的分配上，各种利益集团博弈的结果是天平朝强势者一方倾斜。根据公共财政理论假定：（4）政府在提供或购买基础教育机会（服务）时应恪守“财政中立”原则，对每个人给予平等保护，对弱势者给予额外补助矫正基础教育资源的分配不公。因此，本研究假设政府在教育资源投入上是遵守“财政中立”原则的，至于是不是，本研究将通过对相关数据的分析加以证明。

① 沈有禄．作为避免基本可行能力剥夺的基础教育资源配置平等［J］．辽宁教育研究，2007，27（10）：67－70．

二、研究方法

（一）文献法

文献法主要指收集、鉴别、整理文献，并通过对文献的研究形成对事实的科学认识的方法。本研究以“基础教育资源配置公平”为主题，在进行相应的研究设计后，文献的收集主要是以“教育公平”“教育资源配置”“教育资源配置公平”“基础教育资源配置公平”为篇名、主题、关键词等，通过中国期刊网全文数据库、中国博士学位论文全文数据库、中国优秀硕士论文全文数据库、ProQuest 论文数据库、google 等网络搜索、图书馆相关论著、年鉴、教育及社会科学类报纸杂志等获得相关的理论文献及分析的原始数据。并整理、分类、分析收集到的文献，进行文献综述及论文撰写。

（二）实证研究法

实证研究法是与传统的以归纳和演绎为主的规范研究方法相对的研究方法。本研究所采用的实证研究方法主要是通过来自各类统计年鉴的间接的原始数据，对全国各地区的基础教育资源（财力、人力、物力）各种数据的收集、分类、整理、各种差异分析、相关与回归分析等，应用教育资源配置公平测度指标体系分析各种资源指标的具体数据。

本研究中实证研究的数据，全国各地区的数据主要来源于中国教育经费统计年鉴、中国教育统计年鉴、中国教育年鉴、中国统计年鉴、中国财政统计年鉴等年鉴类资料。还有部分间接数据来自于他人的相关研究以及相关部委的内部资料。

（三）比较研究法

本研究采用了求同比较与求异比较，此外还采用了纵向比较与横向比较。纵向比较各地区在一定年份内的基础教育资源配置情况，横向比较地区间的基础教育资源配置情况；本研究还采用了定量分析比较与定性分析比较，比较各地区的基础教育资源配置公平的理论与实践问题；本研究也采用了单向比较与综合比较，比较了我国部分年份的基础教育财力、人力、物力资源的配置情况，综合比较借鉴了美国及印度在基础教育资源配置公平的努力中采取的一些对策情况。

第四节 文献综述

一、关于教育公平的研究

（一）国外关于教育公平的研究

早期的西方学者对教育公平的研究最初起源于政治哲学和社会伦理领域，主要把教育平等作为一项社会权利，更多的是关注机会均等方面的研究。关于“教育机会均等”概念的内涵一直众说纷纭，歧义颇多。比较有代表性的是安德森（C. A. Anderson）、科尔曼（J. S. Coleman）、胡森（T. Husen）、霍（K. R. Howe）、南格尔（G. K. Nagel）、麦克马洪（W. McMahon）等的研究，涉及教育机会均等的定义及其内涵、教育机会均等的形式、种类、原则以及与教育机会均等相关的制度等社会影响因素等方面。一般来说，西方关于教育公平的研究可以认为主要是对教育权利及实现教育权利的教育机会的研究，其更多的是对教育机会的研究。实现教育机会不仅包括进入学校系统的机会的同等对待（即受教育权利平等的水平公平），也包括在教育学习过程中的各种校内校外的资源（学校设施、课程资源、教师资源、相关者的各种态度及心理期望、辅助的交通及食物补贴等）享有的平等的教育成果方面的均等（主要是学习成绩、能力构建等方面的均等）以及将来的成功前景方面的均等。而在各阶段的公平中，都给予不利地位群体（语言、种族、性别、身体残疾等）以补偿，即通过垂直公平改善不利地位者的境地，使他们拥有与其他人相同的受教育机会与教育成功机会。而每一个环节都需要资源的分配公平，既要水平公平，也要不同者不同对待，给予弱者更多的资源补贴。

（二）国内关于教育公平的研究

国内学者对教育公平的关注也多从教育权利及教育机会均等的角度进行研究的。

其一，在受教育权利平等方面的研究。马凤岐认为“受教育权是一种政治权利，政治制度不同，人们受教育的机会也不同。”①高立平从权利

① 马凤岐．教育政治学［M］．北京：人民教育出版社，2002：50.

与权力的角度来看待教育公平，认为“教育公平首先关注的是权利问题，即公民的基本的教育权利及其保护问题。把教育公平划分为教育资源平等、教育过程平等、教育结果平等。”①钱志亮认为应该“坚持基本权利领域和公共教育资源领域的平等原则、非基本权利领域和非公共教育资源领域的不平等原则”。②此外，杨东平认为“教育公平从社会正义、平等、自由、人权的价值中产生，是一个独立的社会发展目标。”③教育的公平，特别是人人享有公共教育资源的公平是每个公民的权利。使每个公民享有公平教育的机会是政府的义务，不断提高教育公平水平是我们的目标。④

概括起来说，国内的教育权利平等研究主要是围绕着基本的受教育权利的平等，及对这种平等权利的保护问题。这主要是受政府教育政策及教育经费政策的影响。基于国际上普遍把接受教育特别是基础教育就如同维持最低生活保障一样被当成是人们的一种基本权利，需要政府加以贯彻执行。国内目前主要存在的问题是弱势群体在受教育权利上没有得到完全有效的保障，或者是入学率不够高，或者是维持（巩固）率及升学率不高，或者是辍学率较高，及教育成就的机会前景不太乐观等。但是，有人认为最低生活只应解决维持基本生存所需要，而读书上学属温饱有余的非必需品开支，不应纳入最低生活费中。晓梅则认为“贫困家庭子女接受教育既是一个发展问题，又是一个基本生存问题。”⑤

其二，国内关于教育机会均等的研究。国内关于教育机会均等方面的研究大多数都是介绍、沿袭或照搬国外的教育机会均等的概念，几乎没有本土化特色的教育机会均等概念。如有人认为在现代条件下，“教育平等的核心问题仍是‘受教育机会均等’，其具体内容主要表现为入学机会均等、教育条件均等、教育效果均等、竞争机会均等、成功机会均等。”⑥而

① 高立平．教育公平：教育权利与教育权力［J］．现代教育科学，2005，22（5）：17－19.

② 钱志亮．社会转型时期的教育公平问题——中国教育学会中青年教育理论工作者专业委员会第十次年会综述［J］．教育理论与实践，2001，21（2）：5－6.

③ 杨东平．教育公平是一个独立的发展目标——辨析教育的公平与效率［J］．教育研究，2004，26（7）：26－31.

④ 本刊综合报道．教育差距：中国教育政策的重大命题［J］．校长阅刊，2005，2（9）：20－22.

⑤ 晓梅．论教育与贫困的负相关性［J］．社会科学研究，2002，24（4）：102－105.

⑥ 翁文艳．西方教育公平理论述评［J］．教育科学，2000，16（2）：62－64.

追求“教育公平的本质是指在由社会转型所带动的经济利益转移而形成的不同利益群体对教育权利与资源分配的争夺过程中，如何保证弱势群体通过完善的制度来保护和避免教育资源与机会不被剥夺。教育资源配置体制的不同价值取向影响教育公平的实现。基础教育是政府对每个公民应尽的义务，应该平均地、无差别地在全国所有适龄儿童中实现，这个实现不仅仅指入学的机会，还包括了所享受到的教育资源、教育条件和师资水平、身心发展等多种平等的实现。”①

其三，对国内关于教育公平研究的简要评述。国内关于教育公平的研究多从影响教育机会不均等或教育不均衡的政策及各种地缘、经济、文化等因素方面展开的，主要是涉及其表现、生成及对策方面。还有许多学者分析了影响教育机会不均等的制度性因素：“资源配置失衡的局面仍未改变，教育政策中的‘城市取向’，阶层差距拉大引致的教育不公，教育腐败加剧了教育不公正。”②

二、关于教育资源配置公平的研究

（一）国外关于教育资源配置的研究

国外关于教育资源（基础教育资源）配置的研究，主要涉及教育资源分配的原则、教育资源补偿（平衡）分配原则以及与教育财政（学校财政）有关的相关诉讼等方面的研究居多。

关于美国教育财政及基础教育财政的发展方面的研究，宏观方面的研究有《美国经济生活与教育改革》，论述了美国经济发展与教育改革的互动关系，对教育财政的发展有一些面上的论述；《州与地方政府财政》论述了美国州与地方政府的财政体制和税收体制，其中分析了财政和税收如何向教育分配、如何影响教育的发展。教育财政层面的著作《富学校穷学校：保证平等的受教育机会》（Rich schools poor schools：The promise of equal educational opportunity），分析了不同社会经济背景下的教育机会差异和教育财政表现。《教育经济与财政》（The economics and financing of

① 郑骊君，尹新平．制度安排与教育公平［J］．煤炭高等教育，2006，24（3）：29－31.

② 范先佐．教育投资体制改革的理论与实践问题研究［M］．武汉：华中师范大学出版社，2003：174.

education）全面论述了美国教育财政与经济发展之间的关系、对教育的税收支持、学校财政的资金筹措和效益、职员薪金、联邦在教育财政中的作用、州支持的理论和政策等进行了一定研究，对美国教育财政的发展历程，也进行了简要分析。《学校财政的政治变革：美国教育财政协会第三届年鉴》（The changing politics of school finance：third annual yearbook of the American education finance association）论述了美国选举政治对教育财政的影响，特别是教育政策的转折决定时期反映在教育财政上的各方面变化。《学校财政和教育政策》（School finance and education policy）论述了美国民主社会和市场经济条件下公共教育的价值选择：公平、效率与自由，公共教育财政的结构分析，学校管理的方法与理论，学校财政的改革等。《教育财政的公平与充足》（Equity and adequacy in education finance）全面论述了美国基础教育财政在追求公平与充足方面的理论、实践与探索。①

国外关于教育资源配置的研究主要集中于对州一级的拨款模式及州及联邦的补助资源的分配模式、分配原则以及围绕学校财政改革的一系列法律诉讼的研究，近来开始转向对教育资源在保证公平的分配的前提下，具有较高质量的与学校绩效相联系的新的既有公平又有充足性的资源分配的研究，对充足性及对资源分配与学校绩效相联系的研究从2001年的《不让一个孩子掉队法案》（No Child Left Behind Act）后有明显增加的趋势。

（二）国内关于教育资源配置公平的研究

其一，关于教育资源、教育资源配置定义、方式的研究。靳希斌教授认为教育资源就是教育投资，教育资源较之企业资源具有其特殊性，认为学校资源的运用强调的是合作和适度规模效益。②台湾学者胡梦鲸提出，所谓教育资源是指学生所能享受到的教育经费、活动空间、教学设备、师资及其他教学活动方案等资源而言。③吕海鸿认为“教育资源配置分软、

① 高建民．美国基础教育财政发展史研究［D］．保定：河北大学，2004：16－17.

② 靳希斌．教育经济学（修订版）［M］．北京：人民教育出版社，2000：373－378.

③ 胡梦鲸．台湾地区城乡国民小学教育资源分配之比较［J］．中正大学学报：社会科学分册（台湾），1995，6（1）：1－35.

硬之分，即无形资源和有形资源。”①

王卓认为教育资源配置作为一种对教育的制度安排，不仅仅涉及教育中的经济问题，还包括教育中的政治、法律和文化问题，因此，需要从多学科多视角进行研究，对教育资源配置问题提出教育学的立场和观点。②许丽英从经济学、社会学的角度阐释教育资源配置的基础理论问题，对教育资源的概念及其属性、教育资源配置方式、教育资源配置的存在状态、教育公平与教育效率的内涵及其二者的关系、教育资源配置的实质等基本理论问题进行了探讨，以城乡差距为例考察教育资源配置失衡的现状，反思导致教育资源配置失衡的教育政策，并阐释教育补偿理论、构建教育补偿制度。③井明对基础教育资源配置问题进行了专门的研究，提出了基础教育资源配置的理论分析基础框架，并就资源配置的状况提出了一些对策建议。④

关于教育资源配置方式，旷乾就教育资源配置中的政府与市场两种配置方式及其关系及其适用性，从不同类型的教育产品的属性及三个配置主体出发，比较了我国与西方国家的教育市场化改革，针对我国教育资源配置存在的问题，提出了相应的政策建议。⑤王玉崑认为有四种不同的教育资源配置方式：计划手段、市场机制、混合机制、习惯力量，强调了习惯力量及非正式制度因素对教育资源配置的影响。⑥陈玉琨认为，教育资源分配方式大体上经历了三个历史阶段：“（1）权力公平阶段；（2）能力公平阶段；（3）金钱公平阶段。”⑦另外就教育资源配置系统而言，饶鹏认为“就资源配置方式的内部结构而言，它包括四个部分：配置主体、配置客体、配置原动力以及配置决策方式，所谓不同的配置方式是指在配置客体

① 吕海鸿．城乡义务教育资源配置研究［D］．长春：东北师范大学，2006：1.

② 王卓．教育资源配置问题的理论研究：教育学的立场和观点［D］．长春：东北师范大学，2005：1.

③ 许丽英．教育资源配置理论研究［D］．长春：东北师范大学，2007：1－2.

④ 井明．基础教育资源配置问题研究［D］．北京：中国人民大学，2006：1.

⑤ 旷乾．教育资源配置中的政府与市场——基于中国现状的分析［D］．北京：北京师范大学，2006：1.

⑥ 王玉崑．教育经济学（第二版）［M］．北京：华文出版社，2005：178－185.

⑦ 陈玉琨．试论高等教育的公平与效率问题［J］．上海高教研究，1998，19（12）：20－23.

不变的条件下，配置主体、原动力以及决策方式的不同组合。”①

此外，王善迈定义了教育资源并论述了教育资源配置的方式主要有计划和市场两种方式，他还认为教育资源配置的公平是指“教育资源的分配以‘机会均等’为准则，保证每个参与资源分配的个体占有均等的教育资源的机会，也就是说，资源配置的方式应能保证各学校或各受教育者在相同的条件下拥有获得等量资源的机会。”②

其二，关于教育资源配置不公平方面的研究。在这方面的研究相当多，比较有代表性的有：沈百福首次提出“教育经济区域”概念，分析四类教育经济区域的教育发展指标、社会经济发展指标，发现各类地区社会经济发展水平的梯度差异极大，而教育发展水平的梯度差异却相对较小。各地教育与社会经济发展水平的不协调导致了教育投资的不平衡。通过研究四类教育经济区域1986—1991年教育投资主要指标的总体变动趋势，发现某些地方教育投资指标在纵向上波动很小，有相对的稳定性，但同一指标对不同地区来说又有不同程度的差异，具有地区特性。③杜育红在其《教育发展不平衡研究》中对我国初等、中等、高等教育发展的差异进行了实证分析，并对其进行了新古典主义与新制度主义的分析，提出了相应的因应对策，还对教育转移支付制度进行了理论分析与实证分析。④袁连生和王善迈分别用“省际间义务教育生均经费的基尼系数和变异系数”，以及以人均财政支出作为一个解释变量的双变量线性回归模型，对我国政府义务教育支出发展不平衡进行了研究，发现中国省区之间义务教育的公用经费水平相对差异明显，其中生均预算内公用经费基尼系数已超过0.5，属于严重的不平等，研究强调了加大中央财政对经济不发达地区进行财政性教育经费转移支付力度的重要性。⑤王蓉的研究发现义务教育经费差异更多是由省内差异引起的，省内差异对整个义务教育经费

① 饶鹏．高等教育资源配置方式的创新研究［D］．南宁：广西大学，2005：13.

② 王善迈．教育经济学简明教程［M］．北京：高等教育出版社，2000：172.

③ 沈百福，等．中国省级地方教育投资的区域比较研究［J］．教育与经济，1994，10（4）：1－15.

④ 杜育红．教育发展不平衡研究［M］．北京：北京师范大学出版社，2000：1.

⑤ 袁连生，王善迈．义务教育财政转移支付制度研究［R］//中央教育科学研究所．中国基础教育发展研究报告（2001）．北京：教育科学出版社，2002：3－10.

差距的贡献为60%—63%，仅有1/3的原因是由省与省之间总体经济发展实力的差距引起的；研究按教育经费收入来源分类，分析影响区域差异的最重要因素；使用回归分析方法探讨各种区域类型和人口、地方财力等因素对政府教育经费支出的影响，并在此基础上分解各个影响因素对教育支出差距的贡献。①

其三，对教育资源配置不公平的原因及策略的研究。黄平的研究表明从资源配置的角度来说，"教育不平等的实质，就是政府作为资源配置的主体还没有完全对全国范围内的教育资源进行统筹规划、合理配置，确保各阶层受教育群体和个体的受教育权利与机会的相对平等。"②李瑞娥、伟群认为"教育资源分配不公问题，其实是我国制度变迁过程中制度供给不足在教育领域的折射。由制度变迁所导致的教育资源配置机制的扭曲与相关制度的供给不足是这一现象形成的主要原因。"③廖楚晖认为在对区域间政府教育支出发展不均衡的问题进行研究时，要着重考虑两个方面，一是政府教育支出要受到政府财政规模的限制，二是政府教育支出要受制于国家教育政策的长期目标。④朱家存认为，为了缩小差距、最终实现学校之间的平等，政府在平等分配教育资源就必须坚持罗尔斯所提出的"差别原则"。⑤针对我国现行体制下各级政府间财力资源与义务教育责任不对称的问题，王善迈、袁连生提出要建立规范的中央和省级政府承担更大财政责任的义务教育财政转移支付制度。⑥

（三）国内关于基础教育资源配置公平的研究

国内关于基础教育资源配置方面的研究多是对义务教育资源配置相关

① 王蓉．我国义务教育经费的地区差异研究［C］//闵维方，等．为教育提供充足的资源（教育经济学国际研讨会论文集）．北京：人民教育出版社，2003：152－160.

② 黄平．重释教育的不平等性与社会分层问题［J］．当代教育论坛，2006，5（6上）：41－43.

③ 李瑞娥，伟群．我国制度变迁与教育资源分享中的公平问题——一个基于农村和城市人口受高等教育差异的比较研究［J］．当代财经，2005，26（11）：48－52.

④ 廖楚晖．政府教育支出区域间不平衡的动态分析［J］．经济研究，2004，50（6）：41－49.

⑤ 朱家存．教育均衡发展政策研究［M］．北京：中国社会科学出版社，2003：27－30.

⑥ 王善迈，袁连生．建立规范的义务教育财政转移支付制度［J］．教育研究，2002，24（6）：3－8.

问题的研究。

其一，基础教育资源宏观投入“充足性”问题研究。义务教育经费宏观投入“充足性”问题研究，主要是指关于义务教育投入应占国民经济发展中的比例及在三级教育中所占比重的研究，即国民经济中的宏观教育投资问题研究。这些研究大致又可分为三个层次，即教育投资的总量和比例问题研究，教育经费在三级教育中的分配问题研究，多元筹资体制的研究。

关于投资总量和三级教育中经费分配比例问题的研究，重要研究成果如《教育投资比例的国际比较》[①]、《教育投资必须保证受教育者人均教育投资逐步增长》[②]、《关于在〈教育经费法〉中确定财政预算内教育经费所占比例的可行性研究》[③]、《教育投资决策研究》[④] 等。这些研究成果在当时极具创新性，并最终影响了党中央和国务院的教育决策，这体现在1993年的《中国教育改革和发展纲要》及1994年颁布的《教育法》中关于在20世纪末，教育经常性财政投入应达到国民生产总值4%的这个规定。

关于义务教育投入在三级投入中分配比例问题的研究，其中王善迈等人的研究成果最具权威与代表性，如：《我国教育投资比例的历史分析》[⑤]、《50个国家三级教育投资结构变动分析》[⑥]、《我国教育经费面临的问题与对策》[⑦]、《关于我国教育经费分配结构的比较研究》[⑧] 等。最具有代表性的观点如：我国高等教育投资比例偏高，普通教育投资比例偏低。

---

① 陈良焜，等．教育投资的国际比较［M］//秦宛顺，厉以宁．教育投资决策研究．北京：北京大学出版社，1992.

② 王善迈．教育投资必须保证受教育者人均教育投资逐步增长［J］．教育与经济，1985，1（2）：41－44.

③ 黄尧，茆俊强．关于在《教育经费法》中确定“财政预算内教育经费所占比例”的可行性研究［J］．教育与经济，1991，7（4）：20－23.

④ 秦宛顺，厉以宁．教育投资决策研究［M］．北京：北京大学出版社，1992.

⑤ 王善迈．我国教育投资比例的历史分析［J］．北京师范大学学报：社会科学版，1987，32（5）：66－75.

⑥ 王善迈，孙玉萍．50个国家三级教育投资结构变动分析［J］．北京师范大学学报：社会科学版，1988，33（6）：81－86.

⑦ 王善迈，我国教育经费面临的问题与对策［J］．教育与经济，1989，5（1）：10－15.

⑧ 顾清扬．关于我国教育经费分配结构的比较研究［J］．教育与经济，1990，6（1）：1－8.

我国教育投资分配结构调整的方向应是在增加的教育投资中更多地分配给普教，尤其是县以下的中小学生，提高普教投资在教育总投资中的比例，保证九年义务教育的实现。①

以上研究成果，多是对农村及落后地区的义务教育资源的分配及均衡方面的现象、原因及对策方面的宏观及微观方面的研究，有很多针对个别地区（省、县、区）的个案研究，涉及义务教育资源配置的理论、均衡配置的现状、政策及制度分析等方面。但是系统地对高中阶段教育资源的研究只有一篇硕士论文，对教师资源分配的研究也只有一篇硕士论文。

其二，关于基础教育配置的政策公平性问题研究。周金玲在《义务教育及其财政制度研究》中对义务教育制度本身和与义务教育制度相适应的财政管理制度进行探讨。周金玲还提出“基础教育制度变迁的历史决定原理”，分析不同国家在不同发展阶段义务教育制度的效率差异。比较中国的国力与其他国家普及义务教育时的国力，得出中国义务教育经费中因财政努力程度不足从而导致财政供给不足的结论。②宋家乐在《农村义务教育经费财政保障机制研究》中对义务教育最低生均生本（包括生均人员经费、生均公用经费、生均基建经费）进行了测算。③王映莲在《对我国教育经费投入不平衡的经济分析》中分析了义务教育经费缺口、基尼系数和各级财政分担比例的确定方法。④靳希斌分析了义务生均教育经费中的人员经费比例与公用经费的比例问题，认为许多国家人员经费平均在70%左右，公用经费平均在30%左右，应该提高公用经费的比例。⑤

关于义务教育经费投入政策公平性研究，还表现在关注城乡二元化现

---

① 王善迈，孙玉萍．50个国家三级教育投资结构变动分析［J］．北京师范大学学报：社会科学版，1988，33（6）：81－86.

② 周金玲．义务教育及其财政制度研究［D］．杭州：浙江大学，2005：1.

③ 宋家乐．农村义务教育经费财政保障机制研究［D］．长春：东北师范大学，2006：1.

④ 王映莲．对我国教育经费投入不平衡的经济分析［D］．重庆：西南师范大学，2003：18－20.

⑤ 靳希斌，等．义务教育投资理论研究［J］．辽宁师范大学学报，1993，16（1）：10－17.

象。这方面的研究不多，代表性的研究如：《消除双轨制：我国农村教育改革的伦理诉求》、《农村教育：现代化的弃儿及其前景》、《关于我国义务教育财政公平问题的探讨》、《我国义务教育财政不公平探讨》等。这些研究得出的结论是：我国义务教育发展主观上具有追求城乡公平的政策价值取向，但客观上，经费投入政策存在着城乡二元化现象，这是我国城乡社会二元化的延续与体现。①

此外，魏宏聚在《义务教育经费投入政策失真现象研究》中从价值选择的角度来判断并解决我国义务教育经费投入政策失真问题。从价值层面上对义务教育经费投入政策是否具有正义性的哲学反思，进行了义务教育经费投入政策失真现象的实践描述，义务教育经费投入政策失真现象价值选择向度归因，义务教育经费投入政策失真现象可行性向度归因，义务教育经费投入政策失真现象规避。②鲍传友在《中国城乡义务教育差距的政策分析》中认为，城乡义务教育差距虽然在形式上表现为教育资源的差距，但其实质乃是城乡参与教育决策的权利失衡，需要超越义务教育“城乡二分”的两极思维，确立义务教育城乡一体的决策意识和社会意识，建立多元参与的政策博弈的利益生态机制，保证城乡平等参与教育决策的权利，并提出了一些政策建议。③

其三，对国内关于基础教育资源配置公平研究的简要述评。国内对基础教育资源配置公平的研究多集中在义务教育阶段，而且更多的是讨论城乡之间的差距，尤其是落后地区的义务教育资源均衡配置问题，有现象学、发生学及解释学等方面的研究。研究多涉及对义务教育经费的分配问题及其与教育公平的关系，对教育经费分配不均的现象描述、政策归因、因应策略等均有不同角度的分析。而追求“教育公平的本质是指在由社会转型所带动的经济利益转移而形成的不同利益群体对教育权利与资源分配的争夺过程中，如何保证弱势群体通过完善的制度来保护和避免教育资源与机会不被剥夺。教育资源配置体制的不同价值取向影响教育公平的实

① 魏宏聚．义务教育经费投入政策失真现象研究［D］．重庆：西南大学，2006：8.

② 魏宏聚．义务教育经费投入政策失真现象研究［D］．重庆：西南大学，2006：1.

③ 鲍传友．中国城乡义务教育差距的政策分析［D］．北京：北京师范大学，2006：1－2.

现。"[①]因此，政府需要调整其教育资源配置的价值取向，需要对弱势群体提供大致平等的基础教育非人格资源，才能从某方面达到基础教育资源的人格资源平等，即人人享有平等的机会接受质量大致相同的优质基础教育，保证公民的全面基础性发展，实现基本可行能力的大致平等获得与发展。因此，"教育资源在学生中间平均分配，是受教育机会平等的一个必要标准。"[②]这需要政府尽到其责任来为不利地位人群提供更多的资源补助，帮助他们获得公平的教育。

总之，关于教育资源配置的研究既有实证分析，也有理论分析，研究的问题包括教育发展的区域性特征，区域教育发展与区域经济发展的关系，区域教育发展的不平衡，解决区域教育发展不平衡的对策等。这些研究主要是探讨区域资源分配方面，对教育资源分配不公平的研究，多是现状描述及因应策略类的。并且其涉及的资源配置中的资源类型比较单一，主要是教师、生均经费方面的，而且年份比较久，多为 2004 年以前的数据，甚至还用 20 世纪 90 年代的数据，其分类也不够细，没有反映出最近几年的配置现状。

三、关于教育（资源配置）公平测度的研究

（一）关于教育公平测度的研究

国际组织提升教育公平的努力与对教育公平的研究与测度是紧密相连的。例如，2001 年美洲教育复兴伙伴计划（PREAL）和同在华盛顿特区举办的美洲对话以及智利圣地亚哥的发展研究合作一起发布了拉丁美洲教育的第一次报告卡，其目的在于增加责任及提升拉丁美洲教育系统的结果意识。PREAL 评定拉丁美洲的教育系统"非常糟糕（贫穷）（very poor）"，农村及土著居民的孩子几乎不能受到有质量的教育。通过分析不同形式编纂的资料，发现在教育水平及基于收入与城市的入学率在各个国家中存在严重的不均等现象。此外，欧盟最近委任了一项研究来建立一个包含了 29 个数量与质量的关于教育公平指标的理论框架。这些指标能归入四类来测度教育公平：背景性指标（如经济与社会不均等、文化资源）、过程

① 郑骊君，尹新平．制度安排与教育公平［J］．煤炭高等教育，2006，24（3）：29－31.

② 马凤岐．教育政治学［M］．北京：人民教育出版社，2002：191.

性指标（如所受到教育的数量与质量）、内在结果（如技能、个人发展）以及社会和政治影响。①最早从事教育公平及学校财政公平测度研究的当数罗伯特·贝尔勒（Robert Berne）与里安娜·斯蒂埃菲尔（Leanna Stiefel），他们早在1978年建立的学校财政系统的公平性测度框架能应用于对教育公平的宽泛的分析。在他们的框架中，他们提出了关于公平的四个问题：为谁的公平？公平都是什么？怎样公平？何种程度上的公平？他们确定了输入、输出以及结果三个维度，教育机会与过程是教育公平目标对象的另一个重要维度。②提出了对水平公平、垂直公平与机会均等的测度，并用他们的测度工具测量了美国联邦层面的教育经费开支不平等情况。③

另外，托马斯·黑利（Thomas Healy）和大卫·埃斯腾斯（David Istance）也构建了一套关于教育公平公平测度的指标体系，他们从成年人口的社会与经济背景、财政与教学资源、教育与培训机会、学校与学习环境、毕业率、学生学习产出结果与成人识字率、劳动力市场产出结果等七个维度在性别、年龄、空间、特殊学习需要、社会经济状况、民族（语言）六个方面测度教育公平，构建了一个比较完整的教育公平测度指标框架。④

丹尼斯·缪瑞特（Denis Meuret）从影响教育公平的社会与文化背景、政治背景、教育过程、教育的内部影响（结果）、教育的外部影响（结果）四个维度多层次的构建了一套详细而完整的教育公平的测度指标体

---

① JOEL D S, JEFFREY M P. Educational equity and public policy: comparing results from 16 countries [R]. Montreal: UNESCO Institute for Statistics, 2007: 19.

② JOEL D S, JEFFREY M P. Educational equity and public policy: comparing results from 16 countries [R]. Montreal: UNESCO Institute for Statistics, 2007: 22 – 23.

③ ROBERT B, LEANNA S. The measurement of equity in school finance with an expenditure disparity measure [R]. Graduate School of Public Administration New York University. Document prepared for the U. S. Office of Education, Department of Health, Education, and Welfare Under Education Commission of the States Contract No. 22 – 78 – 13030, Nov. 1978: 31.

④ THOMAS H, DAVID I. International equity indicators in education and learning in industrialized democracies: some recent results and avenues for future [C] // WALO H, DOUGLAS C, NORBERTO B. In pursuit of equity in education: using international indicators to compare equity policies. London: Kluwer Academic Publishers, 2001: 206 – 207.

系，并提出了判断教育公平的四条原则。①缪瑞特的研究成果得到了最广泛的应用，其中最著名的就是在 2005 年发布的公开报告《欧洲教育制度的公平性：一套指标体系》（Equity of the European Educational Systems：A Set of Indicators），该指标体系基本上就是沿用缪瑞特的测度思想，提出了各个层面的共 29 个测度教育制度公平的指标体系。②

此外，格棱·哈卫（Glen Harvey）和苏姗·舒伯格·克雷恩（Susan Shurberg Klein）从教育最初的输入（投入）、涉及学习者群体的教育过程、产出（结果）和目标四个方面来测度教育公平，并构建了一套指标体系。其中在最初的输入中又可以分为两类指标，具体是学习者的品质（特征）与外部前过程的影响，后者指的是制度性输入，如生均经费、教育设施、教职工的性别比率、对学生的期望、对学生的态度等。③格雷赛伊（Grisay）认为公平的概念服从于集中解释时才有效，这与不同的伦理学观点是相一致的。他从假定的、被承认（接受）的、受到批评的、被推荐的四个维度对自然的利益、机会均等、对待的平等、成绩（学术成功）的平等、社会实现的平等四个方面进行了一个公平测度框架建构。④

（二）国内关于教育公平测度的研究

国内对教育公平测度指标体系有所研究并初具成果的是杨东平教授及其学生周金燕，他们构建的公平测度指标体系包括一级指标（义务教育均衡指数 A、高中教育公平指数 B、高等教育公平指数 C、教育存量公平

---

① DENIS M. A system of equity indicators for educational system [C] // WALO H, DOUGLAS C, NORBERTO B. In pursuit of equity in education: using international indicators to compare equity policies. London: Kluwer Academic Publishers, 2001: 155 - 159.

② Department of Theoretical and Experimental Education University of Liège. Equity in European educational systems: a set of indicators (February 2005 - 2nd Edition) [R]. A project supported by the European Commission Directorate General of Education and Culture Project Socrates SO2 - 61OBGE, 2005: 7.

③ GLEN H, SUSAN S K. Understanding and measuring equity in education: a conceptual framework [M] // WALTER G. S. Equity in education. London: The Falmer Press, 1989: 61 - 62.

④ MARC D, MARCEL C, CHRISTIAN M. Efficiency and equity [C] // WALO H, DOULAS C, NORBERTO B. In pursuit of equity in education: using international indicators to compare equity policies. London: Kluwer Academic Publishers, 2001: 70 - 71.

指数 D)、二级指标（用入学机会、教育过程、学业成就三个维度来测度 A、B、C，用人均受教育年限差异来测度 D)、三级指标（从生均经费、入学率、受教育年限的城乡差异、地区差异、性别差异四个子维度来测度 A、B、C、D)，并通过专家评估法构建了教育公平综合指标 G，它是 A、B、C、D 的权重（分别为 0.32、0.26、0.21、0.21）和。[①]

综上所述，可见学者对教育公平的各种测度指标体系均是围绕着影响教育权利与机会的在进入学校系统前、在学校系统学习期间及接受教育后的影响结果层面的各种相关因素及其被人们所能接受的各种不均等的程度。在进入学校教育系统前，包括对教育影响最重要的政治、社会经济、文化因素（背景）的测度，也包括最基本的学校基础设施的配置情况。在教育过程中主要是针对个体、群体（种族/民族/性别）及地区之间的学习成就（成绩）的不同及其可容忍程度，也包括学校内教职工对学生的心理期待，学校外家长对孩子的期望及他们参与学校教育的程度以及他们的教育、社会经济条件对学生学习的影响等因素的测度。在学校教育结束后主要是对学生获得的各种职业证书与就业（率）前景及收入的关联、社会流动率及成人识字率等的测度，也包括对教育结果对社会及个人产生的收入及社会地位不均等的影响的测度。对教育公平的测度很多指标都能应用于对教育资源配置的测度，如果教育资源取广义的定义的话。

第五节 本书体系与创新点

一、本书体系

（一）研究内容

本书分为三个部分。

第一部分为研究基础部分，包括：第一章导论，主要阐述研究问题的提出、研究的目的和意义、研究的基本假设和方法、文献综述、本书体系与创新点；第二章基本概念与理论基础，解释并界定教育公平、教育资源、教育资源配置、教育资源配置公平这几个基本概念，介绍了本研究的

---

① 杨东平．中国教育公平的理想与现实［M］．北京：北京大学出版社，2006：274－276.

理论基础，包括教育公平理论、资源配置理论、公共教育财政理论。

第二部分通过建构一套测度教育资源配置公平的指标体系来计算并描述我国基础教育资源配置的具体差异情况。（包括第三章至第六章）第三章通过对教育公平测度的研究成果来构建测度教育资源配置公平的指标体系，因为在很多情况下测度教育公平的指标就是测度教育资源配置公平的指标，教育资源配置公平的测度指标如果在教育资源取广义的定义时即为对教育公平的测度的指标。第四章以测度指标体系为工具，对我国基础教育的财力资源配置情况进行差异分析，分别对普通小学、普通初中、普通高中的财力资源进行比较翔实的分析，在空间单元上是对各个省区市的比较，即比较省际间的财力资源配置差异，在空间单元上同时还比较了省际间的及各省区市内的城镇（包括城市与县镇的总和）与农村的城乡差的基础教育财力资源配置差异情况；在时间序列上选取了2003—2006这四年间（能获得的数据最新的也只是到2006年）的相关数据，以期能反映最近几年的配置状况。在具体的财力资源方面又细分为以下几个方面：一是对总的教育经费及基础教育经费的分析，这部分没有进行省际及城乡差的比较；二是生均总教育经费、生均事业性教育经费、生均基建经费，生均事业性教育经费又细分为生均事业性经费中人员支出部分及公用经费部分，对这几个指标进行了2003—2006年省际间的及城乡差异的比较分析；三是对生均预算内教育经费在这四年间的省际间及城乡差异的比较分析。第五章为对我国基础教育的人力资源配置差异的分析，主要分析了生师比、教师的学历、职称构成情况及代课教师与兼任教师占教师总计的比例，并进行了这四年的省际间及城乡差异的比较分析；另外还初步比较了每十万人口中普通教育中小学、初中、高中在校生数情况，此部分只有省际间的比较，限于数据获得方面的原因没有进行城乡比较。第六章为我国基础教育物力资源的配置差异比较分析，具体对生均校舍建筑面积、生均固定资产总值、生均图书册数、生均计算机台数四个指标在2003—2006年的省际间及城乡间的差异比较分析。

第三部分为基础教育资源配置不公平的归因分析及对策建议部分。包括第七章和第八章。第七章是对我国基础教育资源配置不公平的政治经济学诠释，从二元经济导致的城乡间及区域间的社会经济的不均衡发展、不公平的资源配置政策方面分析了现阶段我国基础教育资源配置不均衡的原因。第八章为对策建议部分，政府除对城乡间及区域间的社会经济进行统筹协调发展以减小基础教育资源在配置时存在的城乡间及区域间的差距外，对基础教育也应该有新的认识，本书从基础教育产品的属性及对教育公平的重新理解，认为基础教育是公民的“基本必需品”“基本公共品”和“基本权利”，需要政府从法律层面加以“平等保护”，更重要的是政府应该尽其政治责任从“资源平等”的起点促进教育公平，因为资源配置公平是教育公平的基础保障，为此，政府要进行矫正性教育资源转移分配，如确定全国生均经费最低标准等保护措施，并建立基础教育投入的公共教育财政制度。

本书重点在于通过对我国基础教育的财力、人力、物力资源在所选取的具体指标方面的省际间及城乡间的差异比较分析，揭示了我国基础教育资源配置的实际情况，即各地区之间及城乡间在财力、人力、物力方面享有量的差距是相当大的，而且这种差距没有缩小的迹象，“马太效应”愈演愈烈。透过对这种现状的描述，希望能引起有关部门的注意，在今后的基础教育资源配置方面能致力于更加公平的途径，采取矫正补偿，从资源占有量基本平等的起点上保证公民的基础教育受教育权的平等。

（二）研究的技术路线

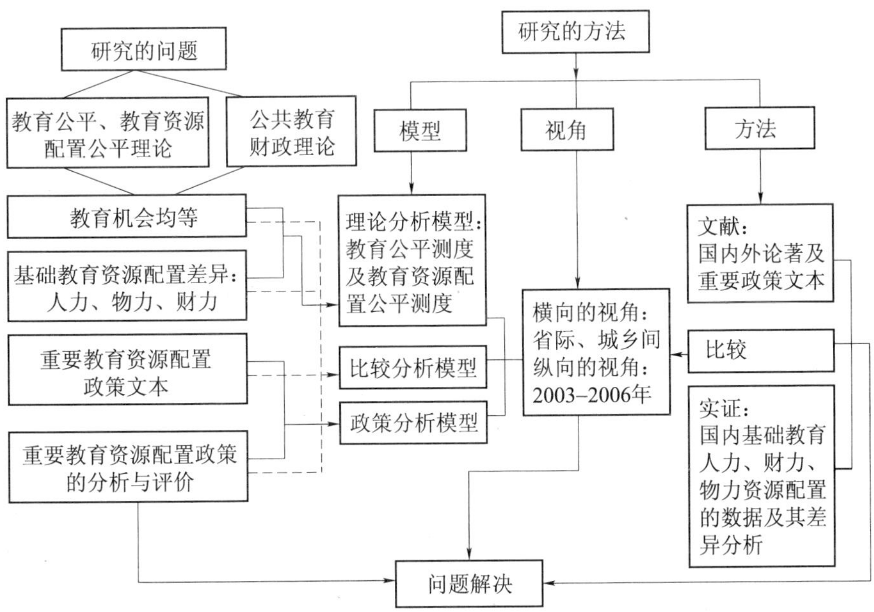

二、创新点

本书提出，把基础教育看成是一种“必需品”和“基本权利”的公共产品，这应该是政府提供基础教育的主要依据。

通过比较国内外对教育公平及教育资源配置公平的测度指标，初步提出了我国的基础教育资源配置公平测度的指标体系。

以基础教育资源配置公平测度指标体系为工具，选取 2003—2006 年的数据，对我国基础教育资源的配置情况进行了差异比较分析，分别分析全国各省区市之间普通小学、普通初中、普通高中的财力、人力、物力资源的省际间及城乡间配置差异情况。具体为全国分地区普通小学、普通初中、普通高中人力（生师比、教师的学历及职称构成情况等）、物力（生均校舍建筑面积、生均固定资产总值、生均图书册数、生均计算机台数四个方面的差异分析）、财力资源（主要分析的是总生均经费：包括总生均经费、总生均事业经费、总生均人员经费、总生均公用经费、总生均基建经费、预算内总生均经费六个方面的分析）的配置不公平状况，分析主要是对省际间及城乡间的差异分析。该部分结合大量的图表的形式加以论述，显得更加直观，便于看出省际间及城乡间的基础教育资源配置不公平的实际情况。另外，结合人均财政支出及人均 GDP 等方面的数据，分析各地区的基础教育资源配置的实际情况与经济发展水平与财政支出努力之间的相关性等（回归分析），以及证实各地的基础教育资源配置差异中是否存在政府在投入上的财政中立情况。

提出了政府要保障公民的基础教育的受教育权的平等必须以基础教育资源配置的大致平等为前提，从起点上及过程中的教育资源配置的大致平等来保障公民的受教育权的平等，即从教育非人格资源的平等保障教育人格资源的平等，最终实现在形式上及资源保障上的教育公平。

第二章 基本概念与理论基础

第一节 教育资源与教育资源配置理论

一、资源与教育资源

（一）资源与资源配置

1. 资源

人们从事生产和经济活动，必须要有一定的资源。资源，就是供人们从事生产和经济活动之用的东西，是一国或一定地区内拥有的物力、财力、人力等各种物质要素的总称。①资源是一个涉及经济、法律、政治、科学技术、社会、伦理等诸多领域的概念。在经济学中，所有为商品生产而投入的要素都是资源，如资本、劳动力、技术、管理等。一般来说，资源是指对人有用或有使用价值的某种东西。《经济学解说》将“资源”定义为“生产过程中所使用的投入”，这一定义很好地反映了“资源”一词

① 钟契夫．资源配置方式研究——历史的考察和理论的探索［M］．北京：中国物价出版社，2000：1.

的经济学内涵，资源从本质上讲就是生产要素的代名词。按照常见的划分方法，资源被划分为自然资源、人力资源和加工资源。①

在知识经济条件下对某种资源利用的时候，在对不同种类的资源进行不同层次的利用的时候，又必须考虑地区配置和综合利用问题，包括：资源系统观、资源辩证观、资源层次观、资源开放观、资源动态平衡观。②

2. 资源配置

资源配置机制问题一直是经济学研究的核心问题。过去人们常认为，资源配置理论专属西方经济学，马克思无资源配置理论。其实，《资本论》从社会劳动和价值规律等角度精辟论述了资源配置问题，形成了完整的资源配置理论。③其内容包括：资源配置的调节机制理论、资源配置的方式或形式理论、生产要素构成理论、生产要素作为产业资本的循环和周转理论、微观经济活动和宏观经济运行的关系理论、宏观经济研究的对象及出发点和中心问题理论、宏观经济运行中的若干规律和关系的理论、商业对于社会资源配置作用的理论、银行和信用对于社会资源配置作用的理论、农业中社会资源配置的理论等。④

西方经济学认为，资源的稀缺性导致"能够生产各种商品的全部资源的有限性，使得人们必须在各种相对稀缺的商品中间进行选择"，这种选择就是资源配置。自从亚当·斯密在《国富论》中提出了"看不见的手"之后，众多的经济学家一直在证明，在某些理想的条件下市场机制如何实现资源的有效配置。如瓦尔拉斯所构造的一般均衡模型，就是试图用数学语言来精确阐述亚当·斯密含糊其辞地描述的那只"看不见的手"——自由竞争市场机制——的作用，论证经济体系能实现均衡的理想状态。可以说，从瓦尔拉斯到马歇尔以及他们的后继者们都以完全竞争作为理论前提，以每一个市场参与者对现在和未来价格拥有完全信息的经

---

① ［英］蒙德尔，等．经济学解说（第三版）［M］．胡代光，译．北京：经济科学出版社，2000：58.

② 百度百科知识［EB/OL］．北京：百度网，［2007－12－23］．http：//baike.baidu.com/view/8439.htm.

③ 马丹．论马克思资源配置理论及其指导意义［J］．经济师，2007，22（7）：30－31.

④ 王云中．论马克思资源配置理论的依据、内容和特点［J］．经济评论，2004，25（1）：31－38.

济中不存在不稳定因素为假设条件。因此，他们坚信市场机制能够实现资源最优配置。但是，在现实经济生活中，不仅不存在市场经济机制有效运行的理想条件，而且资源配置机制也呈现多样化。因此在不存在理想条件的情况下设计有效的资源配置机制，便成为一个至关重要的问题，经济学在这方面的发展成果就是机制设计理论。瑞典皇家科学院把2007年度的诺贝尔经济学奖颁给了三位为机制设计（mechanism design）奠定理论基础并作出卓越贡献的经济学家，里奥尼德·赫维茨、马斯金和迈尔森的理论研究核心是如何在信息分散和信息不对称的条件下设计激励相容的机制来实现资源的有效配置。①

总之，整个西方经济学的发展史就是研究一部资源配置及其最优配置问题的发展史。也就是经济学中的谁生产（分配）、为谁生产（分配）、生产（分配）什么、在什么样的条件下生产（分配）的问题。在资源的配置方式上一般认为市场与政府是最主要的两个配置力量或主体，支持市场方式的经济学家主张经济自由主义，支持政府方式的经济学家提倡政府干预主义。但是两种配置方式都有其缺陷，所以很多时候它们又需要相互补充，弥补各自的不足，各自取长补短，所以还存在第三种配置方式，即混合配置模式。

（二）教育资源

教育资源是人类社会资源之一。教育资源包括自有教育活动和教育历史以来，在长期的文明进化和教育实践中所创造积累的教育知识、教育经验、教育技能、教育资产、教育费用、教育制度、教育品牌、教育人格、教育理念、教育史籍、教育设施、教育市场、师资、生源以及教育领域内外人际关系的总和。一般来讲教育资源包括“硬资源”和“软资源”。前者有经费、校舍、设备等；后者则有教育制度、教师、生源、管理模式、信息占有等，它既有“数”的不同，更有“质”的区别。②

教育资源的分类方法有多种，按其归属性质和管理层次区分，可分为

① 郭其友，李宝良．机制设计理论：资源最优配置机制性质的解释与应用——2007年度诺贝尔经济学奖得主的主要经济学理论贡献述评［J］．外国经济与管理，2007，29（11）：1－8，17.

② 子宜．共享教育资源，谋求和谐发展［J］．内蒙古教育，2006，47（8）：1－3.

国家资源、地方资源和个人资源；按其办学层次区分，可分为基础教育资源和高等教育资源；按其构成状态区分，可分为固定资源和流动资源；按其知识层次区分，可分为品牌资源、师资资源和生源资源；按其政策导向区分，可分为计划资源和市场资源等。制度作为教育资源，它既可以是市场导向的，从而充分发挥市场机制在其他教育资源配置中的基础性作用；也可以是计划导向的，从而使市场机制在教育资源配置中难以有所作为。

考虑到资源变化的影响，针对传统教育资源划分的不足，有学者将教育资源重新分为四类：第一类是原生教育资源，即指原本存在，但要经过开发才能生成的资源；第二类是衍生教育资源，即指随着某种教育资源的利用、消耗，其作用和影响仍然存在的资源；第三类是再生教育资源，即该类资源在使用和消耗过程中，还可以重新生成；第四类是创生教育资源，即指由人的创造性思维和创造性劳动而产生的资源。根据这种分类可以把教育资源定义为：具有教育意义或能够保证教育实践进行的各种条件。①

狭义的教育资源正如台湾学者胡梦鲸所提出，所谓教育资源是指学生所能享受到的教育经费、活动空间、教学设备、师资及其他教学活动方案等资源而言。具体来说由四个项目所组成，分别是活动空间资源、教师资源、经费资源、教学设备资源。②其内容如表 2.1 所示。

表 2.1　教育资源项目及构成指标

资源项目	构成指标
活动空间资源	校舍建筑面积、运动场地面积和校地总面积。
教师资源	专任教师、博士学位人数、硕士学位人数、学士学位人数、师专或专科人数、代课老师人数、辅导老师人数、最近三年教师平均每年离职人数、最近三年教师平均每年新进人数和最近三年教师平均每年进修人数。
经费资源	经费总支出、人事费支出办公费支出、建筑与设备支出、社会教育经费支出、公教各项补助支出、退休金支出、抚恤金支出、代理费支出和代收款支出。

① 王嵘．贫困地区教育资源的开发利用［J］．教育研究，2001，23（9）：39－44.

② 胡梦鲸．台湾地区城乡国民小学教育资源分配之比较［J］．中正大学学报：社会科学分册（台湾），1995，（1）：1－35.

续表

资源项目	构 成 指 标
教学设备资源	图书室、报纸与杂志、计算机总数、教学用计算机、复印机、普通教室、资源教室、视听教室、美劳教室、社会科教室、自然科教室、图书阅览室、活动中心、体育馆、礼堂、综合球场、运动场、现代化厕所、老旧厕所、残障厕所、兴建中之建筑物。

可见胡梦鲸对教育资源的分类，在人力资源部分，只列举了教师资源，而没有将学生列入其中；经费资源中也主要指的是公共投入部分，没有包括私人投入的部分；教学设备资源比较全面。可以说她的这种分法或定义，是把教育资源当成狭义的教育资源来定义的。

在现代经济社会中，任何教育资源都可还原为货币形态——教育经费。所以说，教育经费是教育资源产生的母体，是构成办学所需物力、人力和财力有机统一的本源。①

总之，无论怎样划分教育资源，从教育经济学的角度讲，教育资源就是教育投资，“教育投资也称教育资源、教育投入、教育经济条件，是指一个国家或地区根据教育事业发展的需要，投入教育领域中的人力、物力和财力的总和，或者说是指用于教育、训练后备劳动力和专门人才，以及提高现有劳动力智力水平的人力和物力的货币表现。”②包括国家和居民及企事业单位投入到教育活动及教育领域中的一切人、财、物的资源，它们最终都能以货币的形式表现出来，无论是投入的流动资金、投资积累形成的固定资产等最终都能转化成货币的形式来衡量其投入与积累。其中教育制度（包括教育层级类型制度、教育管理制度、教育经费分配制度等）及教育思想、教育政策等可以认为是教育的核心的“软资源”部分，这部分资源的存量及其配置对教育的发展起着至关重要的作用。

教育资源的构成有其自身的规律和特点。教育资源在具备社会资源的

① 刘大革．论城镇社区学校教育资源的整合——石首市绣林社区个案研究［D］．武汉：华中师范大学，2004：24.

② 靳希斌．教育经济学（第三版）［M］．北京：人民教育出版社，2005：204.

一般性特点外，还具有以下几方面的自身特点：第一，以体现公益性为核心价值的公共性；第二，受市场价值规律支配的服务性；第三，志存高远的理想性；第四，一脉相承的继承性；第五，客观上的差异性；第六，构成因素的流动性。①

由于教育领域涉及面广，对教育的消费几乎涉及每一个家庭，社会的需要量极大；而教育资源是直接地影响到人一生发展的可持续资源，希望获取教育资源的消费者的数量远比政治领域、经济领域的消费者多，其迫切性也更强烈，而优质教育资源基本上还处于短缺状态。②偏远老少边穷地区，甚至存在基本的教育资源不足的情况，在城市中则普遍存在着优质教育资源不足的情况，所以才存在大量的择校、体制外学校、名校办民校等教育现象与行为。总之，教育资源于个人来说，是构建其基本生活能力的基础性手段，在现代社会可以说不受教育或受教育很少的人基本上被排斥在文明社会之外；于国家来说，教育资源也是实现国家的社会经济发展目标所必需的劳动力培养与培训的基础性来源与保障。教育资源与国家与个人息息相关，关系着国家与个人的命运与生活及发展前景，是一种基础性、战略性的资源。

二、教育资源配置理论

（一）教育资源配置

教育资源配置问题研究是一种以问题为中心的跨学科课题，最初来自经济学对教育领域经济现象的关注，形成了一门新的学科——教育经济学。但仅仅从经济学的视角还不能解释和解决教育资源配置中许多问题，而应该由教育学、经济学、政治学、管理学等多学科共同研究。③

有研究者认为，“教育资源配置通常是指在教育资源数量一定的情况下，如何将有限的人力、物力、财力在教育系统内部各组成部分，或在不同子系统之间进行分配，以期所投入的教育资源得到最充分的利用，尽量

① 雅虎知识堂．教育资源（概念释义）［EB/OL］．北京：雅虎网站，［2007－12－28］．http：//ks. cn. yahoo. com/question/1308010700641. html.

② 朱力．教育腐败是双重权力的腐败［J］．探索与争鸣，2004，20（2）：8－9.

③ 王卓．教育资源配置问题的理论研究［D］．长春：东北师范大学，2005：5.

满足社会各方面对教育的需求，以求教育持续、协调、健康发展。”[①]此外，有学者认为教育资源配置的实质是指一组与分享教育资源有关利益主体的相互关系的规则。[②]关于教育资源配置的定义，本研究借用王善迈教授对此的界说。王善迈教授认为教育资源配置即教育资源分配，“教育资源配置方式回答的是教育资源在教育系统内部各组成部分或不同子系统之间如何分配。教育资源分配包括：社会总资源对教育的分配，教育资源在各级各类教育间的分配，教育资源在各级各类教育的学校之间的分配，教育资源在各地区教育之间的分配。”[③]基础教育资源配置指的是教育资源对基础教育阶段的学校及其他教育机构的分配情况。从投资主体的角度来讲，包括国家总教育资源中对基础教育部分的投资，也包括社会及私人对基础教育的投入。从分配层级来讲有分配给小学、初中、高中阶段学校及教育机构的各种人、财、物及其货币表现，以及确立各个主体就相关资源的权益关系，满足各自要求的一整套可行的规则（分配、制约制度）。

教育资源的配置具体体现为教育结构的调整和优化，主要包括六个方面：一是层次结构的调整，二是类型结构的调整，三是教育形式的调整和变化，四是空间分布结构的变化，[④]五是在阶层或群体间的分配，六是教育资源在一个实体的教育教学单位中的不同功能活动之间的分配。在教育资源配置中要做到：一是合理分配教育资源，二是减少教育资源的浪费，三是提高教育资源的使用效率，四是在具体的部门内得以优化及合理地分配。[⑤]

总之，教育资源的分配结构取决于某教育领域教育资源总量和该领域的目标、规模和管理水平，并常以教育投资使用效率的高低作为评价其有效与否的标准。[⑥]另外，由于教育资源中绝大多数是来自政府或公共部门

① 范先佐．论教育资源的合理配置与教育体制改革的关系［J］．教育与经济，1997，13（3）：7－15.

② 康宁．中国经济转型中高等教育资源配置的制度创新［M］．北京：教育科学出版社，2005：6.

③ 王善迈．教育投入与产出研究［M］．石家庄：河北教育出版社，1996：268－269.

④ 谢维和．影响教育中长期发展的三个问题［N］．中国教育报，2003－07－12（4）.

⑤ 吕海鸿．城乡义务教育资源配置研究［D］．长春：东北师范大学，2006：1.

⑥ 刘大革．论城镇社区学校教育资源的整合——石首市绣林社区个案研究［D］．武汉：华中师范大学，2004：23.

的公共资源，在其配置中公平合理地配置到各个层级、类型、地区、学校、群体与个人中，是其配置的第一核心原则。教育资源配置的公平是指教育资源的分配以“机会均等”为准则，保证每个参与资源分配的个体占有均等的教育资源的机会，也就是说，资源配置的方式应能保证各学校或各受教育者在相同的条件下拥有获得等量资源的机会。①此外，根据产权模型，在教育资源的配置过程中，总会有一部分属性的教育资源被置于“公共领域”（不是政府公共资源的公共领域，而是产权没有得到明确界定的那部分除习惯上的公共与私人部门外的领域），因为在这个资源配置过程中交易成本总是正的。②因此，要防止部分有特权或处于经济优势地位的群体利用“寻租”及腐败行为攫取这部分公共教育资源，或通过各种合理的制度设计，将这部分资源“内部化”。

（二）教育资源配置的层次、主体与方式

政府对教育资源的配置，可在宏观层次上（全国范围内）进行，也可以在中观层次上（教育行政部门范围内）进行，还可以在微观层次上（各级各类教育机构内）进行。宏观层次上的教育资源配置，是指在国家水平上政府的公共支出中给予教育部门的经费投入，即政府财政开支中教育经费应占多大的比重。在这一层次上主要应关注各级政府是否为教育部门配置了足够的资源，以及中央的专项资金及转移支付等资金是否起到平衡各地差异的作用。中观层次上的教育资源配置，是指在部门水平上教育主管部门如何将有限的资源在各级教育之间进行分配，在这一层次上主要应关注配置给各级教育的资源总量和比例是否合理。微观层次上的教育资源配置，是指在各级教育的水平上对各级教育内部不同的教育机构之间进行的资源配置，在这一层次上主要应关注各层次教育内部人、财、物资源的配置是否合理（公平）与有效（效率），以及各个教育教学单位内部的人、财、物资源的合理与有效分配。市场（企业和个人）对非财政性教育资源的配置，不是根据行政级别和行政区域自上而下地配置，而是依据

---

① 王善迈．教育经济学简明教程［M］．北京：高等教育出版社，2000：28.

② 李瑞娥，伟群．我国制度变迁与教育资源分享中的公平问题——一个基于农村和城市人口受高等教育差异的比较研究［J］．当代财经，2005，（11）：48－52.

教育各种要素的投入供求状况来进行调节和配置的。教育资源配置主体的多元化和方式的变化，是市场经济区别于计划经济的标志之一。[①]

就资源配置方式的内部结构而言，它包括四个部分：配置主体、配置客体、配置原动力以及配置决策方式，所谓不同的配置方式是指在配置客体不变的条件下，配置主体、原动力以及决策方式的不同组合。[②]

常见的配置方式有政府通过行政计划调节模式、市场通过价格机制调节模式及自主配置方式。（1）政府配置方式。计划配置资源时，政府通过行政系统层层下达的指令性计划指标，国家将包括经费在内的全部教育资源交给整体的教育行政部门或委托有关机构，由它们在各级各类学校之间和在学校各类活动及各个机构中进行分配，是一种行政命令，具有行政约束力，作为行政机构附属工具的企业必须严格地贯彻执行，于是指令性计划的行政约束力便成为计划配置资源的驱动力，但这是一股外在的、强制的力量。（2）市场调节方式。市场配置资源时，价格机制把教育资源配置到收益高也即社会最需要的教育产品的生产上，以期带来更多的经济利益，直到最终达到对各类教育投资的资本收益率相等时，达到了教育资源的市场配置均衡，市场调节方式在一定意义上是与政府配置方式相对的教育投资配置方式，具有与政府配置方式互补的特性。市场调节方式能刺激学校，促进竞争，有利于提高教育资源的利用效率和整体办学效益，吸引多元化投资来源，但是也存在着如不具有整体性和长远性，过分迷恋市场的短期需求，迎合热门专业，容易造成扎堆现象，轻视某些基础性及冷门专业人才的培养和某些学科的发展，容易引起教育过分注重经济性及效率方面，而对教育的真谛——培养具有人格的人的教育给予忽视，可能降低教育质量。（3）自主配置方式。自主配置方式是指学校依靠自己的财源而自主办学，学校作为一个办学实体具有独立法人资格，应有独立的资金来源，足以自主负担教学和科研所需的费用。[③]

另外，有学者认为教育资源的配置有四种方式，即计划手段、市场机制、混合机制、习惯力量。习惯力量有可能成为资源最优配置的最佳力

① 吕海鸿．城乡义务教育资源配置研究［D］．长春：东北师范大学，2006：2.

② 饶鹏．高等教育资源配置方式的创新研究［D］．南宁：广西大学，2005：12.

③ 杨葆焜，范先佐．教育经济学新论［M］．南京：江苏教育出版社，1995：144－147.

量，也有可能是阻碍社会创新变革的巨大阻力，因为习惯与不习惯都是长期积累形成的痕迹。①可以认为这种习惯性力量的配置方式也就是以习俗或其他在公共权力与市场力量之外的非正式力量的配置方式，更多的可能是所谓的关系、人情、网络等社会资本范畴内的配置方式。

教育资源配置的主体和方式的选择不是随意的，它是由经济体制的模式所决定的，有什么样的经济体制就有什么样的教育资源配置方式与之相适应。教育资源最主要的配置方式还是政府力量与市场力量的配置方式，无论是计划配置方式还是市场配置方式，只要是单独发挥作用的都显得不够完善。因此，只有逐步采用使两者结合起来的教育资源配置方式；或选择以市场调节为主、国家间接调控为辅的配置方式；或选择以国家调控为主、市场调节为辅的配置方式，这也就是所谓的中间道路，即混合模式，才能因地制宜地优化教育资源配置。

（三）教育资源配置的原则

一般来讲，教育资源配置遵循的原则就是要做到在教育资源配置过程及结果中实现合理与有效地配置资源，也就是要实现教育资源配置的公平与效率原则以及教育性原则。

1. 效率原则

教育资源配置的效率指教育资源如何在教育系统内部以及其他子系统之间分配的问题，包括教育资源配置机制的效率、教育资源占社会总资源的比例、教育资源在各级各类教育间分配、教育资源在统计同类学校的不同地区间的分配等。教育资源配置效率的一个重要方面是教育生产效率，也就是说教育生产单位要以尽可能低的投入，培养出更多的学生或产出其他更多的教育产品与服务。教育资源配置的效率还体现在教育资源在各地区、各类型、各层级教育间的配置要适应整个社会大的生产结构，与各行业、部门、地区的发展结构与需要相适应与协调，否则就会造成教育短缺或教育过度。

效率原则还要求在优先重点发展的教育领域给予资源的优先配置与重点支持。如基础教育在一国的社会经济发展中起着基础性作用，因此应优

---

① 王玉崑．教育经济学（第二版）［M］．北京：华文出版社，2005：178－182.

先支持基础教育发展，给予重点投入，保证基础教育的基础性、战略性地位。但是由于高等教育见效快，在科技领域等为了实现追赶效应，对高等教育的投入重视程度要明显高于基础教育。另外，如现在高级技工等技术性人才短缺，而过去中等职业教育及高职教育发展萎缩或迟缓，而现在为了适应劳动力市场的需要，国家也明显加大了对高职及中职的投入。这也是教育资源配置效率的实际体现。

2. 公平原则

教育资源配置的公平原则适用于整个教育系统的各个阶段与各种类型，也适用于各个地区间的教育资源配置，尽管在各个层级的教育上所体现的程度不一样。但是在基础教育阶段，教育资源的公平配置是极具重要性的，可以说是第一重要原则。

到目前为止公认的教育资源分配的公平原则有以下六项。（1）资源分配均等的原则，也就是机会均等原则。被定义为这样一种状况，当纳税人的努力（由有效的财产税率来决定）增加时，对每一地区的生均经费开支应该有同样的影响。这是一项起始性、横向性公平的原则，主要是保证同一学区、税务区域内对所有学校和学生实施基础教育财政公平。（2）财政中立的原则。基本定义是“每个学生的公共教育经费开支上的差异不能与本学区的富裕程度相关”。这项原则保证上一级政府能够通过对下级政府、学校不均等的财政拨款，克服所辖学区间、城乡间的教育经费差异，保证学生获得均等机会。（3）调整特殊需要的原则。对少数民族（种族）学生、非母语学生、偏远落后地区及居住地分散的学生、贫困学生、身心发展有障碍的学生和女童，给予更多的关注和财政拨款。（4）成本分担和成本补偿的原则。遵循成本应该由所有获益者分担的原则，要求在非义务教育阶段，对学生收取一定的教育费用，并对部分学生采取“推迟付费”的办法，是一种纵向性公平。（5）公共资源从富裕流向贫困的原则。这是现阶段各国学者判断教育资源分配是否公平的最终标准，是教育财政公平的最高目标，也是实现教育机会均等的最根本的财政要求。[①]（6）公共教育资源（投入）的最低限度（充足性）原则。约翰·英格尔（John Yinger）在其研究中还给出了教育资源配置公平的另一

① 翁文艳．教育公平的多元分析［J］．教育发展研究，2001，22（3）：62－64.

条重要标准，认为最基础的标准就是教育资源充足，其指的是在每个地区的学生在接受教育时都需要满足某些最低的标准，主要指的是每年政府对教育的投资占国民生产总值的比例来衡量，或者按生均教育经费指数（生均经费与人均国民生产总值的比）来衡量。

其中机会均等与另一项标准，即所谓的“财富中立”相类似，但是两者之间还是有区别的。财富中立是通过地区财富与地区教育之间不存在相关性而取得。这两条标准在最初被认为是一样的，但是菲尔德斯特恩（Feldstein）于1975年证明了它们是不同的。它们的区别在于，机会均等指的是地区的预算约束，而财富中立指的是由学区决定的产出结果。任何改变学区的预算约束的征得将对学区决定做什么产生影响，这种影响的大小很难预测，但是无论怎样来测度教育都无法保证在各学区间做到没有特殊的资源分配。①

就其中最核心的机会均等原则而言，从分配效应的角度来分析教育资源配置公平时通常有以下几个标准：第一，贫困家庭或社会经济背景不好的人所获得的公共教育资源或财政资助是否比他们在国民收入分配中所占的比例大；第二，他们所获得的公共教育资源的份额是否比他们在人口中所占的比例大；第三，公共教育资源财政资助包括贷款担保的安排是否保证了所有符合资格的各级各类教育的潜在学生没有因为支付能力不足而失去受教育的机会。这三个标准的技术性逐渐加强，但第三个标准的应用只是理论上的，因为涉及“符合资格学生”标准的界定，因此在缺乏这种判断标准或选择机制的情况下，前两个技术标准可以作为最低标准。②以上三个标准可以说是机会均等的水平公平的判断标准，此外，还应有对机会均等的垂直公平的判断标准，那就是是否对不同样的人给予不同的对待，如对弱势群体学生、残障学生、少数民族学生等是否有与正常的普通学生相比有不同比例（一般是正常学生所享有量的大于1倍以上的倍数）的资源，以弥补他们的不足，而在某种程度上取得大致相同的教育结果

---

① JOHN Y. State aid and the pursuit of educational equity: an overview [M] // JOHN Y. Helping children left behind: state aid and the pursuit of educational equity. London: The MIT Press, 2004: 9 – 15.

② World Bank. Priorities and strategies for education: a World Bank review [R]. Washington, D. C.: 1995: 62 – 63.

（成绩、生活前景）。

在教育发展水平比较低以及教育投入不足的国家与地区，充足性也是教育资源配置的一个极其重要的标准，因为不能投入最低限度的教育资源，很难保证教育的发展，与适应社会经济发展的需要。在这种情况下，社会其他部门就挤占了本来应该分配给教育领域的资源，从而使教育处于更加弱势的地位，甚至形成恶性循环，从长远看，这样的做法也是不利于国家社会经济发展的。在我们这样一个有着 1 亿多基础教育阶段学生的国家而言，基础教育资源配置的充足性显得尤为重要，没有最低限度的投入，就很难保证所有学生的入学，也很难保证学生的教育机会均等。

当前，由于社会经济发展的不平衡，收入差距持续扩大，教育资源与机会及受教育后的生活前景的占有的差距也继续加大，出现了很多教育不公平现象，因此，教育资源配置的财政中立原则也凸显其重要性，如果不继续通过转移支付与中央特别专项补贴等教育领域的二次分配，就很难做到教育资源配置的公平，只能是差距越来越大，“马太效应”越来越明显。

3. 教育性原则

教育作为一种培养人的活动，教育资源投入到教育的过程中，在资源应用效率性原则的驱使下，该资源就必需能够支持和强化教育的功能。教育作为一种培养人、教育人的特殊生产过程，其资源配置就必须突出其教育性原则，必须遵循于为培养具有独立人格的，传承社会价值和文化传统的人的服务而提供充足的、有效率的、公平的资源保障。[①]

总之，在教育资源的配置中，除了要重视教育本身这一培养人的特殊性，考虑资源配置要注意育人的本质要求及教育的特殊性外，教育资源的配置就是要在公平与效率原则下找到平衡。奥肯认为，公平和效率是现代社会不可缺少的两个基本原则。他提出在有效率的经济中增进平等，认为，如果平等与效率受到同等对待，分不出孰高孰低，在两者发生冲突时，就必须寻求调和。在有些时候，为了效率就要放弃一些平等；另一些时候，为了平等，必须牺牲一些效率。但无论哪一方作出牺牲，必得以另

① 胡淑文．职业学校教育资源合理配置研究［D］．天津：天津大学，2003：5－6.

一方的增益为条件，或者是为了获得别的有价值的社会目的。①他还认为平等和效率之间的冲突是不可避免的，或许更好的办法就是它们互相需要——在平等中放入一些合理性，并在效率里添加一些人性。②因此，如果依据奥肯的理论，则任何教育资源配置的改进要么是在牺牲一点公平中促进了效率，要么是在牺牲一点效率中促进了公平，但是在构建社会主义和谐社会的教育发展中，一定有智慧打破这种悖论，在教育资源配置的公平与效率中找到平衡，促进教育又好又快地发展。

第二节 教育公平与教育资源配置公平

一、教育公平

西方学者对教育公平的研究最初起源于政治哲学和社会伦理领域，主要把教育平等作为一项社会权利，更多的是关注机会均等方面。关于“教育机会均等”概念的内涵一直众说纷纭，歧义颇多。比较有代表性的是安德森、科尔曼及胡森等的观点。

美国芝加哥大学安德森（C. A. Anderson）认为，“所谓教育机会均等，不外四种含义：（1）指提供每个人同量的教育；（2）指学校教育的提供，促使每一儿童达到既定的标准；（3）指教育机会的提供，促使每一个体充分发展其潜能；（4）指提供继续教育的机会，直至学生学习结果符合某种常模者。1965 年美国、英国、西德等 21 国组成的经济合作与开发组织（OECD）在有关报告中，提出‘教育机会均等’至少有三方面的内涵：（1）能力相同的青年，不论其性别、种族、地区、社会阶级等的差异，均具有相等的机会，接受非强迫性的教育；（2）社会各阶层的成员，对于非强迫性的教育均具有相等的参与比率；（3）社会各阶层的青年，均具有相等的机会以获取学术的能力。显然，该组织注意到了在非

① ［美］阿瑟·奥肯．平等与效率——重大的权衡［M］．王忠民，等，译．成都：四川人民出版社，1988：122.

② ［美］阿瑟·奥肯．平等与效率——重大的权衡［M］．王忠民，等，译．成都：四川人民出版社，1988：156.

强迫性教育各阶段中不同社会阶层的教育机会均等的问题。”①

科尔曼在对教育不平等的各种表现的表述中总结出了他对教育机会均等的看法，他认为“教育机会均等应该等于教育资源投入均等+教育资源对学生成就产生的效力均等+教育产出的均等。完全的机会均等只有当全部差别性校外影响消失时才能实现。由于存在着差别性校外影响，机会均等只能是一种接近，永远也不可能完全实现”。②

胡森在分析教育机会均等时，强调不仅要界说“平等”，还要界说“机会”。他在批判保守主义的观念、自由主义的观念后提出一种新的、更为激进的受教育机会平等的新观念。这种新观念的基本理想是：受教育机会平等不仅仅是过程的平等，而且必须在一定程度上维持结果的平等，将同等能力的儿童受教育程度的差别，以及不同能力的儿童受教育程度的差别，保持在一定的范围内；由于人们的能力天生有差别，从效益的角度，政治实践有责任保证这种差别不会严重到威胁社会稳定的程度，从道义的角度，政治实践有责任对弱者和失败者给予一定程度的救助。

胡森在说明了平等的含义之后，进而对机会进行了界说，指出“机会”作为可变标准，可以用地区之间和社会职业组之间某些在学率或辍学率的测定来表示。属于“机会”这一范畴的变量，在他看来主要有以下几类。（1）第一组变量含学校外部的各种物质因素，即学生家庭经济状况、学习开支总额、学校地理位置和上学的交通工具。（2）另一组变量包括学校的各种物质设施，即学校建筑物总的质量、实验室、图书馆和教科书等。（3）第三组变量是指家庭环境中某些心理因素，其中主要包括家长对子女在学习方面的期望，家庭对掌握知识所持有的总的态度，以及家庭为子女提供的独立自主的口头表述等习惯。（4）第四组变量是指学校环境中某些心理因素：教师的能力、教师对各个学生组的态度、教师希望学生取得的成绩以及学生的学习动机。（5）第五组变量是学习机会，指狭义的学校情境中所固有的机会，也就是说，仅仅是指教学条件，诸如在课程表中规定用于一个主题或一门学科的时间，教师实际的教学时数，

① 马早明．西方“教育机会均等”研究述评［J］．教育导刊，2001，19（15-16）：22-24.

② ［美］詹姆斯·科尔曼．教育机会均等的观念［M］//张人杰．国外教育社会学基本文选．上海：华东师范大学出版社，1989：191.

以及教师要求学生完成的课外作为的数量。①

霍（K. R. Howe）认为，教育机会均等原则是机会均等原则的一部分。一般意义上的机会均等就是只要个体具有获得社会财富的平等的机会，在分享社会财富上的不平等在道德上是允许的。据此，教育机会均等就是只要个体具有获得某种教育的平等机会，教育结果的不平等在道德上是允许的。②

南格尔（Nagel）把教育平等分为“消极平等”和“积极平等”两种类型。消极平等是非干涉主义：确定机会是否均等主要是看在接收公共教育方面有没有正式的（特别是法律的）障碍，基于诸如种族、性别、语言等与教育无关的道德标准，阻止个人或群体接受公共教育。积极平等是干涉主义的：它要求公共教育超越正式的平等规定，采取积极的措施消除造成不同环境下的学校儿童固有的不平等，特别是社会不利因素相关联的差别。积极平等特别是要干涉在道德上允许的不平等的原因。干涉的主要方法是建立基金，以帮助不利地位的儿童获得平等的教育机会，特别是由于种族、天赋的原因不能获得平等结果的儿童。③

此外，麦克马洪（McMahon）还把教育公平分为三类，即“（1）水平公平（horizontal equity），指相同者受相同对待；（2）垂直公平（vertical equity），指不同者受不同对待；（3）代际公平（intergenerational equity），指确保上一代人的不平等现象不至于全然延续下去。”④

在此，定义教育公平为教育权利的平等与教育机会的均等。教育权利的平等不仅表现在教育机会的平等上，也需要教育机会平等来保障。不仅进入教育系统的机会平等，在教育系统中受到平等的对待，保证来自不同阶层的学生有大致相当的学业成绩，也要保证他们受教育后有相似的成就前景。无论是哪个阶段的教育公平，都需要教育资源来保障，因此，教育公平是“教育权利平等＋教育机会均等＋作为保障的教育资

① ［瑞典］胡森．平等——学校和社会政策的目标［M］//张人杰．国外教育社会学基本文选．上海：华东师范大学出版社，1989：195－197.

② 杨莹．教育机会均等——教育社会学的探索［M］．台北：师大书苑有限公司，1995：154.

③ 袁振国．论中国教育政策的转变：对我国重点中学平等与效益的个案研究［M］．广州：广东教育出版社，1999：61－63.

④ 翁文艳．教育公平的多元分析［J］．教育发展研究，2001，22（3）：62－64.

源分配平等（包括补偿弱势群体的垂直平等）+教育成就（包括过程中与教育结束后的结果与影响）”的大致平等。而教育资源的分配平等始终贯穿于教育的各个阶段，从学生入学前的学校基础建设、教师投入、各种名目的教育经费投入等，到教育过程中所需要的维持教育行为的各种资源保障，在教育资源的分配上一般应该对同样的人以相同对待（水平公平），给予不同的人不同的对待（主要指的是对弱势群体的特别补偿，即体现的是垂直公平）。而权利及机会的平等都需要公平的资源分配作为保障。

二、教育资源配置公平

（一）不同公平取向的基础教育资源拨款方式

基础教育资源配置公平也就是基础教育阶段学校财政的公平配置问题。C. S. 本森（C. S. Benson）认为判断基础教育财政体系有三个主要标准：提供的教育服务是否充足，基础教育资源的分配是否有效率，以及基础教育资源的配置是否公平。在多数基础教育财政体系的设计中寻求公平的作用是非常强烈的，基础教育资源的配置公平主要是通过对基础教育资源的拨款方式来体现的，不同的拨款方式有不同的公平倾向及反映不同的公平程度。①

美国教育资源的分配起公平调节作用的主要是州一级的教育资源的分配。而联邦经费所占的比重比较低，而且多是通过各种补助项目进行分配的。而地方教育局是根据学区财产税获得教育资源的，另外还有其他的税种。除自筹经费外，学区将各种收入，包括联邦政府补助、州政府补助以及地方学区的收入全部收集起来，除了将专项补助依据补助条件给特定对象之外，一般补助部分就按照各所学校学生人数拨给学校。②

美国州一级对基础教育财政的拨款方法主要有水平拨款（Flat Grants）和均等化拨款（Equalization Grants），主要的拨款与补助模式为：

其一，水平拨款模式（Flat Grants）。这是美国各州较早使用的一种

① ［美］BENSON C B. 教育财政［M］//［美］Martin Carnoy. 教育经济学国际百科全书. 闵维方，等，译. 北京：高等教育出版社，2000：525－529.

② 高建民. 美国基础教育财政发展史研究［D］. 保定：河北大学，2004：69.

拨款模式，即对州内各个学区按一个统一的标准拨付补助经费。拨款额等于学生数乘以统一的生均补助额。在这种模式下，州政府既未考虑各学区地方财政能力的不同，对于每个学生每个教师都给予同样的补助，又没考虑各个学区教育课程、教学方式和成本的客观差异，进而导致不管学区是富裕还是贫穷，只是根据学区内在校学生和教室的数量，遵循固定的统一拨款标准拨付经费，贫富差距很大的两个学区，当在校学生人数或教室数量相同时，所获得的州政府拨款额是相同的。

其二，基准拨款模式（Foundation Program）。也称保底模式，是一个保证最低限度教育经费额的办法，要求各学区保证实现统一的最低限度的生均成本，州政府根据各学区财富拥有量与财政努力的不同，给予多少不等的必要经费补助，即对于最低标准与征税量之间的差额给予补助，以保证各学区都达到州所确定的最低教育经费支出。比较富裕的学区可能需要很少，甚至不需要州政府的补助，就可以达到规定的统一的生均最低经费标准，州补助拨款的数量与生均地方财产税的收入量之间呈负相关。

其三，全部州资助模式（Full State Funding）。全部州资助模式意味着州政府应该承担公共基础教育需要的全部资金的筹集与拨付，地方学区不再有征税权，获得的教育经费也不与地方财政能力有关。该模式对地方教育自治是一个威胁，过度强调州内的教育机会平等，则会扼杀地方办学的积极性。

其四，百分比均等化补助模式（Percentage-equalizing grants）。运用百分比补助拨款模式，州政府可以主动地对地方公共学校予以财政支持。每个学区可以确定自己在州所限定范围的本学区支出水平，州政府根据学区财政努力的不同给予财政补助对支出进行均衡，与基准补助模式相比，更加灵活和有针对性。在此模式中，首先确定一个地方学区承担了对公共学校支持的比例和生均教育经费支出水平，然后，根据学区生均财产价值与州生均财产价值的比值进行调节，计划出州对某个学区的补助总额。学区与州的生均财产价值愈接近，得到的补助愈少；地方学区承担的公共基础教育经费比重越大，得到的补助越少，反之则越多。

除以上几种模式外，以校本管理为基础的学校财政选择方案、教育凭证、家庭能力均等化、税收抵免等州财政资助方式，也在这个时期开始出现，并付诸探索。①

（二）补偿性教育资源的分配

亨利·M. 列文认为，对均等化不利地位人群的机会上的教育投资的很大一部分必须采取非教学路线，因为对教学的过度投入导致减少了对资本具体化投资中其他投资的贡献作用。列文认为资本在人身上的具体化是通过具有生产力的人群身上的不同形式的投资的总和来定义的，包括父母的交互作用、营养、健康、住所以及正规教育，在不利地位人群身上的投资份额少于在具有优势地位人群身上的投资份额是社会机会不均等产生的最主要的原因。因此，社会的目标就是平等化平均投资在优势地位人群与不利地位人群身上的具体资本份额。

如果增加对不利地位人群的教育投资是需要实现的政策工具的话，在定义教育投资的本质上就存在基础的矛盾。假设一个资本具体化的公式是：

$$K_{it}=f[M_i(t),D_i(t),N_i(t),S_i(t),F_i(t),I_i(t)] \qquad (2-1)$$

让 K_{it} 代表（表示）在 t 时间（时刻）在第 i 个人身上的总的具体化投资，$M_i(t)$ 代表在到 t 时间时医疗服务的累计投资，$D_i(t)$ 代表到 t 时间时牙医服务的累计投资，$N_i(t)$ 代表可以比较测度的营养投资，$S_i(t)$ 代表对住所的投资，$F_i(t)$ 代表到 t 时间时在家庭交互作用与经历的累计投资，$I_i(t)$ 代表正规学校教育服务的累积影响。

如果必须要仅仅通过教育政策来实现平等化的话，那么教育服务必须包括远远不止教学服务的很多内容。对均等化不利地位人群的机会上的投资的很大一部分必须采取非教学路线（即不能用于教学上）。除非教学投入完全可以替代对营养、健康及其他能对年轻人的体能的、认知的及情感的发展起贡献作用的投资，那么就不可能仅仅靠对教学的投资来实现机会的均等化。进一步地，尽管有可能在技术上存在这种替代，但它与一种更平衡的方式来说很可能是一种成本很高的投资。

公式（2-2）代表了标准的最小成本模式的投资方针，这时所有投

① ROF L J, EDGAR L, MORPHET, et al. The economics and financing of education [M]. New Jersey: Prentice-Hall, Inc., 1983: 243-271.

资在所有的投入单元中进行分配，直到各个投入单元的资本具体化投资的边际产品比率与其投入的单位成本相等，即：

$$\frac{\partial Ki/\partial M}{P_1}=\frac{\partial Ki/\partial D}{P_2}=\cdots=\frac{\partial Ki/\partial I}{P_6} \tag{2-2}$$

现在如果所有的投资都被限于教学投入，公式（2－2）将被破坏，而变成了

$$\frac{\partial Ki/\partial M}{P_1}=\frac{\partial Ki/\partial D}{P_2}=\cdots>\frac{\partial Ki/\partial I}{P_6} \tag{2-3}$$

在公式（2－3）的情况下，对教学的过度投入导致减少了对资本具体化投资中其他投资的贡献作用。因此，如果根据各种投入的额外生产率来分配资源的话就需要更大数量的总预算。在这种情况下，用于提高学生学习成就的成本，相比之下用在眼镜或营养早餐的成本要比用于减少班级规模或其他可选择的教学方式的成本要低。尽管使用如阅读分数这样的狭义的资本具体化指标，也没有明显的证据显示教学投入比用于其他策略的投入要更有效。①

（三）教育资源配置的变化方向

其一，教育资源配置变化（学校财政改革）对不同的人有不同的含义。约翰·奥金布里克（John Augenblick）认为学校财政改革对不同的人意味着不同的事情。对绝大多数教育者来说，它指的是确保主要是从州政府获得更多的经费，而且在关于如何使用经费上尽可能很少有限制。对一些学区来说，学校财政改革指的是提高公平性与充足性，尤其是为学生，通过纠正长期存在的学区所获得的收入与学区财富相联系而不管贫穷、低收入学区的资助模式。对某些纳税人来说，学校财政改革意味着如果不能根除其对财产税的依赖的话，至少也要减少财产税率。对某些利益集团来说，学校财政改革意味着更多的联邦支持或对特定学生、功能、服务的目标资助资金。对众多立法者来说，学校财政改革也是他们尽量想避免的事情，因为改革趋向于要求从州政府获得更多的投入，这可能要求要么开征

① HENRY M L. Equal educational opportunity and the distribution of educational expenditures［M］// ANDREW K，HERBERT W. Rethinking educational equality. Berkeley，California：McCutchan Publishing Corporation，1974：34－39.

新的税收，一部分立法者则认为学校财政改革是获得更多的责任或提高效率的工具。①

其二，州政府对教育资源配置的改革方向。奥金布里克提出州政府对学区的资助的分配方式的改革方向：（1）对大多数州政府的经费资助的分配与学区的需要是敏感的，这反映了由学生、项目及学区特征造成的成本压力已经超出政府的控制；（2）州政府资助经费的分配对学区自我支持能力是敏感的，而学区是以共同接受的方式来测度财政能力的；（3）允许学区筹集自己的资金超过州政府分配给它们的，但是州政府控制这种收入的幅度并且为学区提供资助以使相类似的税收努力能获得相似的资金；（4）州政府不控制学区使用经费的方式，但是要求学区要有责任提高学生的成绩；（5）州政府考虑学区的需要及财政能力，并为它们的交通、特殊教育、人头费用及债务和人事利益提供支持；（6）州政府资助的分配要“中立”，而不管学生的阶级划分如何；（7）公平地征税——意味着统一对财产进行评估，对个人及企业的税收负担要保持在合理的水平上，低收入家庭要能免除部分税收负担；（8）要有充足的资金来满足州政府的要求；（9）存在资金直接分配到学区的分配程序；（10）鼓励学区开展新途径来支付教师，包括超过培训与经历的因素；（11）学校要关注职业发展问题，因为学生花钱来这个最重要的地方是为了促进系统的改变；（12）在教育资助与社会服务之间有一定的联系。②

其三，教育资源分配正在从公平性转向充足性。学校财政正在从公平性转向充足性，从强调输入转向强调作为教育政策与财政目标的较高的最小产出。公平意味着平等并且暗示着每个学校或学区都收到和其他学校或学区一样数量的经费资助，这种平等通常指的是在一个学区或州内的平等。几乎所有的学校财政诉讼都是基于在一个州内每个学生都应该拥有同等教育资源的同等机会的观点之下产生的。公平是而且应该是聚焦于投入

① JOHN A. The role of state legislatures in school finance reform：looking backward and looking ahead ［M］// MARILYN J G. Strategies for school equity：creating productive schools in a just society. New Haven：Yale University Press，1998：89 -90.

② JOHN A. The role of state legislatures in school finance reform：looking backward and looking ahead ［M］// MARILYN J G. Strategies for school equity：creating productive schools in a just society. New Haven：Yale University Press，1998：91 -93.

的，法院经常是这样解释的“同一个州的每个学生都应该拥有有效利用教育资源的同等的机会”。

充足性意味着对某些目标资源要充足，一般是指学生的成绩。尽管这明显是聚焦于产出而不是投入的，但是前期的绝大多数对充足性的定义都是聚焦于教育投入的，例如，州认证要求就是这样。这种强调输入来定义充足性产生的一个主要问题是缺乏在所要求的投入与所期望的教育产出之间的清晰的联系。表面的充足性也可以叫“公平加”：经过充足性调整的公平。真正的充足性代表了学校财政、政策与组织的整合，紧密地反映了与所有桌面上的因素的匹配问题，而不仅仅是提供资源并且希望在现存的教育政策结构下产生好的结果，真正的充足性要求对有效的教学方式资源的使用制定出具体的安排，因此，真正的充足性远非仅指简单的财政调整。当学校变得具有良好表现的组织时将得到新的资源。①

第三节 公共产品与公共教育财政理论

一、公共产品

公共产品（public goods，也译成“公共物品”）是指那种不论个人是否愿意购买，都能使整个社会每一个成员获益的物品。也就是“将该物品的效用扩展于他人的成本为零；无法排除他人参与分享”。即每个人消费这种物品不会导致别人对该物品消费的减少。公共产品与私人产品（private goods）相对，私人产品恰恰是那些可以分割、可以供不同人消费，并且对他人没有外部收益或成本的物品。②另外，对于公共产品的定义，大卫·弗里德曼（D. Friedman）认为：“将它定义成这样一种物品，它一旦被生产出来，生产者就无法决定谁来得到它。”换句话说，公共物品一旦被提供出来，生产者就无法排斥那些不为此物品付费的个人，或者

① WILLIAM H C. The Shift from Equity to Adequacy in School Finance [J]. Educational policy, 1994, 8 (8): 376 - 394.

② [美] 保罗·萨缪尔森，威廉·诺德豪斯. 经济学（第十六版）[M]. 萧琛，等，译. 北京：华夏出版社，1999：267 - 268.

排他的成本高（无限大）使排他成为不可能的事。[①]

高效的公共产品通常需要政府提供，而私人产品则可以由市场进行有效的分配。公共产品的典型例子就是国防，类似的还有天花疫苗、公园音乐会、建筑在上游的防洪堤坝以及其他类似的基础教育、警察、消防、灯塔等政府项目。公共产品的特征可以归结为：（1）收益（无论是正收益——如国防，还是负收益——如环境污染）具有外部性，其收益或成本不是由一个人承担，而是由更大范围的群体（地区、国家、乃至全球）来承担，很难将其私有化、内部化；（2）消费的非竞争性，指一个人对该产品的消费不影响他人对该产品的消费，在该产品未达到充分消费时增加一个人的消费其边际成本为零，也就是说每个消费者消费的都是同一个商品的总量，因而每一消费者的消费量都与总消费量相等；（3）消费的非排他性，指一个人对该产品的消费不能排除他人对该产品的消费，不能排除的原因，或因该产品在技术上不能分割，或排除成本过高。

公共产品的生产和分配可以分离，既可以由政府生产并分配，也可以由私人（市场）生产，政府购买来分配。公共物品理论倾向于把具有公共物品属性或外部性的资产的产权归并到集体、社团、政府或国家手中，从而弥补市场缺陷，这实际上就是政府在从事公共物品的生产与分配。另外，如弗里德曼就主张由私人生产教育（基础教育可以认为是纯公共产品），而政府来购买。但是，如果纯粹由市场来生产公共物品的话，而市场本身提供的公共物品通常将低于最优数量，即市场机制分配给公共物品生产的资源常常会不足。因为，任何一个消费者消费一单位商品的机会成本总为零。这意味着，没有任何消费者要为他所消费的公共物品去与其他任何人竞争。因此，市场不再是竞争的。如果消费者认识到他自己消费的机会成本为零，他就会尽量少支付给生产者以换取消费公共物品的权利。如果所有消费者均采用这样行为，则消费者的支付的数量，将不足以弥补公共物品的生产成本，结果便是低于最优数量的产出，甚至是零产出。[②]由于政府生产公共物品常常会导致“免费搭车”现象，即人人都抱投机心态，不为公共产品付费，都希望由其他人来承担公共物品的费用，因

① 张军．现代产权经济学［M］．上海：上海三联书店，上海人民出版社，1994：115.

② 高鸿业．西方经济学（第二版）［M］．北京：中国人民大学出版社，2000：432－433.

此，通常需要政府强行征收税收等手段来获得生产公共物品所需的资金，即通常情况下公共产品还是由政府来生产和分配。

由于基础教育具有很强的正外部性，尽管其消费存在竞争性与排他性，特别是对优质基础教育资源的竞争与消费而言，但是现代民主社会的社会、政治、经济、文化等各方面的发展越来越离不开基础教育的发展，基础教育阶段对社会个体进行的基本的社会伦理道德、政治意识形态和思想精神观念，都将更有益于整个国家的和社会的稳定以及社会和人际的和谐，这些都是有益于国家、社会和他人的。这同样使得基础教育有着较强的外部性。因此，基础教育成了社会个体生存的必需公共品。基础教育为社会提供具备基本素质的劳动者或公民，否则社会将无法运行与发展，公民也很难在文明社会中生存与发展，接受基础教育越来越成为公民的一项基本权利，世界上绝大多数国家都把接受基础教育作为其发展的基本国策及基本权利写入了宪法，由政府来提供基础教育，因此基础教育可以说是一种公共产品，至少是公共性很强的产品。

一是从个人的必需性上来看。由于近现代科学技术知识的飞速增长，只有通过正式的基础教育才能获取这些知识，因此正式的基础教育成为个人的必需品。从个人的公平性需要来看，随着基础教育需要在全社会中普及程度的增加，其总体平均水平有了很大的上升，社会上全体低于平均水平的个体与平均水平的差额的总量就会上升，社会中全体个体的对于基础教育这一物品的公平需要总量就会大大上升，要满足这种基础教育公平需要的成本和供给或所要消耗的资源也将会要大大的上升。可见基础教育的必需品性大大增强，为其公共品性大大增强提供了必要的条件。

二是从基础教育的社会外部性、非排他性和非竞争性来看。基础教育历来也都有着一定程度的外在性。因为基础教育投资的个体或家庭，除了其直接受益外，还外溢到个体或家庭以外的社会中，接受基础教育的个体使得政府更好管理、使得社会更加文明，使得国家更加昌盛，使得与之打交道的人更加感受良好、更加受益等，这些都具有正的外部性。基础教育社会外部性的突现与它的活动内容有关，基础教育是传播和传授知识的活动，随着知识传播、传授途径的发达，基础教育活动的社会外部性、非排他性和非竞争性也随之加强，公共品属性日益加强。要规制好这些外部性，就必须使社会中的个体具有良好的社会伦理道德文化，而这又只有通过基础教育才能获得，因此，对基础教育的投资与消费就越来越具有社会外部性，基础教育越来越具有公共品的特性。①

二、公共教育财政理论

公共财政论是起源、发展于西方市场经济国家并在世界范围内广为接受的财政理论。公共财政论由于强调财政的“公共性”，而谓财政为“公共财政”。由于市场本身存在公共品供给困境、垄断、信息不对称、分配不公等市场失灵领域，而市场机制本身无法自发解决这种市场失灵，建立公共财政，发挥其宏观配置资源及调控机制，为市场提供公共产品和服务，可以弥补市场失灵和由此产生的效率损失，更好地发挥市场机制的效率优势，实现宏观经济效益和社会效益的最大化，并实现社会公平。②哈维·S. 罗森在其所著的《财政学》（第六版）第二章中专门研究了公共支出分析，包括供给品、外部性、政治经济学、收入再分配；概念问题、扶贫支出计划、社会保险Ⅰ；社会保障和失业保险、社会保障Ⅱ；保健、成本—收益分析。认为政府在经济中的活动主要是为了弥补市场在某些地方不能有效地配置资源问题。因为帕累托效率标准本身不足以将各种资源配置进行排序，相反，关于效用或资源分配是否公平，需要有明确的价值判断。社会如果有使现行资源分配不公平的倾向性，就无须干预市场价格，损害效率。相反，社会只需以被认为是公平的方法在人们之间转移资源就行了。当然，政府需要某种方法再分配资源。③

公共财政（Public Finance）按照西方财政学家的定义，是指涉及公共部门的财政收支活动，即政府如何筹资来满足其正常运转成本。④公共财政论对“公共财政”所下的定义是“国家或政府为市场提供公共服务的分配活动或经济活动”。⑤即公共财政是为市场提供公共产品和服务的财政分配模式。公共财政的收入、支出、政府间财政关系（如中央与地方

① 古翠凤．我国基础教育政策变迁的路径分析［D］．桂林：广西师范大学，2006：26－27.

② 王军．试论公共财政框架下的基础教育供给［J］．山东社会科学，2005，19（11）：80－83.

③ ［美］哈维·罗森．财政学（第六版）［M］．赵志耘，译．北京：中国人民大学出版社，2003：41.

④ 马海涛．公共财政学［M］．北京：中国审计出版社，2000：1.

⑤ 张馨，杨志勇．当代财政与财政学主流［M］．大连：东北财经大学出版社，2000：468.

政府之间的转移支付制度等）以及财政预算与财政政策等都属于公共财政研究的重要内容。在其重点研究领域转移支付方面，马斯格雷夫认为国家公共财政预算的主要问题就在于转移支付项目。人们对于分配的正义的观点有分歧，但是在需要一个安全网使一些最少数人得到保护这一点上社会达成了广泛的共识。问题是如何有效建立安全网，最好的解决办法是预防性的，例如教育，一个活跃的劳动力市场和充足的照顾儿童设施。但是也需要直接的支付和转移支付。转移支付的增长反映了人们对分配问题日益增长的关注并且因此提高了中央预算的重要性。转移支付的增长采用了各种各样的形式，主要是救济穷人和社会保险。[①]国家公共财政的基本职能——公共物品的供应、实现分配的正义以及实施宏观经济政策。而公共物品的有效供给需要政治制度和制定政策的集体程序。因此，公共财政的收入和支出必须在法律的规范和约束下进行，并接受纳税人和社会公众的监督；它为市场提供公共产品和服务不能因经济成分和不同的行业、部门和地区而区别对待，以维护市场经济的公平竞争和社会公平；它不以盈利为首要活动目标，而是追求社会利益最大化。

教育产品一般都具有显著的外部性，尤其是基础教育的强外部性，由于其收益有相当一部分要外溢到社会上被其他人所享用，故私人市场不愿意提供这种产品，因为私人资本市场投资的产品一般都是收益大于成本的，故在基础教育中存在不完全市场，需要政府介入。而基础教育的强公共产品属性更需要政府来提供，在现代民主社会为每个公民提供必要的最低限度的基础教育，是公民的必需品。就如同亚当·斯密所说的，“必需品不但是维持生活上必不可少的商品，而且一国习俗决定了如果没有这种消费品，就是最底层人民也觉得有伤体面的那些商品。例如，严格说来，麻衬衫并不是生活上必要的。据我推想，希腊人、罗马人虽然没有亚麻，他们还是生活得非常舒适。但到现在在欧洲的大部分国家里，哪怕是一个领日薪的工人，如果没有穿上麻衬衫也羞于走到别人面前，没有衬衫表示他穷到了丢脸的程度。同样的习俗使皮鞋成为英格兰生活的必需品。哪怕

① ［美］詹姆斯·M. 布坎南，理查德·A. 马斯格雷夫. 公共财政与公共选择：两种截然不同的国家观［M］. 类承曜，译. 北京：中国财政经济出版社，2000：25－54.

是最穷的体面男人或女人，没穿上皮鞋也不肯出去献丑。”[①]投资基础教育的收益对国家与个人来说也是根本性的，具有基础性作用，是形成社会生活能力的基础，因此是基本品，基本的公共物品，也是现代民主社会公民的一项基本权利。而这种公共产品需要政府来提供，这就涉及公共教育财政问题。

政府在教育支出中为公众提供基础教育这种“必需品”，需要构建与现阶段相适应的公共教育财政制度。公共教育财政制度是财政的公共性与教育公共性的统一，是通过教育财政资源的配置，最大限度地满足教育的公共性实现的制度安排。公共教育财政制度是相关利益团体利益博弈的内生性制度，社会利益关系的协调是制度生成和发展的社会基础。无论是政府主导还是市场介入，公共教育财政支出都要实现公平与效率的统一。[②]考察公共财政体制建设的内容和国际经验，可以归纳出公共教育财政体制的基本特征：教育财政责任和行为的法制化、办学主体和资金来源的多元化、教育财政目标的公平化、教育财政决策的民主化。公共教育财政体制建设的具体内容体现在：建立和完善公共教育经费保障制度，实行免费义务教育并进一步推进义务教育均衡发展，完善多元办学体制，进一步完善非义务教育成本分担制度，完善义务和非义务教育阶段学生资助制度，探索建立扶持继续教育发展的制度，建立公平、透明的公共教育经费分配制度。[③]此外，对弱势群体及落后地区要在公共财政上给予特别支持与补偿，加大公共教育财政转移支付力度，并提高资金的使用效率，减少教育腐败与寻租现象，建立阳光的、充足的教育发展的公共资源保障机制，确保个人（群体）与地区间的教育纳税公平（水平的与垂直的）。

实际上公共教育财政制度就是各级政府主体为提供作为公共产品的基础教育或公共性比较强的非基础教育所需要的资源从何处以及以什么方式而来。因此，涉及政府与纳税人（成本的最终归宿者）及基础教育的消费者（使用者）等之间的利益博弈关系；以及这种资源是以何种方式和

① ［英］亚当·斯密．国富论［M］．唐日松，等，译．北京：华夏出版社，2006：614.

② 栗玉香．公共教育财政制度：生成与运行［M］．北京：中国财政经济出版社，2004：14.

③ 王善迈，等．重构我国公共财政体制下的义务教育财政体制［J］．北京大学教育评论，2005，3（4）：25－30.

项目分配出去的，这就涉及公共教育资源的配置问题，而公共教育资源需要以公平而有效率的方式配置出去，其中公平性是第一位的，毕竟这是为了公共利益，公共利益就要为大众公平的享受，至于在分担成本时则要考虑横向公平与垂直公平，即要考虑以累进制税收的形式来分担成本；公共教育财政制度还要关注在公共教育资源配置中，如果出现失灵或存在不公平的地方，如何纠正的问题，如通过转移支付等再分配手段将资源从比较富裕地区流向贫穷地区，从比较富裕群体流向贫穷群体，补偿那些处于不利地位的地区、群体与个人，从而达到某种程度上的横向公平（通过垂直公平的手段）。可以说公共教育财政就是公共部门经济学或政府经济学及财政学在教育部门与领域的具体应用，公共财政如何为公共教育服务买单，如何处理公共财政在教育中的收入与支出问题，只是需要考虑到教育服务的某些特殊性，如教育生产周期比较长，教育的产品不能直接物化等。

第三章 教育资源配置公平指标体系框架建构

对公平（平等）的测度往往是通过对平等的对立面——不平等的测度来实现的，一般地，人们知道了哪些现象是不平等的，其不平等的程度在人们普遍的容忍范围内，就认为这种不平等现象及其程度是公平的。因此，本研究通过对不平等的测度来度量对公平的测度。另外，在本书中对公平与平等没有做严格意义上的区分，有的时候要用“平等”来表述才更符合特定的语境，如在相关的经济统计测量中，在描述某些社会现象时又多使用“公平”一词，平等不是完全意义上的绝对数量的相等，而是包含可容忍范围内的相对差距的平等。

第一节 不平等的测度

不平等思想既非常简单又非常复杂。一方面，它是所有思想中最简单的一个，与其他思想相比，它更容易使人们获得一个不假思索的直观印象。但另一方面，它又是一个相当复杂的概念，以致对该概念的任何一种阐述都是极有争议的。因此，“不平等”概念成为众多哲学家、统计学家、政治理论家、社会学家以及经济学家的研究主题。①

对社会中普遍存在的不平等现象，人们很早就给予了关注和研究，并提出了可行的测度不平等程度的方法和指标。然而我们注意到，这些传统的研究成果所体现的不平等，主要集中在社会的“收入不平等”上，实质上也就是经济不平等的即时反映。但生活毕竟不只是生存问题，社会中的不平等远不仅是人们收入多少的差异，还有很多无法用货币或数值来表现的不平等，而这些往往是人们生活质量更深层次、更真实地反映。

20 世纪初美国经济、统计学家洛伦茨（M. E. Lorentz）根据意大利经济学家巴雷特（V. Pareto）提出的收入分配公式绘制成了用于描述收入和财富分配性质的曲线，即洛伦茨曲线。之后，意大利经济学家基尼（G. Gini）根据这一曲线给出了衡量收入分配平均程度的指标，也就是基尼系数。在以后的发展中，基尼系数成为测度收入不平等的有效指标之一，量化地反映了一个社会的不平等程度，它也是人们目前最为常用的测度不平等的指标之一。但是，基尼系数建立的基础决定了它的狭隘性，它体现的仅仅是社会中收入分配的平均程度，而收入不平等只是整个社会不平等的一部分。社会中不同收入群体之间还存在健康状况、死亡率、生活水平、营养状况以及社会地位等诸多的不平等，传统的对收入不平等的测度则无法反映这些收入以外的内容。

要全面研究社会中的不平等现象，首先应提出一个更广义的不平等概念。“社会经济不平等”概念的提出，跳出了“收入不平等”这个狭隘的思维体系，也为全面研究社会中诸多不平等现象奠定了新的基石。早在 20 世纪 70 年代，国外学者就已经开始使用“社会经济不平等”这一术语，用来表示某种涵盖了收入、死亡率和生活水平等各方面的不平等。这样的概念弥补了“收入不平等”对不平等的狭隘认识，充分考虑了社会经济所带来的收入以外的间接和长期影响。由于意识到收入不平等并不能真实地反映社会经济不平等，人们的注意力也就由测度收入不平等的基尼系数转移到其他用于测度不平等的社会指标上。②不平等的常用测度方法

① ［印］阿马蒂亚·森. 论经济不平等/不平等之再考察［M］. 王利文，等，译. 北京：社会科学文献出版社，2006：1.

② 贾俊平，谭英平. 社会经济不平等及其测度［J］. 统计研究，2003，23（3）：35－37.

主要有以下五种。

第一，极差与极差率。

假设在 n 个人之间进行收入或某项资源的分配，$i=1, 2, \cdots, n$，令 y_i 为个体 i 的分配或收入。设收入或分配的平均水平为 μ_y，即

$$\sum_{i=1}^{n} y_i = n\mu_y \tag{3-1}$$

最简单的方法是比较收入分配的极值，也就是比较收入水平的最高值与最低值。极差可以定义这两个水平之间的差距，也可以定义为其差距与平均收入之比。为了便于数据显示及直观看到极大值与极小值的绝对差距，我们将极差定义为极大值与极小值的差，即极差

$$E = \mathrm{Max}_i y_i - \mathrm{Min}_i y_i \tag{3-2}$$

通过极差可以比较收入或资源分配水平最大值与最小值的绝对差距情况。

极差率，为收入分配水平的最大值与最小值的比，即

$$\mathrm{Re} = \mathrm{Max}_i y_i / \mathrm{Min}_i y_i \tag{3-3}$$

通过极差率可以比较收入或资源分配水平的最大值与最小值的相对差距情况。极差率为 1.0 意味着完全平等，然而随着该比率值的增加则表明了地区（群体/个人）间分配结果不均等的增加。极差率是水平公平最简单的测度工具，它不用考虑地区间在机会、资源或结果的分配结果。

第二，平均离差。

考察整体收入或资源分配特征而不是简单地比较两个极值的测度方法是：比较每个人（组）的收入或资源占有量与平均值的相对离差或偏离情况，用平均离差（距平值）来表示某值与平均值的差距情况，即距平值

$$m = y_i - \mu_y \tag{3-4}$$

通过比较该值，可以比较个人（组）收入或资源占有量与平均水平的相对差距及其变化趋势。

第三，方差、标准差与变异系数。

方差是反映某一随机值与均值的偏离程度的常用统计量，在不平

等的测度中指的是个人收入 y_i 与平均分配水平 μ_y 的偏离程度。其计算公式为

$$V=\sum_{i=1}^{n}(\mu_y-y_i)^2/n \tag{3-5}$$

将方差开平方根既得标准差，即

$$S=\sqrt{\sum_{i=1}^{n}(\mu_y-y_i)^2/n} \tag{3-6}$$

方差、标准差值越大，说明分布偏离中心的程度越大；其值小说明数据相对比较集中。①

然而，方差依赖于平均分配水平，一种分配可能比另外一种有更大的相对差距，却有更小的方差，如果这一分配的平均收入水平更低的话。可避免这种缺陷且针对于相对差距的测度方法是变异系数，它是方差的平方根（标准差）与平均分配水平的简单相除，即

$$C=S/\mu_y=\sqrt{\sum_{i=1}^{n}(\mu_y-y_i)^2/n}\,/\,\mu_y \tag{3-7}$$

变异系数在任意收入水平上的收入转移都有很强的敏感性，并且与方差不同的是，它与平均收入水平无关。②

变异系数表示某个指数偏离均值的变化程度。变异系数为 0.00 表示完全公平，取值越高表明更大的偏离或不公平。变异系数把在某种分配中的所有地区（群体/个人）都考虑进去了，变异系数值不会因为在某一个公平目标对象上因所有地区都经历类似比例的增长而改变。这个测度维度对于测量如生均经费这样的货币价值时是非常有价值的，并且不会随通货膨胀而变化。

第四，基尼系数。

已广泛使用的可反映不平等的测度方法是基尼系数（Gini Coefficient），它是由基尼于 1912 年首先提出，并由里茨（Ricci）、道尔顿（Dalton）、因特马（Yntema）、阿特金森（Atkinson）、纽伯伦

① 衷克定．数据统计分析与实践——SPSS for Windows［M］．北京：高等教育出版社，2005：110.

② ［印］阿马蒂亚·森．论经济不平等/不平等之再考察［M］．王利文，等，译．北京：社会科学文献出版社，2006：24.

(Newbery)、舍辛斯基(Sheshinsk)以及其他学者做出进一步解释和分析的。[①]与基尼系数类似的也用于测度不平等程度的指数还有麦克隆(McLoone)指数和泰尔(Theil)指数，泰尔指数可用作群体分割分析。[②]基尼系数的经济含义是在全部居民收入中用于不平均分配的百分比。基尼系数最小等于0，表示收入分配绝对平均；最大等于1，表示收入分配绝对不平均；实际的基尼系数介于0和1之间。联合国有关组织规定基尼系数若低于0.2表示收入高度平均，0.2－0.3表示比较平均，0.3－0.4表示相对合理，0.4－0.5表示收入差距较大，0.6以上表示收入差距悬殊。[③]

第五，森指数。

上述几个指标并不能测度对低于某一最低门槛值内的不平等，这时对贫困的测度就显得尤为重要，而对贫困测度作出重要贡献的是阿马蒂亚·森，他对贫困测度的方法被称为森指数。[④]以前普遍使用的贫困指数并不令人满意，这使得森基于相关性、弱单调性和弱转移性公理提出了森指数：

$$P_s = H[I_p + (1 - I_p)G(g_p)] \tag{3-8}$$

森指数是贫困率、平均贫困差距率(I_p)和穷人贫困差距率[$G(g_p)$]的基尼系数加1的乘积。森指数(S指数)弥补了贫困发生率和贫困缺口率测量贫困的不足。[⑤]

---

① [印]阿马蒂亚·森. 论经济不平等/不平等之再考察[M]. 王利文，等，译. 北京：社会科学文献出版社，2006：25－26.

② 夏华. 泰尔指数及其在我国行业收入差距中的应用[J]. 生产力研究，2007，21(7)：10－11.

③ 财经名词解释：基尼系数[EB/OL]. 北京：新浪财经网，[2007－09－23]. http://finance.sina.com.cn/255/2005/0415/85.html.

④ [印]阿马蒂亚·森. 贫困与饥荒——论权利与剥夺[M]. 王宇，等，译. 北京：商务印书馆，2001：16.

⑤ 弓秀云，秦富. 利用森指数进行贫困度量的实证分析[J]. 农业技术经济，2005，24(2)：2－6.

第二节 教育公平的测度

由于对教育公平的测度中所涉及得很多指标与内容都适用于对教育资源配置公平的测度，特别是当教育资源在取广义的定义时，如将教育制度、与教育相关的社会经济背景与环境、教师及家长的背景对学生的影响及其互动关系、受教育后的各种影响或结果都纳入教育资源范畴的话，那么对教育公平的测度就是对教育资源配置公平的测度，但是在具体测度时是通过对某些分配量的不平等指标的测度反映出不平等的范围及程度来判断该分配量的公平范围及程度，即如果不平等程度在一定的范围内，那么就是公平的。因此，本书通过对教育公平的测度来构建对教育资源配置公平的测度体系。

一、对教育公平测度的关注

国际上对教育公平的研究可谓汗牛充栋，可是究竟教育公平都研究什么？其内容及实质都指向什么？如何评价何种教育权利、机会及教育的起点、过程、结果及前景影响公平与否，这都需要教育公平研究的深入，而对教育公平测度的研究就能很好地回答上述种种问题。

国家组织提升教育公平的努力与对教育公平的研究与测度是紧密相连的。例如，欧盟最近委任了一项研究，来建立一个包含了29个数量与质量的关于教育公平指标的理论框架（European Commission）。这些指标能归入四类来测度教育公平：背景性指标（如经济与社会不均等、文化资源），过程性指标（如所受到教育的的数量与质量），内在结果（如技能、个人发展），以及社会和政治影响。①

丹尼斯·缪瑞特认为基于人们越来越关注教育公平，因此有必要建立教育公平指标来进行更好的管理。公平问题对政府的管理来说具有明显的作用，并且其影响越来越重要。特别是教育中的公平问题被期望不断增加的重要性，基于以下几个原因：（1）个人在教育上的风险（赌注）在增

---

① JOEL D S, JEFFREY M P. Educational equity and public policy: comparing results from 16 countries [R]. Montreal: UNESCO Institute for Statistics, 2007: 19.

加；(2) 人们越来越认为教育应该是政府为他们提供的一种服务；(3) 政府也越来越意识到教育服务是它的一个重要责任之一，因此就希望它能越来越公平而无论是谁来提供这种服务；(4) 这种公平的判断所产生的个人与社会现象对容忍政治措辞能允许的暴乱是非常重要的。[①]

通常在测度教育（学校财政）公平时，需要考虑以下一些问题：第一，学校财政制度应该对谁来说是公平的？第二，哪些资源及服务应该被公平地分配？第三，应该怎样来定义公平？第四，应该怎样来测度公平？第四个问题通常又包括两个问题，即使测度与结果具体化。第五，制度有多公平？问题一至四描述了分析公平的框架，问题五涉及对这个框架的应用及其建议性结论。[②]

二、理解教育公平

（一）教育公平关注的群体——对谁的公平

当讨论教育公平概念时，涉及四类群体。这四个可能的群体是“接受”教育的儿童，可能从对教育的付费中获得收益的成年人或家庭，做教育决策的如学区、州政府等政治单元，以及提供受雇的教师及其他职员。[③]

当儿童是定义公平的主体时，儿童间也存在很多差异，比如他们是否把讲英语作为第二语言，是否只是具有一般的还是严重的残障，是否无学习能力，是否贫穷或是少数民族，所有这些都变得重要。不同群体可获得的资源经常是公平首先需要关注的议题，尽管有时重点在于强调机会的公平，但是现在越来越关注要使儿童达到某一可接受的（足够的）成绩水平而花在各个群体学生身上的成本。从学校财政的角度来看，纳税人认为

---

① DENIS M. A system of equity indicators for educational system [M] // WALO H, DOUGLAS C, NORBERTO B. In pursuit of equity in education: using international indicators to compare equity policies. London: Kluwer Academic Publishers, 2001: 136.

② LYNNISSE R P, HARRY A G. Gains in education spending equity continue four years after fully funding the basic education program [R]. Staff Education Brief, Sep. 2003: 3.

③ ROBERT B, LEANNA S. The measurement of equity in school finance with an expenditure disparity measure [R]. Graduate School of Public Administration New York University. Document prepared for the U.S. Office of Education, Department of Health, Education, and Welfare Under Education Commission of the States Contract No. 22-78-13030, Nov. 1978: 31.

如果能确保在一定的税率下分给每个学生的经费是一样的，而不是因他们生活的地区不同而不同，那么这样的制度就是公平的。另一方面，从公共财政的角度来看，纳税人认为要么是基于能力支付或基于受益原则的纳税制度是公平的。从教育提供的主体来看，州政府、学区、学校、依据社会经济或其他特征划分的学生群体都是我们分析学校财政公平的单元。

另外，还要讨论那些具有特殊利益的选择性群体。教育公平与机会间的联系引致对哪些人是最需要提高机会的讨论。来自低收入家庭、少数民族以及残障学生经常是该情境最关注的群体，同时也关注那些低财富或低收入的纳税人。从1970年代以来的所有法庭案例都是特别关注财产贫穷的学区的。对后者的强调已被证明是存在问题的，因为在某些情况下贫穷学区与贫穷学生的相关性并不是很高。①

（二）教育公平关注的内容——对什么的公平

所有关于这方面的研究几乎都集中在对教育的起点、过程、结果及其影响所涉及的各主体、各主体的各种资源占有量及其质量、各主体的产出，以及它们之间的相互关系的不同理解与证实上。

一般来讲，要理解教育（学校财政）公平的不同方式就是考察教育“生产”的不同阶段所强调的重点。公平的一些定义关注的是投入——劳动力、设备、资本——无论是以资本的形式出现还是以实物的形式出现。这一定义就是要知道这些投入哪些是被公平地分配了，而哪些又没有被公平地分配。有些时候关于该定义的争论最终都主张以美元来衡量的投入应该是学校财政公平关注的核心。在另外一些情况下，公平的概念又超出了投入，而是关注教育生产过程的某些东西，例如课堂上发生了些什么？学生们上什么样的课程？或者是关注公平的过程能产生的教育迹象。最近，关注点开始转向产出部分（例如，学校生产什么？如成就或毕业生的种类）以及结果（如终身的成就，如收入以及健康状况）是怎样随着学校的行为而变化的。对结果的关注无疑会引出这样的问题，为了达到某种期

① ROBERT B, LEANNA S. Concepts of school finance equity: 1970 to the present ［M］// HELEN F L, ROSEMARY C, JANET S H. Equity and adequacy in education finance: issues and perspectives. Washington D. C. : National Academy Press, 1999: 10 - 11.

望的产出或分配水平需要何种水平及哪些具体的投入与过程。①

（三）教育公平的原则

国外学者在对教育公平的测度及学校财政公平的测度时没有将其作严格意义上的区别，很多时候是通过对学校（教育）财政公平的测度来度量教育公平的。

1. 教育公平的原则

格雷赛伊在1984年采纳的教育平等的五项原则陈述了不同的公平原则的假设及结果，如表3.1所示。格雷赛伊没有明确说明的第一个概念，我们把它标示为“A”，指的是“自然的”或自由概念。仅仅概念B至E才戴上了公平原则的帽子（也见于德缪斯，克雷黑，蒙索尔）。在B情形中，愿望是所有的个体或群体在制度中都能获得达到一定水平的同样的机会。社会背景必须不能影响学校教育的成功，但是这遭到那些声称应该给予那些适合于现有教育项目的具有不同社会文化背景及更高能力的人提供更好教育条件的人的反对。这就是传统上大家所谓的“马太效应”（Matthew effect）。在C情形中，同样的学校应该是所有人的需要：给予每个人相同的教育条件，但是这会遭到声称应该为那些具有这方面或多方面的残疾的提供更好的教育条件的人的反对。在D情形中，认为应该要求所有的学生都要达到已经设定的或被大家认可的目标。期望结果平等，至少在某种水平程度上的知识的平等，但是这又会遭到反对，那些认为如果实现这个目标，那么就剥夺了最好学生尽可能取得进步的机会，这就是所谓的“罗宾汉效应”（Robin Hood effect）。最后，在E情形中，期望在离开教育系统后所有个体都拥有同样的机会运用他们所获得的技能，在社会上发展他们自己并评价他们的能力。②

---

① ROBERT B, LEANNA S. Concepts of school finance equity: 1970 to the present [M] // HELEN F L, ROSEMARY C, JANET S H. Equity and adequacy in education finance: issues and perspectives. Washington D. C. : National Academy Press, 1999: 11 – 12.

② Department of Theoretical and Experimental Education University of Liège. Equity in European educational systems: a set of indicators (February 2005 – 2nd Edition) [R]. A project supported by the European Commission Directorate General of Education and Culture Project Socrates SO2 – 61OBGE, 2005: 15.

表 3.1 格雷赛伊在 1984 年采纳的教育平等的五项原则①

假定的	被承认的/可接受的	受到批评的	被推荐的
A 在公平中没有利益："自然的"或"自由的"位置			
特定群体的由出生、财富力量决定的权利，自由只能通过强制的再分配来实现	基于公平获得物上的"自然的"秩序与差异的复制与保持	同类群体中可能的不平等性，与自由相反的干涉	稳定的秩序，社会功能（社会等级、秩序等）或基于参与者的自由的制度的共享
B 机会的平等			
天赋、潜在或自然能力的存在。这些定义了个体可能期望达到的水平或最低门槛	不平等的结果，假定它们与起始的才能成比例。对不同价值学习的课程的存在。对待的不平等	资质不是决定获得最受关注或级别课程的机会的唯一标准。社会文化偏见影响对考试的引导。尽管具有同等的能力，有的学生成功了而另外的学生失败了，对这一事实责任的评价的不完整性	对天赋的客观、科学的发现，及对其科学的引导。对来自有利家庭与不利家庭背景的但具有相同能力的学生提供长期学程的机会的平等。使学校可以测度，例如在如下方面，具有不同选择的制度及课程适合于学生能力。对来自不利地位背景的有天赋学生的资助（例如奖学金等）
C 对待的平等			
所有学生从事基本学习的能力，以及因此从基本教育中获得的收益	自然天赋、潜能的存在。在具有同质量的学校条件下学生所获得的成绩的不同	教学质量及不同成绩的责任的不平等。精英学校、贫民窟学校及拥挤的班级，清楚的及含蓄的学习课程造成了教育质量的不平等	单一水平或综合性学校，尤其是低层中等教育的共同核心

① MARC D, MARCEL C, CHRISTIAN M. Efficiency and equity [C] // WALO H, DOULAS C, NORBERTO B. In pursuit of equity in education: using international indicators to compare equity policies. London: Kluwer Academic Publishers, 2001: 71.

续表

假定的	被承认的/可接受的	受到批评的	被推荐的
D 成绩或学术成功方面的平等			
延长学习的潜力。个体的特征（认知的或情感的）能被修正。学习方式上差异	超出基本技能外的成绩的差异	天才的意识形态。消极的歧视（包括拥挤的班级、课程、精英学校及贫民窟学校），例如在以下所有情形，不同质量的教学的增加了开始就存在的不平等	基本技能获得的平等。积极的歧视，优势学习，格式化的评价，以及所有旨在减少初始不平等的支持机制
E 社会实现方面的平等			
不同的个体，不同的动机及文化特征，但是它们之间不存在任何等级	结果经历方面的不同	单一标准的卓越性的存在。“精英”文化及其次文化的存在	个性化的指导

这里陈述的指标旨在为关于教育公平之争提供一些引子，并为下列问题的反映提供一些基础。

第一，特定的教育不平等在何种程度上对个人产生主要的社会影响？这些不平等的重要性是什么？这些不平等大体上在教育制度的背景中，或者过程中是合理的吗？这些不平等是否被应用来帮助不利地位者？

第二，男孩与女孩间，不同的社会、经济或民族起源的群体间，这些教育不平等的重要性是什么？在多大程度上这些不平等对于教育制度的社会背景来说是合理的，或者对于教育制度的过程来说是更为合理的。在多大程度上这些不平等被社会或劳动力市场加重？

第三，在多大程度上处于明显的最低限度的技能门槛对在学校背景中及学校背景外的个人具有重要影响？那些发现自己处于最低限度门槛下的个人的比例是多少？低于这个最低限度门槛的群体中的人们的比例是多少？处于低于最低限度门槛这一事实大体上是不是对教育制度的社会经济背景来说是合理的，还是对于教育制度本身来说其为更合理的?①

其实，早在1978年贝尔勒与斯蒂埃菲尔的合著《以经费差距测度的对学校财政公平的测度》(The Measurement of Equity in School Finance with an Expenditure Disparity Measure) 中，就提出了测度教育公平的三项重要原则，那就是机会均等，主要是指起点上的受教育机会的均等，以及在过程（对待）和结果（影响）中的水平公平与垂直公平三原则。②

近年来关于教育（学校财政）公平原则的关注又多了一项“充足性”原则。充足性可以有多种定义方式。其中一种定义就是指为了达到某一既定的绝对的而不是相对的产出水平所需要的足够水平的资源。用威廉姆·克朗（William Clune）的话来说就是，“充足性指的是为了实现某些如在州政府组织的考试中达到最低的通过（升级）率而需要的充分的（或足够的）资源。”律师们一般都在公平性与充足性之间作出明确的区分。对我们来说在充足性与公平性概念之间的最有用的区分是对充足性的绝对水平和公平的相对水平或公平的具体分配数量的关注。充足性是个以学生为基础的概念。从概念上讲，分析单元可以是作为个体的儿童，但是州学校财政案例的诉讼者却更愿意将它作为适用于学区水平的概念来使用。该概念的要素单元可能遵循资助模式，如果对学校提供资助的话，就应该对这些学校基于以学生的成就水平的充足性来评估它们。③

2. 教育（学校财政）公平原则的实质

综上所述，教育（学校财政）公平原则分析的实质是围绕机会均等、财富中立性、水平公平、垂直公平与充足性的相关方面而展开的。

---

① Department of Theoretical and Experimental Education University of Liège. Equity in European educational systems: a set of indicators (February 2005 - 2nd Edition) [R]. A project supported by the European Commission Directorate General of Education and Culture Project Socrates SO2 - 61OBGE, 2005: 17.

② ROBERT B, LEANNA S. The measurement of equity in school finance with an expenditure disparity measure [R]. Graduate School of Public Administration New York University. Document prepared for the U. S. Office of Education, Department of Health, Education, and Welfare Under Education Commission of the States Contract No. 22 - 78 - 13030, Nov. 1978: 31.

③ ROBERT B, LEANNA S. Concepts of school finance equity: 1970 to the present [M] // HELEN F L, ROSEMARY C, JANET S H. Equity and adequacy in education finance: issues and perspectives. Washington, D. C. : National Academy Press, 1999: 21 - 22.

（1）机会均等

积极意义上的机会均等指的是所有学生应该拥有获得成功的平等的机会，在实际可观察到的成功只取决于某些个人特征，如动机、期望、努力以及在某种程度上来说的能力。消极意义上的机会均等指的是个人所获得的成功不依赖于个人控制之外的环境因素，如家庭的财政状况、地理位置、民族或种族的身份、性别以及残障。“成功”也有多种方式的定义，包括在学校期间获得资源（通常是以美元来衡量）的能力，获得高级水平课程的机会，考试的成绩以及终身的成就。

在本质上机会均等概念在应用于教育时比应用于学校财政问题时范围更广。学校财政公平着重强调一项特定的机会均等公式——财富中立。

在提交给 1964 年的《公民权利法案》的立法委任权的教育委员会的报告《教育机会均等》中，调查结果显示出现五类不平等现象。①该调查所显示的对均等的定义可以分为两类。前三种定义关注的投入资源：首先是那些由学校管理行为带到学校的资源（如学校设施、课程、教师）；其次是由学生带到学校的资源，学生所代表的教育背景对学校也有贡献作用；再次，无形因素，如所有因素的相互作用产生的“道德”因素。第四类与第五类的定义是关于学校影响的。因此，这五类定义可以分为对学校投入的关注及两类对学校影响的关注。当报告出来时，并没有给出五种不同的测度均等的测量方式；但它确实是以上述的两分法来测度的。②

因此，科尔曼提出了自己的看法，他认为“教育机会均等应该等于教育资源投入均等 + 教育资源对学生成就产生的效力均等 + 教育产出的均等。完全的机会均等只有当全部差别性校外影响消失时才能实现，由于存在着差别性校外影响，机会均等只能是一种接近，永远也不可能完全实现”。③

---

① ROBERT B, LEANNA S. Concepts of school finance equity: 1970 to the present [M] // HELEN F L, ROSEMARY C, JANET S H. Equity and adequacy in education finance: issues and perspectives. Washington, D. C. : National Academy Press, 1999: 13 – 14.

② JAMES S C. Equality and achievement in education [M]. London: Westview Press, 1990: 17 – 26.

③ [美] 詹姆斯·科尔曼. 教育机会均等的观念 [M] //张人杰. 国外教育社会学基本文选. 上海：华东师范大学出版社，1989：191.

克里斯多佛·詹克斯（Christopher Jencks）及其合著者也做了一项大型的合作研究，最后在《不平等》中呈现出来。发现收入再分配项目（包括更多的累进制税收制度）比改变教育服务的不平等更起作用，认为“过去的改变个体特征以影响收入的平等化努力是相当没有效率的，因此如果我们想重新分配收入，那么最有效的策略仍然可能还是重新分配收入”。

亚瑟·怀兹（Arthur Wise）定义了超过 10 种以上的教育机会均等概念，其中许多现在仍在使用。其中最有预见性的定义就是他的最低——成就的定义，这更有点像现在的充足性定义：“教育机会均等的最低——成就定义声称资源应该分配给每一个学生直到他取得某一特定水平的成就。”①

（2）财富中立

财富中立原则引致了对学区的保证税基（GTB）的州政府资助的分配公式，从纯粹的形式上看，这种分配公式的设计是为了保证征收同样税率的学区将在每个学生身上花费同样的经费开支。贝尔勒与斯蒂埃菲尔在其《学校财政公平的测度》中提出了对财富中立的多种测度方式。美国总审计署（GAO）利用 1991—1992 年的数据，最近完成了一项研究，表明在绝大多数州没有实现财政中立：“尽管很多州在采取措施来补偿当地的贫穷学区，但是在 1991—1992 年仍有 37 个州的富裕学区比贫穷学区拥有更多的总的资助经费（来自州政府的加上来自地区的）。就是在调整了地理差异以及学生需要的相关教育成本后这种差距仍然存在。”②

（3）水平公平

水平公平，作为一种学生的概念，具体指的是处境相同的学生应该受到同等的对待。使用该概念的挑战之一就是怎样定义“处境相同”。当分

---

① ROBERT B, LEANNA S. Concepts of school finance equity: 1970 to the present [M] // HELEN F L, ROSEMARY C, JANET S H. Equity and adequacy in education finance: issues and perspectives. Washington, D. C. : National Academy Press, 1999: 15 - 16.

② ROBERT B, LEANNA S. Concepts of school finance equity: 1970 to the present [M] // HELEN F L, ROSEMARY C, JANET S H. Equity and adequacy in education finance: issues and perspectives. Washington, D. C. : National Academy Press, 1999: 17 - 18.

析投入时，研究者通常定义普通教育，处在危险中的（或教育上处于不利地位的），以及接受特殊教育的学生，将他们作为单独分开需要考虑的群体。群体内的投入平等是有理由适用于这些群体的一项标准。当考虑产出时，然而此时水平公平就更难应用了。没有人认为产出（如取得的成绩分数或毕业率）应该所有学生都一样（完完全全的水平公平）。另一方面，我们不使用那些有差别的群体如处于危险中或残障的学生来判断产出的差异。也许所有学生都达到一个足够高的水平的成就的定义（一种可能的充足性观点的版本）在产出上比水平公平的定义更有意义。

刚开始水平公平主要用于测度州与州之间的差距，可使用极差率、变异系数、麦克隆指数、基尼指数以及泰尔测度等指标来测度水平公平。1995 年美国教育统计中心开始了一项跨州的对州内学区间的差距的测度，直到最近，水平公平已被应用到测度学区水平上的差异。①

（4）垂直公平

垂直公平，具体指的是处境不同的学生应该给予不同的对待。这一概念通常是被模糊地或清楚地用来定义不同的学生群体，根据学生为了达到某种特定的产出水平而需要使用或需要的投入的质量来区分他们。因此，从概念上讲，垂直公平将投入公平与产出公平绑在一起。当教育不同群体的学生的投入的费用被调整时，正如在应用垂直公平测度时，调整旨在指出为了使某些学生达到给定水平的产出需要额外增加的资源的数量（为此引起的更高的成本）。这种调整从经验上来讲是难以执行的。例如，很多人都同意应该给具有学习障碍的学生更多的资源，但是给多少却又是不清楚的。

近来有一些关于垂直公平的经验性研究，这些经验性的估计的成本函数指出了达到产出水平需要额外投入的资源，而这些产出水平是由超出学区能控制的（如贫穷学生、残障学生、相当有限的英语熟练程度或生活于单亲家庭的学生的比例）外部的（或环境的）因素决定的。成本函数能依次转化成成本指数，这些指数是为了达到取得某一给定水平

① ROBERT B，LEANNA S. Concepts of school finance equity：1970 to the present ［M］ // HELEN F L，ROSEMARY C，JANET S H. Equity and adequacy in education finance：issues and perspectives. Washington，D. C. ：National Academy Press，1999：18 –20.

的产出需要调整的经费之处的经验性努力的结果，这将有助于测度垂直公平。

除了对一些儿童需要更多的资源的某些基本上的同意外，垂直公平对具体需要额外分配多少资源却很少取得一致性意见。由于这种一致性意见的缺乏又导致了重新回到对生产函数的研究发现，而这也不能查明具体需要在哪里及如何分配更多的资源来取得更大的成就。①

（5）充足性

充足性是一个以学生为基础的概念。充足性定义始于学生成就的充足方面，而这就需要具体明确不同种类的产出的数量及产出的维度。律师与法官们在应用充足性概念时，在一些案例中适用于所有的学区（如肯塔基州、马萨诸塞州），而在另外一些案例中却又只适用于贫穷的学区（如新泽西州）。克朗是将充足性概念只适用于贫穷学区的最著名的倡导者。他关于充足性概念是将其由从包括所有儿童的充足性概念发展到只把贫穷儿童作为其目标群体的概念。他甚至对在高度贫穷的学校中实现充足的教育所需要的花费作了冒险性的大致的推测："全国平均水平的生均成本是5000美元，而对典型的高度贫穷学区的充足性资助包大约比全国平均水平高出5000美元，即对贫穷学区每年的生均预算拨款是10000美元。"

朱丽叶·昂得伍德（Julie Underwood）在一期由克朗主编的《密歇根大学法律改革学报》中从垂直公平的形式来解释充足性，这将有助于将以前的公平工作与目前的充足性的法律概念联系起来："'垂直公平'视角的充足性指的是对不同的学生基于他们的特殊的教育需求应该给予不同的对待。"克朗的定义，当定义的目标群体是高度贫穷学区时，可以被认为是一种基于家庭收入的学生差距的产出的垂直公平形式的解释。

克朗及其他研究者认为充足性是与公平不同的一个概念，因为充足性将其关注重点从投入转向产出，并且它不考虑对所有学生的公平的资源分

① ROBERT B, LEANNA S. Concepts of school finance equity: 1970 to the present [M] // HELEN F L, ROSEMARY C, JANET S H. Equity and adequacy in education finance: issues and perspectives. Washington, D.C.: National Academy Press, 1999: 20-21.

配。正如我们上面所注意到的那样，广义视角上的公平，这些区别没有一个是具有实质性的，因为在公平概念中产出和结果能被调整，以及学校财政公平中的财政中立、垂直公平以及机会均等概念并不要求平等的生均投入或资源。对最低限度，且不是高水平的产出概念的使用，而不是对产出的相对水平（分配）概念的使用，这样并不能区分充足性与公平。一旦充足性得以实现，是否人们就对教育产出及结果的巨大的差别表示满意呢，这是一种投机的想法。确定无疑的是每个人都认为公平的情形（浓缩的分配）是不够充分的。①

三、测度教育公平

（一）对教育公平测度研究的主要成果

1. 贝尔勒和斯蒂埃菲尔的教育公平测度框架

最早对教育公平及学校财政公平进行测度研究的是贝尔勒与斯蒂埃菲尔，1984 年他们在其合著的《学校财政公平测度》（The Measurement of Equity in School Finance）中给出了一个比较详细的测度框架，实际上他们早在 1978 年在其合著的《以经费差距测度的对学校财政公平的测度》（The Measurement of Equity in School Finance with an Ependiture Disparity Measure）中已经从学校财政的角度探讨了教育公平的测度。他们于 1984 年建立的学校财政系统的公平性测度框架能应用于对教育公平的宽泛的分析。在他们的框架中，他们提出了关于公平的四个问题：为谁的公平，公平都是什么，怎样公平，何种程度上的公平？

贝尔勒和斯蒂埃菲尔确定了输入、输出以及结果三个维度，教育机会与过程是教育公平目标对象的另一个重要维度。他们认为要测度教育公平，首先要分析教育公平的目标与对象。表 3.2 和表 3.3 分别列出了能应用目前的测度框架的公平目标对象的例子。②

① ROBERT B, LEANNA S. Concepts of school finance equity: 1970 to the present [M] // HELEN F L, ROSEMARY C, JANET S H. Equity and adequacy in education finance: issues and perspectives. Washington, D. C. : National Academy Press, 1999: 23 - 24.

② JOEL D S, JEFFREY M P. Educational equity and public policy: comparing results from 16 countries [R]. Montreal: UNESCO Institute for Statistics, 2007: 22 - 23.

表 3.2　教育公平目标对象的种类

<table>
<tr><th>机会/过程</th><th>资　源</th><th>结　果</th></tr>
<tr><td>比例/率
招生
入学
升学
复读</td><td>平均班规模
课程可能性
生均经费
生师比
学校设施的质量
教科书的质量
教师教育水平
教师经历及学位</td><td>测试成绩
毕业率
收入
职业状况</td></tr>
</table>

贝尔勒和斯蒂埃菲尔指出了学校财政公平的三项原则，即机会均等、水平公平、垂直公平后，他们认为在对水平公平与垂直公平测度时，涉及个人的价值判断问题，具体表现为在测度它们时需要考虑如下一些问题。

表 3.3　教育公平的目标与对象

<table>
<tr><th colspan="2" rowspan="2">公平关注的对象</th><th colspan="3">公平的目标对象</th></tr>
<tr><th>机会/过程</th><th>资源</th><th>结果</th></tr>
<tr><td rowspan="4">学生特征</td><td>性别</td><td></td><td></td><td></td></tr>
<tr><td>社会经济地位</td><td></td><td></td><td></td></tr>
<tr><td>民族/种族</td><td></td><td></td><td></td></tr>
<tr><td>残障状态</td><td></td><td></td><td></td></tr>
<tr><td rowspan="3">地区特征</td><td>种类（如省、自治市）</td><td></td><td></td><td></td></tr>
<tr><td>城市化</td><td></td><td></td><td></td></tr>
<tr><td>财富</td><td></td><td></td><td></td></tr>
</table>

对相同儿童间的公平（水平公平）测度的价值判断有以下几个方面。第一，在公平测度中是否考虑到了所有的儿童？第二，在公平测度中当允许在均值同一侧的儿童间将钱从较富的儿童转移给较穷的儿童时是否显示出公平度得以提高？第三，在公平测度中当允许在中间部位同一侧的儿童间将钱从较富的儿童转移给较穷的儿童时是否显示出公平度得以提高？第四，在公平测度中当允许将钱从高于均值一侧的儿童转移给位于均值以下水平一侧的儿童时是否显示出公平度得以提高？第五，在公平测度中当允许将钱从高于中间部位一侧的儿童转移给位于中间部位以下水平一侧的儿童时是否显示出公平度得以提高？第六，在公平测度中当给每一单元增加

一恒定数量的钱时是否显示出公平度得以提高？第七，在公平测度中当给每一单元的钱都按一定比例增加时是否显示出公平度得以提高？第八，是否公平测度能以同一方式记录出不同分配水平之间的变化吗？第九，均值是否被用作比较的基础？第十，中间水平值是否被用作比较的基础？第十一，是否将所有水平值与另一水平值的比较作为比较基础?①

对不同儿童间的公平（垂直公平）测度的价值判断：第一，在公平测度中是否考虑到了所有的儿童？第二，在公平测度中当允许将一定数量的对残障学生的待遇（钱）（变量）从较富（获得教育资源多）的儿童转移给较穷（分配到的资源较少）的儿童时是否显示出公平度得以提高？第三，在公平测度中当允许对每一学生增加一定固定数量的待遇（钱）（变量）时是否显示出公平度有变化？第四，在公平测度中当允许对每一学生增加相同比例的待遇（钱）（变量）时是否显示出公平度有变化？第五，在公平测度中当允许对每一学生特征（自变量）以一固定数量变化时是否显示出公平度有变化？第六，在公平测度中当允许对每一学生特征（自变量）以一相同比例变化时是否显示出公平度有变化?②

另外，在测度垂直公平时，考虑到不同儿童间的不同，特别是具有残障与无残障儿童的不同，对他们之间的不公平应给予不平等的对待。这适用于儿童间合法的不同方面，尤其是在身体残疾或学区资源花销的不同方面。在处理这一问题时，他们将7—12年级非残障学生作为基数1（一个正常学生或标准学生）来看待，而将具有不同残障状态的学生折合成不同权重的标准学生数，其具体折合权重如表3.4所示。③

---

① ROBERT B, LEANNA S. The measurement of equity in school finance with an expenditure disparity measure [R]. Graduate School of Public Administration New York University. Document prepared for the U. S. Office of Education, Department of Health, Education, and Welfare Under Education Commission of the States Contract No. 22 - 78 - 13030, Nov. 1978: 68.

② ROBERT B, LEANNA S. The measurement of equity in school finance with an expenditure disparity measure [R]. Graduate School of Public Administration New York University. Document prepared for the U. S. Office of Education, Department of Health, Education, and Welfare Under Education Commission of the States Contract No. 22 - 78 - 13030, Nov. 1978: 89.

③ ROBERT B, LEANNA S. The measurement of equity in school finance with an expenditure disparity measure [R]. Graduate School of Public Administration New York University. Document prepared for the U. S. Office of Education, Department of Health, Education, and Welfare Under Education Commission of the States Contract No. 22 - 78 - 13030, Nov. 1978: 72 - 74.

表 3.4 残障学生的权重数

学生类别群体	权重数
K—6 年级残障学生	6
7—12 年级残障学生	3
K—6 年级非残障学生	2
7—12 年级非残障学生	1

在测度美国的学校财政公平时，他们具体用到了极差率（联邦极差率，即指各个州之间经费的极大值与极小值的比率）、方差、标准差、变异系数、基尼系数来测度各州（以及两个样本州的各学区之间）的经费，在测度家庭收入时，使用的是阿特金森公平指数。

2. 托马斯·黑利和大卫·埃斯腾斯的教育公平测度框架

托马斯·黑利和大卫·埃斯腾斯也构建了一套关于教育公平公平测度的一揽子指标体系，他们从成年人口的社会与经济背景、财政教学资源、教育与培训机会、学校与学习环境、毕业率、学生学习产出结果与成人识字率、劳动力市场产出结果等维度进行测度，其详细指标体系见表 3.5 所示。

表 3.5 托马斯·黑利和大卫·埃斯腾斯的教育公平指标一览表①

	性别	年龄	地区/空间	特殊学习需要	社会经济状况	民族/语言的
成年人口的社会与经济背景						
成年人口的教育成就水平（受教育年限）	R	R				
劳动力参与率的教育成就	R	R				
财政、教学资源						
教育经费占 GDP 的比例						
初等与中等教育生均经费			EAG1996	EAG2000	special	special
教育机构的教学与其他职工	R	R			EAG2000	

① THOMAS H, DAVID I. International equity indicators in education and learning in industrialized democracies: some recent results and avenues for future [M] // WALO H, DOUGLAS C, NORBERTO B. In pursuit of equity in education: using international indicators to compare equity policies. London: Kluwer Academic Publishers, 2001: 206 - 207.

续表

	性别	年龄	地区/空间	特殊学习需要	社会经济状况	民族/语言的
对第三等级教育学生的合格的资助						
学生与教职员工的比例（生师比）			EAG1996	EAG1998	special	special
教育与培训机会						
初等及中等教育不同水平的入学率	R	R		EAG1998		
期望的教育成就（受教育年限）（年）	R					
早期儿童教育与照顾的机会	R	R				
第三等级教育的机会	R	R				
继续教育与培训的参与	R	R				
学校与学习环境						
初等与中等教育的教学时间						
教师工资	R					
初级中等教育按能力划分的学生群体						
学校与项目类型的差异水平						
初等教育阶段的年级重复率（复读率）						
由父母教育成就水平决定的父母对学校活动的参与						
毕业率						
高级中等教育毕业率	R	R				
高级中等教育毕业率——职业类/普通类	R	R				
第三等级教育毕业率	R	R				
按学习领域或水平划分的第三等级教育毕业率	R	R				
学生学习产出结果与成人识字率						
学生在数学与科学上的成就（成绩）	EAG 1998					
学生在7年级与8年级之间的进步	EAG 1998					

续表

	性别	年龄	地区/空间	特殊学习需要	社会经济状况	民族/语言的
4 年级学生对科学的态度	EAG 2000					
成年人在散文、公文及数量方面的识字率						
劳动力市场产出结果						
由最初教育水平决定的未就业率（成年人口）	R	R				
由最初教育水平决定的收入	R	R				
目前高级中等教育与第三等级教育毕业生的未就业率	R	R				

注：R（Regular）表示 EAG（全称为 Education at a Glance《教育概览》）每年的报告陈述，或者是自 1992 年其第一版以来的绝大多数年份的报告。EAG2000、EAG1998 和 EAG1996 表示在给定类别下提供的最近一年的数据（但是其他年份的数据却得不到）。＊special 指的是“在特殊学习需要下”。

此外，他们还对国别间的教育与学习进行了公平的比较测度研究。(1) 各国的地区间在机会与结果上的教育与学习不均等。这一类的指标强调的是公平的基本问题：“不同国家的教育与学习机会究竟有多公平？”和“一国特定群体（如阶级、性别、少数民族、年龄组）在学习上与其他国家的同类群体相比他们究竟有多公平？”(2) 不同国家在一定时期内地区间不均等的趋势。这一类指标强调的是诸如这样的问题：“不均等是否在一定时期内变小了还是扩大了，以及在哪些国家是这样？”和“特定群体是否不断地被抛弃或被排除？”同时这些也是基础性问题。(3) 特定群体或团体的不均等的生命周期模式。①

① THOMAS H, DAVID I. International equity indicators in education and learning in industrialized democracies: some recent results and avenues for future [M] // WALO H, DOUGLAS C, NORBERTO B. In pursuit of equity in education: using international indicators to compare equity policies. London: Kluwer Academic Publishers, 2001: 210－211.

3. 丹尼斯·缪瑞特的教育公平测度框架

丹尼斯·缪瑞特在提出了判断教育公平的原则基础上建构了他最具影响的教育公平测度框架。

丹尼斯·缪瑞特从影响教育公平的社会与政治文化背景、教育过程、教育的内部影响（结果）、教育的外部影响（结果）四个阶段多层次，以及它们在个体间的不平等、种类（群体）间的不平等，以及低于最低门槛的个体的比例三个维度中构建了一套详细而完整的教育公平的测度指标体系，如表3.6所示。

表3.6 丹尼斯·缪瑞特关于教育系统公平指标体系的详细轮廓①

个体间的不平等	种类（群体）间的不平等	低于门槛的个体
一、背景		
（一）社会与文化背景		
1. 社会资源的不平等		
（1）收入		
家庭收入的离差（如基尼系数；应该注意测度终身收入不均等的努力）	社会与种族间收入的不平等。同一工作在性别、种族间的工资不平等	有孩子的家庭低于贫困线的比例； 最穷10%人口与平均收入之间的差距（见对贫困指数的讨论，如森在1996年的相关讨论）
（2）安全		
"以良好健康生活"的预期寿命的不平等	大多数人与少数民族间的不平等，在未就业、身处疾病的社会群体间的不平等	成年人具有的累积风险因素（如低收入、失业、差的教育）
2. 文化资源		
（1）教育		
成年人在学校职业间的不平等；成年人在阅读能力间的不平等	大多数人与少数民族间的不平等，在以性别、成年人学校职业来划分的社会群体间的不平等	成年人低于最低识字率门槛的比例

① DENIS M. A system of equity indicators for educational system [M] // WALO H, DOUGLAS C, NORBERTO B. In pursuit of equity in education: using international indicators to compare equity policies. London: Kluwer Academic Publishers, 2001: 155－159.

续表

个体间的不平等	种类（群体）间的不平等	低于门槛的个体
(2) 期望与标准		
父母在儿童教育上的不公平的期望	社会群体间（大多数人与少数民族）的期望的不公平	不信任学校的父母的比例； 父母最低的期望与平均期望之间的差距
(二) 政治背景		
1. 公平标准		
民意测验（问卷）中诸如这样的问题： 最好的学生是否应该受到更好的教育； 最差的学生应该受到更好的指导吗； 是否所有的学生都应该拥有同样的接受良好教育的机会（对初等、中等、高等教育的回答） 在下面这些不平等中哪个最打扰你： 更好的学生在学校时间最长、有更好的教授、有最富有的父母或有受过最好教育的父母	在你看来，社会的、性别的、民族间的不平等的减少或者社会流动性的增加是教育的一个重要目标吗	哪一个最接近你的观点： 我们欠最贫穷学生一种更好的教育； 我们仅欠为那些努力的贫穷儿童更好的教学； 我们欠所有儿童同样质量的教育
2. 对现行教育系统的公平性的判断		
民意测验中诸如这样的问题： 是否因为考虑学生的等级、轨迹、惩罚、奖励等是不公正的（在给定的国家，如果这个问题以六等分值来回答的话，可以计算出答案的均值及离差值，也能计算出最好学生与最差学生之间的差距）	在你看来，目前的教育系统： 它所能做的行为/努力合理/适度吗； 对学校机会均等做了很多努力（很少努力）； 社会的、民族的、性别间的群体（学生及父母）对教育系统公平性的判断的差距	目前的教育系统是否足够（过分地或最少地）关注最差的学生； 是否因为考虑学生的等级、经历、惩罚、奖励等是不公正的（最差学生的成绩与平均成绩之间的差距）

续表

个体间的不平等	种类（群体）间的不平等	低于门槛的个体
下面哪个陈述适应于目前的教育系统： “每个人根据优点而取得成功”； “每个人根据才能而取得成功”； “每个人都应该接受他被赋予权力的教育”； “每个人都应该获得他所需要的最低程度的技能”	在你看来，目前的教育系统：它所能做的行为/努力合理/适度吗； 对学校机会均等做了很多努力（很少努力）； 社会的、民族的、性别间的群体（学生及父母）对教育系统公平性的判断的差距	目前的教育系统是否足够（过分地或最少地）关注最差的学生； 是否因为考虑学生的等级、经历、惩罚、奖励等是不公正的（最差学生的成绩与平均成绩之间的差距）
二、过程		
（一）所受到教育的数量		
1. 受教育年限		
早期教育的不平等 早期及后续教育积累的不平等	受父母的教育而影响的早期教育年限的不平等	违背学生意愿或因其他学生不可控制因素而离开教育系统的学生的比例
2. 教育经费		
用于高等教育的经费占总经费的比例	儿童教育社会种类与学术学历方面，家庭收入的比例必须被排除 何种程度的公共教育经费能使财富分配的不平等减小 地区间学生公共经费的不平等	花在最短学校职业及最贫穷学生的公共经费比例
（二）所受到教育的质量		
1. 学习条件的不平等		
（1）学校环境的不平等		
最好的学生是否拥有最好的教师 能由学生最初的成就、环境的质量、他们的联合努力来解释的学生间能力的差异部分	根据学生的社会背景、种族决定的学校质量、教师质量间的差距 能分别由学生的社会背景、学习环境的质量及他们的联合努力来解释的能力的差异部分	在学校/教室中能观察到的最差学生的教育质量与平均教育质量之间的差异

续表

个体间的不平等	种类（群体）间的不平等	低于门槛的个体
（2）种族隔离		
学校与教室中的学术水平上的种族隔离	学校与教室中的在社会背景上的种族隔离	种族隔离中最差的与最穷学生的比例
2. 生活质量的不平等		
（1）福利方面的不平等		
在学生暴力程度超过能容忍门槛的地区上学的学生的比例	在社会、性别和种族间的福利不平等	最穷学生与最差学生中的福利与暴力水平与平均水平的差距
（2）被公平对待的感觉		
民意测验中诸如这样的问题：你认为以下情况在何种程度上你的老师是公平的—— 评分等级、纪律、惩罚的分配、要求学生复读或将其引向少有威性的轨迹上的决定	与左列的问题一样，根据社会、性别和种族分类的答案给以加总： 在何种程度上你发现你的老师更喜欢男生，喜欢女生，喜欢人口多的民族的学生，喜欢少数民族学生，喜欢好学生，喜欢穷（差）学生，喜欢来自富裕家庭的学生，喜欢来自贫穷家庭的学生？	与左列的问题一样，根据社会、性别和种族分类的答案给以加总
三、内部结果（影响）		
（一）知识与技能		
按年龄分组的学生在不同学科上，最好的学生与最差的学生的差距 学校毕业考试中测试的技能的不平等 协同考虑的平均成就与不平等	社会、性别与民族种类对成就的影响 社会背景对成就的影响与效力	阅读技能低于国际平均水平的标准差的学生的比例

续表

个体间的不平等	种类（群体）间的不平等	低于门槛的个体
（二）个人与社会的发展		
与“知识与技能”一样，在道德与社会的态度方面，在跨课程能力方面	与“知识与技能”一样，在社会、性别、种族的划分上	早期辍学学生当他们离开学校时的道德与社会态度
（三）学校生涯		
最长与最短学校生涯之间的受教育年限间的不平等 在入学一或两年后同一水平的学校生涯间的不平等（可代表学生的天赋与意志的平等）	父母的受教育水平、收入、社会或种族背景对学生学校生涯的影响，如获得的最高的文凭 由社会经济状况决定的学校生涯在种族间的不平等	在离开学校时没有任何种类的职业资格的学生的比例
四、外部结果（影响）		
（一）社会流动性		
	收入阶层间的转移（流动），或者根据社会威望、社会等级的职业等级间的流动	最穷个体的社会流动
（二）教育不平等的个人结果（影响）		
1. 经济结果（影响）		
获得最高证书的未就业率；增加一年教育的边际收益率		
持有同一证书的人们之间的收入的不平等	不同社会背景、种族和性别群体的教育收益率	早期辍学的人的教育收益率
2. 社会结果（影响）		
等级制度中的职位和职业中有威性的资格的影响 教育水平与入监狱的风险、对生活的看法、婚姻市场中的地位、成年人的阅读技能之间的相关性		
（三）综合结果（影响）		
1. 是否教育不平等对每个人都有利，还是对少数人有利		
教育开支的财政回报率（全国的收益率） 社会转移前受最高教育与受最低教育群体间的收入的不平等 按收入、社会阶层与种族划分的群体间的利用社会服务（如律师、医生、教师）方面的不平等		

续表

个体间的不平等	种类（群体）间的不平等	低于门槛的个体
2. 制度的结果（影响）		
对教育系统、制度与职业的信心；对制度及它们的代表人的暴力容忍程度；由教育产生的对社会、社区归属感		

他认为教育公平的测度指标体系必须能测度不均等以帮助公众或那些对教育系统公平性做出评判的人；指标体系要能测度教育结果的不均等性（如知识、学术职业、学术头衔的运用），而且也能测度学校生活中的直接的不平等及教育机构及其代理人对待学生的方式；指标体系必须允许在现存不同的正义原则的框架下的讨论，并不被它们的任何一种原则所主导（inscribe）；不仅测度教育结果的不均等是重要的，测度先于教育系统的教育不均等及影响学习过程的因素本身也是很重要的；在教育系统分配的利益中，这些利益的公平分配必须是个人或者国家民主生活的基本权利，最重要的是那些低于最低门槛值的个体及群体不允许被排除在外；最后他指出不平等太多了而不能把所有的不平等都测度下来，教育不均等是不可避免和永久性的。①

4. 其他学者对教育公平的测度

此外，格棱·哈卫和苏姗·舒伯格·克雷恩从教育最初的输入（投入）、涉及学习者群体的教育过程、产出（结果）和目标四个方面来测度教育公平，并构建了一套指标体系。其中在最初的输入中又可以分为两类指标，具体是学习者的品质（特征）与外部前过程的影响，后者指的是制度性输入，如生均经费、教育设施、教职工的性别比率、对学生的期望、对学生的态度等。②

格瑞赛伊认为公平的概念服从于集中解释时才有效，这与不同的伦理学观点是相一致的。他从假定的、被承认（接受）的、受到批评的、被

① DENIS M. A system of equity indicators for educational system [M] // WALO H, DOUGLAS C, NORBERTO B. In pursuit of equity in education: using international indicators to compare equity policies. London: Kluwer Academic Publishers, 2001: 137 – 147.

② GLEN H, SUSAN S K. Understanding and measuring equity in education: a conceptual framework [M] // WALTER G. S. Equity in education. London: The Falmer Press, 1989: 61 – 62.

推荐的四个维度对自然的利益与机会均等、对待的平等、成绩（学术成功）的平等、社会实现的平等四个方面进行了一个公平测度框架建构。他的公平测度框架关注包括四个方面。（1）机会均等，是否所有的个人（或个人的群体）拥有同样的机会参与教育某种水平的学习?（2）在学习环境方面的公平或手段的均等，是否所有的人都享有同等的学习条件? 这个问题通常意味着是否具有残障的个人或群体也从学习环境中收益而能与处于优势地位的个体或群体获得同等水平的教育、培训、教师的关心、入学率、学校基础设施的数量与质量、教学工具。（3）生产中的公平或成绩（结果）的均等，是否学生都掌握了同等程度的教育系统规定的诸如知识、技能等目标? 尤其是那些来自不同社会背景的个人是否在一定时期的学习、培训下取得相同的技能? 或者是否所有个人都能在他们离开学校时独立于其家庭背景获得相同的有质量的学位（如证书）? 这是以矫正正义为基础的成就的均等的关心（克雷黑），是伴随着希望减小强者与弱者之间在教学行动上从开始到结束时学术成就差距的努力（布雷索克斯）。（4）实现或结果可利用性的公平，一旦离开教育系统，是否个体或个人群体拥有同样的运用他们获得的技能来实现他们个人或群体的社会目标及使其技能有效?①

国内对教育公平测度指标体系有所研究并初具成果的是杨东平教授及其学生周金燕，他们构建的公平测度指标体系包括一级、二级、三级指标，并通过专家评估法确定各指标的权重。② 他们的研究具有一定的理论意义，但是相对国外的研究来说还是一个指标不够细化的框架，有很多影响教育公平的因素都没有考虑进去，且测度不平等的指标过于单一，不能比较全面地测度教育公平。

（二）教育公平测度框架的具体应用

在2005年发布的公开报告《欧洲教育制度的公平性：一套指标体

① MARC D, MARCEL C, CHRISTIAN M. Efficiency and equity [M] // WALO H, DOULAS C, NORBERTO B. In pursuit of equity in education: using international indicators to compare equity policies. London: Kluwer Academic Publishers, 2001: 70 – 71.

② 杨东平. 中国教育公平的理想与现实 [M]. 北京: 北京大学出版社, 2006: 274 – 276.

系》(Equity of the European Educational Systems：A Set of Indicators) 是在欧盟的支持下由欧洲的六所大学联合进行的一个跨国合作项目，该项目旨在测度与比较欧盟成员国间的教育制度的公平性。通过该项目有助于决策者与使用者了解欧洲现存的教育制度公平状况，并且这种情报性的工具也许能使决策者们重新定义及制定教育政策。这项公开报告耗时两年对教育制度中的公平问题进行了细致的研究，分为三个主要部分：首先，在“设计教育制度公平性的指标，为什么及怎样做?”部分，定义了平等与公平的概念，并介绍了该公平测度框架的指标及其指导原则。在第二部分“教育制度的公平性的一套指标体系”中介绍了在该项目中构建起来的29个指标，并将其构建成一个公平测度框架。在第三部分“欧洲国家的教育制度的公平性：对29个指标的解释”中介绍了对公平指标的分析性解释。[①]

欧洲教育制度公平测度指标的模型与具体指标。该测度框架的纵轴将被划分成一个四分组的结构：教育不平等的背景；教育过程中的不平等；教育的不平等（内部结果）；教育不平等的社会与经济影响（外部结果）。该框架的横轴将遵循一个三重的结构：个体间的不平等；种类间的不平等（根据性别、社会与经济来源、国籍/地区等）；低于公平门槛的个体或群体。[②]可见欧盟的这个教育公平测度指标体系框架与丹尼斯·缪瑞特的教育公平测度框架基本上是一致的，只是它是用于比较国家与国家间的差异，如果我们把国家换成省份的话就能比较省际间的差异，换成其他级别的行政区域就能比较该级别上的区域间的差异。

(三) 教育公平测度的实质

概括起来说就是，教育公平测度实质上关注的是涉及教育问题及利益

① Department of Theoretical and Experimental Education University of Liège. Equity in European educational systems：a set of indicators (February 2005 -2nd Edition) [R]. A project supported by the European Commission Directorate General of Education and Culture Project Socrates SO2 -61OBGE, 2005：7.

② Department of Theoretical and Experimental Education University of Liège. Equity in European educational systems：a set of indicators (February 2005 -2nd Edition) [R]. A project supported by the European Commission Directorate General of Education and Culture Project Socrates SO2 -61OBGE, 2005：26 -29.

的相关各方（学生、纳税人或家庭、各个层级的政府管理机构、学校教育提供方的学校及其教师与其他工作人员）在教育的起点（主要是指受教育机会均等与否）、过程、结果、影响四个阶段上的各种资源及对待与各方的参与及其期望（家长、教师对学生的期望）与影响（家庭收入、社会经济文化政治背景或政策对学生所受到的教育的质量及数量的影响，教育对社会流动、个人收入等方面的影响）以及对不平等制度的容忍性等方面的分配（对待）平等与否的测度，以及在测度教育公平时所遵循的原则（机会均等、水平公平、垂直公平、财政中立、充足性），以及它们在个体间、群体间和低于最低限度值门槛的个体（群体）三个维度上的相适应联系问题回答的测度。即“四个主体”在“四个阶段”中在“五项原则”的指导下在“三个维度”中的具体应用（用具体的不平等测度指标来测度各种差异及其影响因素彼此间的相关性）与测度数据的具体结果。

如在进入学校教育系统前，包括对教育影响最重要的政治、社会经济、文化因素（背景）的测度，也包括最基本的学校基础设施的配置情况。在教育过程中主要是针对个体及不同群体（种族或民族）之间的学习成就（成绩）的不同及其可容忍程度，也包括学校内教职工对学生的心理期待，学校外家长对孩子的期望及他们参与学校教育的程度以及他们的教育、社会经济条件对学生学习的影响等因素的测度。在学校教育结束后主要是对学生获得的各种职业证书及就业（率）前景、社会流动率及成人识字率等的测度，也包括对教育结果对社会及个人产生的不均等影响的测度。还有一项非常重要的测度是包括对进入学校系统前、受教育过程中的各种保证教育公平的资源投入的测度。因为，从某个方面来说，教育资源配置的公平（垂直公平，即不同的人给予不同的对待，差别原则的容忍与应用）是保证某种程度上的教育机会及过程与结果及前景公平（水平公平，即同样的人给予同样的对待）的基础。正如 1967 年美国人权委员会发表了一篇报告《公立学校的种族隔离》，指出：“充足的教育资源虽然不是达到教育机会均等的充分条件，至少是必要的条件。”①因

① 高建民．美国基础教育财政发展史研究［D］．保定：河北大学，2004：74.

此，“教育资源在学生中间平均分配，是受教育机会平等的一个必要标准。”①

第三节 教育资源配置公平的测度指标体系框架建构

一、教育资源配置公平测度是教育公平测度的具体化应用

如果将教育资源理解为广义的教育资源，如果包括教育制度（背景、起点情况、过程对待等）、制度中各个主体的参与的各种特征、受教育的影响在内的话，那么对教育公平的测度可以作为对教育资源配置公平的测度。但是如果将资源具体为教育起点上的各种基本条件（教育存量资源）、教育过程中的不断补充进来的流动资源（部分形成增量资源，相当一部分是作为消费资源，形不成增量，如生均事业经费、公用经费等用于人员及公务上的费用，只有基建经费、设备购置费等可沉淀下来的东西上的费用才形成增量资源），也可以具体化为来自公共部分的资源（各级政府预算内与预算外教育财政资源）与非公共部分的私人资源（如家庭教育支出、企业办学支出等非政府来源的资源）。那么此时对教育资源配置公平的测度就相当于对学校财政公平的测度加上对私人教育资源的公平测度。

对教育公平的测度的很多具体内容与指标就是对教育资源配置公平的内容与指标。通过以上对教育公平测度的研究，我们可以看出学者对教育公平的各种测度指标体系均是围绕着影响权力与机会的在进入学校系统、在学校系统学习期间及接受教育后的影响结果三个层面的各种相关因素及其被人们所能接受的各种不均等的程度。其中对受教育权利的测度包括了学生的入学率、辍学率、升学率等指标，这些指标是教育资源的人力资源的学生部分测度时所应用的指标。在学校的基本办学条件如学生所享有的教师资源就属于教育资源的人力资源测度范围，包括教师的数量及质量方面，在数量方便最简单的测度指标就是生师比，在质量方面就

① 马凤岐. 教育政治学［M］. 北京：人民教育出版社，2002：191.

是教师的学历达标率、学历中达标学历以上学历教师的比例及教师的职称构成情况，另外还包括是否有临时聘用的代课教师及兼职教师及他们所占教师总数的比例；在教师方面还包括对学校领导如校长的具体情况以及其他非教学的教职员工的具体情况的测度，也包括对教育系统中的教职员工的继续教育的测度等，这些都是对教育资源配置公平测度中的人力资源部分的测度，而这些指标又都可以从教育公平的测度中得以体现并加以应用。

在教育机会均等的测度中的很多指标，如对生均经费的测度，不仅涉及生均经费本身大小的测度，还涉及与生均经费相关或影响其大小的如学区的财富水平、学区的财政支出水平、生均经费占人均国家或地区生产总值的比例（生均教育经费指数）、生均经费中有多少比例是来自财政拨款，生均经费按具体功能细分又包括生均事业性经费、生均基建经费、生均事业性经费中人员支出部分及生均事业性经费中公用经费部分等，这些都是对教育资源配置中财力资源测度的具体内容与指标，也是教育公平测度中所采用的指标。

教育公平的测度中也重视对基本办学条件的测度，如校园占地面积、校舍建筑面积、体育运动场馆、实验仪器设备、现代教育教学设施、图书、学校固定资产总值等这些又是具体的教育资源配置公平测度中物力资源部分测度的具体内容。

总之，教育公平测度中的很多内容与指标同样适用于教育资源配置公平的测度，因为对教育公平的测度很多时候是通过对教育系统中具体资源的配置情况的测度来实现的。如果将教育资源的含义扩大化，那么对教育公平的测度就是对教育资源配置公平的测度。

二、指导教育资源配置公平测度的原则

第一，测度教育资源配置公平的指标必须能适用于现存的各种公平原则背景中的讨论，而不仅仅是适用于各种公平理论中的某一种。为了能尽可能广泛地回答由此产生的各种问题，因此在设计不同的指标时，能应用可能获得的各种数据来比较各种公平理论的不同。根据这一原则，不得不选择指标所要被涵盖的领域，而且必须决定一个收集与处理数据的联合方法。

第二，分布在教育制度背景中的与绝大多数资产分配相关的教育不平等，其背景可大致分为以下三类：个体间的差异，群体间的不平等，以及那些发现自己处于最低限度门槛下的人们的比例。罗尔斯、沃尔泽以及森的理论贡献将我们引向从下列三个方面来考虑教育资源配置公平问题。一是个体间的技能不平等必须不能危害社会合作，如果学校能有助于“产生一个融为一体（完全的）的社会”，那么它将必须不能产生太大的个体间的差距，在这一点上更可行的办法是评估观察到的在15岁义务教育结束时升学率及就业的差距。二是个体的社会成员身份必须不能阻碍个体的成功，一个公平的学校教育制度应该是在这样一个制度中一个人的成就并不是由一个或多个群体中的成员身份决定的，并且在这样的一个教育制度中对于不同来源的个人应给予适当的补偿津贴。三是为了能在现代社会中过上体面的生活，没有一个人将被教育制度所抛弃，被丢弃在一定的最低限度的技能门槛下。欧盟委员会的文件定义是由个体的“就业可能性”，其他作者则认为最低限度的技能指的是参与民主社会的生活，以及声称个体所拥有的权利。这可以通过就业率、辍学率、最低教育收益（工资）来衡量。

第三，在这些教育制度所分配的资产（结果）中，我们需要关注哪些是对于个体或国家民主社会生活的公平分配来说是最重要的。由教育制度决定并分配的资产是那些学校教育的直接结果（知识、态度、技能、资格），中间结果（社会地位、职业地位、就业可能性），教育过程的某些方面（受教育年限、学校教育的公共开支），以及多年不断重复的很少资源的分配对学生定型（塑造）的高度影响（惩罚、申诉、微笑、朋友等）。

第四，对教育制度的上游以及教育过程本身的影响的不平等的测度也是很重要的。对于外部影响因素，有这样的逻辑存在，即如果一个国家或地区存在更大的不平等（在财富、社会资本、文化资本方面），那么每个人可贡献于教育的资源就越不公平，那些具有更大的动员资源并占有资源的人们的孩子将获得成功。然而，我们也知道外部不平等通过内部不平等也在发挥作用。那些来自低收入家庭或其他国家或地区的学生比其他学生更少地获得老师的关注。另一个例子，如果在一个学校教育体系中个体间存在的长时间的课程与短时间的课程可能的分歧点来得越晚的话，那么个体间的教育成本及收益的分歧点也来得越晚。此外，我们也知道特定的纯粹的内部不平等能产生可察觉到的影响：那些被贴上贫穷标签的孩子，以及那些不管其社会来源就让其复读一年的学生由于不公平期望的影响可能获得教师更少的关注。我们也知道那些弱势以及贫困的学生——尽管他们有时是，但不是所有时间都是，一样地由于他们初始的残障（弱势群体学生）或外部的残障（贫困学生）使得他们比其他学生在一定时间内取得较少的进步，而造成这种结果的原因并不是他们比其他学生拥有更差的学校条件。如果学生间的不平等能通过给予具有更少天赋的年轻学生的低质量的资源这一事实来解释的话，而不是致力于寻求通过分配更好质量的资源来克服这些缺陷，那么这将是不公平的。

第五，因为一个公平的教育制度同时也是一个支持社会公平的制度，因此相关的指标不仅与教育资源配置不平等有关，而且也与这些不平等的社会和政治的影响有关。如果承认教育制度不仅是作为一个公平的分配教育的制度，而且也是一个以公平的分配教育的途径来实现社会公平这样的观点的话，那么教育制度中的公平也依赖于其上游制度的公平。该指标体系也探讨了教育不平等对生活的影响。这种探索可通过个体的或者集体的两种形式来实现。个体的安排探索了处于学校等级分层中顶层的学生在机会及产出上个体的社会影响。集体的安排探索了在教育制度中，尤其是用于受教育程度最高的人们所获得和使用的教育资源对社会公平所产生的影响，取决于是否受教育程度最高的人在离开学校系统后，对受教育程度最低的人有团结一致的感情，还是相反，他们轻蔑或傲慢自大，也取决于是否他们在工作之外贡献了来支持他们各种活动的更多或更少的时间，这样的教育制度也将更具有公平性或具有更少的公平性。

第六，该指标体系必须能测度不平等，并且也能测度对这些不平等的感知或理解；该指标体系也必须同时能使公民确定对现行的教育资源配置制度的公平性的判断，并且提供他们的公平性判断的根本性标准。无论多么强大的社会机制产生的教育资源配置的不平等，只有在公民能忍受的范围内才能存在。换句话说，大多数公民认为不平等，至少是不足以达到不公平，而接受与这些机制的政治抗争的成本，或者大多数公民不能确定这些机制是否不公平以至于要致力于修正它们。如果教育资源配置公平是个政治问题，那么，理所当然的知道用于判断公平的标准是非常重要的。杜贝特指出了一系列的影响：当一教育制度允许来自贫困背景的儿童中，只有极少数儿童按既定的比例（贫困儿童的比例）获得较高的政府资金补贴，取得最高的学校教育成绩，而留下其他人学习低质量的课程及很少的保障及补偿资金，这将产生关于公平的更大印象，产生更少的愤恨。另一方面，当来自贫困家庭及富裕家庭的儿童都上同样的课程时，不平等的感受就更大，甚至在两段时间内社会机会的实际不平等已经事实上被减少了，这时不平等的感受也是更大些。①

第七，对教育资源配置公平的测度不仅要重视对水平公平的测度，也要重视对垂直公平的测度，通过对垂直公平测度的深入研究，确定对特定群体及个体提供适当的补贴，以保障他们通过“不一样的待遇”获得“相同的对待”，以期实现大致的教育公平。将非残障学生作为基数来看待，而将具有不同残障状态的学生折合成不同权重的标准学生数，根据这一权重数来确定对残障学生的教育资源的拨款额度，就是非残障学生的生均拨款乘以残障学生的权重数，以此来保障有特殊需要的学生的教育中的公平对待问题。②

三、教育资源配置公平测度指标体系

正如前所述教育公平及教育资源配置公平测度遵循的原则是：充足性原则、水平公平原则、垂直公平原则、机会均等原则、财政中立原则。将教育资源从人力资源、财力资源、物力资源三个角度来分析，并结合考虑个体间的差异、群体间的差异与低于最低限度门槛值的个体与群体，可初略构建学校财政公平测度指标体系，如表 3.7 所示。

---

① Department of Theoretical and Experimental Education University of Liège. Equity in European educational systems: a set of indicators (February 2005 -2nd Edition) [R]. A project supported by the European Commission Directorate General of Education and Culture Project Socrates SO2 -61OBGE, 2005: 17 -23.

② ROBERT B, LEANNA S. The measurement of equity in school finance with an expenditure disparity measure [R]. Graduate School of Public Administration New York University. Document prepared for the U. S. Office of Education, Department of Health, Education, and Welfare Under Education Commission of the States Contract No. 22 -78 -13030, Nov. 1978: 72 -74.

表 3.7 学校财政公平测度指标体系初略框架

	充足性	水平公平	垂直公平	机会均等	财政中立
A. 人力资源					
A1. 教师及学校其他管理与支持人员（以下用“教师”代之）					
A11. 学生/教师比（也可包括教师/班级比、教师/学校比）：专任教师生师比、教职员工生师比（师班比、师校比）（极差、极差率、标准差、变异系数、基尼系数）					
A12. 教师构成（包括临时的代课及兼任教师的比例）：性别、民族来源、年龄（%）					
A13. 教师质量：学历：达标学历比例、最低达标学历上一级及以上水平学历比例（%）职称：高级、中级、初级（%）					
A14. 教师继续教育：接受继续教育的时间间隔、受训对象构成、受训层次、受训时间长短、受训内容					
A2. 学生					
A21. 毛入学率：性别、民族来源、家庭社会政治地位来源、家庭经济来源、家庭文化来源（%）					
A22. 巩固率：性别、民族来源、家庭社会政治地位来源、家庭经济来源、家庭文化来源（%）					
A23. 辍学率：性别、民族来源、家庭社会政治地位来源、家庭经济来源、家庭文化来源（%）					
A24. 升学率：性别、民族来源、家庭社会政治地位来源、家庭经济来源、家庭文化来源（%）					
人力资源部分的以上各项指标也均适用于用极差、极差率、标准差、变异系数来加以测度					
B. 财力资源					
分析内容	公共教育投入占 GDP 的比例（可细分为各级教育的投入比例）、最低生均教育经费值	生均教育经费：事业性经费、基建经费、（抑或其他分类项目的经费）	残障学生、低成绩、少数民族来源、低智商学生的生均经费权重数，生均经费低于平均值的学生比例（不平等程度）及其补助	各种来源的学生生均教育经费基本相同	生均经费与学区（各级政府）财政无相关性

续表

	充足性	水平公平	垂直公平	机会均等	财政中立
适用测度工具	最低%、最低经费值	极差、极差率、标准差、变异系数、基尼系数	专家评估法（经验法）确定权重数，以经费定义的贫穷生比例（森指数）、补偿比例（生均经费值）	极差、极差率、标准差、变异系数、基尼系数、相关系数	相关系数
C. 物力资源					
C11. 生均固定资产总值					
C12. 生均校舍建筑面积					
C13. 生均体育运动场所面积					
C14. 生均学校占地面积					
C15. 生均图书册数					
C16. 生均计算机台数					
C17. 生均实验设备器材达标率					
C18. 其他物力资源					
物力资源部分的以上各项指标也均适用于用极差、极差率、标准差、变异系数、基尼系数来加以测度					
D. 教育人力、财力、物力资源配置制度的公平性					
这个指标主要是检测我们的宏观教育资源配置制度的公正性与否，其中尤为核心的是财力资源的收入与分配的指导原则/政策及具体的征税或拨款方式是否充分反映了充足性、公平性及效率性，在人力资源方面还要看是否有利于教师的学历、性别、职称构成合理化的公平导向的政策及其实施的公平性的测度。具体指标可以为： D11. 人们对教育资源配置制度的总体公平性感知的测度，其下又具体分为对人力、物力、财力配置公平性的感知的测度 D12. 教育资源收入及分配制度（相关的教育税费及教育费拨款方式）的公平性的测度 D13. 教师资源构成及配置相关政策的公平性（包括教师的养成、流动等政策，如相关经费政策等）					

注：在获得数据足够充分的情况下，上述各个指标都可以计算其森指数。另外，还可以测度生均课程资源（必修课程、选修课程、新修课程等各种类型课程的门数及课时数）等其他类型的资源。

以上指标中机会均等原则的运用与财政中立原则的应用，在具体运用不平等测度工具时很多时候是交叉重叠的，一般都用相关系数来测度，只要证明在弹性指数值在显著差异水平下的相关系数值非常低或接近于零，那么此时就存在财政中立或机会均等。但是财政中立运用的是财政性教育经费的数据，而机会均等运用的是包括财政支出在内的各群体、家庭的收入等反映其社会政治经济文化背景的数据与受教育机会（如入学率、升学率、辍学率等）的相关性。如果把财政中立改为财富中立，那么机会均等与财富中立在计算过程中使用的数据几乎是完全相互覆盖的，这时测度原则中的机会均等与财富中立可以合并为一个原则，即机会均等原则。但是一般在测度教育资源尤其是公共教育财政资源的分配是否公平时，就特别需要用财政中立这个原则来加以指导对公共教育财政资源配置公平的测度。

如果没有大规模的经费投入，以及在全国（跨国/地区）大样本的对家庭收入及其支出方面的具体数据的支持，那么对私人教育资源的公平测度是很难进行的。故一般我们就用学校财政公平的测度指标框架来代替教育资源配置的公平测度指标体系。

四、私人教育资源的公平测度指标体系

理论上，私人教育资源的公平测度主要是对学生家庭的纳税投入（具体值及比例）、学生家庭的教育经费支出（具体值及其占家庭收入的百分比）、学生的家庭收入以及学生的社会阶层来源等决定的学生的入学率、升学率（以及升入学校的层级）、受教育年限等相关性影响的分析。前面两项可用百分比及具体值来表征或测度，后一项除了用百分比及具体值来测度外，还需要考察它们之间的相关系数。

此处，我们只考虑家庭支出部分的私人资源，而没有考虑除政府支出外的其他企业或基金等中间组织（家庭、政府以外的组织）的支出，当然广义上的私人资源包括中间组织的投入，只是对这部分的测度因涉及的关系较复杂，比较难于测度。

第四章　我国基础教育财力资源配置现状分析

第一节　地方和中央教育总经费分析

一、全国教育经费及基础教育经费的总量分析

表4.1显示了2003—2006年四年间全国地方和中央用于教育的总经费及预算内教育总经费用于各级各类学校的情况。

（一）全国教育经费的总量分析

地方总教育经费由2003年的5053.53004亿元增加到2004年的5901.40055亿元，比2003年增加16.78%；增加到2005年的6814.08899亿元，比2004年增加15.47%；增加到2006年的7769.39644亿元，比2005年增加14.02%。其中地方预算内教育经费从2003年的2887.36264亿元，增加到2004年的3382.47406亿元，比2003年增加17.15%；增加到2005年的3930.29349亿元，比2004年增加16.20%；增加到2006年

表 4.1　全国地方及中央总计及预算内教育经费支出情况表（单位：千元）

学校类型＼经费＼年份	2003						2004					
	地方		中央		合计		地方		中央		合计	
	总计	预算内	总计	预算内	总计	预算内	总计	预算内	总计	预算内	总计	预算内
总计	505353004	288736264	68004825	33073046	573357829	321809310	590140055	338247406	76723908	35455519	666863963	373702925
高校	115353628	45962596	64911622	31594198	180265250	77556794	138129526	54150851	73596625	33381551	211726151	87532402
中学	169245435	96414361	307433	142634	169552868	96556995	197865554	114889653	322523	133150	198188077	115022803
普通中学	169037681	96341441	307433	142634	169345114	96484075	197630624	114801454	322523	133150	197953147	114934604
高级中学	39160978	15739240	125394	65994	39286372	15805234	48339101	20062558	116067	58214	48455168	20120772
初级中学	87417813	60099473	1692	1130	87419505	60100603	100933824	70794932	752	0	100934576	70794932
农村中学	46551428	34207267	0	0	46551428	34207267	57140949	42330602	0	0	57140949	42330602
小学	146921099	108030012	47604	24770	146968703	108054782	169860325	126109129	63913	28531	169924238	126137660
普通小学	146881226	107995599	47604	24770	146928830	108020369	169820413	126076494	63913	28531	169884326	126105025
农村小学	89197010	69387162	0	0	89197010	69387162	106428767	83075006	0	0	106428767	83075006
	2005						2006					
总计	681408899	393029349	85834755	34740746	767243654	427770095	776939644	472269953	91924459	40836644	868864103	513106597
高校	159740320	62012222	82469732	33075704	242210052	95087926	181518954	72772922	88086117	38838744	269605071	111611666
中学	230887964	135872597	336064	137687	231224028	136010284	261396535	164414946	346069	159063	261742604	164574009
普通中学	230614345	135767727	336064	137687	230950409	135905414	261061040	164280704	346069	159063	261407109	164439767
高级中学	61658601	26424286	83942	29044	61742543	26453330	71366040	32649775	129294	61633	71495334	32711408
初级中学	118004112	83883690	3350	0	118007462	83883690	133121928	101454169	1944	0	133123872	101454169
农村中学	69295484	51608386	0	0	69295484	51608386	77706108	62572231	0	0	77706108	62572231
小学	192036525	143404020	89362	29241	192125887	143433261	218261912	171984370	92558	39251	218354470	172023621
普通小学	191988746	143361624	89362	29241	192078108	143390865	218223849	171952113	92558	39251	218316407	171991364
农村小学	122888450	96138595	0	0	122888450	96138595	138171211	114567383	0	0	138171211	114567383

注：表中“0”值表示经费值为零。

资料来源：根据《中国教育经费统计年鉴》2003—2006 年数据整理而得。

的 4722.69953 亿元，比 2005 年增加 20.16%。

中央总教育经费由 2003 年的 680.04825 亿元增加到 2004 年的 767.23908 亿元，比 2003 年增加 12.82%；增加到 2005 年的 858.34755 亿元，比 2004 年增加 11.87%；增加到 2006 年的 919.24459 亿元，比 2005 年增加 7.09%。其中中央预算内教育经费从 2003 年的 330.73046 亿元，增加到 2004 年的 354.55519 亿元，比 2003 年增加 7.20%；增加到 2005 年的 347.40746 亿元，比 2004 年减少 2.02%；增加到 2006 年的 408.36644 亿元，比 2005 年增加 17.55%。

全国总计（地方 + 中央）的教育经费从 2003 年的 5733.57829 亿元增加到 2004 年的 6668.63963 亿元，比 2003 年增加 16.31%；增加到 2005 年的 7672.43654 亿元，比 2004 年增加 15.05%；增加到 2006 年的 8688.64103 亿元，比 2005 年增加 13.24%。其中全国预算内教育经费从 2003 年的 3218.09310 亿元，增加到 2004 年的 3737.02925 亿元，比 2003 年增加 16.13%；增加到 2005 年的 4277.70095 亿元，比 2004 年增加 14.47%；增加到 2006 年的 5131.06597 亿元，比 2005 年增加 19.95%。

可见，这四年全国教育总经费无论是中央的、地方的还是中央与地方总计的都呈稳定的增长势头（除 2005 年中央预算内经费比 2004 年有所下降外），中央总计经费从 2004 年起其增长比例逐年在下降。地方总计及地方预算内经费在 2003—2006 年其增长比例都呈正的增长。

（二）全国基础教育经费的总量分析

表 4.2 显示了 2003—2006 四年间基础教育总经费的支出及其增长情况。

表 4.2　基础教育总经费及其比上一年的增长比例情况表

分类（经费／年份）	基础教育总经费（千元）				比上一年增长比例（%）		
	2003	2004	2005	2006	2004	2005	2006
地方总计	316166534	367725879	422924489	339102643	16.31	15.01	－19.82
地方预算内	204444373	240998782	279276617	226987177	17.88	15.88	－18.72
中央总计	355037	386436	425426	346069	8.84	10.09	－18.65

续表

分类 \ 年份 \ 经费	基础教育总经费(千元)				比上一年增长比例（%）		
	2003	2004	2005	2006	2004	2005	2006
中央预算内	167404	161681	166928	159063	-3.42	3.25	-4.71
全国总计	316521571	368112315	423349915	339448712	16.3	15.01	-19.82
全国预算内	204611777	241160463	279443545	227146240	17.86	15.87	-18.71

资料来源：根据《中国教育经费统计年鉴》2003—2006年数据整理而得。

由表4.2可知，全国地方用于基础教育（中学+小学）的经费，总经费由2003年的3161.66534亿元增加到2004年的3677.25879亿元，增加16.31%，其中预算内经费从2044.44373亿元增加到2409.98782亿元，增加17.88%；到2005年总经费增加为4229.24489亿元，比2004年增加15.01%，其中预算内经费增加到2792.76617亿元，比2004年增加15.88%；到2006年总经费增加为3391.02643亿元，比2005年减少19.82%，其中预算内经费减少到2269.87177亿元，比2005年减少18.72%。

全国中央用于基础教育的经费，总经费由2003年的3.55037亿元增加到2004年的3.86436亿元，增加了8.84%，其中预算内经费从1.67404亿元减少到1.61681亿元，减少了3.42%；到2005年总经费增加为4.25426亿元，比2004年增加10.09%，其中预算内经费增加到1.66928亿元，比2004年增加了3.25%；到2006年总经费减少为1.59063亿元，比2005年减少18.65%，其中预算内经费减少到1.59063亿元，比2005年减少了4.71%。

全国总计用于基础教育的经费，总经费由2003年的3165.21571亿元增加到2004年的3681.12315亿元，增加16.30%，其中预算内经费从2046.11777亿元增加到2411.60463亿元，增加17.86%；到2005年总经费增加到4233.49915亿元，比2004年增加15.01%，其中预算内经费增加到2794.43545亿元，比2004年增加15.87%；到2006年总经费减少为3394.48712亿元，比2005年减少19.82%，其中预算内经费减少到2271.46240亿元，比2005年减少18.71%。

可见，2003—2005 年中央、地方及中央与地方总计的基础教育经费的绝对数量一直呈稳定增加的态势，2006 年下降幅度接近 20%，其中总计下降了 19.82%，预算内下降了 18.71%。

二、全国教育经费支出结构与比例分析

表4.3反映了2003—2006四年间地方、中央及全国合计的教育总经费及预算内教育总经费在高校、中学、小学等学校类型中支出结构与比例情况。

2003 年全国地方教育总经费中 22.83% 用于高等学校，33.49% 用于中学，其中用于普通中学的比例达 33.45%，用于小学的经费比例达 29.07%，其中用于普通小学的占 29.07%，合计用于基础教育的经费比例达 62.56%，地方教育经费占全国总计教育经费的 88.14%；中央教育经费只占 11.86%，其中中央经费的 95.45% 用于高校，用于基础教育的经费比例只占 0.52%；全国总计的预算内教育经费只占总经费的 56.13%；全国总计的教育经费中用于基础教育的比例为 55.20%，其中预算内基础教育经费比例为 63.58%。

2004 年全国地方教育总经费中 23.41% 用于高等学校，33.53% 用于中学，其中用于普通中学的比例达 33.49%，用于小学的经费比例达 28.78%，其中用于普通小学的占 28.78%，合计用于基础教育的经费比例达 62.31%，地方教育经费占全国总计教育经费的 88.49%；中央教育经费只占 11.51%，其中中央经费的 95.92% 用于高校，用于基础教育的经费比例只占 0.50%；全国总计的预算内教育经费只占总经费的 56.04%；全国总计的教育经费中用于基础教育的比例为 55.20%，其中预算内基础教育经费比例为 64.53%。

2005 年全国地方教育总经费中 23.44% 用于高等学校，33.88% 用于中学，其中用于普通中学的比例达 33.84%，用于小学的经费比例达 28.18%，其中用于普通小学的占 28.18%，合计用于基础教育的经费比例达 62.06%，地方教育经费占全国总计教育经费的 88.81%；中央教育经费只占 11.19%，其中中央经费的 96.08% 用于高校，用于基础教育的经费比例只占 0.49%；全国总计的预算内教育经费只占总经费的 55.75%；全国总计的教育经费中用于基础教育的比例为 55.18%，其中预算内基础教育经费比例为 65.33%。

表 4.3 全国教育经费在各级各类学校中的支出比例表（单位：%）

学校类型 \ 经费 \ 年份	2003						2004					
	地方		中央		合计		地方		中央		合计	
	总计	预算内	总计	预算内	总计	预算内	总计	预算内	总计	预算内	总计	预算内
总计	100	100	100	100	100	100	100	100	100	100	100	100
高校	22. 83	15. 92	95. 45	95. 53	31. 44	24. 1	23. 41	16. 01	95. 92	94. 15	31. 75	23. 42
中学	33. 49	33. 39	0. 45	0. 43	29. 57	30	33. 53	33. 97	0. 42	0. 38	29. 72	30. 78
普通中学	33. 45	33. 37	0. 45	0. 43	29. 54	29. 98	33. 49	33. 94	0. 42	0. 38	29. 68	30. 76
高级中学	7. 75	5. 45	0. 18	0. 2	6. 85	4. 91	8. 19	5. 93	0. 15	0. 16	7. 27	5. 38
初级中学	17. 3	20. 81	0	0	15. 25	18. 68	17. 1	20. 93	0	0	15. 14	18. 94
农村	9. 21	11. 85	0	0	8. 12	10. 63	9. 68	12. 51	0	0	8. 57	11. 33
小学	29. 07	37. 41	0. 07	0. 07	25. 63	33. 58	28. 78	37. 28	0. 08	0. 08	25. 48	33. 75
普通小学	29. 07	37. 4	0. 07	0. 07	25. 63	33. 57	28. 78	37. 27	0. 08	0. 08	25. 48	33. 74
农村	17. 65	24. 03	0	0	15. 56	21. 56	18. 03	24. 56	0	0	15. 96	22. 23
占总比例 A	88. 14	50. 36	11. 86	5. 77	100	56. 13	88. 49	50. 72	11. 51	5. 32	100	56. 04
增长比例 B							16. 78	17. 15	12. 82	7. 2	16. 31	16. 13

续表

年份/经费/学校类型	2005						2006					
	地方		中央		合计		地方		中央		合计	
	总计	预算内	总计	预算内	总计	预算内	总计	预算内	总计	预算内	总计	预算内
总计	100	100	100	100	100	100	100	100	100	100	100	100
高校	23. 44	15. 78	96. 08	95. 21	31. 57	22. 23	23. 36	15. 41	95. 82	95. 11	31. 03	21. 75
中学	33. 88	34. 57	0. 39	0. 4	30. 14	31. 8	33. 64	34. 81	0. 38	0. 39	30. 12	32. 07
普通中学	33. 84	34. 54	0. 39	0. 4	30. 1	31. 77	33. 60	34. 79	0. 38	0. 39	30. 09	32. 05
高级中学	9. 05	6. 72	0. 1	0. 08	8. 05	6. 18	9. 19	6. 91	0. 14	0. 15	8. 23	6. 38
初级中学	17. 32	21. 34	0	0	15. 38	19. 61	17. 13	21. 48	0. 00	0. 00	15. 32	19. 77
农村	10. 17	13. 13	0	0	9. 03	12. 06	10. 00	13. 25	0. 00	0. 00	8. 94	12. 19
小学	28. 18	36. 49	0. 1	0. 08	25. 04	33. 53	28. 09	36. 42	0. 10	0. 10	25. 13	33. 53
普通小学	28. 18	36. 48	0. 1	0. 08	25. 03	33. 52	28. 09	36. 41	0. 10	0. 10	25. 13	33. 52
农村	18. 03	24. 46	0	0	16. 02	22. 47	17. 78	24. 26	0. 00	0. 00	15. 90	22. 33
占总比例 A	88. 81	51. 23	11. 19	4. 53	100	55. 75	99. 90	66. 87	0. 10	0. 05	100	66. 92
增长比例 B	15. 47	16. 2	11. 87	−2. 02	15. 05	14. 47	−19. 82	−18. 72	−18. 65	−4. 71	−19. 82	−18. 71

注：表格中“占总比例 A”指的是地方、中央的总计与预算内经费占合计（全国）的总经费的比例，“增长比例 B”指的是地方、中央及全国的总计与预算内经费比上一年的增长比例。

资料来源：根据《中国教育经费统计年鉴》2003—2006 年数据计算整理而得。

2006 年全国地方教育总经费中 23. 36% 用于高等学校，33. 64% 用于中学，其中用于普通中学的比例达 33. 60%，用于小学的经费比例达 28. 09%，其中用于普通小学的占 28. 09%，合计用于基础教育方面的经费比例达 61. 73%，地方教育经费占全国总计教育经费的 99. 90%；中央教育经费只占 0. 1%，其中中央经费的 95. 82% 用于高校，用于基础教育的经费比例只占 0. 39%；全国总计的预算内教育经费只占总经费的 59. 05%；全国总计的教育经费中用于基础教育的比例为 55. 25%，其中预算内基础教育经费比例为 65. 60%。

可见这四年期间，全国地方教育经费用于高校的比例在 22. 83%—23. 44% 之间，且 2003—2005 年是逐年递增的，2006 年有所下降，四年间增幅达到 0. 53 个百分点；全国地方教育经费中用于基础教育的比例在 61. 73%—62. 56% 之间，呈逐年递减趋势，尽管减幅较小，还是减小了 0. 83 个百分点。其中中央经费用于高校的比例从 2003 年的 95. 45% 增加到 2005 年的 96. 08%，2006 年又下降到 95. 82%，四年间还是增长了 0. 37 个百分点；中央经费用于基础教育的比例从 2003 年的 0. 52% 逐年减小到 2006 年的 0. 39%。全国教育总经费中用于基础教育的比例从 2003 年的 55. 20% 增加到 2006 年的 55. 25%，增加了 0. 05 个百分点；其中预算内经费的比例从 2003 年的 63. 58% 逐年增加到 2006 年的 65. 60%。可见基础教育支出从经费来源主体的角度来看，地方承担了最主要的责任，超过 99%，而中央用于基础教育的经费不足基础教育经费总额的 1%。这也很明显地印证了基础教育“地方负责”的管理制度。

第二节 全国各省区市小学财力资源配置差异分析

以下各章节中未注明的数据来源均出自《中国教育统计年鉴》《中国教育经费统计年鉴》2003—2006 年中提供的相关原始数据自行分析整理而得，文中直接以表格的形式显示分析结果。

数据比较部分分为合计、城镇（城市 + 县镇）、农村，城乡差指“城镇 - 农村”，文中未用常用的“城市”，而是用“城镇”，因文中的“城市”仅是“城镇”的一部分，而未包括“县镇”部分，用“城镇”则包括了统计年鉴中的“城市”与“县镇”的数据，尽管与习惯上的“城市”的用法不一致，所以下文的分析中，如“城乡差”指的是“城镇”-“农村”，而不是平常所说的“城市”-“农村”。在具体计算“城镇”部分的数据时，是采取相关统计年鉴中“总计/合计”-“农村”得出。“小学”指“普通小学”，统计年鉴中反映的“小学”的数据实际上是“普通小学”的数据，通过仔细对比相关统计年鉴得出这一等同做法，即后文中的“小学”=“普通小学”。

一、全国各省区市小学总生均教育经费分析

（一）小学总生均教育经费分析

表4.4显示了全国各省区市在2003—2006年间小学总生均教育经费情况。

1. 合计小学总生均教育经费分析

由表4.4可知，全国合计的小学总生均教育经费从2003年的1295元（下文数据后的单位“元”省略）增加到2004年的1561，增加到2005年的1823，再增加到2006年的2121。小学总生均教育经费在2003年高于全国平均水平1295的地区有14个，其中最高五个地区由低至高依次是西藏（2587/1283）（括号中“/”前的数据为生均经费，“/”后的数据为生均经费距平值，除特别说明外，全书同）、浙江（2867/1572）、天津（3062/1767）、北京（5245/3950）、上海（7030/5735）；低于全国平均水平的最小五个地区由低至高依次是河南（677/-618）（“-”表示比全国平均值低，下同）、贵州（695/-600）、安徽（865/-430）、甘肃（865/-430）、陕西（870/-425）。小学总生均教育经费在2006年高于全国平均水平2121的地区有14个，其中最高五个地区由低至高依次是江苏（3388/1267）、浙江（4348/2227）、天津（4810/2689）、北京（7986/5865）、上海（11632/9511）；低于全国平均水平的最小五个地区由低至高依次是河南（1171/-950）、贵州（1197/-924）、江西（1496/-625）、甘肃（1499/-622）、广西（1555/-566）。

纵观这四年，河南（2003年、2005年、2006年）、贵州（2004年）是小学总生均教育经费最小的地区，其变化趋势是677↗819↗973↗1171（单位元，下同）；上海是小学总生均教育经费最大的地区，其变化

趋势是7030 ↗ 9039 ↗ 9767 ↗ 11632。两者间的极差变化趋势是6353 ↗ 8220 ↗ 8794 ↗ 10461；极差率变化趋势是10.38 ↗ 11.04 ↘ 10.04 ↘ 9.93。这四年间小学总生均教育经费的标准差变化趋势是1345 ↗ 1701 ↗ 1830 ↗ 2118；变异系数的变化趋势是1.039 ↗ 1.090 ↘ 1.004 ↘ 0.999；基尼系数变化趋势是0.0556 ↗ 0.0570 ↘ 0.0373 ↘ 0.0247。说明最大与最小地区之间及各地区与全国平均值间（也就是各地区间）的差距在2003—2004年间还在加大，由极差、标准差、极差率、变异系数及基尼系数都得以明证，它们均呈现增大的趋势，2005年起差距稍微有所下降。

表4.4 全国分地区小学总生均教育经费表（单位：元）

年份 / 分类 / 地区	2003			2004			2005			2006		
	合计	城镇	农村	合计	城镇	农村	合计	城镇	农村	合计	城镇	农村
全国	1295	1751	1058	1561	2009	1326	1823	2267	1573	2121	2574	1847
北京	5245	5458	4389	6411	6552	5754	7101	7277	6545	7986	8051	7765
天津	3062	3413	2142	3621	4004	2538	4295	4576	3405	4810	5093	3850
河北	1014	1188	940	1300	1498	1203	1764	1920	1680	2077	2146	2041
山西	1030	1101	997	1203	1230	1190	1564	1609	1539	1846	1880	1826
内蒙古	1774	1738	1811	2202	2009	2413	2441	2176	2783	2933	2540	3578
辽宁	1585	1890	1352	1983	2181	1833	2349	2622	2136	2872	3105	2694
吉林	1816	1930	1717	2056	2125	1989	2496	2514	2476	3002	3002	3002
黑龙江	1790	1888	1723	2081	2108	2061	2498	2562	2443	3069	2988	3140
上海	7030	7104	5066	9039	9113	6676	9767	9810	8223	11632	11661	9561
江苏	1802	2606	1447	2301	2978	1914	2846	3278	2437	3388	3836	2920
浙江	2867	2905	2513	3583	3684	3340	3983	4119	3692	4348	4468	4079
安徽	865	1125	788	1081	1350	994	1269	1553	1158	1591	1908	1473
福建	1590	1896	1341	1896	2228	1645	2253	2454	2088	2661	2882	2490
江西	950	1017	903	1092	1151	1050	1293	1404	1239	1496	1624	1443
山东	1266	1524	1114	1482	1696	1337	1791	2025	1624	2088	2426	1888

续表

地区 \ 年份/分类	2003			2004			2005			2006		
	合计	城镇	农村	合计	城镇	农村	合计	城镇	农村	合计	城镇	农村
河南	677	978	597	853	1166	764	973	1270	881	1171	1488	1068
湖北	896	1216	744	1131	1458	959	1331	1753	1131	1580	2044	1343
湖南	1133	1320	1038	1387	1587	1273	1634	1782	1541	1838	2040	1718
广东	1929	2485	1508	2115	2687	1660	2200	2874	1670	2407	3299	1675
广西	971	1336	851	1117	1522	978	1299	1656	1175	1555	1910	1415
海南	1064	1282	940	1300	1444	1211	1492	1639	1398	1952	2081	1866
重庆	1065	1198	922	1350	2173	1147	1731	2478	1474	1917	2192	1684
四川	1056	1298	964	1218	1505	1110	1393	1676	1255	1582	1727	1472
贵州	695	948	622	819	1058	744	1020	1342	914	1197	1475	1095
云南	1225	1545	1157	1510	1713	1463	1650	1882	1592	1850	1938	1822
西藏	2578	3069	2404	2814	3406	2598	3096	3617	2895	3342	3628	3221
陕西	870	1056	807	1038	1222	981	1307	1384	1280	1697	1697	1697
甘肃	865	1074	797	1019	1222	944	1216	1524	1115	1499	1736	1411
青海	1430	1539	1355	1663	1697	1638	2112	2195	2062	2697	2735	2677
宁夏	1082	1207	1014	1286	1427	1196	1497	1703	1379	1707	1813	1641
新疆	1741	2145	1583	2072	2389	1935	2418	2633	2318	2881	2952	2845
基尼系数	0.0556	0.1597	0.0058	0.0570	0.1521	0.0012	0.0373	0.1214	0.0356	0.0247	0.1216	0.0528
极差	6353	6156	4469	8220	8055	5932	8794	8540	7342	10461	10186	8493
极差率	10.38	7.49	8.49	11.04	8.61	8.97	10.04	7.72	9.33	9.93	7.91	8.95
标准差	1345	1343	1003	1701	1688	1325	1830	1804	1574	2118	2086	1831
变异系数	1.039	0.767	0.948	1.090	0.840	0.999	1.004	0.796	1.001	0.999	0.810	0.991

注：(1) 为了便于显示，在数据录入时已根据原始数据进行了小数点后第一位的四舍五入处理，数据只显示到个位，下文中的表格除特别说明外均采取同样的处理。(2) 在计算基尼系数时，对于计算以组为单位而不知道每个人的收入水平或资源分配量的情况下，可借用叶平、张传萍提出的计算每组资源分配量占总资源量比例（W_i），每组人口占总人口的比例（P_i），按资源占有量由低到高进行排序，然后计算资源占有量的累积比例（Q_i），测度某项资源占有量不平等的基尼系数的实用计算公式为：$G = 1 - \sum_{i=1}^{n} P_i(2Q_i - W_i)$。参见：叶平，张传萍. 基础教育生均预算内公用经费基尼系数的再考查——兼与杨颖秀教授商榷 [J]. 教育研究，2007，29 (2)：48-55.

资料来源：根据《中国教育经费统计年鉴》及《中国教育统计年鉴》相关数据计算整理而得。

2. 城镇小学总生均教育经费分析

由表4.4可知，全国城镇的小学总生均教育经费从2003年的1751元（下文数据后的单位“元”省略）增加到2004年的2009，增加到2005年的2267，再增加到2006年的2574。小学总生均教育经费在2003年高于全国平均水平1751的地区有12个，其中最高五个地区由低至高依次是浙江（2905/1154）、西藏（3069/1318）、天津（3413/1662）、北京（5458/3707）、上海（7104/5353）；低于全国平均水平的最小五个地区由低至高依次是贵州（948/－803）、河南（978/－773）、江西（1017/－734）、陕西（1056/－695）、甘肃（1074/－677）。小学总生均教育经费在2006年高于全国平均水平2574的地区有13个，其中最高五个地区由低至高依次是江苏（3836/1262）、浙江（4468/1894）、天津（5093/2519）、北京（8051/5477）、上海（11661/9087）；低于全国平均水平的最小五个地区由低至高依次是贵州（1475/－1099）、河南（1488/－1086）、江西（1624/－950）、陕西（1697/－877）、四川（1727/－847）。

纵观这四年，贵州（2003年、2004年、2006年）、河南（2005年）是小学总生均教育经费最小的地区，其变化趋势是948↗1058↗1270↗1475；上海是小学总生均教育经费最大的地区，其变化趋势是7104↗9113↗9810↗11661。两者间的极差变化趋势是6156↗8055↗8540↗10186；极差率变化趋势是7.49↗8.61↘7.72↗7.91。这四年间小学总生均教育经费的标准差变化趋势是1343↗1688↗1804↗2086；变异系数的变化趋势是0.767↗0.840↘0.796↗0.810；基尼系数变化趋势是0.1597↘0.1521↘0.1214↗0.1216。说明最大与最小地区之间的差距还在加大，由极差、极差率的增加得以证明；而从变异系数反映的各地区间的相对差距在2003—2006年间呈增大趋势；基尼系数反映的地区间的不平等程度则是在2003—2005年间呈减小态势，2006年又有所增大，但仍低于2003年的水平。

3. 农村小学总生均教育经费分析

由表4.4可知，全国农村的小学总生均教育经费从2003年的1058元（下文数据后的单位“元”省略）增加到2004年的1326，增加到2005年的1573，再增加到2006年的1847。小学总生均教育经费在2003年高于全国平均水平1058的地区有16个，其中最高五个地区由低至高依次是天津（2142/1084）、西藏（2404/1346）、浙江（2513/1455）、北京（4389/3331）、上海（5066/4008）；低于全国平均水平的最小五个地区由低至高依次是河南（597/－461）、贵州（622/－436）、湖北（744/－314）、安徽（788/－270）、甘肃（797/－261）。小学总生均教育经费在2006年高于全国平均水平1847的地区有16个，其中最高五个地区由低至高依次是内蒙古（3578/1731）、天津（3850/2003）、浙江（4079/2232）、北京（7765/5918）、上海（9561/7714）；低于全国平均水平的最小五个地区由低至高依次是河南（1068/－779）、贵州（1095/－752）、湖北（1343/－504）、甘肃（1411/－436）、广西（1415/－432）。

这四年，河南（2003年、2005年、2006年）、贵州（2004年）是小学总生均教育经费最小的地区，其变化趋势是597↗744↗881↗1068；上海是小学总生均教育经费最大的地区，其变化趋势是5066↗6676↗8223↗9561。两者间的极差变化趋势是4469↗5932↗7342↗8493；极差率变化趋势是8.49↗8.97↗9.33↘8.95。这四年间小学总生均教育经费的标准差变化趋势是1003↗1325↗1574↗1831；变异系数的变化趋势是0.948↗0.999↗1.001↘0.991；基尼系数变化趋势是0.0048↘0.0012↗0.0356↗0.0528。说明最大与最小地区之间及各地区与全国平均值间（也就是各地区间）的差距还在加大，由极差、标准差、极差率、变异系数及基尼系数都得以明证，它们均呈现增大的趋势。

就合计、城镇、农村间的差距而言，从标准差、变异系数的变化趋势来看各地区间的相对差距合计要大于农村，农村又大于城镇，从基尼系数的变化趋势来看，各地区间的不平等程度城镇大于合计，合计大于农村。

4. 小学总生均教育经费的城乡差分析

2003年小学总生均教育经费城乡差距最大的五个地区是广东（977元）、北京（1069元）、江苏（1159元）、天津（1271元）、上海（2038元），全国仅有内蒙古一个省份的城镇小学总生均教育经费比农村的要低73元，其余30个省份均是城镇比农村大，全国的平均城乡差为693元，比这一水平高的省份有5个，城乡差距高于300元的省份有19个。2006年小学总生均教育经费城乡差距最大的五个地区是湖北（701元）、江苏（916元）、天津（1243元）、广东（1624元）、上海（2100元），全国仅有内蒙古、黑龙江两个省份的城镇小学总生均教育经费比农村的分别要低1038元和152元，吉林、陕西城乡差为零，其余27个省份均是城镇比农村大，全国的平均城乡差为727元，比这一水平高的省份有4个，城乡差距高于300元的省份有17个。总的来说，城乡间的差距还呈扩大趋势，尤其是上海的城乡差距迅猛增加，2006年绝大多数省份与2005年相比变化要大。

综上所述，普通小学的总生均教育经费各省份间及各省份城乡间的差距都在扩大。

5. 小学总生均教育经费的组间与组内差距的泰尔指数分析

上述使用衡量差距的统计工具，如极差、变异系数、基尼系数等，对这些统计方法具有较高的同质性，从它们的原理来看，计算结果不会有太大差异，但如果引入Mcloone指数或泰尔指数，能得出一些其他的有意义的结论①。

泰尔指数（Theil Index），是由荷兰经济学家泰尔于1967年提出的，是从信息量的熵（信息量的测度，表示平均信息量）概念出发考察不平等性，它能把总体的不平等性分解为各个部分之间的不平等性和各个部分内部的不平等性，有着较为广泛的应用。很多学者将其作为衡量个人之间或地区收入之间差距的重要指标。泰尔指数描述区域差距，该指标优点在于不仅能够描述区域内部的不平等程度，也可以对区域之间的不平等程度进行测算，同时也可以衡量组内差距和组间差距对总差距的贡献②。

下面用泰尔指数来反映普通小学总生均教育经费的组间与组内差距情况。

如果以教育经费作为权重，则全国区域间教育经费的泰尔指数为：

$$T = \sum W_i \times \log\left[\frac{W_i}{N_i}\right] + \sum W_i \times T_i \qquad (4-1)$$

① 成刚．省内义务教育财政公平研究——基于西部某省小学数据的经验分析［J］．清华大学教育研究，2008，29（5）：101－111.

② 李旸，陶向伟，刘旗．河南区域经济差异的泰尔指数分析［J］．河南农业大学学报，2008，42（1）：116－120.

其中，

$$T_i = \sum_j \left[\frac{W_{ij}}{W_i}\right] \times \log\left[\frac{\frac{W_{ij}}{W_i}}{\frac{n_{ij}}{n_i}}\right] \qquad (4-2)$$

即 $T = T_b + T_w$ = 组间差距 + 组内差距

式中：

i 分为华北（北京、天津、河北、山西、内蒙古）、东北（辽宁、吉林、黑龙江）、华东（上海、江苏、浙江、安徽、福建、江西、山东）、华中南（河南、湖北、湖南、广东、广西、海南）、西南（重庆、四川、贵州、云南、西藏）、西北（陕西、甘肃、青海、宁夏、新疆）6 组，即 i = 1，2，3，4，5，6；

j 视各组中的省份数的不同而不同，取值从 1 到 3，从 1 到 7 不等；

式（4－1）中 W_i是第 i 组的教育经费在所研究总体（全国）的教育经费中的比重；

式（4－1）中 N_i是第 i 组的学生在所研究总体（全国）的学生中的比重；

式（4－2）中 n_i是第 i 组学生，n_{ij}是第 i 组中第 j 省的学生；

式（4－2）中 W_i是第 i 组教育经费，W_{ij}是第 i 组中第 j 省的教育经费。

由前述公式计算出全国各地小学总生均教育经费差距的泰尔指数值，如表 4.5 所示。

可见全国省际间的小学总生均教育经费的差距在 2003—2006 年呈逐年下降趋势，且组内不平等大于组间不平等，组内不平等贡献率基本上逐年呈下降趋势，组内不平等所占比例最小的为 2006 年农村部分达 60.496%，最大的为 2004 年的城镇部分达 86.723%。合计部分的泰尔指数从 2003 年的 0.04830 减小到 2004 年的 0.04749，2006 年又减小至 0.04061，城镇部分的泰尔指数从 2003 年的 0.05203 减小到 2006 年的 0.04633，农村部分则从 2003 年的 0.02552 增加到 2006 年的 0.02685。各组内的不平等程度最大的为华东地区，且基本呈逐年减小趋势，如其合计部分从 2003 年的 0.01967 减小到 2006 年的 0.01785；各组内的不平等程度最小的为东北地区，且基本上呈逐年减小趋势，如其合计部分从 2003 年的 0.00007 减小到 2006 年的 0.00002。

表 4.5 全国分地区小学总生均教育经费差距的泰尔指数表

项目 \ 年份 / 分类		2003			2004			2005			2006		
		合计	城镇	农村	合计	城镇	农村	合计	城镇	农村	合计	城镇	农村
差距（泰尔指数 T）		0. 04830	0. 05203	0. 02552	0. 04749	0. 05329	0. 02800	0. 04292	0. 04607	0. 02769	0. 04061	0. 04633	0. 02685
组间差距 T_b		0. 00674	0. 00789	0. 00426	0. 00764	0. 00708	0. 00586	0. 00922	0. 00754	0. 00810	0. 01032	0. 01074	0. 01061
组内差距 T_w		0. 04156	0. 04414	0. 02126	0. 03985	0. 04622	0. 02214	0. 03371	0. 03853	0. 01960	0. 03029	0. 03558	0. 01624
差距的组间贡献率		0. 13960	0. 15167	0. 16688	0. 16095	0. 13277	0. 20929	0. 21472	0. 16370	0. 29235	0. 25419	0. 23195	0. 39504
差距的组内贡献率		0. 86040	0. 84833	0. 83312	0. 83905	0. 86723	0. 79071	0. 78528	0. 83630	0. 70765	0. 74581	0. 76805	0. 60496
华北	T_1	0. 00784	0. 01008	0. 00322	0. 00765	0. 01050	0. 00335	0. 00594	0. 00828	0. 00299	0. 00531	0. 00739	0. 00299
东北	T_2	0. 00007	0	0. 00023	0. 00001	0	0. 00005	0. 00002	0. 00001	0. 00008	0. 00002	0. 00001	0. 00008
华东	T_3	0. 01967	0. 02377	0. 00459	0. 02079	0. 02670	0. 00813	0. 01886	0. 02269	0. 00842	0. 01785	0. 02125	0. 00721
华中南	T_4	0. 01052	0. 00825	0. 00847	0. 00788	0. 00666	0. 00581	0. 00588	0. 00564	0. 00393	0. 00450	0. 00549	0. 00222
西南	T_5	0. 00182	0. 00090	0. 00273	0. 00189	0. 00129	0. 00276	0. 00153	0. 00106	0. 00220	0. 00126	0. 00066	0. 00185
西北	T_6	0. 00165	0. 00115	0. 00200	0. 00164	0. 00106	0. 00204	0. 00148	0. 00087	0. 00198	0. 00135	0. 00078	0. 00188

资料来源：根据《中国教育经费统计年鉴》及《中国教育统计年鉴》相关数据计算整理而得。

由于在计算泰尔指数时应用的是省级水平上的数据，在没有获得足够的省域内具体市、县甚至校级的更详细的数据，针对全国省级水平上差异的泰尔指数计算中，省一级的数据往往会掩盖省内区域间的差异，因而计算出的结果要比其他研究者①应用省域内具体更详细的市、县及校级数据计算出来的泰尔指数要小得多。

（二）小学总生均事业性教育经费与基建经费分析

由于总生均教育经费包括事业性经费和基建经费两部分，下面将分别对其进行分析。

1. 小学总生均事业性教育经费支出分析

（1）小学总生均事业性教育经费支出分析

表4.6显示了全国各省区市在2003—2006年间小学总生均事业性教育经费情况。

由表4.6可知，合计的全国小学总生均事业性教育经费从2003年的1252元，占总生均经费的96.68%，增加到2004年的1506元，占总生均经费的96.48%；增加到2005年的1765元，占总生均经费的96.82%；到2006年增加到2059元，占总生均经费的97.08%。城镇的全国小学总生均事业性教育经费从2003年的1675元，占总生均经费的95.66%，增加到2004年的1922元，占总生均经费的95.67%；增加到2005年的2182元，占总生均经费的96.25%；到2006年增加到2483元，占总生均经费的96.46%。农村的全国小学总生均事业性教育经费从2003年的1032元，占总生均经费的97.54%，增加到2004年的1288元，占总生均经费的97.13%；增加到2005年的1530元，占总生均经费的97.27%；到2006年增加到1803元，占总生均经费的97.62%。可见小学总生均事

① 王蓉的研究发现，1999年小学生均事业性教育经费支出的泰尔指数为0.261，省内泰尔指数为0.174，省际泰尔指数为0.087，省内不平等的贡献率为66.75%，参见：王蓉．我国义务教育经费的地区差异研究［C］//闵维方，等．为教育提供充足的资源（教育经济学国际研讨会论文集）．北京：人民教育出版社，2003：152－160．成刚的研究发现，西部某省2003—2006年生均教育事业费的泰尔指数为0.13，县内不平等所占比例为50%，参见：成刚．省内义务教育财政公平研究——基于西部某省小学数据的经验分析［J］．清华大学教育研究，2008，29（5）：101－111．

业性教育经费的绝对数量是城镇高于合计，合计高于农村，小学总生均事业性教育经费占总生均教育经费的比例是农村高于合计，合计高于城镇。

由相关数据分析可知，无论是合计、城镇还是农村，最大与最小地区之间及各地区与各地区间的相对差距还在加大，极差、标准差、极差率、变异系数均呈现增大的趋势。这四年的基尼系数变化情况是，合计0.0466 ↗0.0475 ↘0.0297 ↘0.0247，城镇0.1518 ↘0.1455 ↘0.1195 ↗0.1257，农村0.0040 ↘0.0025 ↗0.0448 ↗0.0509。可见，由基尼系数反应的合计部分的各地间的差距与不平等程度合计与城镇部分呈减小的趋势，农村部分则有所增加，且不平等程度是城镇大于合计，合计大于农村。

表 4.6　全国分地区小学总生均事业性教育经费表（单位：元）

年份 / 分类 / 地区	2003			2004			2005			2006		
	合计	城镇	农村	合计	城镇	农村	合计	城镇	农村	合计	城镇	农村
全国	1252	1675	1032	1506	1922	1288	1765	2182	1530	2059	2483	1803
北京	5181	5379	4384	6213	6338	5631	6898	7040	6449	7830	7893	7619
天津	3050	3408	2111	3604	3999	2489	4229	4491	3399	4730	5001	3811
河北	995	1169	921	1264	1449	1173	1727	1878	1646	2050	2107	2020
山西	1003	1065	974	1159	1188	1145	1523	1559	1503	1808	1835	1792
内蒙古	1747	1694	1802	2156	1948	2383	2342	2059	2706	2869	2446	3563
辽宁	1568	1855	1349	1960	2132	1830	2327	2578	2131	2830	3076	2642
吉林	1788	1896	1694	2035	2098	1974	2482	2502	2460	2990	2992	2988
黑龙江	1763	1865	1693	2045	2077	2021	2459	2538	2391	3029	2973	3078
上海	6938	7009	5066	8986	9058	6675	9750	9792	8223	11559	11587	9561
江苏	1718	2424	1406	2187	2780	1848	2729	3136	2343	3224	3620	2810
浙江	2655	2686	2370	3333	3422	3120	3725	3855	3447	4119	4232	3865
安徽	836	1086	762	1060	1311	979	1245	1498	1146	1563	1862	1452
福建	1545	1810	1329	1842	2133	1622	2197	2397	2033	3606	5119	2435
江西	921	978	881	1045	1090	1013	1248	1337	1205	1431	1540	1386
山东	1240	1479	1099	1426	1605	1305	1734	1933	1592	2031	2322	1859

续表

地区 \ 分类 \ 年份	2003			2004			2005			2006		
	合计	城镇	农村	合计	城镇	农村	合计	城镇	农村	合计	城镇	农村
河南	665	959	587	836	1139	750	954	1242	865	1157	1465	1057
湖北	880	1188	734	1107	1424	940	1311	1718	1118	1560	2014	1328
湖南	1121	1306	1027	1373	1573	1259	1618	1766	1525	1822	2024	1702
广东	1792	2265	1434	1971	2483	1564	2051	2667	1566	2235	3015	1595
广西	947	1293	833	1091	1470	961	1263	1608	1143	1520	1867	1383
海南	1025	1243	901	1250	1383	1168	1418	1557	1329	1741	1801	1701
重庆	1034	1152	907	1297	2039	1114	1634	2273	1414	1851	2085	1653
四川	1019	1245	933	1179	1458	1074	1350	1596	1230	1542	1684	1434
贵州	685	931	614	801	1043	725	1008	1330	902	1171	1454	1067
云南	1211	1536	1142	1482	1689	1434	1629	1857	1572	1834	1928	1804
西藏	1980	2451	1813	2239	2751	2052	2741	3096	2604	2940	3120	2864
陕西	850	1033	788	1013	1197	956	1277	1359	1248	1673	1675	1672
甘肃	847	1053	780	988	1169	921	1188	1492	1088	1474	1711	1386
青海	1393	1505	1316	1615	1670	1575	2044	2120	1998	2510	2624	2450
宁夏	1064	1182	1000	1259	1387	1177	1465	1662	1352	1691	1794	1627
新疆	1713	2104	1560	2026	2276	1918	2376	2569	2286	2822	2820	2823
基尼系数	0.0466	0.1518	0.0040	0.0475	0.1455	0.0025	0.0297	0.1195	0.0448	0.0247	0.1257	0.0509
极差	6273	6078	4479	8185	8015	5950	8796	8550	7358	10402	10133	8504
极差率	10.43	7.53	8.63	11.22	8.68	9.21	10.22	7.88	9.51	9.99	7.97	9.05
标准差	1318	1311	989	1673	1655	1304	1807	1777	1562	2102	2102	1817
变异系数	1.053	0.783	0.958	1.111	0.861	1.012	1.024	0.814	1.021	1.021	0.847	1.008

资料来源：根据《中国教育经费统计年鉴》及《中国教育统计年鉴》相关数据计算整理而得。

（2）小学总生均事业性教育经费的组间与组内差距的泰尔指数分析

由表4.7可见全国省际间的小学总生均事业性教育经费的差距合计与城镇部分基本呈减小趋势，农村部分则有所增加，且组内不平等大于组间

表 4.7 全国分地区小学总生均事业性教育经费差距的泰尔指数表

项目 \ 年份/分类		2003			2004			2005			2006		
		合计	城镇	农村	合计	城镇	农村	合计	城镇	农村	合计	城镇	农村
差距（泰尔指数 T）		0. 04666	0. 05077	0. 02476	0. 04627	0. 05282	0. 02702	0. 04206	0. 04600	0. 02679	0. 04160	0. 04925	0. 02638
组间差距 T_b		0. 00689	0. 00764	0. 00459	0. 00774	0. 00687	0. 00622	0. 00947	0. 00773	0. 00845	0. 01176	0. 01360	0. 01088
组内差距 T_w		0. 03977	0. 04313	0. 02016	0. 03853	0. 04595	0. 02080	0. 03258	0. 03828	0. 01833	0. 02984	0. 03566	0. 01550
差距的组间贡献率		0. 14772	0. 15055	0. 18555	0. 16731	0. 13006	0. 23020	0. 22526	0. 16794	0. 31553	0. 28262	0. 27603	0. 41252
差距的组内贡献率		0. 85228	0. 84945	0. 81445	0. 83269	0. 86994	0. 76980	0. 77474	0. 83206	0. 68447	0. 71738	0. 72397	0. 58748
华北	T_1	0. 00813	0. 01055	0. 00338	0. 00781	0. 01080	0. 00348	0. 00596	0. 00838	0. 00304	0. 00529	0. 00738	0. 00304
东北	T_2	0. 00006	0	0. 00021	0. 00001	0. 00000	0. 00004	0. 00002	0	0. 00007	0. 00002	0	0
华东	T_3	0. 01928	0. 02398	0. 00457	0. 02055	0. 02750	0. 00755	0. 01868	0. 02347	0. 00771	0. 01849	0. 02287	0. 00680
华中南	T_4	0. 00919	0. 00671	0. 00780	0. 00689	0. 00561	0. 00519	0. 00509	0. 00476	0. 00347	0. 00364	0. 00422	0. 00195
西南	T_5	0. 00142	0. 00071	0. 00215	0. 00160	0. 00102	0. 00242	0. 00132	0. 00080	0. 00201	0. 00112	0. 00050	0. 00176
西北	T_6	0. 00170	0. 00118	0. 00206	0. 00168	0. 00101	0. 00214	0. 00152	0. 00086	0. 00204	0. 00129	0. 00068	0. 00188

不平等，组内不平等贡献率基本上呈逐年下降趋势，组内不平等所占比例最小的为 2006 年农村部分达 58.748%，最大的为 2004 年的城镇部分达 86.994%。各组内的不平等程度最大的为华东地区，如其城镇部分在 2004 年为 0.02750；各组内的不平等程度最小的为东北地区，且基本上呈逐年减小趋势，如其合计部分从 2003 年的 0.00006 减小到 2006 年的 0.00002。

2. 小学总生均事业性教育经费中个人部分支出分析

（1）小学总生均事业性教育经费中个人部分支出分析

由表 4.8 可知，合计的全国小学总生均事业性教育经费中个人部分支出从 2003 年的 972 元，占事业性经费的 77.64%，增加到 2004 年的 1164 元，占事业性经费的 77.29%；增加到 2005 年的 1342 元，占事业性经费的 76.03%；到 2006 年增加到 1560 元，占事业性经费的 75.76%。城镇的全国小学总生均事业性教育经费中个人部分支出从 2003 年的 1241 元，占事业性经费的 74.09%，增加到 2004 年的 1423 元，占事业性经费的 74.04%；增加到 2005 年的 1597 元，占事业性经费的 73.19%；到 2006 年增加到 1821 元，占事业性经费的 73.34%。农村的全国小学总生均事业性教育经费中个人部分支出从 2003 年的 832 元，占事业性经费的 80.62%，增加到 2004 年的 1028 元，占事业性经费的 79.81%；增加到 2005 年的 1198 元，占事业性经费的 78.30%；到 2006 年增加到 1402 元，占事业性经费的 77.76%。可见个人部分支出的绝对数量是城镇高于合计，合计高于农村，个人部分支出占事业性经费的比例是农村高于合计，合计高于城镇。

由相关数据分析可知，无论是合计、城镇还是农村，最大与最小地区之间及各地区与各地区间的差距还在加大，由极差、标准差、极差率、变异系数得以明证，它们基本上均呈现增大的趋势。这四年的基尼系数变化情况是，合计 0.0187 ↘ 0.0180 ↘ 0.0082 ↘ 0.0034，城镇 0.1125 ↘ 0.1028 ↘ 0.0939 ↗ 0.0965，农村 0.0194 ↗ 0.0222 ↗ 0.0550 ↗ 0.0598。可见，由基尼系数反映的合计及城镇部分各地间的差距基本上呈减小的趋势，农村各地间的差距则是逐年增加，且不平等程度是城镇大于农村，农村大于合计。

表 4.8 全国分地区小学总生均事业性经费中个人部分支出表（单位：元）

地区（年份/分类）	2003			2004			2005			2006		
	合计	城镇	农村	合计	城镇	农村	合计	城镇	农村	合计	城镇	农村
全国	972	1241	832	1164	1423	1028	1342	1597	1198	1560	1821	1402
北京	3663	3752	3305	4483	4545	4195	4813	4884	4590	5432	5484	5257
天津	2367	2676	1556	2898	3189	2077	3392	3601	2731	3889	4120	3104
河北	815	928	767	1031	1147	974	1343	1436	1293	1630	1628	1631
山西	810	821	805	925	906	934	1171	1142	1187	1411	1336	1455
内蒙古	1453	1347	1562	1870	1693	2063	1933	1616	2342	2252	1826	2952
辽宁	1227	1421	1079	1469	1575	1389	1726	1885	1602	2102	2329	1928
吉林	1403	1445	1367	1596	1585	1607	1930	1886	1979	2346	2248	2450
黑龙江	1444	1485	1416	1686	1650	1713	1960	1902	2010	2466	2312	2601
上海	4621	4634	4269	5542	5553	5181	6710	6717	6469	7657	7663	7255
江苏	1364	1815	1165	1769	2119	1569	2194	2420	1980	2583	2813	2343
浙江	2007	2023	1856	2569	2628	2427	2849	2924	2688	3131	3193	2992
安徽	661	850	605	866	1064	802	1027	1216	953	1286	1504	1205
福建	1222	1347	1120	1437	1588	1323	1693	1791	1613	2026	2129	1946
江西	738	772	714	845	869	828	973	1008	956	1084	1130	1065
山东	986	1110	913	1118	1198	1064	1335	1429	1268	1567	1706	1485
河南	546	727	498	673	860	620	734	921	676	878	1084	811
湖北	682	905	576	858	1067	748	984	1252	857	1187	1492	1031
湖南	896	1010	838	1100	1204	1041	1250	1309	1213	1377	1449	1334
广东	1128	1421	906	1252	1585	987	1313	1720	993	1481	2004	1052
广西	799	1063	712	917	1194	822	1043	1279	961	1243	1517	1135
海南	793	890	738	986	1057	942	1103	1200	1041	1258	1317	1219
重庆	814	887	736	960	1378	857	1094	1443	974	1212	1351	1094
四川	813	950	761	912	1077	850	993	1110	936	1089	1171	1027
贵州	562	739	511	662	844	605	830	1064	753	963	1184	882
云南	1028	1249	981	1246	1388	1213	1346	1518	1303	1496	1559	1476

续表

年份 / 分类 / 地区	2003			2004			2005			2006		
	合计	城镇	农村	合计	城镇	农村	合计	城镇	农村	合计	城镇	农村
西藏	1721	2144	1571	1969	2405	1810	2130	2511	1983	2401	2626	2306
陕西	670	779	633	795	895	764	1004	993	1008	1182	1093	1218
甘肃	688	839	639	787	925	736	910	1105	846	1094	1237	1041
青海	1176	1272	1110	1344	1384	1315	1568	1699	1489	1890	2025	1819
宁夏	858	887	842	982	1040	945	1124	1187	1088	1302	1350	1272
新疆	1495	1687	1420	1670	1774	1625	1922	2002	1885	2343	2221	2405
基尼系数	0.0187	0.1125	0.0194	0.0180	0.1028	0.0222	0.0082	0.0939	0.0550	0.0034	0.0965	0.0598
极差	4075	3907	3771	4880	4709	4576	5976	5796	5793	6779	6579	6444
极差率	8.46	6.37	8.57	8.37	6.58	8.56	9.14	7.29	9.57	8.72	7.07	8.95
标准差	886	881	797	1080	1066	997	1250	1230	1196	1415	1397	1352
变异系数	0.912	0.710	0.958	0.928	0.749	0.970	0.931	0.770	0.998	0.907	0.767	0.964

资料来源：根据《中国教育经费统计年鉴》及《中国教育统计年鉴》相关数据计算整理而得。

（2）小学总生均事业性教育经费中个人部分支出差距的泰尔指数分析

由表 4.9 可见全国省际间的小学总生均事业性教育经费中个人部分支出的差距在 2003—2006 年基本上呈逐年增大趋势，只有合计部分在 2006 年比 2005 年有所下降，但高于 2003 年水平，且组内不平等大于组间不平等，组内不平等贡献率基本上逐年呈下降趋势，组内不平等所占比例最小的为 2006 年农村部分达 62.081%，最大的为 2004 年的城镇部分达 85.497%。合计部分的泰尔指数从 2003 年的 0.03579 增加到 2005 年的 0.03951，2006 年又减小至 0.03941，城镇与农村部分则四年间基本上一直呈增加趋势。各组内的不平等程度最大的为华东地区，如其合计城镇部分 2005 年最大为 0.02055；各组内的不平等程度最小的为东北地区，如其城镇部分 2006 年为 0.00000。

由表 4.10 可知，合计的全国小学总生均事业性教育经费中公用部分支出从 2003 年的 280.2 元，占事业性经费的 22.38%，增加到 2004 年的 342.1 元，占事业性经费的 22.72%；增加到 2005 年的 422.7 元，占事业

表 4.9 全国分地区小学总生均事业性教育经费中个人部分支出差距的泰尔指数表

项目 \ 年份/分类		2003			2004			2005			2006		
		合计	城镇	农村	合计	城镇	农村	合计	城镇	农村	合计	城镇	农村
差距（泰尔指数 T）		0.03579	0.03772	0.02253	0.03761	0.04072	0.02469	0.03951	0.04293	0.02720	0.03941	0.04415	0.02787
组间差距 T_b		0.00632	0.00594	0.00523	0.00714	0.00591	0.00612	0.00868	0.00765	0.00756	0.01142	0.01184	0.01057
组内差距 T_w		0.02947	0.03179	0.01731	0.03047	0.03481	0.01857	0.03083	0.03529	0.01964	0.02798	0.03230	0.01730
差距的组间贡献率		0.17660	0.15738	0.23194	0.18979	0.14503	0.24798	0.21960	0.17816	0.27796	0.28988	0.26827	0.37919
差距的组内贡献率		0.82340	0.84262	0.76806	0.81021	0.85497	0.75202	0.78040	0.82184	0.72204	0.71012	0.73173	0.62081
华北	T_1	0.00649	0.00863	0.00299	0.00678	0.00965	0.00292	0.00712	0.00964	0.00391	0.00529	0.00756	0.00285
东北	T_2	0.00019	0.00007	0.00042	0.00010	0.00001	0.00027	0.00006	0.00001	0.00015	0.00006	0	0.00020
华东	T_3	0.01348	0.01718	0.00376	0.01495	0.01899	0.00646	0.01643	0.02055	0.00766	0.01668	0.02008	0.00766
华中南	T_4	0.00501	0.00360	0.00419	0.00453	0.00365	0.00348	0.00334	0.00298	0.00240	0.00285	0.00272	0.00229
西南	T_5	0.00179	0.00083	0.00271	0.00178	0.00104	0.00253	0.00191	0.00100	0.00290	0.00134	0.00079	0.00201
西北	T_6	0.00250	0.00146	0.00325	0.00233	0.00147	0.00291	0.00197	0.00111	0.00262	0.00176	0.00115	0.00230

资料来源：根据《中国教育经费统计年鉴》及《中国教育统计年鉴》相关数据计算整理而得。

性经费的 23.95%；到 2006 年增加到 498.6 元，占事业性经费的 24.22%。城镇的全国小学总生均事业性教育经费中公用部分支出从 2003 年的 433.4 元，占事业性经费的 25.87%，增加到 2004 年的 500.4 元，占事业性经费的 26.04%；增加到 2005 年的 583.6 元，占事业性经费的 26.75%；到 2006 年增加到 660.2 元，占事业性经费的 26.59%。农村的全国小学总生均事业性教育经费中公用部分支出从 2003 年的 200.5 元，占事业性经费的 19.43%，增加到 2004 年的 259.1 元，占事业性经费的 20.12%；增加到 2005 年的 332.0 元，占事业性经费的 21.70%；到 2006 年增加到 400.9 元，占事业性经费的 22.24%。可见公用部分支出的绝对数量是城镇高于合计，合计高于农村，公用部分支出占事业性经费的比例是城镇高于合计，合计高于农村。

由相关数据分析可知，无论是合计、城镇还是农村，最大与最小地区之间及各地区与各地区间的差距有所减小。这四年的基尼系数变化情况是，合计 0.1849 ↘ 0.1773 ↘ 0.1320 ↘ 0.1012，城镇 0.2560 ↘ 0.2469 ↘ 0.1893 ↘ 0.1776，农村 0.1099 ↘ 0.0822 ↘ 0.0479 ↘ 0.0009。可见，由基尼系数反映的合计、城镇及农村各地间的差距在 2003—2006 年间均呈逐年减小的趋势，且不平等程度是城镇大于合计，合计大于农村。

表 4.10 全国分地区小学总生均事业性经费中公用部分支出表（单位：元）

年份 / 分类 / 地区	2003			2004			2005			2006		
	合计	城镇	农村	合计	城镇	农村	合计	城镇	农村	合计	城镇	农村
全国	280.2	433.4	200.5	342.1	500.4	259.1	422.7	583.6	332.0	498.6	660.2	400.9
北京	1517.8	1627.2	1078.3	1730.0	1793.2	1435.9	2084.4	2155.9	1858.7	2397.9	2408.7	2361.6
天津	682.8	731.5	555.1	705.7	809.5	412.5	837.3	890.6	668.7	840.9	880.2	707.3
河北	179.4	240.2	153.6	232.9	302.4	198.8	383.9	441.7	352.8	420.1	481.0	388.3
山西	192.7	243.3	169.1	234.4	282.8	211.1	352.4	417.7	316.3	396.8	497.4	337.4
内蒙古	293.6	345.5	240.2	348.6	375.1	319.6	408.8	443.0	364.8	616.4	619.4	611.4
辽宁	341.1	435.0	269.4	491.7	558.9	440.9	600.5	692.1	529.1	727.1	743.4	714.6
吉林	384.3	451.0	326.4	438.4	511.5	367.2	552.0	616.1	480.4	643.4	742.3	538.9
黑龙江	319.0	380.1	277.2	359.6	429.1	308.0	499.1	636.3	381.7	563.6	661.2	477.8
上海	2317.4	2375.0	797.1	3443.8	3504.5	1493.8	3040.2	3075.9	1753.2	3902.3	3924.4	2305.6
江苏	354.4	610.3	241.4	417.8	659.9	279.3	535.0	716.5	363.0	641.0	808.1	466.5

续表

地区 \ 年份 / 分类	2003			2004			2005			2006		
	合计	城镇	农村	合计	城镇	农村	合计	城镇	农村	合计	城镇	农村
浙江	648.6	663.1	514.0	764.7	794.7	692.8	875.9	930.6	759.3	988.6	1040.1	873.2
安徽	175.0	236.2	156.9	194.3	249.7	176.4	217.7	281.9	192.6	277.6	358.6	247.5
福建	322.3	460.6	209.7	404.9	544.8	299.2	503.5	604.5	420.8	579.6	696.6	489.0
江西	182.6	204.3	167.4	200.2	222.0	184.6	274.4	328.0	248.4	347.0	413.2	319.6
山东	253.8	369.8	185.4	307.5	406.6	240.3	398.8	504.2	323.5	464.4	617.6	373.7
河南	119.4	233.6	89.1	162.6	276.0	130.4	220.6	322.4	189.1	279.8	385.6	245.4
湖北	197.5	280.5	158.1	248.7	355.1	192.7	326.9	467.1	260.4	372.7	520.4	297.2
湖南	225.0	297.0	188.5	273.5	369.7	218.7	368.4	457.5	312.2	444.9	573.6	368.4
广东	663.8	842.0	528.9	719.2	897.3	577.5	737.5	946.1	573.4	754.3	1011.8	542.9
广西	148.1	229.2	121.4	173.8	275.4	138.9	220.4	331.4	181.8	276.8	349.5	248.1
海南	231.6	350.7	163.7	263.5	324.7	225.8	315.8	359.2	288.0	483.5	485.9	481.9
重庆	219.9	266.2	170.2	337.4	659.5	258.0	540.6	833.5	439.8	638.9	733.8	558.6
四川	205.6	294.4	171.8	266.6	378.4	224.6	357.6	488.0	294.1	453.4	514.8	406.8
贵州	123.2	195.2	102.4	139.2	202.6	119.3	178.2	267.1	148.9	207.2	268.5	184.7
云南	183.1	287.5	160.9	236.0	298.9	221.4	283.1	337.5	269.5	337.8	369.3	327.8
西藏	259.0	306.9	242.0	270.0	345.6	242.4	611.9	587.0	621.5	539.2	495.4	557.7
陕西	180.4	254.6	155.2	217.5	300.3	191.9	273.0	365.7	240.3	491.1	583.1	453.9
甘肃	158.6	211.8	141.3	200.3	241.5	185.1	277.5	383.5	242.7	379.6	471.7	345.4
青海	217.9	234.4	206.6	270.4	283.6	260.8	476.1	420.5	509.6	620.8	601.5	631.0
宁夏	205.8	294.1	157.8	276.5	345.7	232.2	341.5	476.9	263.9	389.1	444.4	354.8
新疆	217.8	417.8	139.6	356.1	503.0	292.7	454.1	568.5	400.9	478.5	597.2	418.0
基尼系数	0.1849	0.2560	0.1099	0.1773	0.2469	0.0822	0.1320	0.1893	0.0479	0.1012	0.1776	0.0009
极差	2198	2179.8	989.2	3304.6	3301.9	1374.5	2862	2808.8	1709.8	3695.1	3655.9	2176.9
极差率	19.41	12.17	12.10	24.74	17.30	12.52	17.06	11.52	12.48	18.83	14.62	12.79
标准差	448.3	450.9	216.8	626.1	625.5	322.7	574.1	568.6	389.1	710.4	698.5	495.9
变异系数	1.600	1.040	1.081	1.830	1.250	1.245	1.358	0.974	1.172	1.425	1.058	1.237

资料来源：根据《中国教育经费统计年鉴》及《中国教育统计年鉴》相关数据计算整理而得。

表 4.11　全国分地区小学总生均事业性教育经费中公用支出部分差距的泰尔指数表

项目 \ 年份 / 分类		2003			2004			2005			2006		
		合计	城镇	农村	合计	城镇	农村	合计	城镇	农村	合计	城镇	农村
差距（泰尔指数 T）		0. 09685	0. 08789	0. 05925	0. 09174	0. 09341	0. 05226	0. 06473	0. 06344	0. 03947	0. 05781	0. 06340	0. 03003
组间差距 T_b		0. 01124	0. 01200	0. 00669	0. 00873	0. 00865	0. 00488	0. 00599	0. 00492	0. 00369	0. 00528	0. 00754	0. 00431
组内差距 T_w		0. 08561	0. 07590	0. 05256	0. 08301	0. 08476	0. 04738	0. 05874	0. 05851	0. 03578	0. 05253	0. 05586	0. 02572
差距的组间贡献率		0. 11608	0. 13649	0. 11290	0. 09521	0. 09260	0. 09329	0. 09261	0. 07763	0. 09349	0. 09130	0. 11891	0. 14361
差距的组内贡献率		0. 88392	0. 86351	0. 88710	0. 90479	0. 90740	0. 90671	0. 90739	0. 92237	0. 90651	0. 90870	0. 88109	0. 85639
华北	T_1	0. 01352	0. 01480	0. 00488	0. 01112	0. 01322	0. 00380	0. 00852	0. 01043	0. 00397	0. 00809	0. 00904	0. 00481
东北	T_2	0. 00008	0. 00008	0. 00011	0. 00029	0. 00020	0. 00041	0. 00011	0. 00004	0. 00031	0. 00019	0. 00005	0. 00055
华东	T_3	0. 03375	0. 03789	0. 00345	0. 03978	0. 04997	0. 00903	0. 02717	0. 03144	0. 00852	0. 02808	0. 03322	0. 00716
华中南	T_4	0. 03704	0. 02209	0. 04259	0. 02902	0. 01827	0. 03110	0. 01832	0. 01337	0. 01678	0. 01198	0. 01095	0. 00806
西南	T_5	0. 00101	0. 00036	0. 00140	0. 00201	0. 00226	0. 00234	0. 00377	0. 00285	0. 00482	0. 00385	0. 00244	0. 00453
西北	T_6	0. 00020	0. 00068	0. 00013	0. 00079	0. 00084	0. 00071	0. 00085	0. 00038	0. 00138	0. 00035	0. 00016	0. 00061

资料来源：根据《中国教育经费统计年鉴》及《中国教育统计年鉴》相关数据计算整理而得。

由表4.11可见全国省际间的小学总生均事业性教育经费中公用部分支出的差距合计及城镇部分在2003—2004年呈增大趋势，之后呈减少趋势，农村部分则逐年下降，且组内不平等大于组间不平等；组内不平等贡献率前3年呈增加趋势到2006年才有所下降；组内不平等所占比例最小的为2006年农村部分达85.639%，最大的为2005年的城镇部分达92.237%。合计的不平等程度大于城镇的，城镇又大于农村的。各组内的不平等程度最大的为华中南地区，如其农村部分从2003年最大的0.04259减小到2006年的0.00806；各组内的不平等程度最小的为东北地区，如其城镇部分从2003年的0.00008减小到2006年的0.00005。

3. 小学总生均基建经费支出分析

（1）小学总生均基建经费支出分析

表4.12显示了全国各省区市在2003—2006年间小学总生均基建经费情况。

由表4.12可知，合计的全国小学总生均基建经费从2003年的43.15元，占总生均经费的3.33%，减小到2004年的55.19元，占总生均经费的3.54%；增加到2005年的58.24元，占总生均经费的3.18%；到2006年增加到62.41元，占总生均经费的2.94%。城镇的全国小学总生均基建经费从2003年的76.52元，占总生均经费的4.37%，增加到2004年的86.55元，占总生均经费的4.31%；减小到2005年的85.56元，占总生均经费的3.77%；到2006年增加到93.63元，占总生均经费的3.64%。农村的全国小学总生均基建经费从2003年的25.79元，占总生均经费的2.44%，减小到2004年的38.75元，占总生均经费的2.92%；增加到2005年的42.84元，占总生均经费的2.73%；到2006年增加到43.54元，占总生均经费的2.36%。可见小学总生均基建经费的绝对数量是城镇高于合计，合计高于农村，小学总生均基建经费占总生均教育经费的比例是农村高于合计，合计高于城镇。

由相关数据分析可知，无论是合计、城镇还是农村，最大与最小地区之间差距变化不稳定，各地区间的差距在2003—2004年间还在加大，由极差率、变异系数得以明证，它们均呈现增大的趋势，2004—2006年间呈减小态势。极差率最大达到530.10（2004年农村），变异系数最大达到4.071（2003年农村），可见在基建经费方面，最大值与最小值以及各地区间的差距是非常巨大的，另从基尼系数也得到明证。这四年的基尼系数变化情况是，合计0.4036↘0.3571↗0.3591↗0.3792，城镇0.4621↘0.3999↘0.3912↗0.4528，农村0.2804↗0.3122↘0.2841↘0.2822。可见，由基尼系数反映的各地间的差距部分2006年比2003年有所下降，且不平等程度是城镇大于合计，合计大于农村。生均基建经费的不平等程度相当大，2003年城镇部分基尼系数最高达到0.4621。

表4.12 全国分地区小学总生均基建经费表（单位：元）

地区 \ 年份/分类	2003			2004			2005			2006		
	合计	城镇	农村	合计	城镇	农村	合计	城镇	农村	合计	城镇	农村
全国	43.15	76.52	25.79	55.19	86.55	38.75	58.24	85.56	42.84	62.41	93.63	43.54
北京	64.05	78.71	5.2	198.21	214.29	123.32	203.42	237.39	96.14	155.57	158.31	146.32
天津	12.06	4.87	30.94	17.5	6.65	48.15	65.5	84.51	5.38	80.03	92.01	39.35
河北	19.38	19.71	19.24	36.12	48.71	29.94	37.06	42.25	34.27	26.47	36.62	21.17
山西	26.6	34.06	23.12	43.7	39.98	45.49	41.02	50.21	35.94	37.95	44.74	33.94
内蒙古	27.38	45.82	8.4	46.44	61.59	29.89	99.42	117.13	76.61	64.75	94.95	15.15
辽宁	17.04	35.14	3.21	21.47	46.76	2.36	22.14	44.92	4.38	42.06	29.48	51.69
吉林	28.6	35.01	23.04	21.57	28.52	14.8	14.04	11.77	16.58	12.49	11.71	13.31
黑龙江	26.68	21.77	30.04	35.72	29.67	40.21	39.37	25.69	51.08	39.18	14.30	61.05
上海	92.14	95.63	0	52.75	54.36	1.03	17.56	18.05	0	73.24	74.25	0
江苏	83.67	179.61	41.3	113.42	197.70	65.21	117	141.13	94.14	164.28	215.96	110.31
浙江	211.89	219.33	142.88	250.09	262.73	219.8	258.53	264.81	245.13	228.65	235.48	213.35
安徽	29.28	40.23	26.04	20.88	38.08	15.32	24.42	54.80	12.55	27.43	46.56	20.32
福建	45.58	87.74	11.25	54.46	96.15	22.96	56.19	57.78	54.89	54.57	54.05	54.97
江西	28.65	38.96	21.44	46.78	59.48	37.68	45.74	68.10	34.89	65.23	84.33	57.32
山东	26.54	45.48	15.37	56.43	92.19	32.19	57.4	92.23	32.51	56.97	104.21	29
河南	12.17	20.84	9.87	17.49	29.92	13.96	18.5	27.87	15.6	13.27	20.38	10.96

续表

地区＼年份/分类	2003			2004			2005			2006		
	合计	城镇	农村	合计	城镇	农村	合计	城镇	农村	合计	城镇	农村
湖北	16.18	27.90	10.62	24.61	35.06	19.11	20.06	35.01	12.97	20.25	31.63	14.43
湖南	12.48	15.64	10.88	14.25	14.85	13.91	15.86	16.37	15.54	15.70	15.97	15.54
广东	136.97	221.20	73.2	144.06	204.70	95.81	149.49	207.52	103.83	171.35	282.59	80.02
广西	23.55	40.87	17.85	26.41	51.49	17.8	35.97	47.82	31.85	34.74	40.72	32.38
海南	39.05	39.91	38.56	50.85	62.89	43.43	73.06	79.20	69.12	211.22	280.03	165.51
重庆	31.3	46.02	15.51	52.75	135.94	32.24	96.64	203.23	59.96	65.81	107.48	30.55
四川	36.87	52.16	31.05	39.65	49.84	35.82	42.71	80.20	24.45	40.23	43.02	38.11
贵州	9.61	13.14	8.59	18.13	14.95	19.13	11.51	8.78	12.41	26.52	21.59	28.33
云南	14.47	8.83	15.67	27.76	22.59	28.96	20.51	23.75	19.7	16.04	8.51	18.43
西藏	597.67	616.36	591.04	574.78	653.65	546	354.33	517.85	291.2	403.37	512.12	357.41
陕西	19.58	20.35	19.32	25.42	26.94	24.95	29.5	24.43	31.29	23.52	20.68	24.67
甘肃	18.65	23.50	17.07	31.3	53.94	22.94	28.06	33.48	26.28	24.55	23.20	25.05
青海	36.85	34.19	38.67	47.72	26.57	63.1	68.31	75.68	63.87	186.51	109.96	226.89
宁夏	18.2	25.64	14.16	26.99	40.28	18.48	31.52	39.53	26.93	15.97	19.42	13.83
新疆	27.88	38.88	23.58	45.63	111.69	17.12	41.75	62.30	32.19	59.64	134.03	21.73
基尼系数	0.4036	0.4621	0.2804	0.3571	0.3999	0.3122	0.3591	0.3912	0.2841	0.3792	0.4528	0.2822
极差	588.06	611.49	587.83	560.53	647	544.97	342.82	509.07	286.82	390.88	503.61	346.45
极差率	62.19	126.56	184.12	40.34	98.29	530.10	30.78	58.98	66.48	32.30	60.18	32.61
标准差	108.59	115.20	104.98	107.71	123.09	100.13	77.43	104.20	64.11	86.95	109.96	79.86
变异系数	2.517	1.505	4.071	1.952	1.422	2.584	1.329	1.218	1.496	1.393	1.174	1.834

注：2004 年、2006 年农村的极差、极差率、最小值为去除上海的 0 值后的计算值；表中的 0 值表示无基建经费。

资料来源：根据《中国教育经费统计年鉴》及《中国教育统计年鉴》相关数据计算整理而得。

（2）小学总生均基建经费差距的泰尔指数分析

表 4.13 全国分地区小学总生均基建经费差距的泰尔指数表

项目＼年份/分类		2003			2004			2005			2006		
		合计	城镇	农村	合计	城镇	农村	合计	城镇	农村	合计	城镇	农村
差距（泰尔指数 T）		0. 20392	0. 18943	–	0. 16429	0. 14921	0. 15502	0. 15997	0. 14317	–	0. 17496	0. 18394	–
组间差距 T_b		0. 02825	0. 05132	0. 00500	0. 02168	0. 03042	0. 00902	0. 02139	0. 02492	0. 01265	0. 02516	0. 04852	0. 01280
组内差距 T_w		0. 17567	0. 13811	–	0. 14261	0. 11879	0. 14600	0. 13858	0. 11825	–	0. 14980	0. 13542	–
差距的组间贡献率		0. 13852	0. 27093	–	0. 13198	0. 20389	0. 05818	0. 13371	0. 17404	–	0. 14381	0. 26377	–
差距的组内贡献率		0. 86148	0. 72907	–	0. 86802	0. 79611	0. 94182	0. 86629	0. 82596	–	0. 85619	0. 73623	–
华北	T_1	0. 00157	0. 00353	0. 00122	0. 00582	0. 00887	0. 00183	0. 00713	0. 00858	0. 00273	0. 00470	0. 00444	0. 00314
东北	T_2	0. 00037	0. 00028	0. 00458	0. 00039	0. 00037	0. 00500	0. 00086	0. 00123	0. 00512	0. 00109	0. 00050	0. 00242
华东	T_3	0. 05168	0. 04379	–	0. 04823	0. 03657	0. 04394	0. 04764	0. 03333	–	0. 03916	0. 02620	–
华中南	T_4	0. 08221	0. 07316	0. 05953	0. 06138	0. 05210	0. 05294	0. 06070	0. 05266	0. 05494	0. 08113	0. 08263	0. 05160
西南	T_5	0. 03939	0. 01696	0. 07706	0. 02606	0. 01779	0. 04091	0. 02148	0. 02131	0. 02347	0. 01655	0. 01533	0. 02179
西北	T_6	0. 00046	0. 00038	0. 00079	0. 00072	0. 00308	0. 00139	0. 00077	0. 00114	0. 00082	0. 00716	0. 00633	0. 01496

注：表中“–”处缺失，除特别说明外，全书同。

资料来源：根据《中国教育经费统计年鉴》及《中国教育统计年鉴》相关数据计算整理而得。

由表4.13可见全国省际间的小学总生均基建教育经费的差距合计与城镇部分基本上在2003—2005年呈逐年减小趋势，2006年有所增加，但仍低于2003年水平，且组内不平等大于组间不平等；组内不平等所占比例最小的为2003年城镇部分达72.907%，最大的为2004年的农村部分达94.182%。各组内的不平等程度最大的为华中南地区，如合计部分2003年最大达到0.08221；各组内的不平等程度最小的为东北地区，如其城镇部分2003年最小为0.00028。

二、全国各省区市小学生均预算内教育经费分析

（一）全国分地区小学生均预算内教育经费分析

表4.14显示了全国各省区市在2003—2006年间小学生均预算内教育经费情况。

由表4.14可知，合计的全国小学生均预算内教育经费从2003年的952元，占总生均经费的73.51%，增加到2004年的1159元，占总生均经费的74.25%；增加到2005年的1361元，占总生均经费的74.66%；到2006年增加到1671元，占总生均经费的78.78%。城镇的全国小学生均预算内教育经费从2003年的1200元，占总生均经费的68.53%，增加到2004年的1396元，占总生均经费的69.49%；增加到2005年的1593元，占总生均经费的70.27%；到2006年增加到1903元，占总生均经费的73.93%。农村的全国小学生均预算内教育经费从2003年的823元，占总生均经费的77.79%，增加到2004年的1035元，占总生均经费的78.05%；增加到2005年的1230元，占总生均经费的78.19%；到2006年增加到1531元，占总生均经费的82.89%。可见小学生均预算内教育经费的绝对数量是城镇高于合计，合计高于农村，小学生均预算内教育经费占总生均教育经费的比例是农村高于合计，合计高于城镇，且其比例呈逐年增加趋势。

表 4.14 全国分地区小学生均预算内教育经费表（单位：元）

地区 \ 分类 \ 年份	2003			2004			2005			2006		
	合计	城镇	农村	合计	城镇	农村	合计	城镇	农村	合计	城镇	农村
全国	952	1200	823	1159	1396	1035	1361	1593	1230	1671	1903	1531
北京	3406	3360	3589	4292	4238	4543	4811	4674	5244	5555	5314	6370
天津	2386	2679	1617	2930	3226	2094	3551	3739	2956	4220	4440	3473
河北	865	966	822	1110	1224	1054	1465	1534	1428	1747	1732	1755
山西	801	784	809	956	906	980	1277	1214	1312	1523	1388	1603
内蒙古	1303	1207	1402	1634	1427	1860	1926	1661	2267	2342	1992	2917
辽宁	1115	1271	996	1455	1521	1405	1749	1877	1649	2226	2332	2145
吉林	1193	1176	1208	1359	1298	1418	1722	1637	1817	2126	1973	2288
黑龙江	1609	1600	1615	1883	1798	1946	2240	2129	2335	2819	2599	3012
上海	5429	5466	4454	6733	6758	5925	7958	7976	7293	9483	9495	8583
江苏	1248	1649	1071	1651	1967	1470	2070	2256	1894	2529	2712	2338
浙江	1827	1840	1710	2268	2291	2212	2553	2600	2453	3011	3036	2955
安徽	686	831	643	852	976	812	1001	1126	952	1276	1392	1233
福建	1141	1229	1069	1362	1486	1268	1601	1669	1545	2010	2027	1997
江西	755	762	750	872	858	882	1026	1012	1033	1212	1202	1216
山东	969	1086	900	1163	1235	1114	1394	1478	1334	1660	1793	1581
河南	520	678	478	663	814	620	757	899	713	955	1093	910
湖北	652	814	575	847	995	769	990	1165	907	1241	1466	1126
湖南	853	940	809	1088	1171	1041	1292	1330	1268	1491	1563	1448
广东	1227	1581	959	1375	1763	1066	1433	1870	1089	1735	2331	1246
广西	788	1034	707	930	1204	836	1070	1291	993	1440	1686	1343
海南	801	868	763	1043	1097	1010	1357	1410	1323	1746	1723	1761
重庆	620	667	570	764	987	709	935	1106	876	1288	1361	1226
四川	673	741	647	773	869	737	878	993	822	1154	1191	1126
贵州	590	763	540	721	883	670	895	1132	817	1075	1274	1002
云南	1064	1266	1021	1213	1239	1207	1282	1302	1277	1505	1445	1524

续表

年份 / 分类 / 地区	2003			2004			2005			2006		
	合计	城镇	农村	合计	城镇	农村	合计	城镇	农村	合计	城镇	农村
西藏	2436	2853	2288	2729	3304	2519	2797	3191	2645	2971	3153	2894
陕西	708	817	671	859	953	830	1108	1088	1115	1546	1430	1593
甘肃	756	907	707	883	1027	830	1029	1203	972	1383	1485	1345
青海	1331	1385	1294	1533	1518	1544	1971	1968	1973	2290	2127	2376
宁夏	830	837	826	963	991	945	1204	1235	1186	1405	1415	1399
新疆	1275	1413	1221	1540	1670	1484	1756	1780	1745	2124	2067	2153
基尼系数	0.0211	0.1378	0.0220	0.0203	0.1258	0.0324	0.0057	0.1080	0.0618	0.0089	0.1026	0.0792
极差	4909	4799	3976	6070	5944	5305	7201	7077	6580	8528	8402	7673
极差率	10.44	8.19	9.32	10.16	8.30	9.56	10.51	8.87	10.23	9.93	8.69	9.43
标准差	994	996	866	1231	1235	1128	1422	1404	1357	1657	1635	1590
变异系数	1.044	0.830	1.052	1.062	0.885	1.090	1.045	0.881	1.103	0.992	0.859	1.039

资料来源：根据《中国教育经费统计年鉴》及《中国教育统计年鉴》相关数据计算整理而得。

由相关数据分析可知，无论是合计、城镇还是农村，最大与最小地区之间及各地区与各地区间的差距在2003—2004年间还在加大，之后稍微减小，由标准差、极差、极差率、变异系数得以明证。如合计部分，极差从2003年的4909元增加到2005年的7201元，再增加到2006年的8528元，极差率从2003年的10.44增加到2005年的10.51，再减小到2006年的9.93；标准差从2003年的994元增加到2005年的1422元，再增加到2006年的1657元，变异系数从2003年的1.044增加到2004年的1.062，再减小到2006年的0.992，反映出各地间的相对差距在2003—2004年间呈增大趋势，2005—2006年轻微下降。城镇部分极差变化趋势是4799↗

5944 ↗ 7077 ↗ 8402，极差率变化趋势是 8.19 ↗ 8.30 ↗ 8.87 ↘ 8.69；标准差变化趋势是 996 ↗ 1235 ↗ 1404 ↗ 1635，变异系数变化趋势是 0.830 ↗ 0.885 ↘ 0.881 ↘ 0.859，反映出各地间的相对差距在 2003—2004 年间呈增大趋势，2005—2006 年轻微下降。农村部分极差变化趋势是 3976 ↗ 5305 ↗ 6580 ↗ 7673，极差率变化趋势是 9.32 ↗ 9.56 ↗ 10.23 ↘ 9.43；标准差变化趋势是 866 ↗ 1128 ↗ 1357 ↗ 1590，变异系数变化趋势是 1.052 ↗ 1.090 ↗ 1.103 ↘ 1.039，反映出这四年间农村各地间的相对差距前三年呈增大趋势，2006 年有所下降，且小于 2003 年的水平。这四年的基尼系数变化情况是，合计 0.0211 ↘ 0.0203 ↘ 0.0057 ↗ 0.0089，城镇 0.1378 ↘ 0.1258 ↘ 0.1080 ↘ 0.1026，农村 0.0220 ↗ 0.0324 ↗ 0.0618 ↗ 0.0792。可见，由基尼系数反映的合计与城镇的各地间的不平等程度在 2003—2006 年间是呈逐年减小的趋势，农村各地间的不平等程度则是呈逐年增大趋势，且不平等程度是城镇大于农村，农村大于合计。

（二）全国分地区小学生均预算内教育经费差距的泰尔指数分析

由表 4.15 可见全国省际间的小学生均预算内教育经费的差距农村部分在 2003—2005 年呈增大趋势，2006 年有所减少且高于 2003 年水平，合计及城镇部分则是 4 年间一直呈逐年减小趋势，且组内不平等大于组间不平等；组内不平等贡献率无论是合计、城镇还是农村在这 4 年间基本上均呈现逐年下降趋势，除了城镇部分除 2004 年比 2003 年有所增加是个例外；组内不平等所占比例最大的为 2004 年城镇部分达 85.597%，最小的为 2006 年的农村部分达 54.171%。各组内的不平等程度最大的为华东地区，如其城镇部分 2004 年城镇最大为 0.02603；各组内的不平等程度最小的为东北地区，如其城镇部分从 2005 年、2006 年最小为 0.00020。

类似的，我们还可以对小学生均预算内事业性教育经费、小学生均预算内事业性教育经费中个人部分支出、小学生均预算内事业性教育经费中公用部分支出、小学生均预算内基建经费进行类似的分析，限于篇幅，这里作从略处理。

表 4.15 全国分地区小学生均预算内教育经费差距的泰尔指数表

项目 \ 年份 / 分类		2003			2004			2005			2006		
		合计	城镇	农村	合计	城镇	农村	合计	城镇	农村	合计	城镇	农村
差距（泰尔指数 T）		0.04166	0.05119	0.02361	0.04028	0.05011	0.02519	0.03973	0.04777	0.02696	0.03593	0.04671	0.02454
组间差距 T_b		0.00719	0.00818	0.00615	0.00829	0.00722	0.00798	0.01111	0.00934	0.01113	0.01013	0.01061	0.01125
组内差距 T_w		0.03446	0.04301	0.01746	0.03199	0.04289	0.01721	0.02863	0.03843	0.01582	0.02580	0.03610	0.01330
差距的组间贡献率		0.17264	0.15985	0.26050	0.20592	0.14403	0.31668	0.27951	0.19553	0.41304	0.28194	0.22723	0.45829
差距的组内贡献率		0.82736	0.84015	0.73950	0.79408	0.85597	0.68332	0.72049	0.80447	0.58696	0.71806	0.77277	0.54171
华北	T_1	0.00593	0.00834	0.00285	0.00608	0.00920	0.00290	0.00485	0.00712	0.00286	0.00439	0.00671	0.00271
东北	T_2	0.00051	0.00030	0.00080	0.00035	0.00029	0.00044	0.00027	0.00020	0.00043	0.00028	0.00020	0.00044
华东	T_3	0.01721	0.02526	0.00351	0.01695	0.02603	0.00562	0.01713	0.02550	0.00594	0.01620	0.02376	0.00544
华中南	T_4	0.00648	0.00625	0.00452	0.00466	0.00511	0.00290	0.00352	0.00400	0.00249	0.00310	0.00440	0.00200
西南	T_5	0.00306	0.00210	0.00413	0.00265	0.00148	0.00373	0.00176	0.00096	0.00263	0.00116	0.00064	0.00174
西北	T_6	0.00129	0.00076	0.00166	0.00129	0.00079	0.00161	0.00110	0.00064	0.00147	0.00068	0.00039	0.00097

资料来源：根据《中国教育经费统计年鉴》及《中国教育统计年鉴》相关数据计算整理而得。

第三节 全国各省区市初中财力资源配置差异分析

一、全国各省区市初中生均教育经费分析

（一）初中总生均教育经费分析

1. 合计初中总生均教育经费分析

由表4.16可知，全国合计的初中总生均教育经费从2003年的1668元（下文数据后的单位“元”省略）增加到2004年的1925，增加到2005年的2277，再增加到2006年的2669。初中总生均教育经费在2003年高于全国平均水平1668的地区有14个，其中最高五个地区由低至高依次是天津（3319/1651）、浙江（3955/2287）、西藏（4437/2769）、北京（6520/4852）、上海（7798/6130）；低于全国平均水平的最小五个地区由低至高依次是河南（929/－739）、贵州（967/－701）、陕西（1039/－629）、安徽（1047/－621）、甘肃（1067/－601）。初中总生均教育经费在2006年高于全国平均水平2669的地区有15个，其中最高五个地区由低至高依次是西藏（4424/1755）、天津（5613/2944）、浙江（6098/3429）、北京（12849/10180）、上海（13624/10955）；低于全国平均水平的最小五个地区由低至高依次是贵州（1464/－1205）、河南（1532/－1137）、安徽（1733/－936）、陕西（1768/－901）、江西（1851/－818）。

纵观这四年，贵州（2003年、2004年、2006年）、河南（2005年）是初中总生均教育经费最小的地区，其变化趋势是929↗1040↗1256↗1464；上海是初中总生均教育经费最大的地区，其变化趋势是7798↗9990↗12255↗13624。两者间的极差变化趋势是6869↗8950↗10999↗12160；极差率变化趋势是8.39↗9.61↗9.76↘9.31。这四年间初中总生均教育经费的标准差变化趋势是1593↗1985↗2356↗2823；变异系数的变化趋势是0.955↗1.031↗1.035↗1.058；基尼系数变化趋势是0.0764↗0.0821↘0.0680↘0.0572。说明最大与最小地区之间及各地区与全国平均值间（也就是各地区间）的相对差距还在加大，由极差、标准差、极差率、变异系数及基尼系数都得以明证，它们均呈

现增大的趋势，基尼系数反映的各地间的不平等程度在2003—2004年间呈增大趋势，2005—2006年则有所下降，且2006年低于2003年水平。

表4.16 全国分地区初中总生均教育经费表（单位：元）

年份 / 分类 / 地区	2003			2004			2005			2006		
	合计	城镇	农村	合计	城镇	农村	合计	城镇	农村	合计	城镇	农村
全国	1668	2086	1211	1925	2345	1487	2277	2653	1820	2669	3117	2190
北京	6520	6913	4320	7763	8037	5949	9088	9440	7639	12849	12899	12624
天津	3319	3808	1904	3728	4304	2053	4636	5127	3155	5613	6255	3581
河北	1144	1312	964	1419	1597	1217	1803	1954	1609	2216	1809	2069
山西	1361	1569	1169	1463	1638	1312	1858	2019	1691	2297	2526	2050
内蒙古	1726	1806	1536	2073	2121	1950	2573	2628	2422	2917	2890	3023
辽宁	1904	2369	1438	2451	2977	1946	2971	3674	2284	3645	4320	2986
吉林	1942	2163	1525	2199	2424	1776	2603	2834	2085	3144	3399	2660
黑龙江	1588	2070	1201	1756	2251	1346	2330	2837	1787	2919	3473	2282
上海	7798	7849	5977	9990	10058	7332	12255	12306	10217	13624	13651	11399
江苏	2271	3576	1583	2563	3728	1861	3093	3691	2373	3623	4872	2828
浙江	3955	4021	3218	4918	5026	4256	5642	5752	4982	6098	6186	5551
安徽	1047	1381	844	1214	1582	988	1399	1669	1180	1733	2112	1522
福建	1875	2187	1374	2068	2337	1664	2260	2431	1969	2658	2876	2323
江西	1104	1208	989	1262	1366	1143	1559	1634	1475	1851	1955	1761
山东	1586	1691	1363	1910	2015	1663	2489	2630	2168	3034	3766	2710
河南	929	1185	760	1067	1283	919	1256	1510	1066	1532	1787	1356
湖北	1314	1614	1083	1497	1836	1247	1713	2089	1470	1997	2112	1682
湖南	1297	1526	1105	1536	1787	1312	1941	2098	1777	2531	3070	2322
广东	2886	3437	2068	3082	3610	2249	3313	3706	2312	3490	4099	2367
广西	1245	1318	1085	1422	1514	1209	1628	1711	1414	1869	1922	1673
海南	1766	1952	1250	1952	2086	1572	2106	2211	1797	2840	3088	2042
重庆	1530	1650	1174	1864	2871	1522	2486	3137	2161	2448	2587	2064

续表

地区 \ 年份/分类	2003			2004			2005			2006		
	合计	城镇	农村	合计	城镇	农村	合计	城镇	农村	合计	城镇	农村
四川	1279	1523	1031	1499	1741	1293	1706	1880	1508	2039	2245	1923
贵州	967	1149	780	1040	1192	871	1317	1507	1091	1464	1616	1260
云南	1471	1717	1284	1722	1973	1531	1946	2180	1748	2171	2370	1918
西藏	4437	4470	-	5041	5086	-	5252	5302	-	4424	4473	-
陕西	1039	1198	930	1220	1644	1056	1420	1752	1271	1768	3107	1606
甘肃	1067	1285	939	1278	1460	1166	1518	1657	1418	1875	2022	1752
青海	1744	2015	1421	1932	2139	1664	2447	2708	2146	2831	3241	2443
宁夏	1525	1670	1377	1966	2184	1691	2231	2402	1988	2466	2583	2286
新疆	2175	2843	1809	2189	2968	1760	2745	3567	2283	3551	4265	3143
基尼系数	0.0764	0.1302	0.0196	0.0821	0.1273	0.0058	0.0680	0.1113	0.0254	0.0572	0.1197	0.0365
极差	6869	6700	5217	8950	8866	6461	10999	10799	9151	12160	12035	11364
极差率	8.39	6.83	7.86	9.61	8.44	8.42	9.76	8.17	9.58	9.31	8.45	10.02
标准差	1593	1612	1102	1985	1975	1434	2356	2353	1946	2823	2800	2606
变异系数	0.955	0.773	0.910	1.031	0.842	0.964	1.035	0.887	1.069	1.058	0.898	1.190

注：在计算标准差时，因西藏农村部分中的“-”表示空缺值，N取值30，其余N取值31。

资料来源：根据《中国教育经费统计年鉴》及《中国教育统计年鉴》相关数据计算整理而得。

2. 城镇初中总生均教育经费分析

由表4.16可知，全国城镇的初中总生均教育经费从2003年的2086元（下文数据后的单位“元”省略）增加到2004年的2345，增加到2005年的2653，再增加到2006年的3117。初中总生均教育经费在2003年高于全国平均水平2086的地区有11个，其中最高五个地区由低至高依次是天津（3808/1722）、浙江（4021/1935）、西藏（4470/2384）、北京（6913/4827）、上海（7849/5763）；低于全国平均水平的最小五个地区由低至高依次是贵州（1149/-937）、河南（1185/-901）、陕西（1198/-888）、江西（1208/-878）、甘肃（1285/-801）。初中总生均教育经费在2006年高于全国平均水平3117的地区有13个，其中最高五个地区由低至高依次是江苏（4872/1755）、浙江（6186/3069）、天津（6255/3138）、北京（12899/9782）、上海（13651/10534）；低于全国平均水平的最小五个地区由低至高依次是贵州（1616/-1501）、河南（1787/-1330）、河北（1809/-1308）、广西（1922/-1195）、江西（1955/-1162）。

纵观这四年，贵州是初中总生均教育经费最小的地区，其变化趋势是1149↗1192↗1507↗1616；上海是初中总生均教育经费最大的地区，其变化趋势是7849↗10058↗12306↗13651。两者间的极差变化趋势是6700↗8866↗10799↗12035；极差率变化趋势是6.83↗8.44↘8.17↗8.45。这四年间初中总生均教育经费的标准差变化趋势是1612↗1975↗2353↗2800；变异系数的变化趋势是0.773↗0.842↗0.887↗0.898；基尼系数变化趋势是0.1302↘0.1273↘0.1113↗0.1197。说明最大与最小地区之间及各地区与全国平均值间（也就是各地区间）的差距还在加大，由极差、标准差、极差率、变异系数及基尼系数都得以明证，它们均呈现增大的趋势，基尼系数反映的各地间的不平等程度在2003—2005年间呈下降态势，2006年有所增加，但仍低于2003年水平。

3. 农村初中总生均教育经费分析

由表4.16可知，全国农村的初中总生均教育经费从2003年的1211元（下文数据后的单位“元”省略）增加到2004年的1487，增加到2005年的1820，再增加到2006年的2190。初中总生均教育经费在2003年高于全国平均水平1211的地区有16个，其中最高五个地区由低至高依次是天津（1904/693）、广东（2068/857）、浙江（3218/2007）、北京（4320/3109）、上海（5977/4766）；低于全国平均水平的最小五个地区由低至高依次是河南（760/-451）、贵州（780/-431）、安徽（844/-367）、陕西（930/-281）、甘肃（939/-272）（西藏空缺值除外）。初中总生均教育经费在2006年高于全国平均水平2190的地区有16个，其中最高五个地区由低至高依次是新疆（3143/953）、天津（3581/1391）、浙江（5551/3361）、上海（11399/9209）、北京（12624/10434）；低于全国平均水平的最小五个地区由低至高依次是贵州（1260/-930）、河南（1356/-834）、安徽（1522/-668）、陕西（1606/-584）、广西

(1673/ -517)。

纵观这四年，河南（2003 年、2005 年）、贵州（2004 年、2006 年）是初中总生均教育经费最小的地区，其变化趋势是 760 ↗ 871 ↗ 1066 ↗ 1260；上海（2003 年、2004 年、2005 年）、北京（2006 年）是初中总生均教育经费最大的地区，其变化趋势是 5977 ↗ 7332 ↗ 10217 ↗ 12624。两者间的极差变化趋势是 5217 ↗ 6461 ↗ 9151 ↗ 11364；极差率变化趋势是 7.86 ↗ 8.42 ↗ 9.58 ↗ 10.02。这四年间初中总生均教育经费的标准差变化趋势是 1102 ↗ 1434 ↗ 1946 ↗ 2606；变异系数的变化趋势是 0.910 ↗ 0.964 ↗ 1.069 ↗ 1.190；基尼系数变化趋势是 0.0196 ↘ 0.0058 ↘ 0.0254 ↗ 0.0365。说明最大与最小地区之间及各地区与全国平均值间（也就是各地区间）的相对差距还在加大，由极差、标准差、极差率、变异系数及基尼系数都得以明证，它们均呈现增大的趋势。

就合计、城镇、农村间的差距而言，城镇大于合计，合计又大于农村，从各种差异指标的变化得以明证，尤其是基尼系数及标准差的变化趋势是这样的。

4. 初中总生均教育经费的城乡差分析

2003 年初中总生均教育经费城乡差距最大的五个地区是广东（1369 元）、上海（1872 元）、天津（1904 元）、江苏（1993 元）、北京（2593 元）（西藏除外，因西藏没有农村值），全国的平均城乡差为 875 元，比这一水平高的省份有 8 个，城乡差距高于 500 元的省份有 16 个。2006 年初中总生均教育经费城乡差距最大的五个地区是陕西（1501 元）、广东（1732 元）、江苏（2044 元）、上海（2252 元）、北京（2674 元），河北、内蒙古城镇比农村分别要低 260、133，全国的平均城乡差为 927 元，比这一水平高的省份有 11 个，城乡差距高于 500 元的省份有 18 个。总的来说，城乡间的差距没有明显缩小的迹象，在 2003—2005 年间绝大多数省份有所减小，但是在 2005—2006 年间又呈明显的扩大趋势。

综上所述，普通初中的生均总教育经费各省份间的相对差距都在扩大，从极差、标准差、极差率、变异系数图（图略）、城乡差图（图略）曲线族的向上走势及距平值图曲线族向右开口增大的趋势得以明证，另基尼系数也在增大，也证明了差距在扩大；城乡间的差距没有明显缩小的迹象，在 2003—2005 年间绝大多数省份有所减小，但是在 2005—2006 年间又呈明显扩大的趋势。

5. 初中总生均教育经费差距的泰尔指数分析

由表 4.17 可见全国省际间的普通初中总生均教育经费的差距基本上在 2003—2004 年呈增大趋势，2005—2006 年有所减少，2006 年低于 2003 年水平，城镇的不平等程度大于合计的，组内不平等大于组间不平等；组内不平等贡献率合计及城镇部分在这 4 年间均呈现逐年下降趋势；组内不平等所占比例最大的为 2003 年合计部分达 90.713%，最小的为 2006 年的城镇部分为 78.411%。各组内的不平等程度最大的为华东地区，如其城镇部分 2004 年最大为 0.02957；各组内的不平等程度最小的为东北地区，如其城镇部分 2003 年最小为 0.00006。

（二）初中总生均事业性教育经费与基建经费分析

1. 初中总生均事业性教育经费支出分析

（1）初中总生均事业性教育经费支出分析

表 4.18 显示了全国各省区市在 2003—2006 年间初中总生均事业性教育经费情况。

由表 4.18 可知，合计的全国初中总生均事业性教育经费从 2003 年的 1565 元，占总生均经费的 93.82%，增加到 2004 年的 1815 元，占总生均经费的 94.29%；增加到 2005 年的 2155 元；占总生均经费的 94.64%；到 2006 年增加到 2543 元，占总生均经费的 95.28%。城镇的全国初中总生均事业性教育经费从 2003 年的 1922 元，占总生均经费的 92.14%；增加到 2004 年的 2185 元，占总生均经费的 93.18%；增加到 2005 年的 2492 元，占总生均经费的 93.93%；到 2006 年增加到 2953 元，占总生均经费的 94.74%。农村的全国初中总生均事业性教育经费从 2003 年的 1174 元，占总生均经费的 96.94%，增加到 2004 年的 1429 元，占总生均经费的 96.10%；增加到 2005 年的 1745 元，占总生均经费的 95.88%；到 2006 年增加到 2110 元，占总生均经费的 96.35%。可见初中总生均事业性教育经费的绝对数量是城镇高于合计，合计高于农村，初中总生均事业性教育经费占总生均教育经费的比例是农村高于合计，合计高于城镇。

表 4.17 全国分地区初中总生均教育经费差距的泰尔指数表

项目 \ 年份 / 分类		2003			2004			2005			2006		
		合计	城镇	农村	合计	城镇	农村	合计	城镇	农村	合计	城镇	农村
差距（泰尔指数 T）		0. 05172	0. 05638	–	0. 05516	0. 06116	–	0. 05179	0. 05563	–	0. 04788	0. 05424	–
组间差距 T_b		0. 00480	0. 00615	0. 00118	0. 00613	0. 00700	0. 00166	0. 00695	0. 00750	0. 00295	0. 00780	0. 01171	0. 00444
组内差距 T_w		0. 04692	0. 05023	–	0. 04902	0. 05416	–	0. 04483	0. 04813	–	0. 04008	0. 04253	–
差距的组间贡献率		0. 09287	0. 10901	–	0. 11119	0. 11446	–	0. 13426	0. 13480	–	0. 16291	0. 21589	–
差距的组内贡献率		0. 90713	0. 89099	–	0. 88881	0. 88554	–	0. 86574	0. 86520	–	0. 83709	0. 78411	–
华北	T_1	0. 01014	0. 01181	0. 00289	0. 00910	0. 01093	0. 00269	0. 00761	0. 00873	0. 00371	0. 00929	0. 01188	0. 00540
东北	T_2	0. 00015	0. 00006	0. 00019	0. 00037	0. 00025	0. 00052	0. 00020	0. 00027	0. 00023	0. 00017	0. 00020	0. 00029
华东	T_3	0. 02150	0. 02393	0. 00603	0. 02644	0. 02957	0. 00846	0. 02558	0. 02809	0. 00895	0. 02189	0. 02128	0. 00770
华中南	T_4	0. 01223	0. 01165	0. 00919	0. 01034	0. 01025	0. 00701	0. 00843	0. 00801	0. 00470	0. 00618	0. 00728	0. 00309
西南	T_5	0. 00138	0. 00140	–	0. 00182	0. 00236	–	0. 00177	0. 00197	–	0. 00102	0. 00099	–
西北	T_6	0. 00152	0. 00138	0. 00195	0. 00096	0. 00080	0. 00107	0. 00126	0. 00107	0. 00157	0. 00152	0. 00090	0. 00232

资料来源：根据《中国教育经费统计年鉴》及《中国教育统计年鉴》相关数据计算整理而得。

表 4.18 全国分地区初中总生均事业性教育经费表（单位：元）

地区 \ 分类 \ 年份	2003			2004			2005			2006		
	合计	城镇	农村	合计	城镇	农村	合计	城镇	农村	合计	城镇	农村
全国	1565	1922	1174	1815	2185	1429	2155	2492	1745	2543	2953	2110
北京	6289	6643	4305	7611	7878	5842	8897	9228	7532	11693	11877	10869
天津	3310	3796	1904	3663	4216	2053	4530	4987	3152	5414	6010	3526
河北	1102	1250	943	1354	1508	1179	1744	1879	1571	2168	1757	2036
山西	1294	1489	1114	1410	1571	1271	1785	1934	1631	2162	2349	1961
内蒙古	1658	1726	1497	1993	2028	1903	2383	2416	2291	2795	2754	2955
辽宁	1879	2324	1433	2376	2833	1937	2951	3639	2279	3565	4226	2920
吉林	1869	2065	1500	2134	2343	1741	2540	2755	2058	3083	3314	2645
黑龙江	1559	2038	1175	1731	2224	1323	2275	2788	1726	2862	3451	2184
上海	7634	7680	5977	9611	9670	7332	11677	11735	9362	13490	13516	11399
江苏	2077	3128	1523	2311	3235	1754	2826	3336	2212	3338	4440	2694
浙江	3461	3498	3050	4469	4551	3964	5174	5270	4600	5687	5767	5188
安徽	989	1282	811	1161	1479	966	1340	1567	1156	1660	1992	1479
福建	1779	2045	1353	1994	2238	1628	2193	2358	1912	2606	2819	2280
江西	1048	1127	961	1185	1273	1084	1475	1535	1408	1765	1859	1684
山东	1525	1613	1338	1810	1896	1607	2370	2487	2103	2932	3623	2655
河南	893	1128	738	1040	1241	902	1219	1443	1051	1498	1722	1346
湖北	1277	1556	1062	1445	1764	1210	1676	2033	1445	1949	2044	1652
湖南	1258	1460	1089	1487	1712	1287	1905	2053	1751	2493	3020	2292
广东	2490	2837	1975	2788	3222	2103	2989	3319	2149	3167	3703	2204
广西	1175	1240	1032	1363	1443	1179	1539	1618	1335	1786	1837	1595
海南	1532	1659	1179	1804	1920	1474	1902	1981	1670	2202	2322	1816
重庆	1447	1552	1137	1700	2619	1388	2262	2875	1956	2335	2456	2001
四川	1215	1426	1001	1401	1632	1204	1651	1811	1468	1940	2145	1808
贵州	912	1095	724	988	1137	823	1269	1456	1046	1393	1552	1179
云南	1415	1643	1241	1662	1894	1485	1842	2068	1651	2106	2299	1860

续表

年份 分类 地区	2003			2004			2005			2006		
	合计	城镇	农村	合计	城镇	农村	合计	城镇	农村	合计	城镇	农村
西藏	2669	2689	–	2692	2716	–	2974	3002	–	3115	3149	–
陕西	1005	1152	904	1159	1534	1014	1352	1653	1217	1724	3034	1563
甘肃	1040	1232	927	1221	1390	1117	1406	1555	1299	1772	1931	1639
青海	1680	1933	1378	1815	2076	1476	2336	2590	2043	2683	3094	2294
宁夏	1481	1616	1343	1828	2021	1584	2081	2205	1905	2357	2514	2114
新疆	1961	2609	1606	2104	2778	1733	2596	3370	2161	3430	4101	3047
基尼系数	0.0644	0.1146	0.0183	0.0734	0.1233	0.0021	0.0642	0.1066	0.0250	0.0566	0.1128	0.0318
极差	6741	6585	5253	8623	8533	6509	10458	10292	8316	12097	11964	10220
极差率	8.55	7.01	8.26	9.73	8.50	8.91	9.58	8.13	8.95	9.68	8.71	9.67
标准差	1488	1506	1100	1862	1857	1422	2224	2230	1820	2686	2682	2403
变异系数	0.951	0.784	0.937	1.026	0.850	0.995	1.032	0.895	1.043	1.056	0.908	1.139

注：在计算标准差时，因西藏农村部分为缺失值，N 取值 30，其余 N 取值 31。

资料来源：根据《中国教育经费统计年鉴》及《中国教育统计年鉴》相关数据计算整理而得。

由相关数据分析可知，无论是合计、城镇还是农村，最大与最小地区之间及各地区与各地区间的相对差距还在加大，由极差、标准差、极差率、变异系数得以明证，它们均呈现增大的趋势。这四年的基尼系数变化情况是，合计 0.0644 ↗ 0.0734 ↘ 0.0642 ↘ 0.0566，城镇 0.1146 ↗ 0.1233 ↘ 0.1066 ↗ 0.1128，农村 0.0183 ↘ 0.0021 ↗ 0.0250 ↗ 0.0318；可见，由基尼系数反映的合计与城镇部分各地间的不平等程度在 2003—2004 年间是呈增大的趋势，2006 年有所下降，低于 2003 年水平，农村部分各地区间的不平等程度在 2003—2004 年间有所下降，之后又呈增大态势，2006 年高于 2003 年水平，且不平等程度是城镇大于合计，合计大于农村。

（2）初中总生均事业性教育经费支出差距的泰尔指数分析

表 4.19 全国分地区初中总生均事业性教育经费差距的泰尔指数表

项目 \ 年份 / 分类		2003			2004			2005			2006		
		合计	城镇	农村	合计	城镇	农村	合计	城镇	农村	合计	城镇	农村
差距（泰尔指数 T）		0. 04779	0. 05233	–	0. 05282	0. 05911	–	0. 04947	0. 05400	–	0. 04650	0. 05359	–
组间差距 T_b		0. 00495	0. 00637	0. 00134	0. 00614	0. 00703	0. 00188	0. 00718	0. 00785	0. 00309	0. 00818	0. 01226	0. 00450
组内差距 T_w		0. 04284	0. 04596	–	0. 04668	0. 05208	–	0. 04229	0. 04616	–	0. 03832	0. 04133	–
差距的组间贡献率		0. 10354	0. 12167	–	0. 11626	0. 11893	–	0. 14522	0. 14532	–	0. 17588	0. 22876	–
差距的组内贡献率		0. 89646	0. 87833	–	0. 88374	0. 88107	–	0. 85478	0. 85468	–	0. 82412	0. 77124	–
华北	T_1	0. 01061	0. 01260	0. 00303	0. 00969	0. 01186	0. 00281	0. 00797	0. 00927	0. 00384	0. 00856	0. 01134	0. 00445
东北	T_2	0. 00015	0. 00007	0. 00022	0. 00034	0. 00020	0. 00057	0. 00024	0. 00031	0. 00030	0. 00017	0. 00020	0. 00034
华东	T_3	0. 02065	0. 02334	0. 00600	0. 02591	0. 02943	0. 00797	0. 02485	0. 02788	0. 00813	0. 02222	0. 02202	0. 00740
华中南	T_4	0. 00937	0. 00805	0. 00881	0. 00875	0. 00854	0. 00621	0. 00702	0. 00664	0. 00416	0. 00504	0. 00618	0. 00273
西南	T_5	0. 00082	0. 00065	–	0. 00100	0. 00127	–	0. 00094	0. 00097	–	0. 00078	0. 00066	–
西北	T_6	0. 00124	0. 00126	0. 00140	0. 00098	0. 00079	0. 00114	0. 00126	0. 00109	0. 00155	0. 00154	0. 00093	0. 00236

资料来源：根据《中国教育经费统计年鉴》及《中国教育统计年鉴》相关数据计算整理而得。

由表 4.19 可见全国省际间的普通初中总生均事业性教育经费的差距在 2003—2004 年呈增大趋势，2005—2006 年有所减少，合计 2006 年低于 2003 年水平，城镇 2006 年高于 2003 年水平，城镇的不平等程度大于合计的，且组内不平等大于组间不平等；组内不平等贡献率在这 4 年间基本上呈逐年下降趋势；组内不平等所占比例最大的为 2003 年合计部分达 89.646%，最小的为 2006 年的城镇部分为 77.124%。各组内的不平等程度最大的为华东地区，如其城镇部分 2004 年最大为 0.02943；各组内的不平等程度最小的为东北地区，如其城镇部分 2003 年最小为 0.00007。

2. 初中总生均事业性教育经费中个人部分支出分析

（1）初中总生均事业性教育经费中个人部分支出分析

表 4.20 显示了全国各省区市在 2003—2006 年间初中总生均事业性经费中个人部分支出情况，个人部分主要用于教师的工作福利等人员费用。

表 4.20　全国分地区初中总生均事业性经费中个人部分支出表（单位：元）

年份 / 分类 / 地区	2003			2004			2005			2006		
	合计	城镇	农村	合计	城镇	农村	合计	城镇	农村	合计	城镇	农村
全国	1088	1290	867	1268	1478	1049	1487	1683	1249	1760	2008	1510
北京	3970	4148	2976	4922	5065	3972	5657	5832	4934	7206	7318	6705
天津	2239	2552	1334	2690	3053	1633	3436	3767	2438	3977	4340	2827
河北	803	878	723	992	1082	890	1253	1329	1156	1544	1200	1497
山西	922	1003	847	982	1056	918	1233	1278	1186	1496	1543	1445
内蒙古	1201	1226	1143	1464	1453	1493	1612	1581	1697	1943	1881	2185
辽宁	1365	1670	1059	1687	2017	1370	2059	2548	1581	2534	3123	1959
吉林	1284	1404	1057	1457	1574	1237	1741	1884	1422	2240	2382	1970
黑龙江	1145	1435	912	1324	1672	1036	1666	1996	1313	2119	2529	1647
上海	4678	4686	4376	5724	5737	5212	7289	7309	6513	8734	8744	7928
江苏	1458	2044	1149	1709	2296	1355	2074	2398	1684	2483	3274	2055

续表

地区＼分类＼年份	2003			2004			2005			2006		
	合计	城镇	农村	合计	城镇	农村	合计	城镇	农村	合计	城镇	农村
浙江	2429	2452	2173	3195	3245	2890	3776	3834	3427	4145	4192	3849
安徽	705	868	606	850	1026	742	972	1103	866	1215	1417	1110
福建	1216	1353	997	1368	1521	1139	1491	1579	1341	1806	1934	1610
江西	743	776	706	865	916	807	1070	1084	1054	1251	1292	1216
山东	1130	1171	1042	1319	1359	1226	1750	1815	1603	2171	2641	2057
河南	667	785	589	765	870	693	856	974	768	1055	1184	970
湖北	901	1076	766	1029	1253	864	1176	1408	1026	1396	1441	1198
湖南	884	975	808	1055	1149	971	1337	1377	1295	1739	2018	1713
广东	1443	1663	1117	1595	1851	1190	1738	1949	1200	1846	2176	1223
广西	847	888	758	964	1009	861	1074	1127	938	1283	1321	1141
海南	1003	1066	829	1169	1224	1012	1232	1291	1059	1350	1416	1137
重庆	1011	1060	866	1142	1587	991	1345	1669	1183	1366	1423	1207
四川	874	979	767	1010	1130	908	1106	1186	1015	1249	1375	1178
贵州	601	701	498	671	770	561	871	985	735	1003	1110	859
云南	1053	1169	965	1277	1410	1176	1367	1483	1269	1557	1658	1429
西藏	2180	2196	–	2320	2341	–	2576	2600	–	2712	2742	–
陕西	706	783	653	816	966	758	918	1009	877	1076	1804	1037
甘肃	763	863	704	846	916	803	963	1056	896	1195	1281	1123
青海	1335	1551	1078	1432	1618	1191	1640	1880	1363	1984	2189	1790
宁夏	1037	1057	1017	1243	1283	1192	1414	1462	1346	1587	1641	1504
新疆	1500	1841	1313	1595	1949	1400	1780	2184	1553	2392	2572	2289
基尼系数	0.0397	0.1036	0.0001	0.0497	0.1018	0.0137	0.0544	0.1011	0.0247	0.0438	0.1077	0.0139
极差	4077	3985	3878	5053	4967	4651	6433	6335	5778	7731	7634	7069

续表

地区 \ 分类 \ 年份	2003			2004			2005			2006		
	合计	城镇	农村	合计	城镇	农村	合计	城镇	农村	合计	城镇	农村
极差率	7.78	6.68	8.79	8.53	7.45	9.29	8.52	7.50	8.86	8.71	7.88	9.23
标准差	915	927	781	1143	1145	989	1412	1420	1248	1714	1722	1596
变异系数	0.841	0.719	0.901	0.901	0.775	0.943	0.950	0.844	0.999	0.974	0.858	1.057

注：在计算标准差时，因西藏农村部分为缺失值，N 取值 30，其余 N 取值 31。

资料来源：根据《中国教育经费统计年鉴》及《中国教育统计年鉴》相关数据计算整理而得。

由表 4.20 可知，合计的全国初中总生均事业性教育经费中个人部分支出从 2003 年的 1088 元，占事业性经费的 69.52%，增加到 2004 年的 1268 元，占事业性经费的 69.86%；增加到 2005 年的 1487 元，占事业性经费的 69.00%；到 2006 年增加到 1760 元，占事业性经费的 69.21%。城镇的全国初中总生均事业性教育经费中个人部分支出从 2003 年的 1290 元，占事业性经费的 67.12%，增加到 2004 年的 1478 元，占事业性经费的 67.64%；增加到 2005 年的 1683 元，占事业性经费的 67.54%；到 2006 年增加到 2008 元，占事业性经费的 68.00%。农村的全国初中总生均事业性教育经费中个人部分支出从 2003 年的 867 元，占事业性经费的 73.85%，增加到 2004 年的 1049 元，占事业性经费的 73.41%；增加到 2005 年的 1249 元，占事业性经费的 71.58%；到 2006 年增加到 1510 元，占事业性经费的 71.56%。可见个人部分支出的绝对数量是城镇高于合计，合计高于农村，个人部分支出占事业性经费的比例是农村高于合计，合计高于城镇。

由相关数据分析可知，无论是合计、城镇还是农村，最大与最小地区之间及各地区与各地区间的差距还在加大，由极差、标准差、极差率、变异系数得以明证，它们均呈现增大的趋势。这四年的基尼系数变化情况是，合计 0.0397 ↗ 0.0497 ↗ 0.0544 ↘ 0.0438，城镇 0.1036 ↘ 0.1018 ↘ 0.1011 ↗ 0.1077，农村 0.0001 ↗ 0.0137 ↗ 0.0247 ↘ 0.0139；可见，由基尼系数反映的合计、城镇及农村各地间的不平等程度也是 2006 年比 2003 年呈增大的趋势，且不平等程度是城镇大于合计，合计大于农村。

（2）初中总生均事业性教育经费中个人部分支出差距的泰尔指数分析

表 4.21 全国分地区初中总生均事业性教育经费中个人部分支出差距的泰尔指数表

项目 \ 年份		2003			2004			2005			2006		
分类		合计	城镇	农村	合计	城镇	农村	合计	城镇	农村	合计	城镇	农村
差距（泰尔指数 T）		0.03959	0.04559	–	0.04467	0.05199	–	0.04618	0.05185	–	0.04523	0.05364	–
组间差距 T_b		0.00541	0.00705	0.00195	0.00710	0.00855	0.00271	0.00984	0.01098	0.00494	0.01157	0.01711	0.00638
组内差距 T_w		0.03418	0.03853	–	0.03757	0.04344	–	0.03634	0.04087	–	0.03366	0.03654	–
差距的组间贡献率		0.13661	0.15473	–	0.15898	0.16439	–	0.21309	0.21174	–	0.25576	0.31890	–
差距的组内贡献率		0.86339	0.84527	–	0.84102	0.83561	–	0.78691	0.78826	–	0.74424	0.68110	–
华北	T_1	0.00864	0.01076	0.00258	0.00852	0.01076	0.00265	0.00717	0.00868	0.00337	0.00719	0.01020	0.00349
东北	T_2	0.00011	0.00012	0.00011	0.00021	0.00021	0.00030	0.00017	0.00033	0.00013	0.00012	0.00025	0.00014
华东	T_3	0.01777	0.02035	0.00605	0.02180	0.02522	0.00779	0.02275	0.02569	0.00852	0.02088	0.02101	0.00806
华中南	T_4	0.00478	0.00476	0.00334	0.00427	0.00472	0.00236	0.00395	0.00398	0.00240	0.00271	0.00354	0.00222
西南	T_5	0.00123	0.00108	–	0.00144	0.00150	–	0.00101	0.00107	–	0.00083	0.00078	–
西北	T_6	0.00164	0.00146	0.00207	0.00132	0.00104	0.00164	0.00129	0.00112	0.00157	0.00193	0.00076	0.00330

资料来源：根据《中国教育经费统计年鉴》及《中国教育统计年鉴》相关数据计算整理而得。

由表4.21可见全国省际间的普通初中总生均教育经费中个人部分支出的差距在这4年间呈增大趋势，城镇的不平等程度大于合计的，且组内不平等大于组间不平等；组内不平等贡献率在这4年间均呈逐年下降趋势；组内不平等所占比例最大的为2003年合计部分达86.339%，最小的为2006年的城镇部分为68.110%。各组内的不平等程度最大的为华东地区，如其城镇部分2005年最大为0.02569；各组内的不平等程度最小的为东北地区，如其合计部分2003年最小为0.00011。

3. 初中总生均事业性教育经费中公用部分支出分析

(1) 初中总生均事业性教育经费中公用部分支出分析

表4.22显示了全国各省区市在2003—2006年间初中总生均事业性经费中公用部分支出情况。

表4.22 全国分地区初中总生均事业性经费中公用部分支出表（单位：元）

年份 / 分类 / 地区	2003			2004			2005			2006		
	合计	城镇	农村	合计	城镇	农村	合计	城镇	农村	合计	城镇	农村
全国	477.0	632.6	306.8	547.4	707.8	380.0	667.9	809.6	495.6	782.4	943.6	600.7
北京	2319.3	2496.3	1328.8	2688.9	2812.4	1870.5	3239.6	3395.4	2597.7	4486.9	4558.9	4164.2
天津	1070.9	1244.0	570.4	972.9	1162.6	420.9	1094.1	1220.0	714.3	1437.5	1671.0	698.5
河北	300.0	374.6	219.9	362.7	427.5	289.2	491.1	550.9	414.4	624.7	558.0	539.0
山西	371.8	485.6	267.0	427.8	514.7	352.9	551.8	655.1	444.9	666.8	806.8	516.1
内蒙古	456.5	499.6	354.5	529.8	577.3	409.3	771.3	835.7	594.4	851.6	872.1	770.9
辽宁	513.9	653.5	374.0	689.0	815.4	567.7	891.7	1090.4	697.5	1030.8	1102.0	961.3
吉林	585.6	661.4	442.6	677.4	769.6	503.8	799.3	872.3	635.9	843.1	932.1	674.3
黑龙江	414.8	604.2	262.8	406.6	551.6	286.5	609.0	792.6	412.4	742.9	921.5	537.4
上海	2956.2	2993.8	1600.9	3886.6	3932.1	2119.8	4387.9	4426.8	2848.4	4756.0	4771.7	3471.9
江苏	619.1	1083.7	374.2	602.2	938.8	399.3	751.4	937.1	528.0	855.5	1166.6	639.0
浙江	1031.8	1045.6	876.7	1273.4	1305.9	1074.0	1397.8	1435.2	1173.4	1542.2	1574.8	1338.8
安徽	283.4	413.4	204.3	311.1	451.9	224.7	367.7	464.0	289.7	444.4	573.5	368.5
福建	562.7	691.6	355.9	625.6	716.6	489.0	701.8	778.6	571.0	799.6	884.0	670.2
江西	304.7	349.6	255.0	320.8	359.1	276.8	404.5	449.7	353.9	514.0	567.5	467.8
山东	395.6	442.5	295.7	490.1	536.7	380.8	619.6	672.0	500.2	760.8	981.9	597.3
河南	225.9	341.9	149.4	274.4	368.7	209.7	363.0	470.3	282.7	442.6	535.9	376.3
湖北	375.5	479.1	295.7	415.6	509.7	346.2	500.0	624.5	419.5	553.4	604.0	454.3

续表

地区 \ 年份/分类	2003			2004			2005			2006		
	合计	城镇	农村	合计	城镇	农村	合计	城镇	农村	合计	城镇	农村
湖南	373.7	484.1	281.2	432.1	562.0	316.4	568.4	676.6	455.7	753.4	999.9	579.6
广东	1047.0	1173.8	858.7	1192.9	1370.3	912.8	1251.4	1370.1	949.4	1320.5	1526.1	981.4
广西	328.2	353.2	273.4	398.9	433.9	318.1	464.6	490.5	397.5	502.6	515.6	454.1
海南	529.3	593.7	350.8	635.1	696.1	461.5	670.5	690.7	611.0	851.6	905.2	679.1
重庆	436.7	492.6	271.6	558.5	1033.9	397.1	917.3	1205.9	773.2	969.1	1032.3	794.1
四川	341.4	446.6	234.6	391.2	503.1	295.9	544.8	625.0	453.3	691.0	769.7	630.1
贵州	311.3	394.1	226.2	316.8	366.9	261.2	398.0	471.0	311.0	390.0	441.9	320.2
云南	362.1	474.2	276.7	385.2	485.5	308.8	474.8	584.6	382.1	549.0	642.0	430.6
西藏	489.3	492.9	–	371.7	375.0	–	398.1	401.9	–	403.5	407.9	–
陕西	299.6	371.3	250.4	342.6	567.4	255.6	433.3	641.7	339.7	647.8	1229.9	525.4
甘肃	276.9	368.6	223.0	374.3	471.2	314.5	443.4	499.4	403.1	576.2	647.6	516.3
青海	344.5	381.8	300.0	383.7	459.5	285.3	695.7	709.3	680.0	699.3	905.7	504.0
宁夏	443.2	557.7	326.3	585.3	738.8	391.6	667.8	744.2	559.3	769.7	873.2	609.9
新疆	460.8	766.3	293.4	509.1	830.0	332.4	816.6	1186.7	608.7	1037.8	1527.7	758.0
基尼系数	0.1319	0.1599	0.0794	0.1480	0.1898	0.0465	0.1009	0.1476	0.0033	0.0858	0.1450	0.0151
极差	2730.3	2651.9	1451.5	3612.2	3573	1910.1	4024.9	4024.9	2565.7	4366	4363.8	3844
极差率	13.09	8.76	10.72	14.16	10.95	10.11	12.09	11.01	10.08	12.19	11.70	13.00
标准差	589.3	598.2	331.6	746.0	745.2	446.6	840.8	845.1	589.8	1003.2	998.6	841.2
变异系数	1.235	0.946	1.081	1.363	1.053	1.175	1.259	1.044	1.190	1.282	1.058	1.400

注：在计算标准差时，因西藏农村部分为缺失值，N取值30，其余N取值31。

资料来源：根据《中国教育经费统计年鉴》及《中国教育统计年鉴》相关数据计算整理而得。

由表4.22可知，合计的全国初中总生均事业性教育经费中公用部分支出从2003年的477.0元，占事业性经费的30.48%，增加到2004年的547.4元，占事业性经费的30.16%；增加到2005年的667.9元，占事业性经费的30.99%；到2006年增加到782.4元，占事业性经费的30.77%。城镇的全国初中总生均事业性教育经费中公用部分支出从2003年的632.6元，占事业性经费的32.91%，增加到2004年的707.8元，占事业性经费的32.39%；增加到2005年的809.6元，占事业性经费的32.49%；到2006年增加到943.6元，占事业性经费的31.95%。农村的全国初中总生均事业性教育经费中公用部分支出从 2003 年的 306.8 元，占事业性经费的 26.15%，增加到 2004 年的 380.0 元，占事业性经费的 26.59%；增加到 2005 年的 495.6 元，占事业性经费的 28.42%；到 2006 年增加到 600.7 元，占事业性经费的 28.47%。可见公用部分支出的绝对数量是城镇高于合计，合计高于农村，公用部分支出占事业性经费的比例是城镇高于合计，合计高于农村。

由相关数据分析可知，无论是合计、城镇还是农村，最大与最小地区之间的差距还在加大，由极差、极差率得以明证，极差在这四年间一直呈增大趋势，极差率合计部分在 2003—2004 年均呈现增大的趋势，2005—2006 年稍微有所减小，极差率城镇部分四年间逐年增加，极差率农村部分 2003—2005 年逐年下降，2006 年增加，大于 2003 年水平。从变异系数反映的各地区间的相对差距 2006 年比 2003 年呈增大趋势。这四年的基尼系数变化情况是，合计 0.1319 ↗ 0.1480 ↘ 0.1009 ↘ 0.0858，城镇 0.1599 ↗ 0.1898 ↘ 0.1476 ↘ 0.1450，农村 0.0794 ↘ 0.0465 ↘ 0.0033 ↗ 0.0151；可见，由基尼系数反映的合计及城镇部分的各地间的不平等程度在 2003—2004 年间是呈增大的趋势，2005—2006 年有所减小，2006 年低于 2003 年水平，农村各地间的不平等程度在 2003—2004 年间呈减小趋势，2005—2006 年又进一步扩大，2006 年低于 2003 年水平，不平等程度是城镇大于合计，合计大于农村。

（2）初中总生均事业性教育经费中公用部分支出差距的泰尔指数分析

由表 4.23 可见全国省际间的普通初中总生均教育经费中公用部分支出的差距在 2003—2004 年呈增大趋势，2005—2006 年有所减少，且 2006 年低于 2003 年水平，合计的不平等程度大于城镇的，组内不平等大于组间不平等；组内不平等贡献率合计部分在 2003—2005 年间呈增加趋势，2006 年有所下降，但高于 2003 年水平，城镇部分在 2003—2005 年呈逐年增加趋势，2006 年有所下降，且低于 2003 年的水平；组内不平等所占比例最大的为 2005 年合计部分达 95.043%，最小的为 2006 年的城镇部分为 91.029%。各组内的不平等程度最大的为华东地区，如其城镇部分 2004 年最大为 0.04061；各组内的不平等程度最小的为东北地区，如其城镇部分 2003 年最小为 0.00003。

表 4.23 全国分地区初中总生均事业性经费中公用部分支出差距的泰尔指数表

项目 \ 年份 / 分类		2003			2004			2005			2006		
		合计	城镇	农村	合计	城镇	农村	合计	城镇	农村	合计	城镇	农村
差距（泰尔指数 T）		0.07496	0.07199	–	0.08222	0.08298	–	0.06485	0.06614	–	0.05830	0.06268	–
组间差距 T_b		0.00536	0.00595	0.00273	0.00588	0.00562	0.00262	0.00321	0.00356	0.00090	0.00302	0.00562	0.00208
组内差距 T_w		0.06960	0.06604	–	0.07634	0.07736	–	0.06163	0.06257	–	0.05528	0.05706	–
差距的组间贡献率		0.07148	0.08267	–	0.07151	0.06775	–	0.04957	0.05389	–	0.05186	0.08971	–
差距的组内贡献率		0.92852	0.91733	–	0.92849	0.93225	–	0.95043	0.94611	–	0.94814	0.91029	–
华北	T_1	0.01572	0.01680	0.00457	0.01289	0.01461	0.00360	0.01027	0.01112	0.00528	0.01218	0.01414	0.00753
东北	T_2	0.00033	0.00003	0.00081	0.00097	0.00044	0.00180	0.00048	0.00032	0.00105	0.00034	0.00010	0.00138
华东	T_3	0.02857	0.03110	0.00624	0.03770	0.04061	0.00907	0.03104	0.03419	0.00752	0.02629	0.02534	0.00632
华中南	T_4	0.02417	0.01701	0.03407	0.02365	0.01952	0.02446	0.01664	0.01395	0.01324	0.01333	0.01406	0.00869
西南	T_5	0.00027	0.00012	–	0.00067	0.00167	–	0.00198	0.00181	–	0.00219	0.00194	–
西北	T_6	0.00055	0.00098	0.00024	0.00045	0.00052	0.00032	0.00122	0.00118	0.00162	0.00096	0.00149	0.00077

资料来源：根据《中国教育经费统计年鉴》及《中国教育统计年鉴》相关数据计算整理而得。

4. 初中总生均基建教育经费支出分析

（1）初中总生均基建教育经费支出分析

表4.24显示了全国各省区市在2003—2006年间初中总生均基建经费情况。

由表4.24可知，合计的全国初中总生均基建经费从2003年的103.31元，占总生均经费的6.19%，增加到2004年的110.17元，占总生均经费的5.72%；增加到2005年的122.02元，占总生均经费的5.36%；到2006年增加到125.85元，占总生均经费的4.72%。城镇的全国初中总生均基建经费从2003年的164.09元，占总生均经费的7.87%，减少到2004年的160.64元，占总生均经费的6.85%；增加到2005年的160.70元，占总生均经费的6.06%；到2006年增加到163.71元，占总生均经费的5.25%。农村的全国初中总生均基建经费从2003年的36.81元，占总生均经费的3.04%，增加到2004年的57.49元，占总生均经费的3.87%；增加到2005年的74.97元，占总生均经费的4.12%；到2006年增加到80.08元，占总生均经费的3.66%。可见初中总生均基建经费的绝对数量是城镇高于合计，合计高于农村，初中总生均基建经费占总生均教育经费的比例是城镇高于合计，合计高于农村。

由相关数据分析可知，无论是合计、城镇还是农村，最大与最小地区之间及各地区与各地区间的差距还在加大，由极差、标准差、极差率、变异系数得以明证。极差率最大2003年合计达到194.91，变异系数最大2006年农村达到3.856，可见在基建经费方面，最大值与最小值以及各地区间的差距是非常巨大的。这四年的基尼系数变化情况是，合计0.3799↘0.3297↗0.3451↘0.3236，城镇0.4182↘0.3537↘0.3486↗0.3614，农村0.2519↗0.2999↗0.3402↘0.2772；可见，由基尼系数反映的各地间的不平等程度合计及城镇部分2006年比2003年有所下降，且合计部分2006年仍高达0.3236，2003年高达0.4182，达到相当高的水平，存在明显的差距，而城镇部分2006年仍高达0.3614，也处于高位水平，农村部分2006年比2003年有所增加，达到0.2772，不平等程度是城镇大于合计，合计大于农村。

表 4.24 全国分地区初中总生均基建经费表（单位：元）

地区 \ 年份 / 分类	2003			2004			2005			2006		
	合计	城镇	农村	合计	城镇	农村	合计	城镇	农村	合计	城镇	农村
全国	103. 31	164. 09	36. 81	110. 17	160. 64	57. 49	122. 02	160. 70	74. 97	125. 85	163. 71	80. 08
北京	230. 35	268. 85	14. 87	152. 28	159. 24	106. 15	190. 81	211. 05	107. 42	1155. 99	1022. 19	1755. 27
天津	9. 07	12. 21	0	65. 09	87. 46	0	106. 27	140. 62	2. 64	198. 56	243. 91	55. 02
河北	41. 04	59. 44	21. 29	64. 75	88. 68	37. 59	59. 2	75. 42	38. 41	47. 55	51. 31	32. 9
山西	67. 75	81. 65	54. 95	53. 4	67. 73	41. 05	73. 68	86. 73	60. 17	134. 8	177. 33	89. 01
内蒙古	68. 22	80. 82	38. 44	79. 67	92. 41	47. 34	189. 64	210. 91	131. 18	122. 31	136. 16	67. 88
辽宁	25. 22	44. 78	5. 62	74. 55	143. 58	8. 3	20. 34	35. 51	5. 51	79. 88	93. 97	66. 13
吉林	72. 84	97. 84	25. 67	64. 69	80. 69	34. 55	63. 46	79. 77	26. 96	61. 56	86. 11	15. 02
黑龙江	28. 86	32. 27	26. 12	25. 18	28. 17	22. 7	54. 96	49. 65	60. 65	57. 3	22. 39	97. 47
上海	163. 68	168. 22	0	379. 57	389. 35	0	577. 89	570. 88	855. 62	133. 89	135. 53	0
江苏	193. 22	447. 31	59. 28	251. 47	490. 58	107. 33	267	355. 42	160. 63	284. 38	431. 59	134. 03
浙江	494. 11	523. 12	167. 81	449. 03	474. 54	292. 39	468. 29	482. 74	381. 48	410. 77	418. 36	363. 38
安徽	58. 17	98. 93	33. 37	52. 79	104. 11	21. 29	58. 86	101. 51	24. 32	73. 32	120. 17	43. 41
福建	96. 34	143. 71	20. 37	74. 51	99. 84	36. 51	66. 93	72. 92	56. 73	52. 37	58. 71	42. 64
江西	55. 98	81. 33	27. 93	76. 59	91. 81	59. 12	84. 59	100. 55	66. 72	85. 82	96. 05	76. 99
山东	61. 17	77. 96	25. 42	100. 7	119. 76	55. 96	119. 43	143. 33	65	101. 82	142. 49	55. 72
河南	35. 6	56. 73	21. 66	27. 7	43. 52	16. 84	36. 84	66. 31	14. 78	34. 05	64. 97	10. 28
湖北	37. 89	58. 81	21. 77	52. 2	73. 22	36. 7	37. 46	57. 68	24. 39	48. 19	67. 57	30. 17
湖南	39. 62	67. 44	16. 3	49. 18	76. 75	24. 62	36. 04	45. 72	25. 96	38. 56	50. 94	29. 97
广东	396. 1	600. 56	92. 53	293. 51	386. 86	146. 11	323. 23	386. 55	162. 11	323. 5	396. 11	163. 16
广西	69. 36	76. 92	52. 81	59. 68	72. 49	30. 11	89. 81	94. 24	78. 34	82. 92	84. 25	77. 96
海南	233. 93	292. 98	70. 34	147. 88	165. 43	97. 96	204. 11	230. 29	127. 17	638. 59	766. 54	226. 57
重庆	82. 48	98. 07	36. 38	163. 98	253. 66	133. 53	224. 38	263. 03	205. 08	113. 34	131. 74	62. 42
四川	64. 18	97. 96	29. 89	98. 1	108. 38	89. 34	55. 13	68. 69	39. 66	99. 94	101. 55	114. 67
贵州	55. 12	54. 64	55. 61	52. 54	56. 31	48. 36	48. 03	50. 83	44. 69	71. 52	64. 30	81. 23
云南	55. 63	72. 37	42. 88	59. 57	76. 91	46. 36	104. 1	112. 90	96. 67	65. 12	70. 50	58. 27
西藏	1767. 87	1780. 89	0	2349. 48	2370. 46	0	2278. 41	2300. 02	0	1308. 72	1323. 08	0
陕西	33. 46	44. 34	26	61. 02	109. 36	42. 31	68. 26	99. 12	54. 4	44. 79	75. 31	43. 03
甘肃	26. 96	52. 25	12. 09	57. 42	70. 57	49. 31	111. 47	101. 00	119. 01	103. 39	92. 21	112. 77
青海	64. 18	81. 87	43. 09	116. 15	60. 24	188. 69	111. 41	118. 35	103. 39	147. 56	146. 64	148. 43
宁夏	44. 28	53. 86	34. 5	137. 75	161. 96	107. 2	149. 5	196. 85	82. 29	108. 8	68. 11	171. 64
新疆	213. 61	234. 07	202. 4	84. 95	189. 24	27. 52	148. 66	196. 70	121. 67	120. 70	165. 25	95. 26
基尼系数	0. 3799	0. 4182	0. 2519	0. 3297	0. 3537	0. 2999	0. 3451	0. 3486	0. 3402	0. 3236	0. 3614	0. 2772
极差	1758. 8	1768. 68	196. 78	2324. 3	2342. 29	284. 09	2258. 07	2264. 51	852. 98	1274. 67	1300. 69	1744. 99
极差率	194. 91	145. 86	36. 01	93. 31	84. 15	35. 23	112. 02	64. 77	324. 10	38. 44	59. 09	170. 75
标准差	318. 60	328. 62	43. 98	413. 75	417. 79	62. 38	404. 59	406. 08	159. 32	302. 62	298. 92	308. 78
变异系数	3. 084	2. 003	1. 195	3. 756	2. 601	1. 085	3. 316	2. 527	2. 125	2. 405	1. 826	3. 856

注：表中 0 表示零值，即无基建经费。

资料来源：根据《中国教育经费统计年鉴》及《中国教育统计年鉴》相关数据计算整理而得。

（2）初中总生均基建教育经费支出差距的泰尔指数分析

表 4.25 全国分地区初中总生均基建经费支出差距的泰尔指数表

项目 \ 年份/分类		2003			2004			2005			2006		
		合计	城镇	农村	合计	城镇	农村	合计	城镇	农村	合计	城镇	农村
差距（泰尔指数 T）		0.21344	0.21523	–	0.16828	0.16885	–	0.17652	0.16270	–	0.16856	0.16287	–
组间差距 T_b		0.02549	0.03440	0.01539	0.02337	0.02293	0.02177	0.02064	0.02194	0.02199	0.01117	0.02042	0.01024
组内差距 T_w		0.18794	0.18083	–	0.14492	0.14592	–	0.15588	0.14076	–	0.15739	0.14246	–
差距的组间贡献率		0.11944	0.15984	–	0.13885	0.13579	–	0.11691	0.13487	–	0.06625	0.12537	–
差距的组内贡献率		0.88056	0.84016	–	0.86115	0.86421	–	0.88309	0.86513	–	0.93375	0.87463	–
华北	T_1	0.00600	0.00572	–	0.00119	0.00081	–	0.00469	0.00401	0.00470	0.03168	0.02524	0.05300
东北	T_2	0.00139	0.00127	0.00273	0.00152	0.00287	0.00142	0.00106	0.00052	0.00503	0.00018	0.00161	0.00338
华东	T_3	0.05627	0.05634	–	0.04846	0.04869	–	0.04823	0.04107	0.04360	0.03576	0.03283	–
华中南	T_4	0.09050	0.08832	0.03223	0.05488	0.04810	0.04546	0.05875	0.04783	0.04463	0.07043	0.06094	0.04946
西南	T_5	0.02373	0.02526	–	0.03799	0.04411	–	0.04158	0.04633	–	0.01705	0.02095	–
西北	T_6	0.01005	0.00392	0.04151	0.00087	0.00135	0.00480	0.00157	0.00101	0.00446	0.00229	0.00089	0.00651

注：表中“–”处为缺失值。

资料来源：根据《中国教育经费统计年鉴》及《中国教育统计年鉴》相关数据计算整理而得。

由表4.25可见全国省际间的普通初中总生均基建经费支出的差距在2003—2006年基本呈减小趋势，合计的不平等程度大于城镇的，组内不平等大于组间不平等；组内不平等贡献率在这4年间有增有减，2006年高于2003年的水平；组内不平等所占比例最大的为2006年合计部分达93.375%，最小的为2003年的城镇部分为84.016%。各组内的不平等程度最大的为华中南地区，如其合计部分2003年最大为0.09050；各组内的不平等程度最小的为东北地区，如其合计部分2006年最小为0.00018。

二、全国各省区市初中生均预算内教育经费分析

（一）初中生均预算内教育经费分析

表4.26显示了全国各省区市在2003—2006年间初中生均预算内教育经费情况。

由表4.26可知，合计的全国初中生均预算内教育经费从2003年的1097元，占总生均经费的65.77%，增加到2004年的1296元，占总生均经费的67.32%；增加到2005年的1562元，占总生均经费的68.60%；到2006年增加到1963元，占总生均经费的73.55%。城镇的全国初中生均预算内教育经费从2003年的1286元，占总生均经费的61.65%，增加到2004年的1483元，占总生均经费的63.24%；增加到2005年的1732元，占总生均经费的65.28%；到2006年增加到2182元，占总生均经费的70.00%。农村的全国初中生均预算内教育经费从2003年的890元，占总生均经费的73.49%，增加到2004年的1101元，占总生均经费的74.04%；增加到2005年的1355元，占总生均经费的74.45%；到2006年增加到1764元，占总生均经费的80.55%。可见初中生均预算内教育经费的绝对数量是城镇高于合计，合计高于农村，初中生均预算内教育经费占总生均教育经费的比例是农村高于合计，合计高于城镇，且它们均呈逐年增长的态势。

表4.26 全国分地区初中生均预算内教育经费表（单位：元）

地区 \ 分类 \ 年份	2003			2004			2005			2006		
	合计	城镇	农村	合计	城镇	农村	合计	城镇	农村	合计	城镇	农村
全国	1097	1286	890	1296	1483	1101	1562	1732	1355	1963	2182	1764
北京	3793	3837	3546	4747	4759	4667	5707	5610	6105	8049	7548	10291
天津	2329	2590	1575	2726	3056	1767	3605	3926	2637	4477	4867	3243
河北	865	940	784	1081	1160	991	1404	1474	1314	1718	1295	1703
山西	961	1012	914	1081	1098	1066	1398	1390	1406	1720	1696	1746
内蒙古	1239	1244	1228	1533	1501	1615	2000	1958	2115	2371	2296	2666
辽宁	1327	1577	1076	1731	2036	1438	2165	2557	1782	2810	3203	2426
吉林	1152	1217	1030	1363	1409	1277	1681	1735	1560	2147	2214	2020
黑龙江	1292	1564	1074	1500	1827	1229	1920	2152	1671	2501	2809	2147
上海	5524	5539	4975	7014	7033	6263	8935	8939	8766	10460	10467	9859
江苏	1270	1701	1043	1504	1887	1273	1850	2058	1600	2300	2951	2050
浙江	2242	2268	1945	2832	2864	2633	3278	3318	3037	3916	3937	3788
安徽	697	789	641	810	906	751	935	979	899	1230	1318	1203
福建	1188	1290	1024	1371	1466	1229	1513	1599	1367	1965	2043	1845
江西	746	747	745	884	887	880	1120	1082	1163	1379	1312	1437
山东	1102	1141	1020	1381	1419	1292	1815	1874	1681	2292	2788	2172
河南	649	761	575	773	860	713	932	1043	849	1211	1317	1147
湖北	828	933	747	987	1124	886	1152	1285	1066	1443	1376	1309
湖南	823	880	775	1023	1072	979	1362	1358	1366	1848	2105	1872
广东	1776	2132	1247	1929	2274	1384	2054	2304	1417	2403	2806	1685
广西	860	888	799	967	1001	888	1127	1165	1029	1558	1576	1491

续表

地区 \ 分类 \ 年份	2003			2004			2005			2006		
	合计	城镇	农村	合计	城镇	农村	合计	城镇	农村	合计	城镇	农村
海南	994	1037	874	1252	1291	1142	1617	1624	1595	1867	1883	1816
重庆	821	840	764	1008	1035	999	1305	1257	1329	1554	1543	1585
四川	739	778	699	851	877	829	947	952	941	1403	1476	1488
贵州	716	789	641	822	886	751	1039	1128	933	1252	1323	1156
云南	1188	1289	1111	1350	1404	1309	1526	1575	1485	1805	1860	1735
西藏	4362	4394	–	4830	4873	–	5190	5239	–	4152	4198	–
陕西	769	835	724	938	1147	857	1103	1221	1050	1512	2497	1484
甘肃	846	960	779	994	1051	959	1217	1238	1202	1645	1659	1633
青海	1524	1695	1320	1686	1803	1534	2179	2316	2021	2399	2572	2235
宁夏	1143	1168	1117	1354	1374	1329	1710	1709	1712	1946	1935	1963
新疆	1514	1594	1470	1531	1782	1393	1933	2131	1822	2616	2655	2594
基尼系数	0.0430	0.1197	0.0183	0.0550	0.1215	0.0290	0.0497	0.1041	0.0583	0.0321	0.0987	0.0533
极差	4875	4792	4400	6241	6173	5550	8003	7987	7917	9249	9172	9144
极差率	8.51	7.41	8.65	9.07	8.18	8.78	9.59	9.39	10.33	8.64	8.08	8.97
标准差	1133	1132	904	1393	1390	1168	1696	1691	1621	1983	1944	2162
变异系数	1.033	0.880	1.016	1.075	0.937	1.061	1.086	0.976	1.196	1.010	0.891	1.226

资料来源：根据《中国教育经费统计年鉴》及《中国教育统计年鉴》相关数据计算整理而得。

由相关数据分析可知，无论是合计、城镇还是农村，最大与最小地区之间及各地区与各地区间的相对差距还在加大，它们在 2003—2005 年基本上均呈增大的趋势，2006 年有所下降。如合计部分，极差从 2003 年的 4875 元增加到 2006 年的 9249 元（以下单位均为“元”），极差率从 2003

年的 8. 51 增加到 2005 年的 9. 59，再减小到 2006 年的 8. 64；标准差从 2003 年的 1133 元增加到 2006 年的 1983 元，变异系数从 2003 年的 1. 033 增加到 2005 年的 1. 086，再减小到 2006 年的 1. 010。城镇部分极差变化趋势是 4792 ↗6173 ↗7987 ↗9172，极差率变化趋势是 7. 41 ↗8. 18 ↗9. 39 ↘8. 08；标准差变化趋势是 1132 ↗1390 ↗1691 ↗1944，变异系数变化趋势是 0. 880 ↗0. 937 ↗0. 976 ↘0. 891。农村部分极差变化趋势是 4400 ↗5550 ↗7917 ↗9144，极差率变化趋势是 7. 60 ↗8. 65 ↗8. 78 ↗10. 33；标准差变化趋势是 729 ↗904 ↗1168 ↗1621，变异系数变化趋势是 1. 016 ↗1. 061 ↗1. 196 ↗1. 226。这四年的基尼系数变化情况是，合计 0. 0430 ↗0. 0550 ↘0. 0497 ↘0. 0321，城镇 0. 1197 ↗0. 1215 ↘0. 1041 ↘0. 0987，农村 0. 0183 ↗0. 0290 ↗0. 0583 ↘0. 0533；可见，由基尼系数反映的各地间的不平等程度农村部分 2006 年比 2003 年有所增加，合计及城镇部分 2006 年比 2003 有所下降，且不平等程度是城镇大于农村，农村大于合计。

类似的，我们还可以对初中生均预算内事业性教育经费、初中生均预算内事业性教育经费中个人部分支出、初中生均预算内事业性教育经费中公用部分支出、初中生均预算内基建经费进行类似的分析，限于篇幅，这里作从略处理。

（二）初中生均预算内教育经费差距的泰尔指数分析

由表 4. 27 可见全国省际间的普通初中总生均教育经费的差距合计部分在 2003—2004 年呈增大趋势，2005—2006 年有所减少，且 2006 年低于 2003 年的水平，城镇的不平等程度大于合计的，组内不平等大于组间不平等；组内不平等贡献率基本上在这 4 年间呈逐年下降趋势；组内不平等所占比例最大的为 2003 年合计部分 91. 413%，最小的为 2006 年的城镇部分为 80. 108%。各组内的不平等程度最大的为华东地区，且其在这 4 年间基本上呈逐年增加趋势，如其城镇部分从 2003 年的 0. 02400 增加到 2005 年的 0. 03003；各组内的不平等程度最小的为东北地区，如其农村部分 2003 年仅为 0. 00001。

表 4.27 全国分地区初中生均预算内教育经费差距的泰尔指数表

项目 \ 年份 / 分类		2003			2004			2005			2006		
		合计	城镇	农村	合计	城镇	农村	合计	城镇	农村	合计	城镇	农村
差距（泰尔指数 T）		0. 04507	0. 05485	–	0. 04834	0. 06008	–	0. 04707	0. 05652	–	0. 04122	0. 05179	–
组间差距 T_b		0. 00387	0. 00530	0. 00221	0. 00545	0. 00669	0. 00259	0. 00693	0. 00789	0. 00481	0. 00655	0. 01030	0. 00492
组内差距 T_w		0. 04120	0. 04955	–	0. 04288	0. 05339	–	0. 04014	0. 04863	–	0. 03467	0. 04148	–
差距的组间贡献率		0. 08587	0. 09667	–	0. 11284	0. 11142	–	0. 14720	0. 13953	–	0. 15898	0. 19892	–
差距的组内贡献率		0. 91413	0. 90333	–	0. 88716	0. 88858	–	0. 85280	0. 86047	–	0. 84102	0. 80108	–
华北	T_1	0. 00753	0. 00904	0. 00325	0. 00715	0. 00905	0. 00286	0. 00624	0. 00723	0. 00400	0. 00717	0. 00970	0. 00550
东北	T_2	0. 00006	0. 00023	0. 00001	0. 00017	0. 00039	0. 00010	0. 00017	0. 00042	0. 00004	0. 00020	0. 00036	0. 00011
华东	T_3	0. 01950	0. 02400	0. 00428	0. 02394	0. 02975	0. 00632	0. 02413	0. 03003	0. 00658	0. 02095	0. 02359	0. 00589
华中南	T_4	0. 00972	0. 01153	0. 00496	0. 00775	0. 00963	0. 00356	0. 00562	0. 00639	0. 00258	0. 00419	0. 00594	0. 00208
西南	T_5	0. 00297	0. 00386	–	0. 00306	0. 00404	–	0. 00288	0. 00380	–	0. 00116	0. 00141	–
西北	T_6	0. 00143	0. 00089	0. 00235	0. 00080	0. 00053	0. 00111	0. 00110	0. 00076	0. 00162	0. 00100	0. 00049	0. 00170

资料来源：根据《中国教育经费统计年鉴》及《中国教育统计年鉴》相关数据计算整理而得。

第四节 全国各省区市高中财力资源配置差异分析

由于高中部分教育经费统计年鉴中没有对其进行合计与农村的分别统计，只有合计部分的统计数据，即使能分离出合计、城镇、农村的学生数，也没有办法分离出合计、城镇、农村各个部分的生均经费，故以下的分析只对其总生均经费、总生均预算内经费和生均预算内经费占总生均经费的比例进行差异统计分析。

一、高中总生均教育经费、生均预算内教育经费及其比例分析

表4.28显示了全国各省区市在2003—2006年间高中总生均教育经费、生均预算内教育经费及其比例情况。

（一）合计高中总生均教育经费分析

由表4.28可知，全国合计的高中总生均教育经费从2003年的3973元增加到2004年的4273元，增加到2005年的4647元，再增加到2006年的4998元。高中总生均教育经费在2003年高于全国平均水平3973元的地区有10个，其中最高五个地区由低至高依次是广东（6309/2336）（单位均为元，下同）、浙江（8249/4276）、天津（8752/4779）、北京（10401/6428）、上海（12743/8770）；低于全国平均水平的最小五个地区由低至高依次是河南（2196/－1777）、陕西（2270/－1703）、贵州（2298/－1675）、甘肃（2382/－1591）、江西（2430/－1543）。高中总生均教育经费在2006年高于全国平均水平4998元的地区有10个，其中最高五个地区由低至高依次是广东（7749/2751）、浙江（10026/5028）、天津（10210/5212）、北京（16071/11073）、上海（18541/13543）；低于全国平均水平的最小五个地区由低至高依次是河南（2838/－2160）、甘肃（2904/－2094）、贵州（3096/－1902）、陕西（3118/－1880）、江西（3226/－1772）。

纵观这四年，河南是高中总生均教育经费最小的地区，其变化趋势是

2196 ↗ 2407 ↗ 2677 ↗ 2838；上海是高中总生均教育经费最大的地区，其变化趋势是 12743 ↗ 14582 ↗ 17054 ↗ 18541。两者间的极差变化趋势是 10547 ↗ 12175 ↗ 14377 ↗ 15703，极差率变化趋势是 5.80 ↗ 6.06 ↗ 6.37 ↗ 6.53；这四年间高中总生均教育经费的标准差变化趋势是 2508 元 ↗ 2889 ↗ 3294 ↗ 3634；变异系数的变化趋势是 0.631 ↗ 0.676 ↗ 0.709 ↗ 0.727；基尼系数变化趋势是 0.1284 ↗ 0.1308 ↘ 0.1177 ↘ 0.0944。说明最大与最小地区之间及各地区与全国平均值间（也就是各地区间）的相对差距还在加大，由极差、标准差、极差率、变异系数它们均呈现增大的趋势，基尼系数反映的各地间的不平等程度在 2003—2004 年间呈增大趋势，2005—2006 年则有所下降，2006 年低于 2003 年水平。

表 4.28　全国分地区高中总生均教育经费、生均预算内教育经费及其比例表（单位：元、%）

年份 / 分类 / 地区	2003			2004			2005			2006		
	合计	预算	比例	合计	预算	比例	合计	预算	比例	合计	预算	比例
全国	3973	1730	43.54	4273	1911	44.72	4647	2111	45.43	4998	2421	48.44
北京	10401	5366	51.59	12513	6352	50.76	14006	7495	53.52	16071	9277	57.73
天津	8752	4133	47.22	8608	5001	58.10	9788	5854	59.81	10210	6195	60.68
河北	2919	1415	48.48	3024	1526	50.46	3716	1925	51.80	3895	2045	52.50
山西	3211	1260	39.24	3510	1425	40.60	4162	1807	43.43	4667	2243	48.06
内蒙古	3198	1631	51.00	3403	1658	48.72	3769	1970	52.26	4071	2218	54.48
辽宁	4370	1873	42.86	4328	1863	43.05	4661	2095	44.95	4610	2407	52.21
吉林	3980	1269	31.88	3865	1327	34.33	4025	1503	37.35	4350	2075	47.70
黑龙江	3447	1780	51.64	3604	2057	57.08	3748	2055	54.83	4211	2495	59.25
上海	12743	6745	52.93	14582	7738	53.07	17054	8784	51.51	18541	9979	53.82
江苏	5632	2005	35.60	5946	2198	36.97	6425	2500	38.91	7252	2874	39.63
浙江	8249	3047	36.94	9118	3677	40.33	9482	3650	38.50	10026	4255	42.44
安徽	2919	1131	38.75	3074	1252	40.73	3310	1275	38.52	3556	1432	40.27
福建	3782	1860	49.18	4133	2060	49.84	4696	2205	46.95	5199	2415	46.45

续表

地区 \ 分类 \ 年份	2003			2004			2005			2006		
	合计	预算	比例	合计	预算	比例	合计	预算	比例	合计	预算	比例
江西	2430	1011	41.60	2825	1133	40.11	2944	1260	42.81	3226	1466	45.44
山东	3696	1309	35.42	4092	1518	37.10	4517	1955	43.29	4934	2252	45.64
河南	2196	949	43.21	2407	937	38.93	2677	1113	41.58	2838	1336	47.08
湖北	3049	1050	34.44	3102	1032	33.27	3227	1136	35.21	3549	1344	37.87
湖南	3533	1061	30.03	3734	1161	31.09	4034	1340	33.21	4491	1719	38.28
广东	6309	3361	53.27	6978	3898	55.86	7565	3902	51.58	7749	4384	56.58
广西	2939	1337	45.49	3127	1456	46.56	3311	1543	46.59	3699	1851	50.04
海南	4236	1746	41.22	4292	2207	51.42	4563	2851	62.48	7425	3382	45.55
重庆	3475	1204	34.65	3787	1378	36.39	4114	1497	36.38	4508	1811	40.17
四川	3070	1158	37.72	3153	1162	36.85	3242	1208	37.27	3431	1432	41.74
贵州	2298	1242	54.05	2526	1357	53.72	2909	1633	56.15	3096	1739	56.17
云南	3478	2276	65.44	4067	2400	59.01	4269	2404	56.32	4585	2708	59.06
西藏	4938	4871	98.64	5621	5617	99.93	5337	4565	85.54	5452	4012	73.59
陕西	2270	1062	46.78	2411	1133	46.99	2728	1269	46.50	3118	1592	51.06
甘肃	2382	1457	61.17	2545	1526	59.96	2685	1568	58.39	2904	1801	62.02
青海	2668	2205	82.65	2790	2298	82.37	3646	2997	82.19	4201	3061	72.86
宁夏	3153	1898	60.20	3734	2184	58.49	4263	2603	61.06	4425	2664	60.20
新疆	3704	2056	55.51	4074	2338	57.39	4768	2691	56.43	5567	3170	56.94
基尼系数	0.1284	0.1172	–	0.1308	0.1414	–	0.1177	0.1176	–	0.0944	0.1047	–
极差	10547	5796	68.61	12175	6801	68.84	14377	7671	52.33	15703	8643	35.72
极差率	5.80	7.11	3.28	6.06	8.26	3.21	6.37	7.89	2.58	6.53	7.47	1.94
标准差	2508	1412	14.56	2889	1686	14.31	3294	1836	12.35	3634	2080	9.27
变异系数	0.631	0.816	0.334	0.676	0.882	0.320	0.709	0.870	0.272	0.727	0.859	0.191

注："预算"指预算内经费，"比例"指预算内经费占总经费的比例（%）。为了便于显示，在数据录入时已根据原始数据进行了小数点后第一位的四舍五入，数据只显示到个位。

资料来源：根据《中国教育经费统计年鉴》及《中国教育统计年鉴》相关数据计算整理而得。

（二）高中生均预算内教育经费分析

由表4.28可知，全国高中生均预算内教育经费从2003年的1730元（下文的数据后的单位“元”省略）增加到2004年的1911，增加到2005年的2111，再增加到2006年的2421。高中生均预算内教育经费在2003年高于全国平均水平1730的地区有15个，其中最高五个地区由低至高依次是广东（3361/1631）、天津（4133/2403）、西藏（4871/3141）、北京（5366/3636）、上海（6745/5015）；低于全国平均水平的最小五个地区由低至高依次是河南（949/－781）、江西（1011/－719）、湖北（1050/－680）、湖南（1061/－669）、陕西（1062/－668）。高中生均预算内教育经费在2006年高于全国平均水平2421元的地区有13个，其中最高五个地区由低至高依次是浙江（4255/1834）、广东（4384/19631）、天津（6195/3774）、北京（9277/6856）、上海（9979/7558）；低于全国平均水平的最小五个地区由低至高依次是河南（1336/－1085）、湖北（1344/－1077）、安徽（1432/－989）、四川（1432/－989）、江西（1466/－955）。

纵观这四年，河南是高中生均预算内教育经费最小的地区，其变化趋势是949↘937↗1113↗1336（元，单位下同）；上海是高中生均预算内教育经费最大的地区，其变化趋势是↗6745↗7738↗8784↗9979。两者间的极差变化趋势是5796↗6801↗7671↗8643；极差率变化趋势是7.11↗8.26↘7.89↘7.47。这四年间高中生均预算内教育经费的标准差变化趋势是1412↗1686↗1836↗2080；变异系数的变化趋势是0.816↗0.882↘0.870↘0.859；基尼系数变化趋势是0.1172↗0.1414↘0.1176↘0.1047。说明最大与最小地区之间及各地区与全国平均值间（也就是各地区间）的差距在2003—2004年间还在加大，2005—2006年有所减小，由极差、标准差、极差率、变异系数及基尼系数都得以明证，它们在2003—2004年间均呈现增大的趋势，2005—2006年稍微下降，基尼系数反映的各地间的不平等程度在2003—2004年间呈增大态势，2005—2006年有轻微下降，基尼系数2006年低于2003年水平，而变异系数2006年则高于2003年水平。

（三）高中生均预算内教育经费占总生均教育经费的比例分析

由表4.28可知，全国高中生均预算内教育经费占总生均教育经费的比例从 2003 年的 43.54% 减小到 2004 年的 44.72%，增加到 2005 年的 45.43%，再增加到 2006 年的 48.44%，呈逐年增加趋势。高中生均预算内教育经费比例在 2003 年高于全国平均水平 43.54% 的地区有 17 个，其中最高五个地区由低至高依次是宁夏（60.2/16.66）（括号中前者为生均预算内教育经费占总生均教育经费的比例值，后者为其距平值，单位均为%，本段内下同）、甘肃（61.17/17.63）、云南（65.44/21.90）、青海（82.65/39.11）、西藏（98.64/55.10）；低于全国平均水平的最小五个地区由低至高依次是湖南（30.03/－13.51）、吉林（31.88/－11.66）、湖北（34.44/－9.10）、重庆（34.65/－8.89）、山东（35.42/－8.12）。高中生均预算内教育经费比例在 2006 年高于全国平均水平 48.44% 的地区有 17 个，其中最高五个地区由低至高依次是宁夏（60.20/11.76）、天津（60.68/12.24）、甘肃（62.02/13.58）、青海（72.86/24.42）、西藏（73.59/25.15）；低于全国平均水平的最小五个地区由低至高依次是湖北（37.87/－10.57）、湖南（38.28/－10.16）、江苏（39.63/－8.81）、重庆（40.17/－8.27）、安徽（40.27/－8.17）。

纵观这四年，湖南（2003 年、2004 年、2005 年）、湖北（2006 年）是高中生均预算内教育经费比例最小的地区，其变化趋势是 30.03（%）↗31.09↗33.21↗37.87；西藏是高中生均预算内教育经费比例最大的地区，其变化趋势是 98.64（%）↗99.03↘85.54↘73.59。两者间的极差变化趋势是 68.61（%）↗68.84↘52.33↘35.72；极差率变化趋势是 3.28↘3.21↘2.58↘1.94；说明最大与最小地区之间的差距在 2003—2004 年间呈增长态势，2005—2006 年有较大幅度减小，2006 年下降到 2003 年近一半的水平，两者之间的差距倍数在 2003—2006 年间均呈逐年减小趋势。这四年间高中生均预算内教育经费比例的标准差变化趋势是 14.56（%）↘14.31↘12.35↘9.27；变异系数的变化趋势是 0.334↘0.320↘0.272↘0.191；说明各地区与全国均值之间的偏离程度及各地区间的相对差距在 2003—2006 年间均呈逐年减小的趋势。

综上所述，普通高中生均教育经费各省份间的相对差距都在扩大，变异系数及基尼系数反映的各地间的相对差距与不平等程度在 2003—2004 年间呈增大态势，2005—2006 年有轻微下降。

（四）高中总生均教育经费、生均预算内教育经费差距的泰尔指数分析

表 4.29　全国分地区高中总生均教育经费、生均预算内教育经费差距的泰尔指数表

项目 \ 分类 \ 年份		2003		2004		2005		2006	
		合计	预算内	合计	预算内	合计	预算内	合计	预算内
差距（泰尔指数 T）		0. 04458	0. 05945	0. 04759	0. 06804	0. 04713	0. 06207	0. 18654	0. 33456
组间差距 T_b		0. 00739	0. 00363	0. 00775	0. 00473	0. 00772	0. 00656	0. 03185	0. 03473
组内差距 Tw		0. 03720	0. 05582	0. 03984	0. 06331	0. 03941	0. 05551	0. 15469	0. 29983
差距的组间贡献率		0. 16568	0. 06110	0. 16278	0. 06955	0. 16377	0. 10569	0. 17073	0. 10382
差距的组内贡献率		0. 83432	0. 93890	0. 83722	0. 93045	0. 83623	0. 89431	0. 89618	0. 82927
华北	T_1	0. 00855	0. 01108	0. 00971	0. 01301	0. 00891	0. 03323	0. 05607	0. 01267
东北	T_2	0. 00016	0. 00037	0. 00010	0. 00043	0. 00014	0. 00625	0. 00258	0. 00008
华东	T_3	0. 01919	0. 02405	0. 01960	0. 02492	0. 01952	0. 04573	0. 11026	0. 01992
华中南	T_4	0. 00839	0. 01677	0. 00928	0. 02098	0. 00958	0. 04485	0. 08187	0. 01564
西南	T_5	0. 00040	0. 00227	0. 00054	0. 00251	0. 00045	0. 02134	0. 04633	0. 00147
西北	T_6	0. 00051	0. 00127	0. 00063	0. 00146	0. 00082	0. 00329	0. 00272	0. 00145

资料来源：根据《中国教育经费统计年鉴》及《中国教育统计年鉴》相关数据计算整理而得。

由表 4. 29 可知全国省际间的普通高中总生均教育经费及生均预算内教育经费的差距在 2003—2006 年呈增大趋势，且 2006 比 2005 年骤然增加很多，组内不平等大于组间不平等，预算内不平等程度大于合计的；组内不平等贡献率合计部分 2006 年比 2003 年有所下降，为 82. 927%，预算内部分 2006 年比 2003 年有所下降，为 89. 618%。各组内的不平等程度最大的为华东地区，且这 4 年间呈增加趋势，如其预算内部分 2005 年最大

为0.04573；各组内的不平等程度最小的为东北地区，如其合计部分在2006年最小为0.00008。

二、高中总生均事业性教育经费与基建经费分析

（一）高中总生均事业性教育经费及其预算内经费支出分析

1. 高中总生均事业性教育经费及其预算内经费支出分析

表4.30显示了全国各省区市在2003—2006年间高中总生均事业性教育经费及其预算内经费情况。

由表4.30可知，合计的全国高中总生均事业性教育经费从2003年的3494元，占总生均经费的87.94%，增加到2004年的3747元，占总生均经费的87.69%；增加到2005年的4155元，占总生均经费的89.41%；到2006年增加到4543元，占总生均经费的90.90%。预算内的全国高中总生均事业性教育经费从2003年的1602元，占生均预算内经费的92.60%，增加到2004年的1755元，占生均预算内经费的91.84%；增加到2005年的1956元，占生均预算内经费的92.66%；到2006年增加到2237元，占生均预算内经费的92.40%。

由相关数据分析可知，合计及预算内的最大与最小地区之间及各地区与各地区间的相对差距有所下降，基本上是前两年呈增加趋势，后两年又呈下降趋势。这四年的基尼系数变化情况是，合计0.1079↗0.1082↘0.1005↘0.051，预算内0.0977↗0.1154↘0.1021↘0.0692。可见，由基尼系数反映的合计及预算内部分各地间的不平等程度在2003—2004年间是呈增大的趋势，2005—2006年间有所下降，且2006年低于2003年水平。

表4.30 全国分地区高中总生均事业性教育经费及其预算内经费表（单位：元、%）

地区 \ 分类 \ 年份	2003			2004			2005			2006		
	合计	预算	比例	合计	预算	比例	合计	预算	比例	合计	预算	比例
全国	3494	1602	45.83	3747	1755	46.83	4155	1956	47.08	4543	2237	49.24
北京	9880	4845	49.04	11484	5859	51.02	12451	6587	52.90	14414	7788	54.03
天津	7622	4026	52.83	8096	4941	61.03	9367	5600	59.79	9890	6011	60.78

续表

年份 / 分类 / 地区	2003			2004			2005			2006		
	合计	预算	比例	合计	预算	比例	合计	预算	比例	合计	预算	比例
河北	2514	1317	52.40	2672	1444	54.03	3186	1668	52.35	3521	1891	53.71
山西	2967	1235	41.62	3135	1374	43.84	3762	1711	45.48	4372	2113	48.33
内蒙古	2830	1444	51.03	3184	1595	50.09	3403	1803	52.97	3733	2013	53.92
辽宁	3959	1594	40.27	4240	1836	43.31	4552	2088	45.87	4482	2334	52.07
吉林	3491	1242	35.58	3692	1298	35.16	3891	1488	38.23	4116	1924	46.74
黑龙江	3270	1754	53.65	3234	1751	54.14	3639	2004	55.07	4144	2465	59.48
上海	12259	6336	51.68	13898	7156	51.49	16320	8132	49.83	18146	9586	52.83
江苏	4662	1939	41.59	4831	2140	44.29	5462	2385	43.66	5967	2594	43.47
浙江	6553	2688	41.02	7218	3040	42.12	7951	3377	42.47	8556	3764	43.99
安徽	2575	1087	42.21	2760	1235	44.74	2882	1230	42.69	3186	1395	43.79
福建	3502	1799	51.37	3839	1990	51.83	4319	2108	48.81	4869	2379	48.86
江西	2131	957	44.92	2343	1081	46.13	2608	1225	46.98	2984	1432	47.99
山东	3101	1279	41.23	3283	1442	43.92	3880	1842	47.46	4378	2122	48.47
河南	1973	913	46.25	2142	913	42.62	2434	1052	43.23	2674	1304	48.77
湖北	2663	1000	37.55	2776	1007	36.29	2964	1119	37.75	3336	1325	39.72
湖南	3182	1004	31.56	3347	1124	33.60	3763	1310	34.82	4348	1704	39.19
广东	5476	2804	51.20	5884	3097	52.64	6269	3220	51.37	6586	3475	52.76
广西	2596	1282	49.38	2819	1392	49.39	3016	1500	49.75	3434	1795	52.27
海南	3305	1590	48.11	3839	1894	49.34	3692	2220	60.12	4508	2479	54.99
重庆	3174	1117	35.19	3410	1211	35.50	3873	1429	36.89	4078	1685	41.32
四川	2783	1100	39.55	2875	1123	39.07	3069	1172	38.20	3301	1405	42.56
贵州	2160	1172	54.25	2406	1311	54.51	2791	1575	56.44	3041	1714	56.36
云南	3209	2124	66.19	3721	2150	57.78	4041	2295	56.79	4457	2627	58.94
西藏	4240	4173	98.40	4228	4224	99.92	4568	3837	83.99	4668	3789	81.17

续表

地区＼年份/分类	2003			2004			2005			2006		
	合计	预算	比例	合计	预算	比例	合计	预算	比例	合计	预算	比例
陕西	2036	977	47.97	2199	1058	48.09	2516	1186	47.13	2951	1523	51.61
甘肃	2217	1360	61.35	2394	1430	59.76	2533	1466	57.88	2807	1738	61.92
青海	2423	1960	80.91	2687	2196	81.74	3462	2812	81.24	4020	2886	71.79
宁夏	2604	1402	53.82	2836	1559	54.96	3539	2091	59.08	4021	2377	59.11
新疆	3373	1973	58.49	3737	2155	57.68	4511	2543	56.36	5343	3047	57.03
基尼系数	0.1079	0.0977	–	0.1082	0.1154	–	0.1005	0.1021	–	0.0751	0.0692	–
极差	10286	5423	66.84	11756	6243	66.32	13886	7080	49.17	15472	8282	41.98
极差率	6.21	6.94	3.12	6.49	7.84	2.97	6.71	7.73	2.41	6.79	7.35	2.07
标准差	2333	1281	13.37	2666	1491	13.21	3046	1645	11.14	3389	1872	9.02
变异系数	0.668	0.800	0.292	0.712	0.850	0.282	0.733	0.841	0.237	0.746	0.837	0.183

注：在计算标准差时，因西藏农村部分为缺失值，N 取值 30，其余 N 取值 31。

资料来源：根据《中国教育经费统计年鉴》及《中国教育统计年鉴》相关数据计算整理而得。

2. 高中总生均事业性教育经费及其预算内经费差距的泰尔指数分析

表 4.31 全国分地区高中总生均事业性教育经费及其预算内经费差距的泰尔指数表

项目＼年份/分类	2003		2004		2005		2006	
	合计	预算内	合计	预算内	合计	预算内	合计	预算内
差距（泰尔指数 T）	0.04396	0.05434	0.04604	0.05919	0.04493	0.05593	0.04100	0.04813
组间差距 T_b	0.00598	0.00438	0.00578	0.00587	0.00608	0.00654	0.00546	0.00480
组内差距 Tw	0.03799	0.04996	0.04026	0.05332	0.03885	0.04939	0.03554	0.04333

续表

项目 \ 分类 \ 年份		2003		2004		2005		2006	
		合计	预算内	合计	预算内	合计	预算内	合计	预算内
差距的组间贡献率		0.13596	0.08063	0.12558	0.09912	0.13530	0.11694	0.13307	0.09973
差距的组内贡献率		0.86404	0.91937	0.87442	0.90088	0.86470	0.88306	0.86693	0.90027
华北	T_1	0.00959	0.01084	0.01062	0.01316	0.00945	0.01224	0.00919	0.01126
东北	T_2	0.00012	0.00027	0.00022	0.00030	0.00016	0.00030	0.00003	0.00016
华东	T_3	0.01950	0.02296	0.02031	0.02250	0.02049	0.02131	0.01810	0.01945
华中南	T_4	0.00790	0.01252	0.00809	0.01416	0.00747	0.01202	0.00677	0.00952
西南	T_5	0.00036	0.00209	0.00043	0.00187	0.00043	0.00172	0.00044	0.00148
西北	T6	0.00051	0.00128	0.00058	0.00133	0.00086	0.00179	0.00101	0.00146

资料来源：根据《中国教育经费统计年鉴》及《中国教育统计年鉴》相关数据计算整理而得。

由表4.31可见全国省际间的普通高中总生均事业性教育经费及其预算内经费的差距在2003—2004年呈增大趋势，2005—2006年有所减少，低于2003年的水平，组内不平等大于组间不平等，预算内的不平等程度大于合计的；组内不平等贡献率合计部分在前2年间均呈逐年增加趋势，2005年有所下降，2006年又有所增加，且高于2003年水平，预算内部分则在前3年间呈逐年下降趋势，2006年有所增加，且低于2003年水平；组内不平等所占比例最大的为2003年预算内部分达91.973%，最小的为2003年的合计部分为86.404%。各组内的不平等程度最大的为华东地区，如其预算内部分2003年最大为0.02296；各组内的不平等程度最小的为东北地区，如其合计部分在2006年最小为0.00003。

（二）高中总生均事业性教育经费中个人部分支出及其预算内经费分析

1. 高中总生均事业性教育经费中个人部分支出及其预算内经费分析

表4.32显示了全国各省区市在2003—2006年间高中总生均事业性经

费中个人部分支出及其预算内经费情况，个人部分主要用于教师的工作福利等人员费用。

由表4.32可知，合计的全国高中总生均事业性教育经费中个人部分支出从2003年的1914元，占事业性经费的54.78%，增加到2004年的2121元，占事业性经费的56.61%；增加到2005年的2331元，占事业性经费的56.10%；到2006年增加到2580元，占事业性经费的56.79%。预算内的全国高中总生均事业性教育经费中个人部分支出从2003年的1340元，占事业性经费的83.65%，增加到2004年的1467元，占事业性经费的83.59%；增加到2005年的1595元，占事业性经费的81.54%；到2006年增加到1790元，占事业性经费的80.02%。可见个人部分支出占事业性经费的比例是预算内高于合计。

由相关数据分析可知，合计及预算内的最大与最小地区之间及各地区与各地区间的差距有所下降，基本上是前三年呈增加趋势，后一年又有所下降。这四年的基尼系数变化情况是，合计0.1166↗0.1263↗0.1267↘0.0932，预算内0.0712↗0.0726↗0.07753↘0.0651。可见，由基尼系数反映的合计及预算内的各地间的不平等程度在2003—2005年间是呈增大的趋势，2006年有所下降，且低于2003年水平，不平等程度是合计大于预算内。

表4.32　全国分地区高中总生均事业性经费中个人部分支出及其预算内经费表（单位：元、%）

年份/分类/地区	2003			2004			2005			2006		
	合计	预算	比例	合计	预算	比例	合计	预算	比例	合计	预算	比例
全国	1914	1340	70.01	2121	1467	69.16	2331	1595	68.41	2580	1790	69.38
北京	5580	3076	55.13	6986	4089	58.53	7439	4215	56.66	8516	4979	58.47
天津	4074	2975	73.02	4843	3626	74.87	5682	4217	74.22	6146	4620	75.17
河北	1230	1070	86.95	1381	1196	86.60	1612	1354	84.01	1791	1500	83.75
山西	1510	1105	73.21	1615	1205	74.63	1937	1421	73.36	2312	1744	75.43
内蒙古	1598	1186	74.19	1797	1304	72.53	1841	1422	77.25	2083	1614	77.48
辽宁	1932	1246	64.48	2049	1374	67.05	2359	1533	64.98	2515	1721	68.43

续表

年份 / 分类 / 地区	2003			2004			2005			2006		
	合计	预算	比例	合计	预算	比例	合计	预算	比例	合计	预算	比例
吉林	1620	1051	64.85	1628	1043	64.06	1743	1189	68.19	2221	1505	67.76
黑龙江	1647	1511	91.75	1713	1522	88.87	1903	1702	89.45	2403	2102	87.47
上海	6579	4440	67.49	7333	4924	67.14	8635	5846	67.70	9953	6997	70.30
江苏	2736	1743	63.71	3131	1943	62.06	3566	2176	61.03	3872	2358	60.90
浙江	3835	2095	54.62	4628	2496	53.94	5113	2735	53.49	5504	2966	53.89
安徽	1468	1017	69.30	1652	1141	69.08	1735	1153	66.46	1905	1294	67.93
福建	2168	1534	70.75	2375	1672	70.38	2522	1782	70.65	2956	2045	69.18
江西	1224	895	73.14	1409	1007	71.46	1575	1126	71.52	1831	1310	71.55
山东	1523	1160	76.12	1682	1281	76.15	2027	1586	78.26	2340	1786	76.32
河南	956	805	84.18	1039	795	76.50	1088	805	73.95	1220	931	76.31
湖北	1499	916	61.11	1619	948	58.57	1746	1027	58.79	1991	1130	56.76
湖南	1649	900	54.59	1798	1010	56.17	2034	1116	54.85	2252	1311	58.21
广东	2832	2193	77.42	3056	2404	78.67	3212	2451	76.30	3363	2678	79.63
广西	1560	1186	76.01	1715	1277	74.47	1835	1361	74.14	2101	1567	74.58
海南	1928	1454	75.38	2131	1677	78.71	2198	1726	78.53	2585	1907	73.77
重庆	1812	968	53.42	1927	982	50.99	2181	1030	47.22	2304	1111	48.22
四川	1673	963	57.54	1757	997	56.76	1830	1002	54.74	1999	1123	56.18
贵州	1237	1041	84.19	1369	1170	85.47	1618	1387	85.75	1780	1480	83.15
云南	1983	1706	86.07	2356	1797	76.28	2472	1823	73.74	2736	2050	74.93
西藏	3301	3301	100.00	3662	3662	100.00	3557	3387	95.21	3607	3303	91.57
陕西	980	875	89.27	1085	950	87.56	1146	983	85.74	1368	1168	85.38
甘肃	1286	1213	94.31	1336	1243	93.02	1472	1302	88.46	1626	1486	91.39
青海	1883	1772	94.13	2049	1929	94.13	2363	2259	95.60	2905	2324	80.00
宁夏	1553	1172	75.47	1734	1326	76.47	2073	1608	77.55	2380	1838	77.23
新疆	2275	1658	72.87	2413	1705	70.66	2798	1898	67.85	3322	2317	69.75
基尼系数	0.1166	0.0712	-	0.1263	0.0726	-	0.1267	0.0753	-	0.0932	0.0651	-

续表

地区 \ 分类 \ 年份	2003			2004			2005			2006		
	合计	预算	比例	合计	预算	比例	合计	预算	比例	合计	预算	比例
极差	5623	3635	46.58	6294	4129	49.01	7547	5041	48.38	8733	6066	43.35
极差率	6.88	5.52	1.87	7.06	6.19	1.96	7.94	7.26	2.02	8.16	7.52	1.90
标准差	1293	848	12.80	1556	1022	12.39	1757	1132	12.35	1975	1301	11.00
变异系数	0.676	0.633	0.183	0.734	0.697	0.179	0.754	0.710	0.181	0.766	0.727	0.159

注：在计算标准差时，因西藏农村部分为缺失值，N取值30，其余N取值31。

资料来源：根据《中国教育经费统计年鉴》及《中国教育统计年鉴》相关数据计算整理而得。

2. 高中总生均事业性教育经费中个人部分支出及其预算内经费的泰尔指数分析

由表4.33可见全国省际间的普通高中总生均事业性教育经费中个人部分支出及其预算内经费的差距在2003—2005年呈逐年增大趋势，2006年有所减少，仍高于2003年的水平，合计的不平等程度大于预算内的，且组内不平等大于组间不平等；组内不平等贡献率合计部分在这4年间均呈逐年下降趋势，预算内部分则在前3年间呈逐年下降趋势，2006年则有所增加，但仍低于2003年水平。各组内的不平等程度最大的为华东地区，如其合计部分在2004年最大为0.02186；各组内的不平等程度最小的为东北地区，如其合计部分在2006年最小为0.00004。

表4.33 全国分地区高中总生均事业性经费中个人部分支出及其预算内经费差距的泰尔指数表

项目 \ 分类 \ 年份	2003		2004		2005		2006	
	合计	预算内	合计	预算内	合计	预算内	合计	预算内
差距（泰尔指数T）	0.04771	0.03762	0.05265	0.04325	0.05273	0.04424	0.04803	0.04154
组间差距 T_b	0.00595	0.00341	0.00760	0.00502	0.00868	0.00687	0.00795	0.00609

续表

项目 \ 年份 / 分类		2003		2004		2005		2006	
		合计	预算内	合计	预算内	合计	预算内	合计	预算内
组内差距 Tw		0.04176	0.03421	0.04505	0.03823	0.04405	0.03737	0.04008	0.03545
差距的组间贡献率		0.12481	0.09062	0.14443	0.11616	0.16462	0.15534	0.16558	0.14660
差距的组内贡献率		0.87519	0.90938	0.85557	0.88384	0.83538	0.84466	0.83442	0.85340
华北	T_1	0.01094	0.00638	0.01335	0.00909	0.01211	0.00817	0.01138	0.00784
东北	T_2	0.00010	0.00030	0.00015	0.00031	0.00025	0.00028	0.00004	0.00028
华东	T_3	0.02094	0.01530	0.02186	0.01540	0.02185	0.01600	0.01952	0.01509
华中南	T_4	0.00765	0.00945	0.00754	0.01067	0.00745	0.00990	0.00658	0.00929
西南	T_5	0.00058	0.00162	0.00074	0.00175	0.00058	0.00167	0.00057	0.00161
西北	T_6	0.00155	0.00116	0.00141	0.00100	0.00180	0.00133	0.00200	0.00133

资料来源：根据《中国教育经费统计年鉴》及《中国教育统计年鉴》相关数据计算整理而得。

（三）高中总生均事业性教育经费中公用部分支出及其预算内经费分析

1. 高中总生均事业性教育经费中公用部分支出及其预算内经费分析

表4.34显示了全国各省区市在2003—2006年间高中总生均事业性经费中公用部分支出及其预算内经费情况。

由表4.34可知，合计的全国高中总生均事业性教育经费中公用部分支出从2003年的1580.2元，占事业性经费的45.22%，增加到2004年的1625.5元，占事业性经费的43.39%；增加到2005年的1824.2元，占事业性经费的43.90%；到2006年增加到1962.4元，占事业性经费的43.20%。预算内的全国高中总生均事业性教育经费中公用部分支出从2003年的261.6元，占预算内事业性经费的16.33%，增加到2004年的287.6元，占预算内事业性经费的16.39%；增加到2005年的361.5元，占预算内事业性经费的18.48%；到2006年增加到447.5元，占预算内事业性经费的20.00%。可见公用部分支出占事业性经费的比例是合计高于预算内。

由相关数据分析可知，无论是合计还是预算内，最大与最小地区之间的差距还在加大，由极差、极差率得以明证。从变异系数反映的各地区间的相对差距合计部分各地区间的相对差距则一直呈增大趋势，预算内部分在2003—2006年间呈逐步下降。这四年的基尼系数变化情况是，合计0.1192↘0.1086↘0.0974↘0.0773，预算内0.3625↗0.3673↘0.2933↘0.2060。可见，由基尼系数反映的合计部分的各地间的不平等程度在2003—2006年间呈逐步减小趋势，预算内部分各地区间的不平等程度则在2003—2004年有所增大，2005—2006年呈减小趋势，且2006年低于2003年水平，各地区间的不平等程度是预算内大于合计。

表4.34 全国分地区高中总生均事业性经费中公用部分支出及其预算内经费表（单位：元、%）

地区 \ 年份/分类	2003			2004			2005			2006		
	合计	预算	比例	合计	预算	比例	合计	预算	比例	合计	预算	比例
全国	1580.2	261.6	16.55	1625.5	287.6	17.69	1824.2	361.5	19.82	1962.4	447.5	22.80
北京	4300.7	1769.4	41.14	4497.7	1769.8	39.35	5012.5	2372.6	47.33	5897.1	2809.1	47.64
天津	3547.7	1051.4	29.64	3253.1	1315.2	40.43	3684.8	1382.8	37.53	3744.1	1391.4	37.16
河北	1283.6	247.6	19.29	1290.9	247.7	19.19	1573.9	313.4	19.91	1729.9	391.3	22.62
山西	1457.6	129.9	8.91	1520.1	169.2	11.13	1824.6	289.6	15.87	2060.3	368.8	17.90
内蒙古	1232.0	258.4	20.98	1387.3	291.5	21.01	1562.2	380.3	24.34	1650.2	399.1	24.18
辽宁	2026.3	348.2	17.18	2190.9	462.4	21.10	2192.4	555.0	25.31	1966.7	612.9	31.16
吉林	1870.7	191.3	10.23	2064.1	255.4	12.37	2148.1	299.0	13.92	1895.6	419.0	22.10
黑龙江	1623.2	243.4	15.00	1521.0	228.7	15.04	1736.1	301.7	17.38	1740.9	362.6	20.83
上海	5680.1	1895.4	33.37	6564.5	2232.2	34.00	7685.1	2285.9	29.74	8193.3	2589.1	31.60
江苏	1926.2	196.0	10.17	1699.3	196.0	11.54	1896.2	208.4	10.99	2094.5	236.5	11.29
浙江	2718.6	593.6	21.84	2590.5	544.2	21.01	2838.2	641.9	22.62	3051.8	797.2	26.12
安徽	1107.6	70.0	6.32	1108.4	93.7	8.46	1147.1	77.1	6.72	1280.8	100.8	7.87

续表

地区＼年份/分类	2003			2004			2005			2006		
	合计	预算	比例	合计	预算	比例	合计	预算	比例	合计	预算	比例
福建	1334.4	265.4	19.89	1463.9	318.0	21.72	1796.8	326.1	18.15	1913.6	333.1	17.41
江西	907.4	62.2	6.85	933.9	73.9	7.91	1033.4	99.0	9.58	1153.6	122.0	10.58
山东	1577.4	119.0	7.54	1601.2	161.3	10.07	1852.9	255.1	13.77	2038.2	336.1	16.49
河南	1016.7	107.5	10.58	1102.8	118.0	10.70	1345.5	247.4	18.39	1454.0	372.8	25.64
湖北	1163.8	84.0	7.22	1157.3	59.4	5.13	1217.4	92.1	7.57	1345.1	195.4	14.53
湖南	1533.0	104.0	6.78	1548.2	114.2	7.38	1728.8	194.4	11.24	2097.0	392.6	18.72
广东	2643.8	611.1	23.11	2828.2	693.6	24.52	3056.7	769.1	25.16	3223.2	796.8	24.72
广西	1035.5	95.7	9.24	1103.6	114.8	10.40	1180.4	139.7	11.84	1333.1	227.4	17.06
海南	1376.6	136.5	9.91	1707.8	216.7	12.69	1493.6	493.2	33.02	1922.9	572.2	29.76
重庆	1362.1	149.0	10.94	1483.5	228.3	15.39	1691.9	399.1	23.59	1774.0	573.7	32.34
四川	1109.4	137.7	12.41	1118.4	126.3	11.29	1238.7	170.5	13.76	1302.1	282.0	21.66
贵州	923.0	130.5	14.14	1036.9	141.4	13.63	1173.2	188.1	16.03	1261.3	234.7	18.61
云南	1226.5	417.7	34.05	1364.9	352.8	25.85	1569.8	472.3	30.09	1721.0	576.8	33.52
西藏	938.8	871.1	92.80	565.4	561.8	99.37	1011.4	450.4	44.53	1061.1	486.2	45.82
陕西	1055.9	101.9	9.65	1114.0	107.3	9.63	1369.4	202.9	14.82	1582.7	354.3	22.39
甘肃	931.1	147.5	15.84	1057.3	187.5	17.73	1060.4	163.6	15.42	1180.6	251.9	21.34
青海	539.9	187.9	34.81	637.7	267.3	41.91	1099.1	553.7	50.37	1114.9	562.0	50.41
宁夏	1051.1	229.6	21.84	1102.3	232.8	21.12	1465.8	483.1	32.96	1640.6	539.4	32.88
新疆	1097.3	314.7	28.68	1323.4	449.9	34.00	1713.6	644.6	37.62	2020.4	729.4	36.10
基尼系数	0.1192	0.3625	–	0.1086	0.3673	–	0.0974	0.2933	–	0.0773	0.2060	–
极差	5140.2	1833.2	86.48	5999.1	2172.8	94.24	6673.7	2295.5	43.65	7132.2	2708.3	42.54
极差率	10.52	30.47	14.68	11.61	37.58	19.37	7.60	30.77	7.50	7.72	27.87	6.41
标准差	1095.7	455.4	16.66	1200.9	496.5	17.76	1358.1	552.5	11.81	1472.8	615.5	10.54
变异系数	0.694	1.739	1.007	0.739	1.728	1.004	0.744	1.528	0.596	0.751	1.375	0.462

资料来源：根据《中国教育经费统计年鉴》及《中国教育统计年鉴》相关数据计算整理而得。

2. 高中总生均事业性教育经费中公用部分支出及其预算内经费差距的泰尔指数分析

表 4.35 全国分地区高中总生均事业性经费中公用部分支出及其预算内经费差距的泰尔指数表

项目＼年份/分类		2003 合计	2003 预算内	2004 合计	2004 预算内	2005 合计	2005 预算内	2006 合计	2006 预算内
差距（泰尔指数 T）		0.04410	0.19471	0.04460	0.19019	0.04215	0.14908	0.03821	0.10698
组间差距 T_b		0.00753	0.01801	0.00574	0.01668	0.00489	0.01256	0.00422	0.00726
组内差距 Tw		0.03657	0.17669	0.03886	0.17351	0.03727	0.13653	0.03399	0.09972
差距的组间贡献率		0.17074	0.09252	0.12863	0.08771	0.11596	0.08424	0.11051	0.06791
差距的组内贡献率		0.82926	0.90748	0.87137	0.91229	0.88404	0.91576	0.88949	0.93209
华北	T_1	0.00825	0.04294	0.00757	0.03949	0.00658	0.03560	0.00680	0.02929
东北	T_2	0.00017	0.00101	0.00047	0.00206	0.00019	0.00174	0.00004	0.00096
华东	T_3	0.01896	0.08677	0.02069	0.08082	0.02093	0.05998	0.01783	0.04902
华中南	T_4	0.00874	0.03785	0.00950	0.04328	0.00876	0.02963	0.00831	0.01443
西南	T_5	0.00026	0.00565	0.00040	0.00345	0.00041	0.00407	0.00045	0.00325
西北	T_6	0.00020	0.00248	0.00022	0.00442	0.00039	0.00551	0.00056	0.00277

资料来源：根据《中国教育经费统计年鉴》及《中国教育统计年鉴》相关数据计算整理而得。

由表 4.35 可见全国省际间的普通高中总生均事业性教育经费中公用部分支出经费的差距合计部分在 2003—2004 年呈逐年增大趋势，2005—2006 年则有所减少，且 2006 年低于 2003 年的水平，预算内部分则在这 4 年间呈逐年下降趋势，预算内的不平等程度大于合计的，且组内不平等大于组间不平等；组内不平等贡献率合计及预算内部分在这 4 年间均呈现逐年增加趋势。各组内的不平等程度最大的为华东地区，如其预算内部分在 2003 年最大为 0.08677；各组内的不平等程度最小的为东北地区，如其合计部分在2006年最小为0.00004。

（四）高中总生均基建教育经费支出及其预算内经费分析

1. 高中总生均基建教育经费支出及其预算内经费分析

表4.36显示了全国各省区市在2003—2006年间高中总生均基建经费及其预算内经费情况。

由表4.36可知，合计的全国高中总生均基建经费从2003年的479.3元，占总生均经费的12.06%，增加到2004年的526.0元，占总生均经费的12.31%；下降到2005年的491.9元，占总生均经费的10.59%；到2006年再减小到455.3元，占总生均经费的9.11%。预算内的全国高中总生均基建经费从2003年的128.3元，占生均预算内经费的7.42%，增加到2004年的156.0元，占生均预算内经费的8.16%；减小到2005年的155.1元，占生均预算内经费的7.35%；到2006年增加到183.3元，占生均预算内经费的7.57%。可见高中总生均基建经费占总生均教育经费的比例是合计高于预算内。

由相关数据分析可知，无论是合计还是预算内，最大与最小地区之间及各地区（与全国均值）间的差距还在加大，如合计部分的变异系数这四年间均呈逐年增加趋势，预算内部分的变异系数在2003—2004年呈增加趋势，2005年有所下降，2006年又有所增加，且高于2003年水平。这四年的基尼系数变化情况是，合计0.2650 ↗ 0.3233 ↗ 0.3401 ↗ 0.4089，预算内0.4313 ↗ 0.5436 ↘ 0.4764 ↗ 0.5590。可见，由基尼系数反映的各地间的不平等程度合计及预算内部分也是均呈增大的趋势（除预算内在2005年比2004年有所下降外），不平等程度是预算内大于合计。

表4.36 全国分地区高中总生均基建经费及其预算内经费表（单位：元、%）

年份 / 分类 / 地区	2003			2004			2005			2006		
	合计	预算	比例	合计	预算	比例	合计	预算	比例	合计	预算	比例
全国	479.3	128.3	26.77	526.0	156.0	29.65	491.9	155.1	31.54	455.3	183.3	40.25
北京	521.0	521.0	100.00	1028.7	493.1	47.93	1554.6	908.2	58.42	1657.4	1488.3	89.80
天津	1130.4	107.3	9.49	511.8	59.3	11.58	421.1	254.0	60.32	319.8	183.8	57.46
河北	405.6	97.5	24.03	351.7	82.4	23.41	530.0	256.9	48.48	374.1	154.1	41.18

续表

年份 / 分类 / 地区	2003			2004			2005			2006		
	合计	预算	比例	合计	预算	比例	合计	预算	比例	合计	预算	比例
山西	243.6	25.1	10.29	375.0	51.2	13.64	399.8	96.6	24.17	294.8	130.0	44.08
内蒙古	367.6	186.8	50.81	218.9	62.5	28.57	365.2	166.9	45.70	338.1	205.4	60.74
辽宁	411.0	278.7	67.82	87.6	27.1	30.88	109.0	6.7	6.15	127.3	72.5	56.91
吉林	489.5	27.1	5.54	172.6	28.6	16.56	133.2	15.2	11.44	234.1	150.5	64.27
黑龙江	176.7	26.1	14.76	369.8	306.1	82.77	108.7	50.9	46.79	67.8	29.9	44.09
上海	484.1	409.7	84.62	684.7	582.3	85.04	734.9	652.2	88.75	395.0	393.5	99.63
江苏	969.5	65.9	6.80	1115.2	58.4	5.24	962.6	115.2	11.97	1285.5	280.1	21.79
浙江	1695.9	359.2	21.18	1899.7	636.2	33.49	1530.7	273.7	17.88	1470.7	491.3	33.41
安徽	343.4	44.3	12.91	314.3	17.7	5.62	428.2	44.9	10.48	370.1	37.4	10.11
福建	280.2	60.6	21.64	293.8	70.1	23.86	377.1	96.8	25.66	329.9	36.9	11.18
江西	299.4	53.4	17.83	482.0	52.2	10.83	335.4	35.0	10.44	241.5	34.0	14.07
山东	594.8	30.3	5.10	808.7	75.4	9.33	636.5	113.7	17.86	556.1	130.0	23.38
河南	222.6	37.0	16.60	264.6	23.9	9.03	243.4	61.2	25.14	164.0	32.0	19.50
湖北	386.6	50.5	13.07	326.3	24.3	7.44	263.1	17.2	6.52	212.7	19.3	9.09
湖南	350.5	56.4	16.09	387.8	36.5	9.42	270.6	29.4	10.88	142.8	15.3	10.73
广东	833.3	557.7	66.92	1094.7	800.8	73.16	1295.7	681.9	52.63	1162.9	908.8	78.15
广西	343.2	55.1	16.06	308.2	64.4	20.89	295.6	42.2	14.28	265.4	55.9	21.06
海南	931.3	155.7	16.72	452.4	312.8	69.14	870.6	630.9	72.47	2917.2	902.2	30.93
重庆	300.9	87.2	28.98	377.1	167.1	44.31	240.3	67.7	28.18	430.4	126.4	29.36
四川	287.7	57.6	20.01	278.4	39.0	14.02	173.5	36.2	20.87	130.1	26.8	20.62
贵州	138.3	69.9	50.51	120.5	45.8	38.01	117.6	57.8	49.11	54.6	24.3	44.51
云南	268.8	151.9	56.52	345.8	250.2	72.37	227.9	109.5	48.06	128.1	81.8	63.88
西藏	698.0	698.0	100.00	1393.1	1393.1	100.00	768.4	728.1	94.76	783.8	222.8	28.42
陕西	234.5	85.4	36.43	212.1	75.5	35.58	212.4	83.0	39.08	167.0	69.1	41.35
甘肃	164.8	96.9	58.78	151.8	95.2	62.72	152.6	101.9	66.75	96.7	62.5	64.63
青海	244.9	244.9	100.00	103.1	101.3	98.30	184.3	184.3	100.00	181.7	174.3	95.95
宁夏	548.1	496.5	90.58	897.9	625.1	69.62	724.5	512.2	70.70	403.6	286.8	71.07
新疆	331.7	82.7	24.93	337.4	182.4	54.05	256.3	147.8	57.66	224.2	123.0	54.87
基尼系数	0.2650	0.4313	–	0.3223	0.5436	–	0.3401	0.4764	–	0.4089	0.5590	–
极差	1557.6	672.9	94.9	1812.1	1375.4	94.76	1445.9	901.5	93.85	2862.6	1473	90.54
极差率	12.26	27.81	19.61	21.69	78.71	19.08	14.30	135.55	16.26	53.43	97.27	10.96
标准差	335.43	184.49	31.29	420.30	307.49	29.74	401.70	251.34	27.38	611.5	324.19	26.18
变异系数	0.700	1.438	1.169	0.799	1.971	1.003	0.817	1.621	0.868	1.343	1.769	0.650

资料来源：根据《中国教育经费统计年鉴》及《中国教育统计年鉴》相关数据计算整理而得。

2. 高中总生均基建教育经费支出及其预算内经费差距的泰尔指数分析

表 4.37 全国分地区高中总生均基建经费及其预算内经费差距的泰尔指数表

项目 \ 年份 / 分类		2003 合计	2003 预算内	2004 合计	2004 预算内	2005 合计	2005 预算内	2006 合计	2006 预算内
差距（泰尔指数 T）		0.08477	0.22234	0.11073	0.31907	0.11909	0.25203	0.17238	0.31506
组间差距 T_b		0.02629	0.00864	0.04268	0.01161	0.04662	0.04686	0.05218	0.04194
组内差距 T_w		0.05848	0.21370	0.06805	0.30746	0.07247	0.20517	0.12021	0.27312
差距的组间贡献率		0.31012	0.03886	0.38542	0.03640	0.39148	0.18593	0.30268	0.13312
差距的组内贡献率		0.68988	0.96114	0.61458	0.96360	0.60852	0.81407	0.69732	0.86688
华北	T_1	0.00482	0.02294	0.00466	0.01605	0.00774	0.02332	0.01123	0.04138
东北	T_2	0.00176	0.01626	0.00224	0.01469	0.00003	0.00169	0.00107	0.00247
华东	T_3	0.03616	0.05930	0.03526	0.09416	0.02359	0.03733	0.03942	0.04755
华中南	T_4	0.01357	0.10113	0.02035	0.15435	0.03804	0.13014	0.06233	0.17472
西南	T_5	0.00099	0.00583	0.00244	0.01857	0.00112	0.00641	0.00502	0.00427
西北	T_6	0.00117	0.00825	0.00310	0.00964	0.00194	0.00629	0.00114	0.00274

资料来源：根据《中国教育经费统计年鉴》及《中国教育统计年鉴》相关数据计算整理而得。

由表 4.37 可见全国省际间的普通高中总生均基建教育经费支出经费的差距合计部分在这 4 年间均呈逐年增加趋势，预算内部分则是在 2003—2004 年呈逐年增加趋势，2005 年有所减少，2006 年又有所增加，且高于 2003 年的水平，预算内的不平等程度大于合计的，组内不平等大于组间不平等；组内不平等贡献率合计部分在前 3 年均呈现逐年下降趋势，2006 年有所增加，且高于 2003 年水平，预算内部分则在前 2 年呈逐年增加趋势，2005 年有所下降，2006 年又有所增加，但仍低于 2003 年水平。各组内的不平等程度最大的为华东地区，如其预算内部分在 2004 年最大为 0.09416；各组内的不平等程度最小的为东北地区，如其合计部分在 2005 年最小为 0.00003。

第五章　我国基础教育人力资源配置现状分析

第一节　全国各省区市小学人力资源配置差异分析

狭义地讲，学校中的人力资源包括教师及学生，但是考虑到基础教育阶段的学生从严格意义上来说还不完全具备我们通常所说的“人力资源”的特质，当然尽管可以从在校学生占人口（学龄人口）的比例、入学率、升学率、辍学率等角度进行分析，但由于没有对此有相关的分省区市及合计与农村等的统计数据，除后面的每十万人口中普通中小学在校生数差异分析外，研究主要是对教职工这部分人力资源进行差异描述统计分析。

一、全国各省区市小学生师比分析

仔细查对《中国教育统计年鉴》中关于各地教职工数的情况，《中国教育统计年鉴》中关于各地“小学教职工数”实际统计的是各地小学学历教育中的“普通小学教职工数”，所以以下做的对小学的分析可以认为是对普通小学的分析。

表 5.1 显示了全国各省区市 2003—2006 年四年间小学的生师比情况。

表 5.1 全国分地区小学（普通小学）教职工生师比表

年份 / 分类 / 地区	2003			2004			2005			2006		
	合计	城镇	农村	合计	城镇	农村	合计	城镇	农村	合计	城镇	农村
全国	18.7	17.1	19.6	18.2	17.1	18.9	17.7	17.0	18.1	17.5	17.2	17.7
北京	8.7	9.0	7.4	8.3	8.7	6.7	8.1	8.8	6.3	7.7	8.7	5.7
天津	11.1	10.4	13.7	10.9	10.3	13.1	10.7	10.3	12.5	10.8	10.5	12.0
河北	17.2	16.2	17.6	15.7	15.7	15.7	14.6	15.4	14.2	13.9	15.3	13.3
山西	17.9	17.2	18.3	17.4	17.5	17.3	16.8	17.3	16.5	16.1	16.8	15.7
内蒙古	11.9	14.0	10.4	11.7	14.4	9.7	11.5	14.7	9.0	11.3	14.2	8.4
辽宁	14.5	15.2	13.9	14.3	15.3	13.7	14.0	15.1	13.2	14.1	15.0	13.5
吉林	11.0	12.4	10.0	10.5	12.5	9.1	9.9	12.1	8.3	9.7	11.9	8.1
黑龙江	11.7	13.0	11.0	11.5	13.3	10.4	11.7	13.5	10.5	11.4	13.3	10.1
上海	12.1	12.1	11.7	10.6	10.6	9.4	10.8	10.9	9.3	11.0	11.0	9.7
江苏	19.5	17.1	20.8	18.1	17.1	18.7	16.8	16.4	17.1	15.8	16.0	15.6
浙江	19.4	19.8	16.3	19.5	19.5	19.8	19.2	19.3	19.1	18.9	19.0	18.5
安徽	23.6	20.3	24.9	22.6	19.8	23.8	21.5	19.8	22.2	20.8	19.4	21.4
福建	16.5	17.3	15.9	15.8	16.7	15.1	15.4	16.7	14.5	15.5	17.1	14.4
江西	18.8	18.9	18.8	19.1	19.4	18.9	19.2	19.8	18.9	19.7	21.0	19.2
山东	15.6	14.9	16.1	15.3	15.2	15.4	15.0	15.4	14.7	15.0	15.8	14.6
河南	20.5	17.6	21.4	20.1	18.0	20.8	19.7	18.2	20.2	19.7	19.0	20.0
湖北	20.9	17.7	22.9	19.8	17.2	21.6	18.4	17.0	19.2	17.3	17.1	17.5
湖南	17.0	16.8	17.1	16.4	16.7	16.3	16.1	16.9	15.6	16.3	17.3	15.8
广东	22.9	21.6	24.1	23.0	21.7	24.2	23.0	20.7	25.2	22.6	20.3	24.9
广西	20.9	16.1	23.2	20.5	16.1	22.6	19.4	16.1	20.9	19.6	16.6	21.1
海南	18.4	17.5	18.9	18.1	17.8	18.2	18.7	18.3	19.0	18.2	18.6	17.9

续表

年份 / 分类 / 地区	2003			2004			2005			2006		
	合计	城镇	农村	合计	城镇	农村	合计	城镇	农村	合计	城镇	农村
重庆	21. 5	18. 8	25. 4	21. 4	18. 0	22. 4	20. 5	18. 5	21. 3	20. 0	19. 0	20. 9
四川	21. 6	19. 1	22. 7	21. 6	20. 1	22. 2	21. 1	20. 1	21. 7	21. 5	20. 4	22. 3
贵州	24. 9	19. 3	27. 1	24. 9	20. 0	27. 0	24. 1	20. 5	25. 6	23. 7	20. 6	25. 0
云南	18. 7	16. 3	19. 4	18. 9	17. 1	19. 4	19. 0	17. 3	19. 5	19. 3	17. 9	19. 8
西藏	23. 4	16. 3	27. 7	22. 7	15. 9	27. 0	21. 9	16. 0	25. 5	19. 8	16. 5	21. 6
陕西	19. 4	17. 9	20. 0	18. 2	18. 3	18. 2	16. 7	18. 1	16. 3	16. 2	18. 5	15. 5
甘肃	24. 5	20. 5	26. 2	23. 7	21. 0	24. 8	22. 4	19. 6	23. 6	21. 3	19. 5	22. 1
青海	17. 1	17. 6	16. 7	17. 7	18. 3	17. 4	17. 8	18. 7	17. 2	17. 9	19. 4	17. 1
宁夏	18. 7	18. 3	18. 9	19. 3	19. 0	19. 5	20. 0	19. 7	20. 2	20. 5	20. 9	20. 3
新疆	15. 4	15. 0	15. 6	14. 8	15. 4	14. 5	14. 3	15. 9	13. 7	14. 0	16. 2	13. 1
极差	16. 2	12. 6	20. 3	16. 6	13	20. 3	16	11. 9	19. 3	16	12. 3	19. 3
极差率	2. 86	2. 40	3. 74	3. 00	2. 49	4. 03	2. 98	2. 35	4. 06	3. 08	2. 41	4. 39
标准差	4. 30	2. 94	5. 33	4. 35	3. 12	5. 33	4. 19	3. 06	5. 18	4. 10	3. 20	5. 01
变异系数	0. 230	0. 172	0. 272	0. 239	0. 182	0. 282	0. 237	0. 180	0. 286	0. 234	0. 186	0. 283

注：小学（普通小学）教职工生师比 = 当年小学在校生总数/当年小学教职工总数。

资料来源：根据《中国教育统计年鉴》相关数据计算整理而得。

（一）合计教职工生师比分析

由表 5. 1 可知，全国合计的小学教职工生师比从 2003 年的 18. 7 减小到 2004 年的 18. 2，减小到 2005 年的 18. 1，再减小到 2006 年的 17. 5。生师比在 2003 年高于全国平均水平 18. 7 的地区有 16 个，其中最高五个地区由低至高依次是广东（22. 9/4. 2）、西藏（23. 4/4. 7）、安徽（23. 6/4. 9）、甘肃（24. 5/5. 8）、贵州（24. 9/6. 2）；低于全国平均水平的最小五个地区由低至高依次是北京（8. 7/ – 10）、吉林（11/ – 7. 7）、天津（11. 1/ –7. 6）、黑龙江（11. 7/ – 7）、内蒙古（11. 9/6. 8）。生师比在 2006 年高于全国平均水平 17. 5 的地区有 15 个，其中最高五个地区由低至高依次是安徽（20. 8/3. 3）、甘肃（21. 3/3. 8）、四川（21. 5/4）、广东

(22.6/5.1)、贵州(23.7/6.2);低于全国平均水平的最小五个地区由低至高依次是北京(7.7/-9.8)、吉林(9.7/-7.8)、天津(10.8/-6.7)、上海(11/-6.5)、内蒙古(11.3/-6.2)。

纵观这四年,北京市是生师比最小的地区,其变化趋势是8.7↘8.3↘8.1↘7.7;贵州是生师比最大的地区,其变化趋势是24.9→24.9↘24.1↘23.7。两者间的极差变化趋势是16.2↗16.6↘16↘16;极差率变化趋势是2.80↗3.00↘2.98↗3.08。这四年间教职工的生师比的标准差变化趋势是4.30↗4.35↘4.19↘4.10;变异系数的变化趋势是0.230↗0.239↘0.237↘0.234。说明最大与最小地区之间的差距还在加大,由极差、极差率的增加趋势得以明证;从标准差的变化趋势来看,各地区与全国均值间的偏差程度有轻微的下降,而从变异系数反映的各地区间的相对差距则轻微有所增加,但2003—2004年有所增大,2004—2006年逐年减小。

(二)城镇教职工生师比分析

由表5.1可知,全国城镇的小学教职工生师比从2003年的17.1减小到2004年的17.1,减小到2005年的17.0,再增加到2006年的17.2。生师比在2003年高于全国平均水平17.1的地区有17个,其中最高五个地区由低至高依次是贵州(19.3/2.2)、浙江(19.8/2.7)、安徽(20.3/3.2)、甘肃(20.5/3.4)、广东(21.6/4.5);低于全国平均水平的最小五个地区由低至高依次是北京(9/-8.1)、天津(10.4/-6.7)、上海(12.1/-5)、吉林(12.4/-4.7)、黑龙江(13/-4.1)。生师比在2006年高于全国平均水平17.2的地区有15个,其中最高五个地区由低至高依次是广东(20.3/3.1)、四川(20.4/3.2)、贵州(20.6/3.4)、宁夏(20.9/3.7)、江西(21/3.8);低于全国平均水平的最小五个地区由低至高依次是北京(8.7/-8.5)、天津(10.5/-6.7)、上海(11/-6.2)、吉林(11.9/-5.3)、黑龙江(13.3/-3.9)。

纵观这四年,北京市是生师比最小的地区,其变化趋势是9↘8.7↗8.8↘8.7;广东(2003—2005年)、江西(2006年)是生师比最大的地区,其变化趋势是21.6↗21.7↘20.7↗21。两者间的极差变化趋势是12.6↗13↘11.9↗12.3;极差率变化趋势是2.40↗2.49↘2.35↗

2.41。这四年间教职工的生师比的标准差变化趋势是2.94↗3.12↘3.06↗3.20；变异系数的变化趋势是0.172↗0.182↘0.180↗0.186。说明最大地区与最小地区以及各地区间的差距还在加大，由极差、极差率、标准差及变异系数都得以明证。

（三）农村教职工生师比分析

由表5.1可知，全国农村的小学教职工生师比从2003年的19.6减小到2004年的18.9，减小到2005年的18.1，再减小到2006年的17.7。生师比在2003年高于全国平均水平19.6的地区有12个，其中最高五个地区由低至高依次是安徽（24.9/5.3）、重庆（25.4/5.8）、甘肃（26.2/6.6）、贵州（27.1/7.5）、西藏（27.7/8.1）；低于全国平均水平的最小五个地区由低至高依次是北京（7.4/－12.2）、吉林（10/－9.6）、内蒙古（10.4/－9.2）、黑龙江（11/－8.6）、上海（11.7/－7.9）。生师比在2006年高于全国平均水平17.7的地区有14个，其中最高五个地区由低至高依次是西藏（21.6/3.9）、甘肃（22.2/4.5）、四川（22.3/4.6）、广东（24.9/7.2）、贵州（25/7.3）；低于全国平均水平的最小五个地区由低至高依次是北京（5.7/－12）、吉林（8.1/－9.6）、内蒙古（9.4/－8.3）、上海（9.7/－8）、黑龙江（10.1/－7.6）。

纵观这四年，北京市是生师比最小的地区，其变化趋势是7.4↘6.7↘6.3↘5.7；西藏（2003—2004年）、贵州（2005—2006年）是生师比最大的地区，其变化趋势是27.7↘27↘25.6↘25。两者间的极差变化趋势是20.3→20.3↘19.3→19.3；极差率变化趋势是3.74↗4.03↗4.06↗4.39。这四年间教职工的生师比的标准差变化趋势是5.33↗5.33↘5.18↘5.01；变异系数的变化趋势是0.272↗0.282↗0.286↘0.283。说明最大与最小地区之间及各地区间的差距虽然呈减小趋势，但是差距的倍数却在增加；各地区与全国均值间的偏离程度呈轻微下降趋势，从变异系数反映的各地区间的相对差距则轻微有所增加，尽管在2005—2006有少许下降。

（四）小学教职工生师比的城乡差分析

2003年小学教职工生师比城乡差距最大的是西藏（－11.4，“－”表示城镇比农村低)，其次是贵州（-7.8)、重庆（-6.6)，全国仅有9个省份的城镇生师比比农村大，其余22个省份均是城镇比农村小，全国的平均城乡差为-2.5。2006年小学教职工生师比城乡差距最大的是西藏（-5.1)，其次是广东（-4.6)、广西（-4.5)、贵州（-4.4)，全国19个省份的城镇生师比比农村大，其中内蒙古城镇比农村大5.8，其余12个省份均是城镇比农村小，全国的平均城乡差为-0.5。

由相关数据分析可知，这四年间农村的生师比与全国均值的偏离程度要大于合计的，合计的有大于城镇的，其中2004年基本上是一个拐点，2004年以前各地区间的差距稍微有所增大，2005—2006年间各地区间的差距呈轻微下降趋势。

综上所述，无论是合计、城镇还是农村各地间的普通小学教职工生师比的相对差距还在加大。

二、全国各省区市小学专任教师学历分析

（一）小学专任教师学历达标率分析

小学专任教师学历达标率为小学专任教师中学历在中专（高中）以上教师数占总专任教师数的比例。

表5.2反映了全国各省区市在2003—2006年间的小学专任教师学历达标情况。

表5.2 全国分地区小学（普通小学）专任教师学历达标率表（单位:%）

地区 \ 年份 / 分类	2003			2004			2005			2006		
	合计	城镇	农村	合计	城镇	农村	合计	城镇	农村	合计	城镇	农村
全国	97.9	99.0	97.2	98.3	99.3	97.8	98.6	99.5	98.1	98.9	99.6	98.4
北京	99.4	99.5	99.2	99.4	99.4	99.4	99.6	99.7	99.5	99.7	99.8	99.5
天津	99.0	99.2	98.5	99.1	99.3	98.7	99.4	99.5	98.9	99.5	99.6	99.1
河北	99.6	99.7	99.5	99.7	99.8	99.7	99.7	99.8	99.6	99.7	99.9	99.6
山西	98.7	99.5	98.3	99.0	99.6	98.7	99.3	99.7	99.0	99.3	99.8	99.1
内蒙古	97.6	98.9	96.6	98.2	99.3	97.4	98.7	99.5	98.2	99.1	99.6	98.6
辽宁	98.8	99.5	98.3	99.0	99.6	98.5	99.1	99.7	98.7	99.4	99.8	99.1

续表

地区 \ 年份/分类	2003			2004			2005			2006		
	合计	城镇	农村	合计	城镇	农村	合计	城镇	农村	合计	城镇	农村
吉林	99.2	99.7	98.8	99.3	99.8	99.0	99.4	99.8	99.2	99.4	99.8	99.2
黑龙江	98.5	99.3	98.1	98.8	99.5	98.4	99.1	99.6	98.7	99.1	99.6	98.8
上海	99.0	99.1	97.6	99.4	99.4	98.9	99.6	99.6	98.9	99.7	99.8	99.3
江苏	98.4	99.3	98.0	98.8	99.4	98.5	99.2	99.4	98.9	99.4	99.7	99.1
浙江	98.1	98.4	95.7	98.7	99.2	97.4	99.0	99.5	98.2	99.2	99.5	98.5
安徽	98.9	99.5	98.7	99.0	99.6	98.7	99.1	99.7	98.8	99.6	99.9	99.5
福建	98.0	99.0	97.3	94.1	88.7	98.0	98.8	99.6	98.3	99.1	99.7	98.7
江西	96.3	97.4	95.6	97.2	98.1	96.5	97.6	99.1	96.9	98.0	99.5	97.5
山东	99.0	99.5	98.7	99.2	99.6	99.0	99.4	99.7	99.2	99.6	99.8	99.4
河南	98.6	99.4	98.3	99.0	99.7	98.8	99.1	99.7	98.9	99.2	99.8	99.0
湖北	97.2	98.6	96.4	97.8	99.0	97.0	98.0	99.4	97.4	98.5	99.6	97.9
湖南	98.4	99.1	98.0	98.7	99.4	98.3	98.9	99.5	98.6	99.2	99.6	98.9
广东	99.2	99.4	99.0	99.3	99.5	99.2	99.5	99.7	99.2	99.5	99.8	99.2
广西	96.6	98.9	95.5	97.3	99.2	96.4	98.0	99.4	97.3	98.2	99.5	97.6
海南	98.3	99.1	97.9	98.6	99.4	98.2	98.8	99.6	98.4	99.1	99.8	98.8
重庆	97.4	98.4	96.0	98.4	99.4	98.1	98.5	99.5	98.1	98.8	99.4	98.2
四川	97.4	98.9	96.7	97.9	99.1	97.4	98.3	99.3	97.7	98.7	99.5	98.0
贵州	92.2	97.3	90.2	93.4	97.8	91.6	94.6	98.5	93.1	95.3	98.6	93.9
云南	94.4	97.8	93.6	95.7	98.6	95.0	96.4	99.0	95.7	96.9	99.0	96.2
西藏	92.0	93.4	91.2	93.7	95.3	92.8	95.1	96.3	94.3	95.8	96.9	95.2
陕西	96.9	98.9	96.1	97.6	99.3	97.1	98.1	99.5	97.7	98.6	99.6	98.3
甘肃	95.1	97.6	94.0	96.0	97.9	95.2	96.7	98.8	95.9	97.3	99.0	96.7
青海	97.0	98.2	96.2	97.7	98.6	97.0	98.3	99.0	97.9	98.7	99.2	98.4
宁夏	97.7	98.6	97.2	98.0	98.5	97.8	98.4	99.5	97.8	98.9	99.6	98.4
新疆	98.3	99.2	97.8	98.5	99.3	98.2	98.8	99.5	98.5	99.1	99.6	98.8

注：小学专任教师学历达标率为高中（中专）以上学历（包括高中、专科、本科及以上学历）教师数占总计教师数的比例，其数据均源自《中国教育统计年鉴》相关年份的原始数据，根据年鉴原始数据计算得出。

资料来源：根据《中国教育统计年鉴》相关数据计算整理而得。

由表 5.2 可知，全国小学专任教师学历达标率在 2003 年合计为 97.9%、城镇为 99.0%、农村为 97.2%，2004 年合计为 98.3%、城镇为 98.3%、农村为 97.8%，2005 年合计为 98.6%、城镇为 99.5%、农村为 98.1%，2006 年合计为 98.9%、城镇为 99.6%、农村为 98.4%。

总的来看，学历达标率无论是合计、城镇还是农村，均超过 90% 以上，城镇高于合计，合计高于农村，各省份间差距不是很大，且呈逐年上升的趋势。如 2003 年合计最大为河北 99.6%，最小为西藏 92.0%，有 18 个省份高于全国均值 97.9%；城镇最大为吉林 99.7%，最小为西藏 93.4%，有 17 个省份高于全国均值 99.0%；农村最大为河北 99.5%，最小为贵州 90.2%，有 18 个省份高于全国均值 97.2%。2006 年合计最大为北京、上海、河北，均为 99.7%，最小为贵州 95.3%，有 20 个省份高于全国均值 98.9%；城镇最大为河北、安徽，均为 99.9%，最小为西藏 96.9%，有 21 个省份高于全国均值 99.6%；农村最大为河北 99.6%，最小为贵州 93.9%，有 21 个省份高于全国均值 98.4%。

（二）小学专任教师专科以上学历比例分析

表 5.3 反映了全国各省区市在 2003—2006 年间的小学专任教师中专科以上学历教师所占比例情况。

表 5.3　全国分地区小学（普通小学）专任教师专科以上学历教师比例表（单位:%）

地区＼年份／分类	2003			2004			2005			2006		
	合计	城镇	农村	合计	城镇	农村	合计	城镇	农村	合计	城镇	农村
全国	40.5	56.0	31.8	48.8	64.5	40.1	56.4	72.0	47.5	62.1	76.5	53.6
北京	72.2	73.6	67.7	79.8	80.7	76.7	84.3	86.5	79.7	86.6	88.3	82.7
天津	50.1	52.9	41.3	57.4	60.0	48.7	69.4	71.1	63.5	74.1	75.6	68.5
河北	50.9	64.9	44.8	58.8	70.9	53.3	65.8	76.6	60.7	70.5	80.5	66.3
山西	39.9	58.9	31.4	48.6	67.0	40.6	57.3	73.8	49.3	63.1	78.4	55.2
内蒙古	38.6	54.7	27.2	48.1	64.8	36.4	59.2	73.6	48.0	67.1	78.5	56.1
辽宁	42.7	63.0	29.0	48.7	68.8	35.5	54.3	74.2	41.1	60.1	78.8	47.7

续表

年份 / 分类 / 地区	2003			2004			2005			2006		
	合计	城镇	农村	合计	城镇	农村	合计	城镇	农村	合计	城镇	农村
吉林	65.5	74.5	59.7	69.7	78.8	63.9	72.4	80.9	66.6	75.5	83.1	70.4
黑龙江	49.3	65.0	41.0	55.8	70.8	47.8	64.7	77.1	56.9	69.2	81.1	61.7
上海	69.8	70.2	61.1	77.7	77.9	71.8	82.8	83.0	76.4	86.9	87.0	80.6
江苏	48.9	64.4	40.8	56.7	70.4	48.2	63.8	74.2	53.5	69.7	79.0	60.2
浙江	45.9	48.1	29.3	59.8	65.7	45.9	69.8	75.7	57.8	74.6	79.9	63.4
安徽	28.6	48.3	21.7	37.2	56.9	29.8	44.6	62.8	37.0	50.7	68.8	43.5
福建	29.7	40.1	22.3	37.2	46.5	30.5	48.5	61.6	39.6	56.1	69.8	47.6
江西	28.4	38.2	21.6	34.2	44.6	27.0	40.5	57.9	32.7	46.8	66.8	39.5
山东	42.5	60.9	31.6	48.9	66.6	37.6	55.6	73.9	43.9	61.1	77.9	52.4
河南	35.7	56.8	29.3	42.4	64.4	35.6	49.5	70.9	42.7	56.0	77.0	49.4
湖北	44.4	61.3	34.5	50.9	66.8	40.9	55.8	73.8	46.6	59.9	77.6	51.1
湖南	34.0	48.8	26.7	43.4	57.8	35.7	51.1	65.6	43.0	56.7	70.5	49.5
广东	53.0	62.3	45.3	61.6	69.5	54.9	68.1	77.3	59.6	72.3	81.1	63.7
广西	28.8	44.3	21.4	39.5	55.7	31.8	50.0	65.1	43.3	56.4	71.8	48.9
海南	36.0	50.9	27.4	44.1	59.9	34.8	50.8	65.3	41.9	56.6	71.0	48.2
重庆	50.8	58.7	40.0	59.9	75.6	55.3	65.5	78.2	60.7	69.4	78.5	61.4
四川	37.2	53.2	30.3	47.8	63.5	41.5	55.9	69.5	49.0	61.5	71.2	53.8
贵州	21.2	37.2	15.0	30.4	45.9	24.1	40.2	55.4	34.2	47.9	61.3	42.2
云南	25.1	43.4	20.7	34.8	55.0	29.7	46.3	64.9	41.4	55.8	70.8	50.9
西藏	16.6	24.7	11.9	29.1	36.8	24.5	45.1	52.2	41.0	59.8	63.8	57.6
陕西	39.4	60.0	32.1	48.1	69.4	41.9	56.9	75.9	51.3	63.8	80.2	58.5
甘肃	30.6	46.9	24.1	37.9	53.9	31.2	45.2	65.1	37.7	51.5	68.8	44.6
青海	48.8	57.5	43.2	60.1	67.6	54.9	70.1	75.5	67.1	75.8	81.7	73.1
宁夏	40.3	57.1	31.1	52.7	64.0	45.3	59.8	75.3	50.8	65.2	80.0	56.3
新疆	49.4	66.2	42.5	55.8	72.8	48.9	61.2	77.3	54.7	65.7	80.7	59.4

注：小学专任教师专科以上学历比例为专科、本科及以上学历教师数占总计教师数的比例。

资料来源：根据《中国教育统计年鉴》相关数据计算整理而得。

由表5.3可知，全国小学专任教师中专科以上学历教师占总教师的比例，2003年合计为40.5%、城镇为56.0%、农村为31.8%，2004年合计为48.8%、城镇为64.5%、农村为40.1%，2005年合计为56.4%、城镇为72.0%、农村为47.5%，2006年合计为62.1%、城镇为76.5%、农村为53.6%。每年有8%左右的增长率。

总的来看，专任教师中专科以上学历教师所占比例均是城镇高于合计，合计高于农村，比例呈现逐年上升的趋势，各省份及城乡间差距都比较大。如2003年合计最大为北京72.2%，最小为西藏16.6%，有15个省份高于全国均值40.5%；城镇最大为吉林74.5%，最小为西藏24.7%，有17个省份高于全国均值56.0%；农村最大为北京67.7%，最小为西藏11.9%，有13个省份高于全国均值31.8%；最大与最小差距超过或接近50个百分点。2006年合计最大为上海86.9%，最小为江西46.8%，有16个省份高于全国均值62.1%；城镇最大为北京88.3%，最小为贵州61.3%，有19个省份高于全国均值76.5%；农村最大为北京82.7%，最小为江西39.5%，有18个省份高于全国均值53.6%。

三、全国各省区市小学专任教师职称分析

（一）小学专任教师中小学一级以上职称教师比例分析

表5.4反映了全国各省区市在2003—2006年间的小学专任教师中小学一级以上职称教师所占比例情况。

表5.4　全国分地区小学（普通小学）专任教师中小学一级以上职称教师比例表（单位:%）

年份 / 分类 / 地区	2003			2004			2005			2006		
	合计	城镇	农村	合计	城镇	农村	合计	城镇	农村	合计	城镇	农村
全国	80.5	84.0	78.4	82.9	86.0	81.3	85.0	87.4	83.6	87.1	88.9	86.0
北京	93.8	94.0	93.5	94.9	94.7	95.3	95.4	95.5	95.1	95.5	95.8	94.9
天津	94.6	95.0	93.6	95.8	96.2	94.7	96.8	97.1	95.7	97.7	97.5	98.4
河北	80.2	83.2	78.8	84.1	85.9	83.3	87.5	87.7	87.4	90.0	89.7	90.1
山西	78.7	80.8	77.7	78.7	80.1	78.0	78.3	79.1	78.0	80.0	80.1	80.0

续表

地区 \ 分类 \ 年份	2003			2004			2005			2006		
	合计	城镇	农村	合计	城镇	农村	合计	城镇	农村	合计	城镇	农村
内蒙古	81.5	81.6	81.5	83.9	83.2	84.5	87.4	87.1	87.5	89.9	89.3	90.5
辽宁	89.7	89.8	89.7	91.5	91.5	91.5	92.2	92.2	92.2	93.3	93.3	93.2
吉林	85.8	87.0	85.0	89.1	90.4	88.2	92.1	92.8	91.7	94.6	94.7	94.6
黑龙江	84.7	86.3	83.8	87.4	88.9	86.5	89.6	90.8	88.9	92.3	93.4	91.7
上海	94.8	95.0	90.7	95.0	95.1	91.8	95.1	95.2	92.6	95.0	95.1	89.0
江苏	81.9	84.6	80.5	84.1	86.2	82.9	87.0	87.6	86.4	89.7	90.3	89.1
浙江	82.3	82.7	78.7	85.4	85.9	84.3	86.9	87.0	86.5	88.5	88.6	88.3
安徽	86.2	88.7	85.3	88.8	90.0	88.3	90.4	90.9	90.2	91.7	92.1	91.6
福建	81.3	83.3	79.9	82.6	78.3	85.7	89.9	90.3	89.7	91.9	91.1	92.4
江西	83.5	85.5	82.1	85.6	87.2	84.5	86.9	87.5	86.7	87.9	88.3	87.7
山东	88.3	86.7	89.3	90.0	88.2	91.1	91.3	89.1	92.8	92.0	90.2	93.0
河南	73.0	76.9	71.8	76.7	80.4	75.6	80.6	82.8	79.9	84.2	84.9	84.0
湖北	87.5	88.1	87.1	89.8	90.0	89.7	92.2	92.3	92.2	94.4	94.3	94.4
湖南	89.7	91.2	89.0	92.6	93.3	92.3	93.0	93.8	92.5	94.6	95.2	94.3
广东	74.9	75.2	74.6	76.7	76.7	76.8	78.9	79.0	78.8	81.0	81.1	80.9
广西	73.5	77.5	71.6	76.8	79.6	75.4	79.7	82.4	78.5	84.0	85.7	83.1
海南	73.6	76.6	71.9	76.7	79.3	75.2	79.0	81.1	77.7	79.1	80.0	78.6
重庆	81.9	86.2	75.9	83.2	91.1	80.9	84.1	91.7	81.2	86.9	91.4	83.0
四川	86.1	90.8	84.1	88.3	92.2	86.7	90.1	92.9	88.7	91.1	93.9	88.8
贵州	68.7	78.7	64.8	71.6	81.1	67.8	69.8	79.0	66.2	75.1	81.9	72.2
云南	75.0	86.9	72.2	78.3	87.3	76.1	82.0	89.1	80.1	84.5	89.8	82.8
西藏	41.8	61.3	30.5	50.7	65.6	41.9	54.2	70.3	44.8	57.9	73.9	49.3
陕西	65.0	75.4	61.3	67.3	79.1	63.9	70.6	81.4	67.3	75.2	83.2	72.6
甘肃	73.8	80.6	71.1	74.3	80.9	71.5	75.5	82.9	72.7	75.6	83.4	72.4
青海	72.3	80.4	67.1	77.9	84.1	73.7	81.6	88.4	78.0	82.7	90.1	79.3
宁夏	78.9	84.4	75.9	82.9	87.0	80.2	86.1	89.7	84.0	89.5	92.3	87.8
新疆	71.9	81.7	67.9	73.5	82.8	69.7	75.2	84.1	71.6	77.4	85.9	73.9

注：小学专任教师小学一级以上职称比例为小学一级、小学高级及以上职称教师数占总计教师数的比例。

资料来源：根据《中国教育统计年鉴》相关数据计算整理而得。

由表5.4可知，全国小学专任教师中小学一级以上职称教师占总教师的比例，2003年合计为80.5%、城镇为84.0%、农村为78.4%，2004年合计为82.9%、城镇为86.0%、农村为81.3%，2005年合计为85.0%、城镇为87.4%、农村为83.6%，2006年合计为87.1%、城镇为88.9%、农村为86.0%。每年有2%—3%的增长率。

总的来看，专任教师中小学一级以上职称教师所占比例均是城镇高于合计，合计高于农村，比例呈逐年上升的趋势，各省份间差距比较大。如2003年合计最大为上海94.8%，最小为西藏41.8%，差距超过50%，有17个省份要高于全国均值80.5%；城镇最大为上海和天津95%，最小为西藏61.3%，差距超过30%，有16个省份要高于全国均值84.0%；农村最大为天津93.6%，最小为西藏30.5%，差距超过60%，有17个省份要高于全国均值78.4%。农村的差距大于合计的，合计的又大于城镇的。2006年合计最大为天津97.7%，最小为西藏57.9%，差距近40%，有18个省份要高于全国均值87.1%；城镇最大为上海97.5%，最小为西藏73.9%，差距超过20%，有19个省份要高于全国均值88.9%；农村最大为天津98.4%，最小为西藏49.3%，差距接近50%，有18个省份要高于全国均值86.0%。农村的差距大于合计的，合计的又大于城镇的。

（二）小学专任教师中小学高级以上职称比例分析

表5.5反映了全国各省区市在2003—2006年间的小学专任教师中小学高级以上职称教师所占比例情况。

表5.5 全国分地区小学（普通小学）专任教师中小学高级以上职称教师比例表（单位:%）

年份 / 分类 / 地区	2003			2004			2005			2006		
	合计	城镇	农村	合计	城镇	农村	合计	城镇	农村	合计	城镇	农村
全国	36.0	41.9	32.7	39.3	45.3	35.9	42.6	48.5	39.2	45.8	51.1	42.7
北京	45.6	47.9	38.2	48.0	50.2	40.6	49.8	53.6	41.4	52.6	55.5	46.1
天津	54.4	56.2	48.9	58.0	59.4	53.3	64.7	65.6	61.6	70.6	71.0	69.1
河北	31.9	40.7	28.0	37.5	46.4	33.4	40.4	48.6	36.6	44.7	53.1	41.1

续表

年份/分类/地区	2003			2004			2005			2006		
	合计	城镇	农村	合计	城镇	农村	合计	城镇	农村	合计	城镇	农村
山西	29.7	35.6	27.1	31.2	36.0	29.0	32.1	36.7	29.8	33.4	37.7	31.3
内蒙古	38.5	42.3	35.8	46.2	48.0	44.9	52.6	53.3	52.0	56.6	55.8	57.5
辽宁	62.9	59.6	65.1	65.9	62.4	68.3	67.7	64.0	70.2	70.8	67.4	73.0
吉林	39.2	44.8	35.6	47.2	51.2	44.7	52.1	55.1	50.0	55.6	57.8	54.1
黑龙江	46.8	52.2	43.9	49.8	55.4	46.7	51.5	57.5	47.8	53.3	59.8	49.2
上海	52.1	52.2	49.3	55.1	55.3	51.1	58.1	58.2	56.3	60.1	60.2	55.4
江苏	43.6	46.5	42.1	46.1	48.2	44.8	49.2	49.9	48.5	52.2	53.5	50.9
浙江	37.5	38.2	31.8	40.0	41.2	37.1	42.5	44.1	39.2	44.8	46.2	41.9
安徽	33.4	45.4	29.2	38.7	49.0	34.9	44.4	51.2	41.5	48.8	56.0	46.0
福建	25.6	32.3	20.8	27.1	30.7	24.5	34.7	40.3	30.8	41.8	46.1	39.2
江西	32.4	38.1	28.4	38.8	43.0	35.8	43.7	49.5	41.2	47.5	52.0	45.8
山东	42.9	41.3	43.9	47.7	45.5	49.1	52.1	48.4	54.4	55.4	51.4	57.5
河南	32.4	36.2	31.3	34.0	39.2	32.4	35.9	41.7	34.1	37.8	43.0	36.1
湖北	52.2	53.2	51.6	55.6	56.4	55.1	59.9	62.8	58.5	64.3	66.2	63.3
湖南	47.9	54.7	44.5	50.1	55.8	47.0	51.9	56.9	49.1	56.8	60.3	54.9
广东	30.7	35.7	26.6	34.7	38.8	31.2	41.5	45.6	37.8	47.7	50.8	44.7
广西	39.3	46.6	35.8	40.6	47.8	37.2	41.6	49.7	37.9	43.0	51.4	38.8
海南	27.0	32.7	23.7	29.3	35.7	25.6	31.6	37.5	27.9	32.4	38.0	29.2
重庆	27.9	32.2	21.9	29.4	41.1	25.9	32.4	42.6	28.5	35.7	40.5	31.4
四川	36.4	43.5	33.3	38.2	45.1	35.5	40.1	45.9	37.1	42.0	46.7	38.2
贵州	17.0	30.0	12.0	20.3	33.0	15.1	23.0	36.3	17.7	26.5	39.1	21.0
云南	28.4	42.9	25.0	32.0	45.8	28.5	35.6	49.0	32.0	38.3	50.8	34.2
西藏	6.9	15.6	1.9	7.9	18.0	2.0	9.7	21.4	2.8	10.9	24.3	3.7
陕西	22.1	30.0	19.3	23.3	33.4	20.4	25.8	35.6	22.9	28.5	37.4	25.7
甘肃	28.5	34.3	26.2	30.5	36.7	27.9	32.4	39.3	29.8	33.9	40.7	31.2
青海	25.9	36.9	18.8	31.4	42.9	23.5	39.5	52.9	32.2	47.2	60.7	41.0
宁夏	38.0	44.4	34.5	41.6	46.3	38.5	44.2	49.5	41.1	46.9	51.7	44.1
新疆	24.9	38.0	19.6	27.6	41.3	22.0	30.3	44.6	24.6	32.8	46.8	27.0

注：小学专任教师小学高级以上职称比例为小学高级及以上职称教师数占总计教师数的比例。

资料来源：根据《中国教育统计年鉴》相关数据计算整理而得。

由表5.5可知，全国小学专任教师中小学高级以上职称教师占总教师的比例，2003年合计为36.0%、城镇为41.9%、农村为32.7%，2004年合计为39.3%、城镇为45.3%、农村为35.9%，2005年合计为42.6%、城镇为48.5%、农村为39.2%，2006年合计为45.8%、城镇为51.1%、农村为42.7%。每年有3%左右的增长率。

总的来看，专任教师中小学高级以上职称教师所占比例均是城镇高于合计，合计高于农村，比例呈现逐年上升的趋势，各省份间差距比较大。如2003年合计最大为辽宁62.9%，最小为西藏6.9%，差距超过55%，有15个省份高于全国均值36.0%；城镇最大为辽宁59.6%，最小为西藏15.6%，差距达54%，有15个省份高于全国均值41.9%；农村最大为辽宁65.1%，最小为西藏1.9%，差距超过63%，有14个省份高于全国均值32.7%。最大与最小差距均超过50个百分点。2006年合计最大为辽宁70.8%，最小为西藏10.9%，差距近60%，有16个省份高于全国均值45.8%；城镇最大为天津71.0%，最小为西藏24.3%，差距达46.7%，有17个省份高于全国均值51.1%；农村最大为辽宁73.0%，最小为西藏3.7%，差距接近70%，有15个省份高于全国均值42.7%。最大与最小差距均超过50个百分点。

四、全国各省区市小学代课教师及兼任教师分析

全国小学还存在一定数量的代课教师与兼任教师，其占总计教师数（教职工数+代课教师及兼任教师数）的比例情况如表5.6所示。

表5.6 全国小学（普通小学）代课教师及兼任教师数占总计教师数的比例表（单位:%）

地区 \ 分类 \ 年份	2003			2004			2005			2006		
	合计	城镇	农村	合计	城镇	农村	合计	城镇	农村	合计	城镇	农村
全国	6.63	2.77	8.80	6.04	2.85	7.79	5.39	2.68	6.95	5.12	2.66	6.58
北京	0.45	0.47	0.40	0.64	0.61	0.74	0.60	0.71	0.37	0.55	0.66	0.33
天津	0.98	0.80	1.59	0.70	0.61	1.04	0.50	0.57	0.22	0.57	0.62	0.36
河北	5.05	2.55	6.16	3.88	2.51	4.54	3.37	2.48	3.81	2.90	2.43	3.12

续表

地区 \ 分类 \ 年份	2003			2004			2005			2006		
	合计	城镇	农村	合计	城镇	农村	合计	城镇	农村	合计	城镇	农村
山西	11.66	5.11	14.58	9.51	5.17	11.43	8.91	5.39	10.67	8.46	5.73	9.91
内蒙古	3.67	2.40	4.61	3.50	2.55	4.19	2.62	2.05	3.06	2.44	2.23	2.64
辽宁	2.38	0.70	3.53	2.62	1.23	3.54	1.93	0.47	2.91	2.71	0.46	4.19
吉林	1.13	0.91	1.28	1.01	1.18	0.89	0.90	0.97	0.84	0.96	1.12	0.85
黑龙江	0.69	0.58	0.75	0.52	0.27	0.67	0.59	0.28	0.80	0.61	0.36	0.77
上海	1.36	1.33	2.11	1.30	1.28	1.81	1.86	1.83	2.60	1.05	1.05	1.31
江苏	4.85	1.95	6.33	2.78	1.82	3.37	2.25	2.12	2.38	1.85	1.97	1.73
浙江	0.60	0.59	0.71	0.35	0.39	0.24	0.54	0.64	0.34	0.52	0.57	0.41
安徽	5.73	3.73	6.43	5.22	3.50	5.88	5.06	4.08	5.48	4.94	3.73	5.43
福建	2.41	1.25	3.26	1.98	1.23	2.48	1.88	1.42	2.20	2.04	1.80	2.20
江西	3.50	2.58	4.13	3.63	2.33	4.52	3.97	2.24	4.74	4.17	1.65	5.09
山东	2.15	1.31	2.68	2.09	1.47	2.51	1.94	1.62	2.16	1.85	1.89	1.83
河南	3.50	2.54	3.81	2.85	2.97	2.81	2.13	2.18	2.11	2.42	2.62	2.36
湖北	8.11	3.75	10.60	8.22	3.36	11.17	7.18	3.14	9.21	7.31	3.57	9.15
湖南	1.75	0.94	2.16	1.54	0.92	1.88	1.51	1.05	1.78	1.62	0.97	1.96
广东	9.48	7.23	11.30	9.31	7.29	11.02	9.43	6.15	12.36	9.28	6.21	12.17
广西	22.11	6.55	27.80	21.21	6.09	26.88	16.89	4.96	21.36	14.90	4.03	19.45
海南	3.63	1.53	4.88	2.85	1.46	3.70	2.92	2.55	3.17	2.34	1.37	2.94
重庆	8.19	3.55	14.17	8.24	2.63	9.83	6.84	2.26	8.54	6.36	2.61	9.59
四川	7.91	2.20	10.28	7.28	2.97	8.97	6.90	3.10	8.78	6.86	2.88	9.93
贵州	12.58	2.93	15.96	11.42	2.37	14.76	9.34	2.88	11.76	7.47	1.96	9.74
云南	10.29	1.59	12.25	9.84	1.47	11.82	9.28	1.31	11.30	8.87	1.47	11.22
西藏	19.48	3.74	26.69	16.94	3.08	23.70	12.86	2.13	18.38	10.04	1.74	14.07
陕西	13.20	3.74	16.32	11.54	5.35	13.28	9.44	4.36	10.95	7.62	3.83	8.83
甘肃	15.16	7.51	17.98	14.21	7.83	16.73	12.59	4.40	15.45	12.21	4.21	15.19
青海	4.44	1.82	6.07	4.23	3.07	5.02	5.01	0.72	7.23	5.63	2.86	6.86
宁夏	4.14	1.61	5.50	5.31	1.95	7.38	4.89	1.36	6.85	6.03	2.52	8.02
新疆	6.42	2.89	7.78	5.08	3.02	5.89	5.28	4.73	5.50	5.32	4.54	5.64

注：小学代课与兼任教师比例为小学代课教师与兼任教师数占总计教师数（教职工数+代课教师及兼任教师数）的比例。

资料来源：根据《中国教育统计年鉴》相关数据计算整理而得。

由表5.6可知，全国小学代课教师及兼任教师数占总计教师数的比例，2003年合计为6.63%、城镇为2.77%、农村为8.80%，2004年合计为6.04%、城镇为2.85%、农村为7.79%，2005年合计为5.39%、城镇为2.68%、农村为6.95%，2006年合计为5.12%、城镇为2.66%、农村为6.58%。由于近年来国家采取措施清退代课教师，故其数量呈下降趋势，但是还是有相当数量的代课教师与兼任教师存在，其中2003年年底有合计44.4353万人，城镇6.666万人，农村37.7693万人，农村占总计的85.00%；至2005年底还有合计34.9589万人，城镇6.3194万人，农村28.6395万人，绝大部分分布在农村地区，占81.92%；至2006年年底还有合计32.9984万人，城镇6.4052万人，农村26.5932万人，绝大部分分布在农村地区，占80.59%。代课教师及兼任教师数从总量上看这四年间减少了11.4369万人，其中农村减少了11.1761万人，而城镇只减少了2608人，农村部分的减少数量贡献额（占总计减少教师数的比例）为97.72%。

总的来看，代课教师及兼任教师数占总计教师数的比例均是农村高于合计，合计高于城镇，比例呈现逐年减小的趋势，各省份间差距比较大。如2003年合计最大为广西22.11%，最小为北京0.45%，差距超过21%，有11个省份高于全国均值6.63%；城镇最大为甘肃7.51%，最小为北京0.47%，差距超过7%，有11个省份高于全国均值2.77%；农村最大为广西27.8%，最小为北京0.4%，差距超过27%，有11个省份高于全国均值8.80%。2006年合计最大为广西14.90%，最小为浙江0.52%，差距超过14%，有13个省份高于全国均值5.12%；城镇最大为广东6.21%，最小为黑龙江0.36%，差距近6%，有10个省份高于全国均值2.66%；农村最大为广西19.45%，最小为北京0.33%，差距超过19%，有13个省份高于全国均值6.58%。

第二节 全国各省区市初中人力资源配置差异分析

一、全国各省区市初中专任教师生师比分析

表5.7显示了全国各省区市在2003—2006年间普通初中专任教师的

生师比情况。

表 5.7 全国分地区普通初中专任教师生师比

地区 \ 年份/分类	2003			2004			2005			2006		
	合计	城镇	农村	合计	城镇	农村	合计	城镇	农村	合计	城镇	农村
全国	19.1	18.3	20.0	18.6	17.9	19.4	17.8	17.5	18.2	17.1	17.2	17.1
北京	13.2	13.3	12.7	11.9	12.1	11.0	10.3	10.5	9.7	9.6	10.1	7.9
天津	14.7	14.7	14.7	14.2	14.3	13.9	13.1	13.3	12.7	12.7	12.9	11.9
河北	19.1	18.8	19.5	18.1	18.0	18.2	17.1	17.3	16.8	16.1	16.7	15.5
山西	16.8	17.2	16.5	16.6	17.0	16.2	16.1	16.6	15.5	15.8	16.6	15.0
内蒙古	16.7	17.4	15.1	16.2	17.2	14.0	15.4	16.6	12.9	14.9	16.1	11.8
辽宁	16.2	15.5	17.1	15.4	14.4	16.4	14.8	14.1	15.4	14.5	14.1	14.9
吉林	16.7	16.6	16.9	16.2	16.0	16.6	15.1	15.3	14.7	14.2	14.6	13.6
黑龙江	16.6	15.1	18.0	16.0	14.6	17.2	15.5	14.6	16.7	14.6	14.1	15.2
上海	13.5	13.6	12.9	15.3	15.4	14.1	13.9	13.9	12.8	13.2	13.2	12.5
江苏	20.0	17.6	21.5	19.4	17.5	20.8	18.1	17.0	19.7	16.7	16.0	17.8
浙江	17.5	17.6	16.7	16.4	16.5	15.9	15.6	15.7	14.5	15.5	15.7	14.7
安徽	24.4	22.1	26.1	24.5	22.4	26.0	23.6	22.4	24.6	22.3	21.2	23.2
福建	19.0	18.5	19.8	18.7	18.2	19.6	17.9	17.5	18.5	16.8	16.6	17.0
江西	19.6	19.1	20.2	18.7	18.2	19.3	17.3	17.4	17.1	15.8	16.5	15.3
山东	17.1	17.0	17.4	15.9	15.9	15.9	14.7	14.9	14.4	13.9	14.0	13.6
河南	20.7	19.8	21.4	20.4	19.6	21.0	19.7	19.1	20.2	19.0	18.7	19.2
湖北	20.0	18.4	21.4	19.6	18.0	21.0	18.8	17.4	19.8	18.0	17.4	18.4
湖南	18.8	18.9	18.8	17.8	18.1	17.5	15.4	16.3	14.5	13.5	15.1	12.1
广东	21.0	20.3	22.2	21.0	20.3	22.3	20.9	20.5	22.1	20.8	20.3	22.1
广西	21.2	21.2	21.1	20.8	20.9	20.5	20.0	20.3	19.1	19.7	20.1	18.4
海南	20.8	20.9	20.5	21.1	21.2	20.6	22.1	22.5	21.1	21.6	22.3	19.6
重庆	18.5	18.0	19.9	18.5	16.8	19.1	18.4	18.1	18.5	18.8	18.6	19.4
四川	19.5	19.0	20.1	19.3	18.9	19.7	18.6	18.6	18.6	19.0	19.0	18.8
贵州	22.4	20.9	24.2	22.0	20.9	23.4	21.2	20.4	22.1	20.3	19.9	20.8

续表

地区 \ 分类 \ 年份	2003			2004			2005			2006		
	合计	城镇	农村	合计	城镇	农村	合计	城镇	农村	合计	城镇	农村
云南	19.5	18.9	19.9	19.4	18.9	19.8	18.7	18.4	19.0	18.2	18.0	18.5
西藏	18.5	18.5	22.4	19.2	19.2	25.4	19.3	19.3	29.1	19.5	19.4	26.2
陕西	19.8	19.8	19.9	19.3	19.9	19.1	18.6	19.4	18.3	18.3	19.7	17.7
甘肃	19.8	18.9	20.4	19.9	19.4	20.2	19.7	19.4	19.9	19.5	19.6	19.5
青海	16.2	15.5	17.0	16.5	16.1	17.2	16.8	16.9	16.8	16.3	17.1	15.6
宁夏	17.0	16.5	17.5	17.6	17.5	17.7	18.3	18.0	18.7	18.4	18.4	18.3
新疆	16.6	15.8	17.0	16.2	15.8	16.4	15.1	15.1	15.1	14.6	14.7	14.5
极差	11.2	8.8	13.4	12.6	10.3	15	13.3	12	19.4	12.7	12.2	18.3
极差率	1.85	1.66	2.06	2.06	1.85	2.36	2.29	2.14	3.00	2.32	2.21	3.32
标准差	2.48	2.21	3.03	2.56	2.33	3.32	2.83	2.66	3.88	2.93	2.77	3.79
变异系数	0.130	0.121	0.152	0.138	0.130	0.171	0.159	0.152	0.213	0.171	0.161	0.222

注：普通初中专任教师生师比＝当年普通初中在校生总数/当年普通初中专任教师总数。

资料来源：根据《中国教育统计年鉴》相关数据计算整理而得。

（一）合计专任教师生师比分析

由表5.7可知，全国合计的普通初中专任教师生师比从2003年的19.1减小到2004年的18.6，减小到2005年的17.8，再减小到2006年的17.1。生师比在2003年高于全国平均水平19.1的地区有14个，其中最高五个地区由低至高依次是海南（20.8/1.7）、广东（21/1.9）、广西（21.2/2.1）、贵州（22.4/3.3）、安徽（24.4/5.3）（括号中“/”后数据为距平值，“－”表示低于全国平均值，下同）；低于全国平均水平的最小五个地区由低至高依次是北京（13.2/－5.9）、上海（13.5/－5.6）、天津（14.7/－4.4）、辽宁（16.2/－2.9）、青海（16.2）。生师比在2006年高于全国平均水平17.1的地区有14个，其中最高五个地区由低至高依次是广西（19.7/2.6）、贵州（20.3/3.2）、广东（20.8/3.7）、海南（21.6/4.5）、安徽（22.3/5.2）；低于全国平均水平的最小五个地区由低至高依次是北京（9.6/－7.5）、天津（12.7/－4.4）、上海（13.2/

-3.9)、湖南(13.5/-3.6)、山东(13.9/-3.2)。

纵观这四年，北京市是生师比最小的地区，其变化趋势是13.2↘11.9↘10.3↘9.6；安徽是生师比最大的地区，其变化趋势是24.4↗24.5↘23.6↘22.3。两者间的极差变化趋势是11.2↗12.6↗13.3↘12.7；极差率变化趋势是1.85↗2.06↗2.29↗2.32。这四年间专任教师生师比的标准差变化趋势是2.48↗2.56↗2.83↗2.93；变异系数的变化趋势是0.130↗0.1380↗0.159↗0.171。说明最大与最小地区之间及各地区与全国平均值间（也就是各地区间）的差距还在加大，由极差、极差率、标准差及变异系数都得以明证，它们均呈增大的趋势。

（二）城镇专任教师生师比分析

由表5.7可知，全国城镇的普通初中专任教师生师比从2003年的18.3减小到2004年的17.9，减小到2005年的17.5，再减小到2006年的17.2。生师比在2003年高于全国平均水平18.3的地区有16个，其中最高五个地区由低至高依次是广东(20.3/2)、海南(20.9/2.6)、贵州(20.9/2.6)、广西(21.2/2.9)、安徽(22.1/3.8)；低于全国平均水平的最小五个地区由低至高依次是北京(13.3/-5)、上海(13.6/-4.7)、天津(14.7/-3.6)、黑龙江(15.1/-3.2)、辽宁(15.5/-2.8)。生师比在2006年高于全国平均水平17.2的地区有14个，其中最高五个地区由低至高依次是贵州(19.9/2.7)、广西(20.1/2.9)、广东(20.3/3.1)、安徽(21.2/4)、海南(22.3/5.1)；低于全国平均水平的最小五个地区由低至高依次是北京(10.1/-7.1)、天津(12.9/-4.3)、上海(13.2/-4)、山东(14.0/-3.2)、辽宁(14.1/-3.1)。

纵观这四年，北京市是生师比最小的地区，其变化趋势是13.3↘12.1↘10.5↘10.1；安徽(2003—2004)、海南(2005—2006)是生师比最大的地区，其变化趋势是22.1↗22.4↗22.5↘22.3。两者间的极差变化趋势是8.8↗10.3↗12↗12.2；极差率变化趋势是1.66↗1.85↗2.14↗2.21。这四年专任教师生师比的标准差变化趋势是2.21↗2.33↗2.66↗2.77；变异系数的变化趋势是0.121↗0.130↗0.152↗0.161。说明最大与最小地区之间及各地区与全国平均值间（也就是各地区间）的差距还在加大，由极差、标准差、极差率及变异系数都得以明证，它们均呈现增大的趋势。

（二）农村专任教师生师比分析

由表5.7可知，全国农村的普通初中专任教师生师比从2003年的20.0减小到2004年的19.4，减小到2005年的18.2，再减小到2006年的17.1。生师比在2003年高于全国平均水平20.0的地区有12个，其中最高五个地区由低至高依次是江苏（21.5/1.5）、广东（22.2/2.2）、西藏（22.4/2.4）、贵州（24.2/4.2）、安徽（26.1/6.1）；低于全国平均水平的最小五个地区由低至高依次是北京（12.7/-7.3）、上海（12.9/-7.1）、天津（14.7/-5.3）、内蒙古（15.1/-4.9）、山西（16.5/-3.5）。生师比在2006年高于全国平均水平17.1的地区有15个，其中最高五个地区由低至高依次是海南（19.6/2.5）、贵州（20.8/3.7）、广东（22.1/5）、安徽（23.2/6.1）、西藏（26.2/9.1）；低于全国平均水平的最小五个地区由低至高依次是北京（7.9/-9.2）、内蒙古（11.8/-5.3）、天津（11.9/-5.2）、湖南（12.1/-5）、上海（12.5/-4.6）。

纵观这四年，北京市是生师比最小的地区，其变化趋势是12.7↘11.0↘9.7↘7.9；安徽（2003—2004年）、西藏（2005—2006年）是生师比最大的地区，其变化趋势是26.1↘26↗29.1↘26.2。两者间的极差变化趋势是13.4↗15.0↗19.4↘18.3；极差率变化趋势是2.06↗2.36↗3.00↗3.32。这四年间专任教师生师比的标准差变化趋势是3.03↗3.32↗3.88↘3.79；变异系数的变化趋势是0.152↗0.171↗0.213↗0.222。说明最大与最小地区之间及各地区与全国平均值间（也就是各地区间）的差距还在加大，由极差、标准差、极差率及变异系数都得以明证，它们均呈现增大的趋势。

可见，这四年，普通初中专任教师生师比（合计）中，绝大多数的省份生师比都在减小，减幅最快的是北京、其次是天津；生师比没有减少反而增加的地区有海南、西藏、安徽、青海。在普通初中专任教师生师比（城镇）中，绝大多数的省份生师比都在减小，减幅最快的是北京，其次是湖南和天津；生师比没有减少反而增加的地区有安徽、海南、甘肃、西藏、宁夏、青海。在普通初中专任教师生师比（农村）中，基本上所有的省份生师比都在减小，减幅最快的是北京、其次是湖南、河北和天津；

生师比没有减少反而增加，增幅最大的为西藏，其次有海南、宁夏。

由相关数据分析可知，这四年间，各省区市间的差距或各省区市与全国均值之间的差距有增大的趋势，表现在图上就是各曲线族向右的开口在增大，如生师比最低的北京、天津、上海、辽宁等省份与甘肃、安徽、西藏、广东、广西等省区的差距增大趋势尤为明显。即城镇部分表现出各地区在普通初中专任教师的生均享有量上的差距呈现出一种"马太效应"，表现出强者更强（曲线越来越走低），弱者更弱（曲线越来越走高的趋势）；而合计与农村部分则差距不是很明显，除了极大极小值间的差距较大外，其余地区的差距合计部分稍微有所增大，农村态势比较平稳。

（四）普通初中专任教师生师比的城乡差分析

2003年普通初中专任教师生师比城乡差距最大的是安徽（-4，"-"表示城镇比农村低），其次是江苏（-3.9）、西藏（-3.9）、贵州（-3.3）、湖北（-3.0），全国仅有9个省份的城镇生师比比农村的大，其余22个省份均是城镇比农村小，全国的平均城乡差为-1.7，城镇比农村高出0.5的省份有北京（0.5）、山西（0.7）、上海（0.7）、浙江（0.9）、内蒙古（2.3）。2006年普通初中专任教师生师比城乡差距（城镇低于农村）最大的是西藏（-6.8），其次是安徽（-2.0）、江苏（-1.8）、广东（-1.8）、黑龙江（-1.1）、湖北（-1.0），全国有19个省份的城镇生师比比农村的大，其余12个省份均是城镇比农村小，全国的平均城乡差为0.1，城镇比农村高出2的省份有陕西（2.0）、北京（2.2）、海南（2.7）、湖南（3.0）、内蒙古（4.3）。总的来说，城乡间的差距没有明显的缩小，西藏的城乡差距（城镇比农村低）迅猛增加，内蒙古的差距（城镇比农村高）也在迅速扩大，多数省份的城乡差距（城镇比农村低的情况）在减小，反应在城乡差距图上就是水平（0）值（横轴）下方的曲线族离横轴的距离在减小，有10个左右的省份城镇比农村高，且这种差距在增加，反映在曲线族上就是这些曲线离横轴向上的距离在增加。

综上所述，这四年间，普通初中无论是合计、城镇还是农村的专任教师生师比各地区间的相对差距都在增大，普通初中专任教师生师比一般是农村大于合计，合计大于城镇的，有少数例外。

二、全国各省区市普通初中专任教师学历分析

（一）普通初中专任教师学历达标率分析

普通初中专任教师学历达标率为初中专任教师中学历在专科以上教师数占总专任教师数的比例。

表5.8反映了全国各省区市在2003—2006年间的普通初中专任教师学历达标情况。

表5.8　全国分地区普通初中专任教师学历达标率表（单位:%）

年份 / 分类 / 地区	2003			2004			2005			2006		
	合计	城镇	农村	合计	城镇	农村	合计	城镇	农村	合计	城镇	农村
全国	92.0	94.8	88.7	95.3	96.0	91.3	95.2	96.9	93.2	96.3	97.5	94.8
北京	97.5	97.6	96.9	91.4	98.3	98.0	98.7	98.9	98.2	99.1	99.1	99.0
天津	88.9	91.6	81.2	92.6	93.7	84.9	94.0	95.2	90.4	95.3	96.0	93.0
河北	93.4	95.0	91.7	95.0	96.5	93.9	96.5	97.6	95.2	97.6	98.4	96.6
山西	88.8	94.3	84.1	98.0	95.3	88.2	93.2	96.0	90.5	94.9	96.8	93.0
内蒙古	89.7	93.8	81.2	94.6	95.7	86.2	94.6	97.0	89.4	96.5	97.5	93.4
辽宁	94.0	97.1	90.7	99.2	97.6	92.2	95.6	98.1	93.0	96.5	98.6	94.4
吉林	97.2	98.0	95.8	94.3	98.4	97.2	98.2	98.6	97.2	98.5	98.9	97.6
黑龙江	92.8	96.6	89.2	97.7	97.3	92.0	96.2	97.8	94.3	96.8	98.0	95.3
上海	98.8	98.8	96.0	93.9	99.3	96.0	99.5	99.7	94.3	99.7	99.7	97.7
江苏	93.0	96.8	90.6	96.9	97.3	92.1	95.5	96.7	93.7	96.6	97.5	95.4
浙江	96.8	97.2	92.4	91.4	98.0	95.7	98.4	98.6	97.4	98.7	98.9	97.9
安徽	92.8	95.8	90.7	94.5	96.7	91.9	95.3	97.0	93.8	96.4	98.0	95.3
福建	96.5	97.1	95.5	93.5	97.4	96.1	97.5	97.8	96.9	97.9	98.2	97.6
江西	89.7	92.3	86.8	91.5	93.3	89.0	93.0	94.5	91.3	94.5	95.9	93.4
山东	93.1	94.4	90.2	93.6	95.7	91.9	96.1	96.9	94.2	97.3	97.6	96.8
河南	91.8	95.0	89.4	93.9	96.1	91.6	94.7	96.6	93.2	95.6	97.4	94.2
湖北	89.8	93.2	86.8	92.8	94.4	89.0	92.7	95.5	90.7	94.0	95.8	92.6
湖南	91.7	94.3	89.5	95.6	95.6	91.8	94.9	96.7	93.3	95.9	97.4	94.6

续表

地区 \ 分类 \ 年份	2003			2004			2005			2006		
	合计	城镇	农村	合计	城镇	农村	合计	城镇	农村	合计	城镇	农村
广东	92.0	93.2	90.1	95.3	94.7	92.5	95.4	96.4	92.8	96.5	97.3	94.0
广西	90.5	91.4	88.5	31.0	93.4	91.5	94.7	95.0	93.9	96.1	96.4	95.0
海南	94.3	95.8	90.4	91.8	96.7	92.5	96.0	96.9	93.6	96.5	97.1	95.0
重庆	93.4	94.7	88.9	93.9	97.8	94.4	96.7	98.0	96.0	97.5	98.0	96.0
四川	89.6	93.4	85.6	94.7	-35.0	89.4	94.0	95.7	91.9	95.4	96.4	93.4
贵州	89.5	93.7	84.5	89.7	94.6	88.4	94.4	96.0	92.4	96.2	96.9	95.1
云南	92.3	94.9	90.3	90.3	96.1	92.2	95.6	97.1	94.3	96.5	97.6	95.2
西藏	92.5	92.5	96.7	94.0	94.7	97.4	95.9	95.9	97.4	96.6	96.6	100.0
陕西	85.6	93.3	80.3	96.4	97.1	86.9	93.1	97.5	91.2	94.9	98.2	93.5
甘肃	87.6	92.9	84.2	95.1	94.2	87.7	92.5	95.7	90.1	94.0	96.3	92.0
青海	91.6	94.4	88.0	95.3	95.1	92.5	95.9	96.6	95.0	96.9	97.6	96.3
宁夏	94.6	96.9	92.1	91.4	97.9	94.5	97.1	98.3	95.2	98.0	99.0	96.5
新疆	93.6	97.3	91.5	92.6	97.8	93.5	96.3	98.3	95.1	97.2	98.5	96.5

资料来源：根据《中国教育统计年鉴》相关数据计算整理而得。

由表5.8可知，全国普通初中专任教师学历达标率在2003年合计为92.0%、城镇为94.8%、农村为88.7%，2004年合计为95.3%、城镇为96.0%、农村为91.3%，2005年合计为95.2%、城镇为96.9%、农村为93.2%，2006年合计为96.3%、城镇为97.5%、农村为94.8%。

总的来看，学历达标率无论是合计、城镇还是农村均超过80%以上，城镇高于合计，合计高于农村，城镇要比农村高4个百分点左右，各省份间差距不是很大，且呈逐年上升的趋势。如2003年合计最大为上海98.8%，最小为陕西85.6%，比全国平均水平低的省份有13个；城镇最大为上海98.8%，最小为广西91.4%，比全国均值低的省份有16个；农村最大为北京96.9%，最小为陕西80.3%，比全国均值低的省份有11个。2006年合计最大为上海99.7%，最小为湖北、甘肃，均为94.0%，比全国平均水平低的省份有11个；城镇最大为上海99.7%，最小为湖北

95.8%，比全国均值低的省份有 13 个；农村最大为西藏 100.0%，最小为甘肃 92.0%，比全国均值低的省份有 12 个。

（二）普通初中专任教师本科以上学历比例分析

表 5.9 反映了全国各省区市在 2003—2006 年间的普通初中专任教师中本科以上学历教师所占比例情况。

表 5.9 全国分地区普通初中专任教师本科以上学历教师比例表（单位:%）

年份/分类/地区	2003			2004			2005			2006		
	合计	城镇	农村	合计	城镇	农村	合计	城镇	农村	合计	城镇	农村
全国	23.8	31.8	14.3	31.1	38.1	19.0	35.3	44.0	24.3	41.1	49.6	30.0
北京	58.2	61.4	41.2	24.1	69.3	51.0	75.0	77.8	64.6	80.8	82.4	75.2
天津	33.0	40.1	12.6	28.4	47.7	18.6	51.0	57.6	31.8	59.7	65.3	43.3
河北	20.4	27.0	13.0	31.3	38.8	22.3	38.8	45.6	30.3	45.6	52.4	38.0
山西	19.0	29.1	10.1	53.1	34.9	15.3	30.0	39.1	21.1	35.8	44.9	26.9
内蒙古	21.5	26.7	10.9	32.7	34.0	16.6	37.6	42.9	26.4	46.2	50.0	35.4
辽宁	27.7	42.5	11.3	77.0	47.5	13.7	36.3	54.0	17.5	41.6	60.3	22.3
吉林	47.7	54.0	35.4	35.7	58.6	42.4	58.3	62.8	48.5	62.4	67.9	52.7
黑龙江	26.8	38.3	15.7	50.9	44.4	21.3	41.1	50.6	29.3	46.5	55.8	34.9
上海	71.5	72.2	48.0	28.5	77.8	50.8	80.5	81.2	54.5	83.6	83.8	62.9
江苏	31.1	47.4	20.6	23.5	51.9	24.0	41.4	51.3	27.6	46.6	57.1	31.6
浙江	39.8	41.5	21.9	23.5	53.4	35.7	61.5	63.7	49.3	67.0	69.0	55.9
安徽	25.0	33.5	18.8	30.6	37.3	22.3	33.1	40.4	26.6	36.6	45.6	30.1
福建	15.7	19.9	8.6	22.3	28.9	14.7	35.5	41.0	25.8	46.2	51.8	37.4
江西	20.0	24.9	14.2	30.5	28.6	17.3	28.5	33.5	22.9	33.6	39.1	29.1
山东	25.2	29.6	15.6	21.6	35.5	19.1	38.2	43.7	26.2	46.2	52.2	37.3
河南	18.9	26.7	13.3	30.6	31.4	15.7	25.5	34.3	18.5	29.8	39.4	22.2
湖北	26.1	34.4	18.7	12.6	39.6	22.7	34.1	45.3	25.8	39.2	50.1	31.0
湖南	18.1	24.3	12.9	34.1	28.1	16.0	28.4	34.7	22.6	35.5	41.5	30.3
广东	26.4	31.9	17.5	38.9	35.7	21.7	36.3	41.0	23.5	40.2	45.4	24.8

续表

地区 \ 年份 / 分类	2003			2004			2005			2006		
	合计	城镇	农村	合计	城镇	农村	合计	城镇	农村	合计	城镇	农村
广西	9.9	12.3	4.7	24.2	15.0	7.0	18.4	20.9	12.1	25.3	27.8	16.8
海南	29.4	33.7	17.7	17.0	39.1	20.3	38.0	42.9	24.4	40.9	46.0	26.6
重庆	30.4	34.6	16.8	23.2	61.1	30.3	47.6	64.6	39.0	53.7	57.7	42.1
四川	18.8	26.8	10.3	45.6	33.5	16.0	30.1	38.0	21.1	37.4	42.8	26.8
贵州	13.5	19.8	6.1	20.4	23.7	8.8	20.5	27.1	11.9	25.2	31.3	16.6
云南	16.8	24.3	10.9	16.8	31.5	16.6	32.0	41.3	23.9	38.4	47.0	27.2
西藏	40.0	39.9	56.7	30.0	45.4	63.2	51.2	51.1	66.7	55.0	54.9	71.7
陕西	16.0	27.4	8.2	43.9	40.0	13.2	25.6	44.4	17.6	31.9	50.7	23.7
甘肃	13.3	22.1	7.7	31.6	26.0	10.9	21.2	31.0	13.9	26.4	35.9	18.5
青海	24.5	30.7	16.4	31.1	37.5	19.7	37.7	46.1	28.0	43.1	49.8	37.3
宁夏	30.0	38.0	21.4	24.1	51.4	34.3	57.5	63.9	48.1	64.9	71.9	54.2
新疆	26.7	38.2	19.9	28.4	43.8	24.6	36.3	49.9	28.6	40.3	54.5	32.3

资料来源：根据《中国教育统计年鉴》相关数据计算整理而得。

由表 5.9 可知，全国普通初中专任教师中本科以上学历教师占总教师的比例，2003 年合计为 23.8%、城镇为 31.8%、农村为 14.3%；2004 年合计为 31.3%、城镇为 38.1%、农村为 19.0%；2005 年合计为 35.3%、城镇为 44.0%、农村为 24.3%；2006 年合计为 41.1%、城镇为 49.6%、农村为 30.0%。每年有 4%—8% 的增长率。

总的来看，普通初中专任教师中本科以上学历教师占总教师的比例城镇高于合计，合计高于农村，各省份间及城乡间的差距都比较大，且呈现逐年上升的趋势。如 2003 年城镇要比农村高 10 个百分点以上，有 29 个省份城镇比农村要高 10 个百分点以上，其中高出 20 个百分点的省份有 6 个，辽宁的城乡差距最大为 31.2 个百分点，仅有西藏的城镇比农村要低 16.8 个百分点。2003 年合计最大为上海 71.5%，最小为广西 9.9%，两者差距为 61.6%，比全国平均水平低的省份有 13 个；城镇最大为上海 72.2%，最小为广西 12.3%，两者间相差近 60 个百分点，比全国均值低的省份有 15 个；农村最大为西藏 56.7%，最小为广西 4.7%，比全国均值低的省份有 15 个；可见广西在普通初中专任教师本科以上学历教师的占有比例在合计、城镇、农村都是最低的，而上海（合计、城镇）及西藏（农村）则是最高的。如 2006 年城镇要比农村高 10 个百分点以上，有 29 个省份城镇比农村高 10 个百分点以上，其中高出 20 个百分点的省份有 8 个，辽宁的城乡差距最大为 38.0 个百分点，仅有西藏的城镇比农村要低 16.8 个百分点。2006 年合计最大为上海 83.6%，最小为贵州 25.2%，两者差距为 58.4%，比全国平均水平低的省份有 15 个；城镇最大为上海 83.8%，最小为广西 27.8%，两者间相差 56 个百分点，比全国均值低的省份有 12 个；农村最大为北京 75.2%，最小为贵州 16.6% 相差近 60 个百分点，比全国均值低的省份有 12 个；可见贵州（合计、农村）、广西（城镇）在普通初中专任教师本科以上学历教师的占有比例是最低的，而上海（合计、城镇）及北京（农村）则是最高的。

三、全国各省区市普通初中专任教师职称分析

（一）普通初中专任教师中中学一级以上职称教师比例分析

表 5.10 反映了全国各省区市在 2003—2006 年间的普通初中专任教师中中学一级以上职称教师所占比例情况。

表 5.10 全国分地区普通初中专任教师中中学一级以上职称教师比例表（单位:%）

年份 / 分类 / 地区	2003			2004			2005			2006		
	合计	城镇	农村	合计	城镇	农村	合计	城镇	农村	合计	城镇	农村
全国	37.2	43.0	30.2	39.9	46.2	32.8	43.1	48.7	36.0	46.2	51.0	39.8
北京	47.6	50.3	33.7	49.7	52.2	34.6	52.2	56.1	37.4	54.5	58.4	41.2
天津	54.4	58.9	41.4	57.1	60.8	46.6	61.3	64.3	52.9	63.8	65.9	57.5
河北	28.5	35.5	20.8	34.4	41.3	26.5	38.7	44.3	31.7	43.7	49.2	37.4
山西	30.8	39.0	23.6	32.1	40.0	25.6	33.1	40.1	26.4	34.2	41.4	27.3
内蒙古	40.4	46.0	28.9	43.7	49.0	32.7	49.0	53.1	40.1	52.4	55.2	44.6

续表

年份 / 分类 / 地区	2003			2004			2005			2006		
	合计	城镇	农村	合计	城镇	农村	合计	城镇	农村	合计	城镇	农村
辽宁	63.6	63.6	63.7	67.3	66.8	67.8	69.2	68.9	69.5	71.5	71.1	71.8
吉林	47.9	54.0	36.2	53.6	59.6	41.8	58.2	62.3	49.4	61.5	64.9	55.6
黑龙江	50.1	60.1	40.6	53.2	62.2	44.4	56.9	63.5	48.9	59.0	65.4	50.9
上海	62.1	62.1	60.7	63.7	63.7	63.1	65.5	65.4	69.0	65.9	66.0	63.4
江苏	41.7	50.4	36.2	43.6	51.7	37.8	45.9	50.0	40.2	49.1	53.2	43.3
浙江	41.2	42.5	27.3	45.0	47.1	32.6	48.9	51.0	37.1	51.6	53.4	41.0
安徽	39.6	47.2	34.1	41.4	48.6	36.3	44.4	49.2	40.1	47.8	52.6	44.3
福建	26.1	30.4	18.6	29.5	34.0	22.3	34.8	38.8	27.7	41.9	45.0	37.0
江西	34.7	41.3	27.1	38.9	44.4	32.3	43.6	49.1	37.5	48.0	53.8	43.4
山东	35.9	37.5	32.4	40.8	42.1	37.7	46.2	47.8	42.6	50.8	53.4	46.9
河南	32.0	39.6	26.6	33.9	41.5	28.3	36.3	43.3	30.8	39.2	45.6	34.0
湖北	52.2	60.1	45.2	55.2	62.6	48.8	58.6	65.7	53.4	62.6	68.1	58.5
湖南	42.2	49.0	36.6	44.4	50.4	39.2	46.8	52.2	41.8	50.6	55.1	46.7
广东	35.6	39.9	28.8	38.1	42.2	31.0	42.8	46.6	32.3	46.1	49.9	35.2
广西	31.9	35.7	23.8	33.6	37.2	25.5	35.8	39.0	28.1	38.9	41.3	30.5
海南	33.0	34.5	28.9	35.1	37.0	29.7	37.9	39.9	32.5	37.8	39.6	32.9
重庆	27.4	30.6	17.3	29.6	47.5	22.8	33.5	47.0	26.7	37.7	40.4	29.9
四川	33.7	40.1	26.9	36.0	42.8	30.1	38.6	44.4	32.0	40.9	44.9	32.9
贵州	20.8	27.3	13.1	22.4	28.7	14.7	24.8	31.3	16.6	27.7	34.0	18.8
云南	32.4	41.6	25.1	35.0	43.7	28.0	37.5	45.4	30.7	40.1	47.2	30.7
西藏	12.4	12.5	0.0	13.3	13.4	0.0	13.9	14.0	0.0	15.3	15.5	0.0
陕西	24.9	34.1	18.6	25.7	41.0	20.1	27.9	41.9	22.0	29.9	42.8	24.3
甘肃	27.1	37.1	20.8	28.6	38.6	22.2	29.1	37.6	22.7	29.7	37.1	23.5
青海	36.0	45.2	23.8	39.7	48.8	27.2	46.5	56.8	34.6	52.8	60.9	45.7
宁夏	46.7	55.9	36.8	49.9	58.1	39.3	52.0	58.9	41.9	53.3	60.1	42.8
新疆	33.9	48.5	25.3	36.0	50.9	27.5	36.7	51.2	28.6	38.0	52.1	29.9

资料来源：根据《中国教育统计年鉴》相关数据计算整理而得。

由表5.10可知，全国普通初中专任教师中中学一级以上职称教师占总教师的比例，2003年合计为37.2%、城镇为43.0%、农村为30.2%，2004年合计为39.9%、城镇为46.2%、农村为32.8%，2005年合计为43.1%、城镇为48.7%、农村为36.0%，2006年合计为46.2%、城镇为51.0%、农村为39.8%。每年有2%—3%的增长率。

总的来看，普通初中专任教师中中学一级以上职称教师占总教师的比例城镇高于合计，合计高于农村，各省份间及城乡间的差距都比较大，且呈逐年上升的趋势。如2003年有27个省份城镇比农村要高10个百分点以上，其中高出20个百分点的省份有2个，新疆的城乡差距最大为23.2个百分点，仅有辽宁的城镇比农村要低0.1个百分点。2003年合计最大为辽宁63.6%，最小为西藏12.4%，两者差距为51.2%，比全国平均水平低的省份有18个；城镇最大为辽宁63.6%，最小为西藏12.5%，两者间相差51.1个百分点，比全国均值低的省份有17个；农村最大为辽宁63.7%，最小为西藏0%，比全国均值低的省份有21个。可见西藏在普通初中专任教师本科以上学历教师的占有比例在合计、城镇、农村都是最低的，而辽宁则是最高的。如2006年城镇要比农村高11.2个百分点，有20个省份城镇比农村要高10个百分点以上，其中高出15个百分点的省份有8个，新疆的城乡差距最大为22.2个百分点，仅有辽宁的城镇比农村要低0.7个百分点。2006年合计最大为辽宁71.5%，最小为西藏15.3%，两者差距为56.2%，比全国平均水平低的省份有15个；城镇最大为辽宁71.1%，最小为西藏15.5%，两者间相差近56个百分点，比全国均值低的省份有14个；农村最大为辽宁71.8%，最小为贵州18.8%，相差53个百分点，比全国均值低的省份有15个。可见西藏（合计、城镇）、贵州（农村）在普通初中专任教师本科以上学历教师的占有比例是最低的，而辽宁则是在合计、城镇及农村都是比例最高的。

（二）普通初中专任教师中中学高级以上职称比例分析

表5.11反映了全国各省区市在2003—2006年间的普通初中专任教师中中学高级以上职称教师所占比例情况。

表 5.11 全国分地区普通初中专任教师中中学高级以上职称教师比例表（单位:%）

地区 \ 分类 \ 年份	2003			2004			2005			2006		
	合计	城镇	农村	合计	城镇	农村	合计	城镇	农村	合计	城镇	农村
全国	4.9	7.0	2.3	5.6	8.1	2.8	6.6	9.0	3.5	7.7	10.1	4.6
北京	12.0	13.5	4.2	12.1	13.5	3.8	12.4	14.6	4.1	13.1	15.6	4.4
天津	14.4	18.1	3.8	15.5	19.2	5.0	18.3	22.0	7.8	20.3	23.7	10.4
河北	3.4	5.5	1.0	4.3	6.7	1.4	4.7	7.1	1.8	6.0	9.0	2.8
山西	2.5	4.5	0.8	3.0	5.4	0.9	3.6	6.1	1.1	4.1	7.1	1.2
内蒙古	5.5	7.5	1.4	6.5	9.0	1.5	8.3	11.1	2.5	9.9	12.0	3.7
辽宁	18.0	18.9	17.1	21.4	21.6	21.1	23.3	23.4	23.2	26.4	26.2	26.6
吉林	6.9	9.3	2.2	7.6	10.4	2.3	9.1	11.8	3.2	10.1	13.5	4.2
黑龙江	8.3	13.6	3.3	9.6	15.3	4.1	11.5	16.6	5.2	13.2	18.6	6.4
上海	5.4	5.5	4.2	6.0	6.0	6.2	6.6	6.6	9.4	7.8	7.8	5.2
江苏	5.3	9.6	2.5	5.4	9.5	2.5	6.1	8.6	2.5	7.2	10.1	3.2
浙江	3.8	4.1	0.6	4.8	5.4	0.9	6.1	6.9	1.4	7.5	8.4	2.0
安徽	4.9	8.7	2.2	5.6	9.5	2.9	6.8	10.2	3.8	8.2	12.1	5.4
福建	4.4	5.8	1.9	5.2	6.8	2.6	6.6	8.2	3.7	8.2	9.9	5.5
江西	5.3	7.8	2.4	7.3	10.1	4.0	9.4	12.8	5.6	12.1	16.4	8.7
山东	5.6	6.5	3.7	7.1	8.0	4.9	8.6	9.7	6.3	9.9	11.8	7.1
河南	5.0	8.3	2.7	5.4	8.8	2.9	6.2	9.7	3.4	7.3	10.9	4.4
湖北	5.4	9.3	1.8	6.1	10.7	2.2	7.6	13.6	3.1	9.4	15.7	4.6
湖南	3.0	5.4	1.0	3.3	5.6	1.3	3.9	6.4	1.5	4.7	7.3	2.4
广东	2.8	3.8	1.2	3.0	4.0	1.1	3.5	4.4	1.1	4.2	5.2	1.4
广西	3.0	4.1	0.8	3.1	4.1	0.8	3.2	4.1	0.9	3.5	4.2	1.1
海南	5.3	6.3	2.6	5.5	6.6	2.6	6.5	7.8	3.1	6.5	7.7	3.1
重庆	2.7	3.4	0.8	3.1	8.4	1.1	3.6	7.9	1.4	4.5	5.5	1.5
四川	2.9	4.8	0.8	3.5	6.2	1.2	4.3	6.6	1.5	5.1	6.8	1.9
贵州	2.9	4.8	0.6	3.3	5.3	0.8	3.7	5.9	1.0	4.3	6.5	1.2
云南	2.8	4.8	1.2	3.5	5.8	1.6	4.6	7.0	2.5	5.8	8.1	2.8
西藏	0.3	0.3	0	0.5	0.5	0	0.8	0.8	0	1.1	1.1	0

续表

地区 \ 分类 \ 年份	2003			2004			2005			2006		
	合计	城镇	农村	合计	城镇	农村	合计	城镇	农村	合计	城镇	农村
陕西	3.1	5.8	1.3	3.3	7.8	1.6	3.6	7.9	1.7	4.4	9.2	2.3
甘肃	2.0	4.2	0.6	2.4	4.7	0.9	2.4	4.7	0.8	2.7	4.7	1.0
青海	3.4	5.5	0.6	4.4	6.9	0.8	6.1	9.6	1.9	8.7	12.3	5.6
宁夏	10.6	14.0	6.9	12.8	16.3	8.3	13.6	16.7	9.0	14.9	18.1	10.1
新疆	4.6	9.3	1.9	6.0	11.7	2.7	7.1	13.2	3.6	8.5	15.3	4.6

资料来源：根据《中国教育统计年鉴》相关数据计算整理而得。

由表5.11可知，全国普通初中专任教师中中学高级以上职称教师占总教师的比例，2003年合计为4.9%、城镇为7.0%、农村为2.3%，2004年合计为5.6%、城镇为8.1%、农村为2.8%，2005年合计为6.6%、城镇为9.0%、农村为3.5%，2006年合计为7.7%、城镇为10.1%、农村为4.6%。每年增幅比较小。

总的来看，普通初中专任教师中中学高级以上职称教师比例城镇高于合计，合计高于农村，各省份间及城乡间的差距都比较大，且呈逐年上升的趋势。如2003年有13个省份城镇比农村要高4.7个百分点（全国城镇比农村高出的百分点）以上，其中高出10个百分点的省份有2个，天津的城乡差距最大为14.3个百分点。2003年合计最大为辽宁18%，最小为西藏0.3%，两者差距为17.7%，比全国平均水平低的省份有16个；城镇最大为辽宁18.9%，最小为西藏0.3%，两者间相差18.6个百分点，比全国均值低的省份有18个；农村最大为辽宁17.1%，最小为西藏0%，比全国均值低的省份有20个。可见西藏在普通初中专任教师本科以上学历教师的占有比例在合计、城镇、农村都是最低的，而辽宁则是最高的。如2006年城镇要比农村高5.5个百分点，有19个省份城镇比农村要高5个百分点以上，其中高出10个百分点的省份有5个，天津的城乡差距最大为13.3个百分点，仅有辽宁的城镇比农村要低0.4个百分点。2006年合计最大为辽宁26.4%，最小为西藏1.1%，两者差距为25.3%，比全国平均水平低的省份有16个；城镇最大为辽宁26.2%，最小为西藏1.1%，两者间相差近25.1个百分点，比全国均值低的省份有16个；农村最大为辽宁26.6%，最小为甘肃1.0%，相差25.6%，比全国均值低的省份有19个。可见西藏（合计、城镇）、甘肃（农村）在普通初中专任教师本科以上学历教师的占有比例是最低的，而辽宁则是在合计、城镇、农村的比例都是最高的。

第三节 全国各省区市高中人力资源配置差异分析

一、全国各省区市高中专任教师生师比分析

表5.12显示了全国各省区市在2003—2006年间普通高中专任教师的生师比情况。

表5.12 全国分地区普通高中专任教师生师比

地区 \ 年份 / 分类	2003			2004			2005			2006		
	合计	城镇	农村	合计	城镇	农村	合计	城镇	农村	合计	城镇	农村
全国	18.4	18.3	18.4	18.6	18.6	18.8	18.5	18.5	18.8	18.1	18.1	18.2
北京	14.6	14.7	12.4	14.7	14.7	16.3	14.0	13.9	15.2	12.6	12.6	12.9
天津	15.2	15.0	16.9	15.1	14.9	17.1	15.3	15.1	17.2	14.3	14.0	16.8
河北	18.6	18.6	18.7	19.2	19.2	19.1	19.0	18.9	19.0	18.4	18.5	17.6
山西	17.7	17.6	17.8	17.5	17.5	17.8	17.2	17.1	17.5	16.5	16.5	16.7
内蒙古	18.7	18.7	18.4	19.3	19.3	19.2	19.6	19.7	18.7	19.5	19.5	16.1
辽宁	18.4	18.5	18.3	19.3	19.2	19.4	19.5	19.5	19.7	19.3	19.4	18.6
吉林	18.2	18.3	15.9	20.3	20.2	22.7	20.1	20.2	18.3	19.7	19.8	17.7
黑龙江	16.4	16.5	15.0	16.7	16.9	15.5	17.1	17.3	15.3	17.0	17.1	15.9
上海	17.3	17.4	13.5	17.6	17.6	15.4	17.1	17.1	17.4	15.1	15.1	9.7
江苏	16.6	16.3	17.3	16.6	16.3	17.3	16.4	16.1	17.5	16.3	16.0	17.6
浙江	16.1	16.2	13.4	16.1	16.2	13.6	15.8	15.8	15.4	15.3	15.3	15.2

续表

年份 / 分类 / 地区	2003			2004			2005			2006		
	合计	城镇	农村	合计	城镇	农村	合计	城镇	农村	合计	城镇	农村
安徽	22.0	21.8	22.7	23.0	22.9	23.7	22.9	22.9	23.0	23.2	23.1	23.7
福建	16.0	15.9	18.1	16.4	16.3	18.4	16.2	16.1	17.3	15.7	15.7	16.1
江西	18.5	18.6	17.7	18.3	18.4	17.5	18.2	18.3	17.0	17.9	18.1	16.3
山东	18.5	18.5	17.1	18.5	18.5	17.8	18.2	18.2	17.2	17.3	17.4	15.7
河南	21.8	21.9	20.7	22.2	22.3	21.5	22.4	22.4	22.1	21.9	22.1	20.5
湖北	19.0	18.7	21.3	19.8	19.6	22.0	20.1	19.7	22.5	19.8	19.5	21.6
湖南	19.0	18.8	20.1	19.1	18.8	20.5	19.3	19.0	21.0	18.8	18.6	19.8
广东	17.2	17.1	17.4	17.4	17.4	17.5	17.3	17.3	17.4	17.1	17.1	17.6
广西	20.0	20.0	18.5	19.9	19.9	18.7	19.8	19.9	18.8	19.4	19.5	16.9
海南	18.7	18.7	18.6	18.3	18.3	18.0	17.9	18.1	16.4	17.9	18.0	17.2
重庆	18.9	18.9	19.6	18.8	18.8	18.9	18.7	18.8	18.4	18.6	18.7	17.3
四川	19.3	19.3	18.8	19.5	19.5	19.1	19.1	19.2	18.0	18.7	18.7	18.3
贵州	19.7	19.7	19.6	19.7	19.8	18.6	19.3	19.4	17.6	18.9	19.0	16.3
云南	16.9	17.0	16.0	16.7	16.8	15.8	16.2	16.4	14.6	16.0	16.1	14.8
西藏	14.8	14.8	0	15.8	15.8	0	17.3	17.3	0	17.9	17.9	0
陕西	20.1	20.3	19.5	20.5	21.1	18.9	20.6	21.1	19.1	20.3	20.9	18.9
甘肃	19.6	19.8	18.8	19.6	19.7	19.4	19.4	19.6	17.9	18.8	18.9	17.7
青海	15.0	14.9	15.6	15.6	15.6	15.7	15.3	15.2	15.8	14.8	15.1	13.5
宁夏	18.2	18.8	15.2	18.0	18.4	15.5	18.0	18.0	17.4	17.4	17.5	15.7
新疆	15.0	15.6	11.8	15.7	16.3	12.3	15.4	15.9	11.9	15.0	15.4	11.9
极差	7.4	7.2	10.9	8.3	8.2	11.4	8.9	9	11.1	10.6	10.5	14
极差率	1.51	1.49	1.92	1.56	1.56	1.93	1.64	1.65	1.93	1.84	1.83	2.44
标准差	1.94	1.93	2.57	2.01	2.02	2.53	2.07	2.10	2.34	2.27	2.30	2.75
变异系数	0.105	0.105	0.140	0.108	0.109	0.135	0.112	0.114	0.124	0.125	0.127	0.151

注：普通高中专任教师生师比 = 当年普通高中在校生总数/当年普通高中专任教师总数。普通高中专任教师生师比 = 当年普通高中在校生总数/当年普通高中专任教师总数。在计算标准差时，因西藏农村部分数值空缺，N 取值 30，其余 N 均取值 31。

资料来源：根据《中国教育统计年鉴》相关数据计算整理而得。

（一）合计专任教师生师比分析

由表5.12可知，全国合计的普通高中专任教师生师比从2003年的18.4增加到2004年的18.6，减小到2005年的18.5，再减小到2006年的18.1。生师比在2003年高于全国平均水平18.4的地区有16个，其中最高五个地区由低至高依次是贵州（19.7/1.3）、广西（20/1.6）、陕西（20.1/1.7）、河南（21.8/3.4）、安徽（22/3.6）；低于全国平均水平的最小五个地区由低至高依次是北京（14.6/－3.8）、西藏（14.8/－3.6）、青海（15/－3.4）、新疆（15/－3.4）、天津（15.2/－3.2）。生师比在2006年高于全国平均水平18.1的地区有14个，其中最高五个地区由低至高依次是吉林（19.7/1.6）、湖北（19.8/1.7）、陕西（20.3/2.2）、河南（21.9/3.8）、安徽（23.2/5.1）；低于全国平均水平的最小五个地区由低至高依次是北京（12.6/－5.5）、天津（14.3/－3.8）、青海（14.8/－3.3）、新疆（15.0/－3.1）、上海（15.1/－3）。

纵观这四年，北京市是生师比最小的地区，其变化趋势是14.6↗14.7↘14↘12.6；安徽是生师比最大的地区，其变化趋势是22↗23↘22.9↗23.2。两者间的极差变化趋势是7.4↗8.3↗8.9↗10.6；极差率变化趋势是1.51↗1.56↗1.64↗1.84。这四年间专任教师生师比的标准差变化趋势是1.94↗2.01↗2.07↗2.27；变异系数的变化趋势是0.105↗0.108↗0.112↗0.125。说明最大与最小地区之间及各地区与全国平均值间（也就是各地区间）的相对差距还在加大，由极差、标准差、极差率及变异系数都得以明证，它们均呈现增大的趋势。

（二）城镇专任教师生师比分析

由表5.12可知，全国城镇的普通高中专任教师生师比从2003年的18.3增加到2004年的18.6，减小到2005年的18.5，再减小到2006年的18.1。生师比在2003年高于全国平均水平18.3的地区有18个，其中最高五个地区由低至高依次是甘肃（19.8/1.5）、广西（20/1.7）、陕西（20.3/2）、安徽（21.8/3.5）、河南（21.9/3.6）；低于全国平均水平的最小五个地区由低至高依次是北京（14.7/－3.6）、西藏（14.8/－3.5）、青海（14.9/－3.4）、天津（15/－3.3）、新疆（15.6/－2.7）。生师比在2006年高于全国平均水平18.1的地区有15个，其中最高五个地区由低至高依次是广西（19.5/1.4）、吉林（19.8/1.7）、陕西（20.9/2.8）、河南（22.1/4）、安徽（23.1/5）；低于全国平均水平的最小五个地区由低至高依次是北京（12.6/－5.5）、天津（14.0/－4.1）、上海（15.1/－3）、青海（15.1/－3）、浙江（15.3/－2.8）。

纵观这四年，北京市是生师比最小的地区，其变化趋势是14.7↘14.7↘13.9↘12.6；河南（2003年）、安徽（2004—2006年）是生师比最大的地区，其变化趋势是21.9↗22.9↘22.9↗23.1。两者间的极差变化趋势是7.2↗8.2↗9↗10.5；极差率变化趋势是1.49↗1.56↗1.65↗1.83。这四年专任教师生师比的标准差变化趋势是1.93↗2.02↗2.10↗2.30；变异系数的变化趋势是0.105↗0.109↗0.114↗0.127。说明最大与最小地区之间及各地区与全国平均值间（也就是各地区间）的相对差距还在加大，由极差、标准差、极差率及变异系数都得以明证，它们均呈增大的趋势。

（三）农村专任教师生师比分析

由表5.12可知，全国农村的普通高中专任教师生师比从2003年的18.4增加到2004年的18.8，减小到2005年的18.8，再减小到2006年的18.2。生师比在2003年高于全国平均水平18.4的地区有13个，其中最高五个地区由低至高依次是贵州（19.6/1.2）、湖南（20.1/1.7）、河南（20.7/2.3）、湖北（21.3/2.9）、安徽（22.7/4.3）；低于全国平均水平的最小五个地区由低至高依次是新疆（11.8/－6.6）、北京（12.4/－6）、浙江（13.4/－5）、上海（13.5/－4.9）、黑龙江（15/－3.4），西藏（0）除外。生师比在2006年高于全国平均水平18.2的地区有7个，其中最高五个地区由低至高依次是陕西（18.9/0.7）、湖南（19.8/1.6）、河南（20.5/2.3）、湖北（21.6/3.4）、安徽（23.7/5.5）；低于全国平均水平的最小五个地区由低至高依次是上海（9.7/－8.5）、新疆（11.9/－6.3）、北京（12.9/－5.3）、青海（13.5/－4.7）、云南（14.8/－3.4）。

纵观这四年，新疆（2003—2005年）、上海（2006年）是生师比最小的地区，其变化趋势是11.8↗12.3↘11.9→11.9；安徽是生师比最大的地区，其变化趋势是22.7↗23.7↘23↗23.7。两者间的极差变化趋势是10.9↗11.4↘11.1↗14；极差率变化趋势是1.92↗1.93→1.93↗2.44。

这四年间专任教师生师比的标准差变化趋势是2.57↘2.53↘2.34↗2.75；变异系数的变化趋势是0.140↘0.135↗0.124↗0.151。说明最大与最小地区之间的差距在增大，因极差及极差率都在增加，及各地区与全国平均值间（也就是各地区间）的相对差距仍在增大，尽管部分年份的标准差及变异系数有稍微的减小，但是2006年比2003年仍有所增大。

可见，这四年间在普通高中专任教师生师比（合计）中，绝大多数的省份生师比都在减小，减幅最快的是北京；生师比没有减少反而增加的地区有安徽、河南、陕西、黑龙江、内蒙古、新疆。在普通高中专任教师生师比（城镇）中，绝大多数的省份生师比都在减小，减幅最快的是北京；生师比没有减少反而增加的地区有安徽、海南、陕西、吉林、内蒙古、西藏。在普通高中专任教师生师比（农村）中，基本上都是2003—2004年有所增加，其中增幅最大的是吉林、北京、安徽、陕西、新疆，2004—2006年减幅最大的也是这几个省份；湖北、河南、湖南在2003—2005年都呈增长态势，2006有所下降；海南在这几年间的减幅最大。在农村部分，北京、吉林则是在2003—2004年间迅速增大，之后又急剧减小。

由相关数据分析可知，这四年间各省区市间的差距或各省区市与全国均值之间的差距在合计及城镇部分有增大的趋势，表现在图上就是各曲线族向右的开口在增大，如生师比最低的北京、天津、辽宁、新疆等省份与安徽、河南、陕西等省区的差距增大趋势尤为明显。即表现出各地区在普通高中专任教师的生均享有量上的差距呈现出一种“马太效应”，表现出强者更强（曲线越来越走低），弱者更弱（曲线越来越走高），而农村部分则表现得不那么明显。

（四）普通高中专任教师生师比的城乡差分析

2003年普通高中专任教师生师比城乡差距最大的是湖北（-2.6，“-”表示城镇比农村低）、浙江（2.8）、宁夏（3.6）、新疆（3.8）、上海（3.9），全国仅有20个省份的城镇生师比比农村的大，其余11个省份均是城镇比农村小，全国的平均城乡差为-0.1，城镇比农村高出2的省份有北京（2.3）、吉林（2.4）、浙江、宁夏、新疆、上海。2006年普通高中专任教师生师比城乡差距最大的是陕西（2.0）、吉林（2.1）、广西（2.6）、贵州（2.7）、内蒙古（3.4）、新疆（3.5）、上海（5.4），全国有 22 个省份的城镇生师比比农村的大，其余 10 个省份均是城镇比农村小，全国的平均城乡差为 -0.1；城镇比农村低 2 以上的有天津（-2.8）、湖北（-2.1）。总的来说，城乡间的差距没有明显的缩小，多数省份在 2003—2005 年间有所下降，之后又增大。

综上所述，这四年间，普通高中专任教师生师比各地区间的相对差距仍在增大。

二、全国各省区市普通高中专任教师学历达标率分析

普通高中专任教师学历达标率为高中专任教师中学历在本科以上教师数占总专任教师数的比例。

表 5.13 反映了全国各省区市在 2003—2006 年间的普通高中专任教师学历达标情况。

表 5.13　全国分地区普通高中专任教师学历达标率表（单位:%）

地区 \ 分类 \ 年份	2003			2004			2005			2006		
	合计	城镇	农村	合计	城镇	农村	合计	城镇	农村	合计	城镇	农村
全国	75.7	77.7	59.5	79.6	81.4	65.4	83.5	84.8	70.9	86.5	87.5	75.9
北京	93.3	93.6	82.3	95.5	95.5	93.0	96.3	96.4	92.8	96.6	96.7	94.3
天津	82.3	84.8	61.1	84.8	87.3	65.5	89.6	90.9	79.1	91.8	92.3	87.6
河北	72.9	74.2	58.0	78.6	79.6	66.2	82.0	82.8	70.6	85.7	86.5	76.4
山西	73.8	75.0	56.7	76.4	77.5	63.6	81.1	82.1	69.5	83.5	84.6	70.9
内蒙古	68.2	68.6	55.6	74.0	74.4	56.1	79.4	79.8	65.0	83.5	83.6	76.3
辽宁	88.1	89.0	77.8	89.2	90.2	78.2	90.7	91.2	84.0	91.9	92.3	86.5
吉林	89.5	90.0	71.4	91.9	92.5	75.8	92.7	93.2	74.3	92.5	92.9	78.9
黑龙江	78.4	80.4	62.9	81.7	83.7	65.6	86.1	87.4	70.9	88.4	89.3	78.2
上海	96.9	97.0	89.3	97.8	97.9	90.2	97.9	98.0	91.3	98.1	98.2	92.7
江苏	80.6	86.3	67.4	84.0	88.4	72.3	86.8	89.3	74.1	89.1	91.4	78.0
浙江	89.0	89.1	65.5	92.6	92.7	81.0	94.6	94.6	92.1	95.7	95.8	92.7
安徽	78.8	82.7	61.3	81.6	84.9	65.3	84.1	86.3	71.5	86.8	88.8	75.8
福建	67.5	68.5	56.1	73.0	74.2	60.5	79.2	79.7	70.6	84.1	84.8	79.0

续表

地区 \ 分类 \ 年份	2003			2004			2005			2006		
	合计	城镇	农村	合计	城镇	农村	合计	城镇	农村	合计	城镇	农村
江西	59.8	61.1	45.4	64.3	65.8	45.3	71.1	72.4	55.0	76.1	77.4	64.9
山东	78.6	79.4	62.9	81.7	82.1	70.3	86.1	86.6	71.9	89.1	90.0	70.9
河南	78.4	80.3	59.1	80.7	82.5	63.1	82.6	84.4	63.3	85.2	86.5	70.1
湖北	76.8	79.5	56.0	81.7	84.2	63.3	84.8	86.9	71.7	88.1	89.7	76.6
湖南	73.1	75.1	61.9	78.3	79.9	69.3	83.1	84.1	77.6	87.3	88.5	81.4
广东	75.8	78.0	65.0	79.4	81.0	71.1	83.6	85.1	69.7	86.1	87.5	71.0
广西	68.4	69.1	46.1	72.5	73.5	43.5	76.4	76.7	59.3	81.2	81.4	69.7
海南	76.7	77.2	69.5	80.5	81.5	66.7	83.7	84.4	76.8	86.0	86.9	75.4
重庆	74.1	75.6	48.8	79.9	87.7	67.1	85.7	90.7	74.8	88.3	89.1	80.9
四川	67.2	69.3	45.5	72.9	74.9	55.9	78.0	79.0	68.1	82.9	83.2	74.8
贵州	73.6	75.8	45.4	78.5	79.4	67.4	82.4	83.2	68.6	85.2	85.7	72.8
云南	75.8	76.8	65.0	80.2	81.2	69.2	85.9	86.7	75.8	88.9	89.3	80.5
西藏	75.1	75.1	0	78.2	78.2	0	81.4	81.4	0	87.8	87.8	0
陕西	68.3	73.2	49.9	74.0	78.9	61.6	79.4	83.2	69.3	83.3	86.0	76.4
甘肃	57.5	61.9	32.7	61.5	65.7	36.7	67.7	69.9	47.0	72.2	73.8	55.6
青海	60.1	60.5	55.6	65.7	65.9	63.0	72.8	73.4	67.8	76.1	77.1	70.9
宁夏	75.9	78.5	64.1	82.4	85.2	61.3	89.5	90.6	75.0	92.3	93.2	76.1
新疆	67.0	69.4	54.0	72.3	74.4	59.5	77.3	79.2	64.6	80.1	81.4	69.8

注：普通高中学历达标率指本科及以上学历专任教师占专任教师总数的比例。由于研究生所占比例很少，故没有单独统计研究生所占的比例。

资料来源：根据《中国教育统计年鉴》相关数据计算整理而得。

由表5.13可知，全国普通高中专任教师学历达标率在2003年合计为75.7%、城镇为77.7%、农村为59.5%，2004年合计为79.6%、城镇为81.4%、农村为65.4%，2005年合计为83.5%、城镇为84.9%、农村为70.9%，2006年合计为86.5%、城镇为87.5%、农村为75.9%。每年增长4%—5%，城镇比农村要高15个百分点左右。

总的来看，学历达标率城镇高于合计，合计高于农村，城镇要比农村，绝大多处省份城乡差距在10个百分点以上，各省份间差距也比较大。如2003年合计最大为上海96.9%，最小为甘肃57.5%，比全国平均水平低的省份有15个；城镇最大为上海97%，最小为青海60.5%，比全国均值低的省份有17个；农村最大为上海89.3%，最小为甘肃32.7%（西藏0值除外），比全国均值低的省份有16个；城乡差大于10个百分点的省份有28个，大于20%的有12个，贵州的城乡差距达30.4个百分点。2006年合计最大上海98.1%，最小为甘肃72.2%，比全国平均水平低的省份有15个；城镇最大为上海98.2%，最小为甘肃73.8%，比全国均值低的省份有14个；农村最大为北京94.3%，最小为甘肃55.6%（西藏0值除外），比全国均值低的省份有13个；城乡差大于10个百分点的省份有17个（西藏除外），大于15%的有5个，山东的城乡差距达19.1个百分点。

三、全国各省区市普通高中专任教师职称分析

（一）普通高中专任教师中中学一级以上职称教师比例分析

表5.14反映了全国各省区市在2003—2006年间的普通高中专任教师中中学一级以上职称教师所占比例情况。

表5.14 全国分地区普通高中专任教师中中学一级以上职称教师比例表（单位:%）

地区 \ 年份/分类	2003			2004			2005			2006		
	合计	城镇	农村	合计	城镇	农村	合计	城镇	农村	合计	城镇	农村
全国	53.1	54.5	41.7	52.9	54.3	41.5	53.4	54.5	43.2	54.2	55.2	44.8
北京	60.7	60.9	54.2	60.8	60.8	63.2	59.7	60.6	42.6	60.3	61.4	42.4
天津	59.1	61.3	40.3	59.2	61.5	41.7	59.4	61.3	44.1	60.0	61.5	48.2
河北	45.2	46.2	33.4	48.0	48.9	36.7	49.0	49.8	37.9	50.0	50.8	40.8
山西	47.4	48.5	32.6	45.8	46.8	34.1	45.3	46.4	32.8	44.9	45.9	33.9
内蒙古	59.3	59.6	51.3	59.8	59.9	50.7	59.6	59.6	59.1	59.1	59.0	63.8
辽宁	61.1	61.0	61.9	60.3	60.3	60.4	60.2	60.5	55.7	60.0	60.3	56.1

续表

年份 分类 地区	2003			2004			2005			2006		
	合计	城镇	农村	合计	城镇	农村	合计	城镇	农村	合计	城镇	农村
吉林	60.8	60.8	59.9	64.4	64.8	54.6	64.7	64.8	62.1	65.3	65.3	64.2
黑龙江	64.7	65.2	60.8	62.5	62.9	59.5	61.3	61.5	59.9	61.5	61.8	58.2
上海	65.7	65.6	74.2	66.7	66.6	74.6	68.1	68.0	75.6	69.3	69.3	65.9
江苏	49.7	54.3	39.0	48.7	52.7	38.1	49.9	51.6	40.8	50.8	52.6	42.3
浙江	48.2	48.2	35.9	48.7	48.8	33.1	50.5	50.6	47.0	52.9	53.2	44.7
安徽	58.9	61.2	48.2	57.0	58.8	48.3	56.5	57.9	48.1	56.0	57.2	49.7
福建	47.3	48.9	28.0	48.8	50.3	32.8	51.4	52.4	37.3	54.2	55.6	42.6
江西	56.4	57.0	49.9	57.4	57.9	50.0	58.6	59.1	52.4	60.4	61.2	53.6
山东	42.6	43.1	32.2	42.7	43.0	35.5	44.3	44.5	38.2	46.6	46.9	42.1
河南	47.4	48.9	31.6	46.4	47.8	31.9	46.2	47.5	32.5	46.3	47.5	32.2
湖北	62.4	63.7	52.5	62.5	64.0	51.5	62.9	64.5	53.1	63.8	65.1	54.2
湖南	60.2	63.2	43.3	59.7	62.7	43.8	60.2	62.7	45.9	61.2	63.8	47.6
广东	53.3	55.6	41.7	53.5	55.2	44.5	54.7	55.8	44.9	55.7	56.6	45.9
广西	52.7	53.1	37.9	51.6	52.3	31.4	51.7	51.8	41.1	52.0	52.2	33.6
海南	62.7	64.1	44.2	62.2	62.7	55.8	57.6	58.1	52.9	54.3	55.0	46.7
重庆	49.0	50.0	32.2	48.7	55.8	37.1	50.2	56.4	37.0	52.8	53.6	45.5
四川	53.5	54.6	41.8	52.5	53.9	41.8	54.0	54.9	45.3	55.1	55.4	45.8
贵州	52.2	53.2	39.6	51.5	51.7	49.8	50.6	50.6	49.8	51.8	51.7	52.1
云南	59.5	60.5	48.5	56.9	57.9	45.1	54.0	54.9	42.8	52.1	52.5	42.4
西藏	29.7	29.7	0	29.1	29.1	0	30.5	30.5	0	34.1	34.1	0
陕西	50.0	53.4	37.3	48.2	53.6	34.4	48.6	53.0	36.9	49.5	53.9	38.3
甘肃	49.4	52.2	33.6	48.1	50.8	32.1	47.3	48.9	33.3	46.7	48.1	32.4
青海	59.0	61.7	26.7	58.9	61.9	23.5	64.3	67.4	35.2	68.8	71.5	55.3
宁夏	65.6	69.7	46.9	64.1	66.6	44.9	64.1	65.7	42.7	62.9	63.9	43.3
新疆	61.3	63.5	49.2	61.6	63.5	50.6	60.6	61.8	52.8	59.8	60.7	52.9

资料来源：根据《中国教育统计年鉴》相关数据计算整理而得。

由表 5.14 可知，全国普通高中专任教师中中学一级以上职称教师占总教师的比例，2003 年合计为 53.1%、城镇为 54.5%、农村为 41.7%；2004 年合计为 52.9%、城镇为 54.3%、农村为 41.5%；2005 年合计为 53.4%、城镇为 54.5%、农村为 43.2%；2006 年合计为 54.2%、城镇为 55.2%、农村为 44.8%。每年有 2%—3% 的增长率。合计和城镇部分的比例基本保持稳定状态，农村稍微有所增加。

总的来看，普通高中专任教师中中学一级以上职称教师占总教师的比例城镇高于合计，合计高于农村，各省份间及城乡间的差距都比较大，且呈现逐年上升的趋势。如 2003 年有 24 个省份城镇比农村要高 10 个百分点以上，其中高出 20 个百分点的省份有 5 个，青海的城乡差距最大为 35 个百分点，仅有上海、辽宁的城镇比农村要低 8.6 和 0.9 个百分点。2003 年合计最大为上海 65.7%，最小为西藏 29.7%，两者差距为 36%，比全国平均水平低的省份有 13 个；城镇最大为宁夏 69.7%，最小为西藏 29.7%，两者间相差 40 个百分点，比全国均值低的省份有 13 个；农村最大为上海 74.2%，最小为青海 26.7%（西藏 0 值除外，因西藏农村没有高中），两者间相差 47.5 个百分点，比全国均值低的省份有 15 个；可见西藏在普通高中专任教师本科以上学历教师的占有比例在合计、城镇、（青海）农村都是最低的，而上海（合计、农村）、宁夏（城镇）则是最高的。如 2006 年城镇比农村高 10 个百分点以上的省份有 16 个（西藏除外），宁夏的城乡差距最大为 20.6 个百分点，仅有内蒙古的城镇比农村要低 4.8 个百分点。2006 年合计最大为上海 69.3%，最小为西藏 34.1%，两者差距为 35.2%，比全国平均水平低的省份有 13 个；城镇最大为青海 71.5%，最小为西藏 34.1%，两者间相差 37.4 个百分点，比全国均值低的省份有 14 个；农村最大为上海 65.9%，最小为河南 32.2%，两者间相差 33.7 个百分点，比全国均值低的省份有 13 个（西藏除外）；可见西藏（合计、城镇）、河南（农村）在普通高中专任教师本科以上学历教师的占有比例都是最低的，而上海（合计、农村）及青海（城镇）则是最高的。

（二）普通高中专任教师中中学高级以上职称比例分析

表 5.15 反映了全国各省区市在 2003—2006 年间的普通高中专任教师中中学高级以上职称教师所占比例情况。

表 5.15 全国分地区普通高中专任教师中中学高级以上职称教师比例表（单位:%）

地区 \ 年份 / 分类	2003			2004			2005			2006		
	合计	城镇	农村	合计	城镇	农村	合计	城镇	农村	合计	城镇	农村
全国	17.9	18.9	9.7	18.5	19.6	10.2	19.3	20.2	11.0	20.4	21.2	12.0
北京	25.0	25.2	18.5	24.9	25.0	22.0	24.8	25.3	15.7	25.7	26.4	14.4
天津	24.8	26.8	8.5	25.1	27.3	8.1	27.0	29.3	8.5	27.9	30.2	10.4
河北	13.8	14.3	7.9	15.0	15.5	8.2	14.7	15.2	7.5	15.3	15.9	7.9
山西	14.8	15.3	7.1	14.7	15.3	7.5	15.6	16.3	7.8	15.8	16.5	7.3
内蒙古	18.0	18.1	14.1	19.0	19.1	13.4	20.7	20.7	17.1	22.4	22.4	20.1
辽宁	27.1	27.4	24.2	28.1	28.3	25.0	29.0	29.2	26.2	29.6	29.8	27.8
吉林	18.2	18.4	10.4	20.8	21.3	8.0	22.6	23.0	8.7	24.3	24.7	11.6
黑龙江	24.4	25.1	19.1	25.2	25.8	20.4	25.9	26.3	21.8	27.2	27.4	25.1
上海	23.1	23.2	14.2	23.4	23.4	21.1	25.0	25.0	27.6	27.1	27.2	12.2
江苏	16.1	19.4	8.4	16.8	19.7	9.1	18.4	20.0	10.2	20.0	21.9	10.5
浙江	16.6	16.6	3.5	17.8	17.9	4.3	19.1	19.2	12.4	20.8	21.1	12.7
安徽	22.6	25.0	11.6	22.8	24.7	13.4	23.3	25.0	13.4	24.1	25.7	15.5
福建	15.8	16.6	6.4	16.6	17.4	7.6	18.1	18.6	10.8	19.7	20.7	10.7
江西	20.8	21.3	15.0	23.0	23.6	15.4	24.4	25.0	17.2	26.2	27.2	17.4
山东	14.7	15.0	9.3	15.3	15.4	11.5	16.3	16.5	12.1	17.4	17.6	14.3
河南	17.1	17.9	8.5	16.6	17.4	8.5	16.6	17.4	8.2	17.1	17.9	8.4
湖北	21.9	23.3	10.8	23.7	25.4	11.8	25.0	26.9	12.7	26.3	28.1	13.6
湖南	19.3	21.2	8.5	19.2	21.2	8.5	19.7	21.6	9.2	20.5	22.6	10.2
广东	13.5	14.8	7.0	14.1	15.4	7.5	15.2	16.1	7.1	16.6	17.4	8.1
广西	17.1	17.4	8.7	16.3	16.6	8.0	15.3	15.5	5.3	15.1	15.2	4.3
海南	24.8	25.7	11.8	24.9	25.5	16.4	24.1	24.7	18.2	23.0	23.6	16.6
重庆	15.4	15.9	6.3	15.4	20.0	8.0	16.5	20.4	8.2	18.3	19.2	10.2
四川	18.6	19.4	10.2	18.8	19.8	10.8	20.2	21.0	12.7	21.6	21.9	12.6
贵州	19.1	19.6	11.9	19.5	19.5	19.6	19.7	19.6	21.0	20.5	20.5	21.8

续表

地区 \ 分类 \ 年份	2003			2004			2005			2006		
	合计	城镇	农村	合计	城镇	农村	合计	城镇	农村	合计	城镇	农村
云南	17.9	18.5	11.7	18.2	18.9	11.2	18.7	19.3	11.2	19.3	19.6	11.4
西藏	5.0	5.0	0	4.8	4.8	0	5.7	5.7	0	6.4	6.4	0
陕西	17.4	19.3	10.2	17.0	19.8	9.9	16.7	19.3	9.9	18.2	20.9	11.3
甘肃	12.9	14.3	4.9	13.1	14.6	4.2	13.4	14.1	6.1	13.7	14.4	6.2
青海	11.8	12.7	0.7	12.8	13.9	0.7	14.7	16.1	1.4	19.6	21.4	10.7
宁夏	23.3	25.3	14.3	23.6	25.1	11.9	25.0	26.1	11.1	25.9	26.8	9.7
新疆	17.6	19.0	10.0	20.9	22.4	11.6	22.3	23.8	12.4	24.0	25.2	14.8

资料来源：根据《中国教育统计年鉴》相关数据计算整理而得。

由表5.15可知，全国普通高中专任教师中中学高级以上职称教师占总教师的比例，2003年合计为17.9%、城镇为18.9%、农村为9.7%，2004年合计为18.5%、城镇为19.6%、农村为10.2%，2005年合计为19.3%、城镇为20.2%、农村为11.0%，2006年合计为20.4%、城镇为21.2%、农村为12.0%，每年增幅比较小。

总的来看，普通高中专任教师中中学高级以上职称教师比例城镇高于合计，合计高于农村，各省份间及城乡间的差距都比较大，且呈逐年上升的趋势。如2003年有14个省份城镇比农村要高9.2个百分点（全国城镇比农村高出的百分点数）以上，其中高出10个百分点的省份有10个，天津的城乡差距最大为18.3个百分点。2003年合计最大为辽宁27.1%，最小为西藏5%，两者差距为22.1%，比全国平均水平低的省份有15个；城镇最大为辽宁27.4%，最小为西藏5%，两者间相差22.4个百分点，比全国均值低的省份有15个；农村最大为辽宁24.2%，最小为青海0.7%（西藏0值除外，因西藏农村没有高中），比全国均值低的省份有15个；可见西藏在普通高中专任教师本科以上学历教师的占有比例在合计、城镇都是最低的，青海则是农村最低的，而辽宁则在合计、城镇、农村都是最高的。如2006年有19个省份城镇比农村要高9.2个百分点（全国城镇比农村高出的百分点数）以上，其中高出10个百分点的省份有13

个，天津的城乡差距最大为 19.8 个百分点。2006 年合计最大为辽宁 29.6%，最小为西藏 6.4%，两者差距为 23.2%，比全国平均水平低的省份有 14 个；城镇最大为天津 30.2%，最小为西藏 6.4%，两者间相差 23.8 个百分点，比全国均值低的省份有 14 个；农村最大为辽宁 27.8%，最小为广西 4.3%，两者间相差 23.5 个百分点，比全国均值低的省份有 16 个（西藏 0 值除外，因西藏农村没有高中）；可见西藏（合计、城镇）、广西（农村）在普通高中专任教师本科以上学历教师的占有比例都是最低的，青海则是农村最低的，而辽宁（合计、农村）、天津（城镇）则是最高的。

四、全国各省区市普通中学代课教师及兼任教师分析

全国普通中学还存在一定数量的代课教师与兼任教师，其占总计教师数（教职工数 + 代课教师及兼任教师数）的比例情况如表 5.16 所示。

表 5.16　全国普通中学代课教师及兼任教师数占总计教师数的比例表（单位:%）

年份 / 分类 / 地区	2003			2004			2005			2006		
	合计	城镇	农村	合计	城镇	农村	合计	城镇	农村	合计	城镇	农村
全国	2.75	2.65	2.94	2.68	2.72	2.62	2.55	2.62	2.41	2.43	2.48	2.32
北京	2.71	2.76	2.30	1.91	2.02	0.90	1.56	1.78	0.29	1.37	1.56	0.33
天津	2.10	2.35	0.94	2.57	3.02	0.56	1.70	1.99	0.30	1.83	2.08	0.67
河北	1.96	1.89	2.07	2.18	2.35	1.87	2.23	2.57	1.52	2.42	2.72	1.83
山西	5.61	5.22	6.20	6.30	7.17	4.99	7.53	8.32	6.17	6.86	7.05	6.53
内蒙古	3.66	3.61	3.82	3.51	3.28	4.24	3.30	3.31	3.29	3.38	3.44	3.10
辽宁	1.40	1.05	1.98	1.52	1.07	2.28	1.15	0.79	1.75	1.24	0.98	1.66
吉林	1.85	2.07	1.24	2.83	3.34	1.33	1.95	2.11	1.42	1.61	1.77	1.17
黑龙江	1.11	1.28	0.86	0.89	1.05	0.67	1.24	1.33	1.06	0.97	1.27	0.42
上海	5.10	5.12	4.46	4.52	4.58	1.60	3.80	3.85	1.80	3.42	3.43	2.46
江苏	2.82	2.19	3.42	2.08	1.56	2.64	1.60	1.46	1.87	1.27	1.32	1.17
浙江	1.27	1.28	0.99	1.05	1.14	0.12	0.93	1.00	0.31	0.85	0.93	0.20
安徽	4.73	5.55	3.78	4.88	5.20	4.51	4.74	5.23	4.04	4.46	5.23	3.48

续表

地区 \ 分类 \ 年份	2003			2004			2005			2006		
	合计	城镇	农村	合计	城镇	农村	合计	城镇	农村	合计	城镇	农村
福建	2. 69	2. 34	3. 57	2. 19	2. 06	2. 51	2. 09	1. 85	2. 76	1. 74	1. 73	1. 75
江西	2. 44	2. 51	2. 31	2. 31	2. 36	2. 22	2. 19	2. 49	1. 64	1. 49	1. 81	1. 02
山东	1. 19	1. 24	1. 04	1. 42	1. 50	1. 14	1. 36	1. 54	0. 75	1. 26	1. 36	1. 01
河南	2. 08	2. 59	1. 50	1. 90	2. 44	1. 25	2. 01	2. 57	1. 27	2. 27	3. 14	1. 06
湖北	3. 25	3. 15	3. 41	3. 19	3. 04	3. 42	3. 30	3. 32	3. 26	3. 70	3. 42	4. 06
湖南	1. 78	1. 76	1. 81	1. 46	1. 59	1. 29	1. 38	1. 59	1. 07	1. 16	1. 45	0. 73
广东	3. 77	3. 93	3. 42	3. 56	3. 70	3. 24	3. 48	3. 28	4. 21	3. 46	3. 38	3. 79
广西	5. 90	5. 41	7. 31	5. 61	5. 27	6. 65	4. 17	4. 06	4. 53	3. 29	3. 09	4. 27
海南	2. 08	2. 33	1. 27	1. 80	1. 93	1. 38	2. 74	3. 01	1. 82	2. 88	3. 20	1. 70
重庆	2. 63	2. 21	4. 51	2. 16	2. 00	2. 26	1. 74	1. 49	1. 94	2. 32	1. 86	4. 02
四川	2. 64	2. 36	3. 09	2. 24	2. 15	2. 37	2. 12	2. 01	2. 32	2. 09	1. 83	2. 93
贵州	4. 08	2. 82	6. 21	3. 49	2. 47	5. 31	2. 56	2. 23	3. 19	2. 15	1. 76	2. 99
云南	1. 86	1. 33	2. 50	1. 56	0. 98	2. 27	1. 28	0. 81	1. 94	1. 30	0. 88	2. 15
西藏	2. 64	2. 65	0	1. 42	1. 43	0	1. 00	1. 00	0	1. 85	1. 86	0
陕西	3. 03	2. 70	3. 37	4. 16	6. 29	2. 63	3. 17	3. 90	2. 59	3. 12	3. 38	2. 91
甘肃	4. 08	3. 62	4. 60	3. 90	3. 33	4. 56	4. 17	4. 11	4. 25	3. 16	2. 80	3. 73
青海	1. 30	1. 32	1. 28	1. 25	1. 30	1. 13	2. 39	2. 57	2. 01	2. 77	2. 41	3. 34
宁夏	4. 29	5. 56	2. 09	4. 53	3. 74	6. 12	4. 05	2. 98	6. 58	4. 63	3. 29	8. 07
新疆	3. 46	2. 94	3. 97	3. 53	3. 62	3. 44	4. 01	4. 38	3. 62	3. 63	4. 07	3. 17

注：以上比例是合计、城镇、农村中的代课教师及兼任教师数占合计、城镇、农村的“总计教师数”的比例。

资料来源：根据《中国教育统计年鉴》相关数据计算整理而得。

由表 5. 16 可知，全国普通中学代课教师及兼任教师数占总计教师数的比例，2003 年合计为 2. 75% 、城镇为 2. 65% 、农村为 2. 94% ；2004 年合计为 2. 68% 、城镇为 2. 72% 、农村为 2. 62% ；2005 年合计为 2. 55% 、城镇为 2. 62% 、农村为 2. 41% ；2006 年合计为 2. 43% 、城镇为 2. 48% 、农村为2.32%。由于近年来国家采取措施清退代课教师，故其数量呈下降趋势，但是还是有相当数量的代课教师与兼任教师存在，从绝对数量来看，其中2003年年底有合计15.5573万人，城镇9.6723万人，农村5.8850万人，绝大部分分布在城镇地区，占总计的62.17%；至2005年底还有合计14.9535万人，城镇10.2643万人，农村4.6892万人，城镇占总计的68.64%；至2006年年底还有合计14.4009万人，城镇9.9630万人，农村4.4379万人，绝大部分分布在城镇地区，占69.18%。可见，这几年代课教师及兼任教师数量减少比较少，2003—2006年间合计只减少了1.1564万人，减少了7.43%，但是城镇则增加了2907人，增加了3.01%，农村减少了1.4471万人，减少了24.59%。

总的来看，代课教师及兼任教师数占总计教师数的比例城镇比农村低的占31个省份的一半左右。如2003年有16个省份城镇比农村低，最低的贵州城镇比农村低3.39个百分点，在15个城镇比农村高的省份中，宁夏最高，城镇比农村高出3.47个百分点；本年合计最大为广西5.9%，最小为黑龙江1.11%，差距为4.79%，比全国均值低的省份有18个；城镇最大为宁夏5.56%，最小为辽宁1.05%，差距为4.51%，比全国均值低的省份有17个；农村最大为广西7.31%，最小为黑龙江0.86%（西藏0值除外，没有农村高中），差距为6.45%，比全国均值低的省份有16个。2006年有12个省份城镇比农村低，最低的宁夏城镇比农村低4.78个百分点，在19个城镇比农村高的省份中，河南最高，城镇比农村高出2.08个百分点；本年合计最大为山西6.96%，最小为浙江0.85%，差距为6.11%，比全国均值低的省份有18个；城镇最大为山西7.05%，最小为云南0.88%，差距为6.17%，比全国均值低的省份有17个；农村最大为宁夏8.07%，最小为浙江0.20%（西藏0值除外），差距为7.87%，比全国均值低的省份有15个。

第四节　全国各省区市每十万人口中普通中小学在校生数差异分析

在相关的统计年鉴中没有关于各地中小学的入学率的统计，更无合计、城市、县镇、农村分类的入学率等的统计，但是我们可以从每十万人口中各阶段在校生数大致上反映出各地在各阶段教育的入学等情况。表5.17显示了全国各省区市在2003—2006年间每十万人口中普通教育中小学阶段在校生数情况。

表5.17 全国分地区每十万人口中普通教育中小学阶段在校生数（单位：人）

地区 \ 分类 / 年份	普通小学				普通初中				普通高中			
	2003	2004	2005	2006	2003	2004	2005	2006	2003	2004	2005	2006
全国	9046	8652	8309	8149	5122	4981	4720	4517	1520	1708	1842	1913
北京	3754	3457	3215	2994	3114	2589	2091	1824	1724	1841	1810	1641
天津	5791	5420	5110	4808	4278	3913	3443	3124	1805	1939	2082	2012
河北	8961	8034	7303	6817	6345	5927	5407	4883	1687	1900	2031	2085
山西	10970	10770	10440	10008	5831	5778	5657	5607	1731	1941	2127	2214
内蒙古	7284	6954	6691	6524	4721	4581	4322	4132	1765	1986	2194	2342
辽宁	6869	6626	6316	5963	4295	3973	3720	3512	1431	1625	1763	1800
吉林	6779	6429	5984	5715	4424	4239	3895	3589	1410	1667	1802	1883
黑龙江	6296	6066	5770	5501	5211	4883	4439	4080	1274	1433	1528	1590
上海	3827	3117	3039	2940	2708	2999	2626	2424	1748	1801	1753	1497
江苏	7823	7107	6495	6036	5001	4948	4632	4221	1674	1848	1944	2021
浙江	7271	7295	6991	6816	4101	3815	3493	3474	1682	1823	1837	1794
安徽	10315	9653	9544	9137	5278	5481	5620	5588	1404	1625	1910	2108
福建	8944	8173	7730	7567	5438	5301	5005	4638	1649	1879	2072	2193
江西	9181	9015	8911	9217	5375	5086	4668	4165	1702	1868	1970	2003
山东	7044	6839	6654	6693	5318	4785	4281	3877	1853	2060	2126	2075
河南	10951	10436	10521	10616	6249	6079	6075	5756	1515	1737	2008	2146
湖北	8799	7895	7516	6874	5568	5518	5556	5289	1788	1990	2267	2367
湖南	7034	6458	6637	6769	5736	5268	4699	3925	1599	1778	2084	2140
广东	12891	12640	11606	11361	5434	5414	5033	5114	1430	1581	1620	1757
广西	10127	9625	9716	9750	5044	4930	5020	4854	1205	1333	1501	1567
海南	12440	12250	12762	12527	5166	5369	5630	5686	1097	1255	1427	1650
重庆	8880	8648	9327	8988	4012	3991	4481	4587	1303	1440	1720	1802

续表

地区 \ 分类 年份	普通小学				普通初中				普通高中			
	2003	2004	2005	2006	2003	2004	2005	2006	2003	2004	2005	2006
四川	8683	8443	8701	8836	4230	4142	4227	4401	1300	1484	1686	1738
贵州	12322	12280	12701	12627	5090	5249	5508	5409	990	1137	1328	1413
云南	10098	9981	9915	10088	4390	4373	4283	4242	830	951	1086	1217
西藏	11928	11947	11823	11727	3410	3988	4358	4551	818	977	1204	1341
陕西	10880	10012	9142	8704	5997	5917	5751	5673	2009	2249	2436	2572
甘肃	12400	12050	11703	11452	5017	5135	5311	5543	1640	1908	2183	2316
青海	9493	9517	9334	9526	4009	4143	4180	4105	1504	1710	1851	1881
宁夏	11543	11532	11631	11536	4637	4582	4714	4808	1853	2008	2105	2176
新疆	11836	11299	10666	10234	5860	5903	5739	5708	1630	1829	1929	1963
极差	9137	9523	9723	9687	3637	3490	3984	3932	1191	1298	1350	1355
极差率	3. 43	4. 06	4. 20	4. 29	2. 34	2. 35	2. 91	3. 16	2. 46	2. 36	2. 24	2. 11
标准差	2481	2543	2601	2637	887	861	933	987	300	316	317	324
变异系数	0. 274	0. 294	0. 313	0. 324	0. 173	0. 173	0. 198	0. 219	0. 197	0. 185	0. 172	0. 169

注：此表反映的数据与常见的各类年鉴（如《中国统计年鉴》）中反映的“每十万人口中小学阶段在校生数”不一样，因为此处反映的是普通中小学在校生数，而中小学阶段在校生数一般要大于该数。

资料来源：根据《中国教育统计年鉴》中的普通中小学在校生数除以各地的人口数得出。

可见，全国每十万人口中普通小学在校生数从2003年的9046人减少到2004年的8652人，再减少到2005年的8309人，到2006年减少到8149人；每十万人口中普通初中在校生数从2003年的5122人减少到2004年的4981人，再减少到2005年的4720人，到2006年减少到4517人；每十万人口中普通高中在校生数从2003年的1520人增加到2004年的1708人，再增加到2005年的1842人，到2006年增加到1913人。可见，全国普通小学及普通初中的在校生数在逐年减少，入学人数呈下降趋势；而普通高中的在校生数则逐年增加，入学人数呈增长趋势。即今后普通中小学已过了入学高峰期，其入学人数呈下降趋势；而高中的入学高峰期则正在来临，高中需求越来越强劲。具体各省区市的情况也是与全国平均水平的变化趋势是一样的。

从极差率反映的最大地与最小地的相对差距来看，普通小学从2003年的3.43倍逐年增加到2006年的4.29倍，普通初中从2003年的2.34倍逐年增加到2006年的3.16倍，普通高中则从2003年的2.46倍逐年减少到2006年的2.11倍；极大与极小的绝对差距（极差）普通小学呈逐年增长态势（2006年有所下降），普通初中从2003年到2006年有所增加，中间年份有增有减，普通高中呈逐年增长态势。从标准差反映的各地与全国均值间的相对离差程度普通小学及普通高中均是呈逐年增长态势，普通初中除2004年比2003年有所下降外，其余年份均呈增长态势；从变异系数反映的各地区间的相对差距普通小学、普通初中均是呈逐年增加态势，普通高中呈逐年递减态势。

第六章　我国基础教育物力资源配置现状分析

第一节　全国各省区市小学物力资源配置差异分析

一、全国各省区市小学生均校舍建筑面积分析

表6.1显示了全国各省区市在2003—2006年间普通小学的生均校舍建筑面积情况。

表6.1　全国分地区普通小学生均校舍建筑面积表（单位：平方米）

年份 / 分类 / 地区	2003			2004			2005			2006		
	合计	城镇	农村	合计	城镇	农村	合计	城镇	农村	合计	城镇	农村
全国	4.94	4.92	4.95	5.15	4.97	5.24	5.34	5.00	5.54	5.47	5.03	5.74
北京	9.24	8.99	10.24	9.79	9.40	11.59	10.37	9.70	12.48	11.03	10.12	14.10
天津	5.89	6.14	5.22	6.21	6.44	5.58	6.58	6.66	6.32	6.69	6.62	6.91
河北	4.62	4.58	4.64	4.99	4.65	5.16	5.45	4.97	5.71	5.78	4.99	6.19

续表

地区 \ 年份 分类	2003			2004			2005			2006		
	合计	城镇	农村	合计	城镇	农村	合计	城镇	农村	合计	城镇	农村
山西	4.52	3.75	4.88	4.69	3.68	5.18	4.92	3.82	5.53	5.29	3.97	6.06
内蒙古	5.41	4.16	6.69	5.51	4.16	6.98	5.60	4.17	7.43	5.51	4.18	7.68
辽宁	4.79	4.51	5.01	4.82	4.59	5.00	4.92	4.69	5.09	4.92	4.82	5.00
吉林	5.17	4.62	5.64	5.35	4.62	6.07	5.58	4.67	6.60	5.81	4.81	6.87
黑龙江	5.39	4.61	5.93	5.49	4.59	6.15	5.64	4.68	6.46	5.87	4.79	6.81
上海	5.83	5.82	6.04	7.07	7.05	7.67	7.18	7.15	8.21	7.40	7.34	11.25
江苏	4.68	5.20	4.44	5.14	5.49	4.94	5.60	5.74	5.46	5.99	6.04	5.93
浙江	5.82	5.73	6.72	5.94	5.75	6.38	6.23	6.02	6.68	6.51	6.26	7.09
安徽	3.62	3.87	3.55	3.90	4.05	3.86	4.16	4.11	4.18	4.38	4.25	4.43
福建	6.53	5.32	7.51	7.09	5.56	8.25	7.45	5.60	8.96	7.73	5.42	9.51
江西	4.82	4.59	4.98	4.97	4.68	5.17	5.16	4.33	5.56	5.02	3.90	5.48
山东	4.58	4.91	4.38	4.68	4.81	4.59	4.77	4.77	4.76	4.86	4.78	4.91
河南	4.18	4.36	4.13	4.40	4.39	4.40	4.54	4.47	4.57	4.55	4.28	4.64
湖北	5.93	5.27	6.24	6.36	5.45	6.84	6.82	5.32	7.53	7.38	5.40	8.39
湖南	7.35	5.83	8.12	7.70	5.93	8.71	7.70	5.55	9.05	7.45	5.29	8.73
广东	5.68	5.49	5.83	5.87	5.69	6.01	5.97	5.86	6.05	6.22	6.14	6.29
广西	5.92	5.70	5.99	6.16	5.91	6.25	6.30	5.62	6.54	6.16	5.49	6.42
海南	4.90	4.91	4.90	4.91	4.66	5.05	4.63	4.27	4.86	4.87	4.32	5.24
重庆	4.99	5.15	4.82	5.19	5.49	5.11	5.56	5.48	5.58	5.80	5.29	6.22
四川	4.58	4.45	4.63	4.63	4.26	4.77	4.69	4.14	4.96	4.55	4.11	4.87
贵州	2.96	3.33	2.85	3.05	3.30	2.97	3.18	3.31	3.14	3.35	3.31	3.36
云南	5.54	5.31	5.59	5.56	5.14	5.66	5.56	5.04	5.69	5.50	4.86	5.70
西藏	6.14	6.32	6.07	6.41	6.60	6.34	6.85	7.25	6.70	7.05	6.95	7.09
陕西	4.81	4.20	5.02	5.17	3.97	5.54	5.59	4.00	6.16	5.80	3.98	6.54
甘肃	3.52	3.54	3.51	3.67	3.49	3.73	3.96	3.62	4.07	4.13	3.68	4.29
青海	4.39	4.17	4.54	4.28	3.86	4.59	4.50	3.94	4.84	4.78	3.73	5.34

续表

地区 \ 分类 \ 年份	2003			2004			2005			2006		
	合计	城镇	农村	合计	城镇	农村	合计	城镇	农村	合计	城镇	农村
宁夏	3.78	3.67	3.85	3.88	3.61	4.04	3.86	3.52	4.05	4.01	3.68	4.21
新疆	3.67	3.81	3.61	3.76	3.69	3.79	3.86	3.51	4.02	4.15	3.87	4.29
极差	6.28	5.66	7.39	6.74	6.1	8.62	7.19	6.39	9.34	7.68	6.81	10.74
极差率	3.12	2.70	3.59	3.21	2.85	3.90	3.26	2.93	3.97	3.29	3.06	4.20
标准差	1.23	1.10	1.49	1.35	1.27	1.71	1.42	1.35	1.86	1.49	1.40	2.20
变异系数	0.249	0.224	0.301	0.262	0.256	0.326	0.266	0.270	0.336	0.272	0.278	0.383

资料来源：根据《中国教育统计年鉴》相关数据计算整理而得。

（一）合计的小学生均校舍建筑面积分析

由表6.1可知，全国合计的普通小学生均校舍建筑面积从2003年的4.94平方米，增加到2004年的5.15平方米，增加到2005年的5.34平方米，再增加到2006年的5.47平方米。小学生均校舍建筑面积在2003年高于全国平均水平4.94平方米的地区有15个，其中最高五个地区由低至高依次是湖北（5.93/0.99）（括号中前者数据为生均值，后者为生均距平值，“-”表示生均值比全国平均值低，下同）、西藏（6.14/1.20）、福建（6.53/1.59）、湖南（7.35/2.41）、北京（9.24/4.30）；低于全国平均水平的最小五个地区由低至高依次是贵州（2.96/-1.98）、甘肃（3.52/-1.42）、安徽（3.62/-1.32）、新疆（3.67/-1.27）、宁夏（3.78/-1.16）。小学生均校舍建筑面积在2006年高于全国平均水平5.47平方米的地区有14个，其中最高五个地区由低至高依次是湖北（7.38/1.91）、上海（7.40/1.93）、湖南（7.45/1.98）、福建（7.73/2.26）、北京（11.03/5.56）；低于全国平均水平的最小五个地区由低至高依次是贵州（3.35/-2.12）、宁夏（4.01/-1.46）、甘肃（4.13/-1.34）、新疆（4.15/-1.32）、安徽（4.38/-1.09）。

纵观这四年，贵州是小学生均校舍建筑面积最小的地区，其变化趋势是2.96↗3.05↗3.18↗3.35（单位为平方米，下同）；北京是小学生均校舍建筑面积最大的地区，其变化趋势是9.24↗9.79↗10.37↗

11.03。两者间的极差变化趋势是6.28↗6.74↗7.19↗7.68；极差率变化趋势是3.12↗3.21↗3.26↗3.29。这四年间小学生均校舍建筑面积的标准差变化趋势是1.23↗1.35↗1.42↗1.49；变异系数的变化趋势是0.249↗0.262↗0.266↗0.272。说明最大与最小地区之间及各地区与全国平均值间（也就是各地区间）的相对差距还在加大，由极差、极差率、标准差及变异系数都得以明证，它们均呈现增大的趋势。

（二）城镇小学生均校舍建筑面积分析

由表6.1可知，全国城镇的普通小学生均校舍建筑面积从2003年的4.92平方米，增加到2004年的4.97平方米，增加到2005年的5.00平方米，再增加到2006年的5.03平方米。小学生均校舍建筑面积在2003年高于全国平均水平4.92平方米的地区有13个，其中最高五个地区由低至高依次是上海（5.82/0.90）、湖南（5.83/0.91）、天津（6.14/1.22）、西藏（6.32/1.40）、北京（8.99/4.07）；低于全国平均水平的最小五个地区由低至高依次是贵州（3.33/－1.59）、甘肃（3.54/－1.38）、宁夏（3.67/－1.25）、山西（3.75/－1.17）、新疆（3.81/－1.11）。小学生均校舍建筑面积在2006年高于全国平均水平5.03平方米的地区有12个，其中最高五个地区由低至高依次是浙江（6.26/1.23）、天津（6.62/1.59）、西藏（6.95/1.92）、上海（7.34/2.31）、北京（10.12/5.09）；低于全国平均水平的最小五个地区由低至高依次是贵州（3.31/－1.72）、甘肃（3.68/－1.35）、宁夏（3.68/－1.35）、青海（3.73/－1.30）、新疆（3.87/－1.16）。

纵观这四年，贵州是小学生均校舍建筑面积最小的地区，其变化趋势是3.33↘3.30↗3.31↗3.31；北京是小学生均校舍建筑面积最大的地区，其变化趋势是8.99↗9.40↗9.70↗10.12。两者间的极差变化趋势是5.66↗6.10↗6.39↗6.81；极差率变化趋势是2.70↗2.85↗2.93↗3.06。这四年间小学生均校舍建筑面积的标准差变化趋势是1.10↗1.27↗1.35↗1.40；变异系数的变化趋势是0.224↗0.256↗0.270↗0.278。说明最大与最小地区之间及各地区与全国平均值间（也就是各地区间）的相对差距还在加大，由极差、极差率、标准差及变异系数都得以明证，它们均呈现增大的趋势。

（三）农村小学生均校舍建筑面积分析

由表 6.1 可知，全国农村的普通小学生均校舍建筑面积从 2003 年的 4.95 平方米，增加到 2004 年的 5.24 平方米，增加到 2005 年的 5.54 平方米，再增加到 2006 年的 5.74 平方米。小学生均校舍建筑面积在 2003 年高于全国平均水平 4.95 平方米的地区有 17 个，其中最高五个地区由低至高依次是内蒙古（6.69/1.74）、浙江（6.72/1.77）、福建（7.51/2.56）、湖南（8.12/3.17）、北京（10.24/5.29）；低于全国平均水平的最小五个地区由低至高依次是贵州（2.85/－2.10）、甘肃（3.51/－1.44）、安徽（3.55/－1.40）、新疆（3.61/－1.34）、宁夏（3.85/－1.10）。小学生均校舍建筑面积在 2006 年高于全国平均水平 5.74 平方米的地区有 18 个，其中最高五个地区由低至高依次是湖北（8.39/2.65）、湖南（8.73/2.99）、福建（9.51/3.77）、上海（11.25/5.51）、北京（14.10/8.36）；低于全国平均水平的最小五个地区由低至高依次是贵州（3.36/－2.38）、宁夏（4.21/－1.53）、甘肃（4.29/－1.45）、新疆（4.29/－1.45）、安徽（4.43/－1.31）。

纵观这四年，贵州是小学生均校舍建筑面积最小的地区，其变化趋势是 2.85 ↗ 2.97 ↗ 3.14 ↗ 3.36（单位为平方米，下同）；北京是小学生均校舍建筑面积最大的地区，其变化趋势是 10.24 ↗ 11.59 ↗ 12.48 ↗ 14.10。两者间的极差变化趋势是 7.39 ↗ 8.62 ↗ 9.34 ↗ 10.74；极差率变化趋势是 3.59 ↗ 3.90 ↗ 3.97 ↗ 4.20。这四年间小学生均校舍建筑面积的标准差变化趋势是 1.49 ↗ 1.71 ↗ 1.86 ↗ 2.20；变异系数的变化趋势是 0.301 ↗ 0.326 ↗ 0.336 ↗ 0.383。说明最大与最小地区之间及各地区与全国平均值间（也就是各地区间）的相对差距还在加大，由极差、极差率、标准差及变异系数都得以明证，它们均呈现增大的趋势。

在普通小学生均校舍建筑面积（合计）中，几乎所有的省份小学生均校舍建筑面积都在增加，增幅最快的是北京，且远远高于其他省份，其次是福建，北京、湖南、福建、上海、湖北始终处于高位，贵州、甘肃、宁夏、新疆、安徽、青海、河南始终处于低位。在普通小学生均校舍建筑面积（城镇）中，几乎所有的省份小学生均校舍建筑面积都在增加，增幅最快的是北京，且远远高于其他省份，其次是上海、西藏、浙江、天津等地处于高位；贵州、甘肃、宁夏、山西、新疆、青海、安徽、陕西等地则处于低位。在普通小学生均校舍建筑面积（农村）中，基本上所有的省份小学生均校舍建筑面积都在增加，增幅最快的是北京、其次是上海，再次是广东、福建、内蒙古、湖北、浙江等地始终处于高位；贵州、甘肃、安徽、新疆、宁夏、河南、青海等地始终处于低位。

由相关数据分析可知，这四年间各省区市间的差距或各省区市与全国均值之间的相对差距有增大的趋势，表现在图上就是各曲线族向右的开口在增大，北京、上海、湖南、福建、广东、内蒙古、湖北、浙江等地与贵州、甘肃、宁夏、新疆、安徽、青海、河南、陕西等地的差距在不断增大，并无缩小迹象。

（四）普通小学生均校舍建筑面积的城乡差分析

2003 年普通小学生均校舍建筑面积城乡差距最大的是内蒙古（-2.53，“-”表示城镇比农村低），其次是湖南（-2.29）、福建（-2.19），城镇比农村低 1 平方米以上的省份有 7 个，全国仅有 11 个省份的城镇小学生均校舍建筑面积比农村的大，其余 21 个省份均是城镇比农村小，全国的平均城乡差为 -0.03 平方米，城镇比农村高出 0.5 的省份有山东（0.53）、江苏（0.76）、天津（0.92）。2006 年普通小学生均校舍建筑面积城乡差距（城镇低于农村）最大的是福建（-4.09），其次是北京（-3.98）、上海（-3.91）、内蒙古（-3.50）、湖南（-3.44），低 2 平方米以上的省份有 10 个，低 1 平方米以上的有 13 个，低 0.5 平方米以上的有 21 个，全国有 30 个省份的城镇小学生均校舍建筑面积比农村的小，仅有江苏 1 个省份均是城镇比农村大 0.11 平方米，全国的平均城乡差为 -0.71 平方米。总的来说，城乡间的差距没有缩小，而是向着城镇比农村低得更多的方向发展，其中以上海的速度为最，其次是北京、福建、湖南、内蒙古、湖北等，仅有广东是由城镇向着农村值靠拢，说明农村小学的生均校舍建筑面积有很大的改善，且生均值比城镇高出相当数量。

综上所述，各地区在普通小学生均校舍建筑面积的差距呈现出一种“马太效应”，表现为强者更强，弱者更弱。

二、全国各省区市小学生均学校固定资产总值分析

表 6.2 显示了全国各省区市在 2003—2006 年间普通小学的生均学校固定资产总值情况。

表 6.2 全国分地区普通小学生均学校固定资产总值表（单位：元）

年份 分类 地区	2003			2004			2005			2006		
	合计	城镇	农村	合计	城镇	农村	合计	城镇	农村	合计	城镇	农村
全国	2736	3685	2242	2805	3698	2337	3107	4087	2555	3308	4160	2793
北京	9350	7261	17739	7896	7992	7452	9429	9740	8445	11509	11496	11551
天津	3216	2991	3806	4091	4174	3857	4233	3999	4973	4380	4278	4725
河北	2785	3513	2476	3213	3186	3226	3469	3908	3233	3933	3685	4062
山西	2586	3447	2185	2397	2154	2514	3846	5861	2732	3248	2859	3478
内蒙古	2504	2401	2610	2526	2324	2747	3058	2858	3315	3061	2745	3580
辽宁	2581	2850	2376	2631	3036	2325	2870	3276	2553	2974	3589	2502
吉林	2894	3156	2666	3037	3413	2670	3669	4538	2698	4579	5394	3718
黑龙江	2752	3001	2581	2865	3197	2619	2972	3120	2846	3240	3361	3135
上海	6567	6629	4939	8448	8497	6888	9506	9532	8547	13503	11909	128884
江苏	3351	4792	2715	3532	4888	2756	4500	5982	3096	5332	6604	4004
浙江	3878	3919	3500	4394	4963	3030	4965	5563	3690	5529	6121	4204
安徽	1659	2684	1356	2079	2457	1957	1866	2614	1573	2183	3197	1806
福建	3832	3962	3727	3497	3767	3293	4578	3834	5187	4111	3891	4281
江西	2483	2817	2250	2203	2487	1999	2873	2693	2960	2155	2000	2219
山东	2302	3446	1628	2541	3647	1791	2982	4022	2238	3073	4229	2389
河南	1884	3054	1574	1879	2603	1673	1994	2455	1851	2217	2828	2018
湖北	2563	3205	2258	2647	3006	2459	2724	3110	2542	3138	3390	3009
湖南	2990	3766	2597	3119	4191	2509	3136	3766	2740	3701	3718	3691
广东	4429	5106	3916	4772	5519	4177	4941	5959	4139	5467	6617	4523
广西	2109	2770	1891	2422	3731	1972	2432	3186	2170	2454	2966	2251

续表

年份 分类 地区	2003			2004			2005			2006		
	合计	城镇	农村	合计	城镇	农村	合计	城镇	农村	合计	城镇	农村
海南	3319	4155	2843	3595	4411	3092	3633	3849	3495	3746	4576	3195
重庆	4805	5268	4308	3023	7596	1895	2922	5137	2159	2959	3540	2468
四川	2122	3205	1710	2014	2564	1807	2162	2817	1844	2046	2457	1734
贵州	1194	1714	1044	1115	1531	985	1196	1527	1087	1336	1631	1228
云南	2106	3078	1899	2213	2986	2034	2447	3103	2284	2511	3058	2338
西藏	3870	5410	3324	5579	6693	5173	5517	7524	4743	6902	10852	5233
陕西	1949	2711	1690	2137	2690	1965	2629	3131	2452	2956	2859	2996
甘肃	2481	4914	1689	2254	1836	2408	2206	2845	1996	1999	2321	1879
青海	4686	1959	6556	1950	1944	1954	3393	2245	4085	2740	2886	2663
宁夏	4002	3731	4149	2271	2494	2129	2002	2494	1720	2318	2812	2011
新疆	2333	2812	2146	2653	3167	2431	2707	2483	2811	2595	2704	2539
极差	8156	5547	16695	7333	6966	6467	8310	8213	7460	12167	10278	127656
极差率	7.83	4.24	16.99	7.58	5.55	7.57	7.95	6.38	7.86	10.11	7.30	104.95
标准差	1586	1267	2940	1620	1812	1417	1866	1993	1716	2611	2654	22626
变异系数	0.580	0.344	1.311	0.578	0.490	0.606	0.601	0.488	0.672	0.789	0.638	8.101

注：青海2003年、2005年城镇及农村的数据，北京2003年城镇及农村的数据，上海、西藏2006年城镇及农村的数据，笔者仔细核对了教育统计年鉴中的数据，没有出现数据录入方面的错误，这里反映的数据比较特殊，除非是统计年鉴在排版印刷时没有仔细核对出其中可能存在的错误，本研究就默认这里的数据是真实的。

资料来源：根据《中国教育统计年鉴》相关数据计算整理而得。

（一）合计的小学生均学校固定资产总值分析

由表6.2可知，全国合计的普通小学生均学校固定资产总值从2003年的2736元，增加到2004年的2805元，增加到2005年的3107元，再增加到2006年的3308元。小学生均学校固定资产总值在2003年高于全国平均水平2736元的地区有16个，其中最高五个地区由低至高依次是广东（4429/1693）（单位为元，“－”表示生均值比全国平均值低，下同）、青海（4686/1950）、重庆（4805/2069）、上海（6567/3831）、北京（9350/6614）；低于全国平均水平的最小五个地区由低至高依次是贵州（1194/－1542）、安徽（1659/－1077）、河南（1884/－852）、陕西（1949/－787）、云南（2106/－630）。小学生均学校固定资产总值在2006年高于全国平均水平3308元的地区有14个，其中最高五个地区由低至高依次是广东（5467/2159）、浙江（5529/2221）、西藏（6902/3594）、北京（11509/8201）、上海（13503/10195）；低于全国平均水平的最小五个地区由低至高依次是贵州（1336/－1972）、甘肃（1999/－1309）、四川（2046/－1262）、江西（2155/－1153）、安徽（2183/－1125）。

纵观这四年，贵州是小学生均学校固定资产总值最小的地区，其变化趋势是1194↘1115↗1196↗1336（单位为元，下同）；北京（2003年）、上海（2004—2006年）是小学生均学校固定资产总值最大的地区，其变化趋势是9350↘8448↗9506↗13503。两者间的极差变化趋势是8156↘7333↗8310↗12167；极差率变化趋势是7.83↘7.58↗7.95↗10.11。这四年间小学生均学校固定资产总值的标准差变化趋势是1586↗1620↗1866↗2611；变异系数的变化趋势是0.580↘0.578↗0.601↗0.789。说明最大与最小地区之间及各地区与全国平均值间（也就是各地区间）的相对差距还在加大，由极差、极差率、标准差及变异系数都得以明证，它们均呈现增大的趋势。

（二）城镇小学生均学校固定资产总值分析

由表6.2可知，全国城镇的普通小学生均学校固定资产总值从2003年的3685元，增加到2004年的3698元，增加到2005年的4087元，再增加到2006年的4160元。小学生均学校固定资产总值在2003年高于全国平均水平3685元的地区有12个，其中最高五个地区由低至高依次是广东（5106/1421）（单位为元，下同）、重庆（5268/1583）、西藏（5410/1725）、上海（6629/2944）、北京（7261/3576）；低于全国平均水平的最小五个地区由低至高依次是贵州（1714/－1971）、青海（1959/－1726）、内蒙古（2401/－1284）、安徽（2684/－1001）、陕西（2711/－974）。小学生均学校固定资产总值在2006年高于全国平均水平4160元的地区有10个，其中最高五个地区由低至高依次是江苏（6604/2444）、广东（6617/

2457)、西藏(10852/6692)、北京(11496/7336)、上海(11909/7749);低于全国平均水平的最小五个地区由低至高依次是贵州(1631/-2529)、江西(2000/-2160)、甘肃(2321/-1839)、四川(2457/-1703)、新疆(2704/-1456)。

纵观这四年,贵州是小学生均学校固定资产总值最小的地区,其变化趋势是1714↘1531↘1527↗1631(单位为元,下同);北京(2003年、2005年)、上海(2004年、2006年)是小学生均学校固定资产总值最大的地区,其变化趋势是7261↗8497↗9740↗11909。两者间的极差变化趋势是5547↗6966↗8213↗10278;极差率变化趋势是4.24↗5.55↗6.38↗7.30。这四年间小学生均学校固定资产总值的标准差变化趋势是1267↗1812↗1993↗2654;变异系数的变化趋势是0.344↗0.490↘0.488↗0.638。说明最大与最小地区之间及各地区与全国平均值间(也就是各地区间)的相对差距还在加大,由极差、极差率、标准差及变异系数都得以明证,它们均呈现增大的趋势。

(三)农村小学生均学校固定资产总值分析

由表6.2可知,全国农村的普通小学生均学校固定资产总值从2003年的2242元,增加到2004年的2337元,增加到2005年的2555元,再增加到2006年的2793元。小学生均学校固定资产总值在2003年高于全国平均水平2242元的地区有20个,其中最高五个地区由低至高依次是宁夏(4149/1907)、重庆(4308/2066)、上海(4939/2697)、青海(6556/4314)、北京(17739/15497);低于全国平均水平的最小五个地区由低至高依次是贵州(1044/-1198)、安徽(1356/-886)、河南(1574/-668)、山东(1628/-614)、甘肃(1689/-553)。小学生均学校固定资产总值在2006年高于全国平均水平2793元的地区有17个,其中最高五个地区由低至高依次是广东(4523/1730)、天津(4725/1932)、西藏(5233/2440)、北京(11551/8758)、上海(128884/126091);低于全国平均水平的最小五个地区由低至高依次是贵州(1228/-1565)、四川(1734/-1059)、安徽(1806/-987)、甘肃(1879/-914)、宁夏(2011/-782)。

纵观这四年,贵州是小学生均学校固定资产总值最小的地区,其变化趋势是1044↘985↗1087↗1228（单位为元，下同）；北京（2003—2004年）、上海（2005—2006年）是小学生均学校固定资产总值最大的地区，其变化趋势是17739↘7452↗8547↗128884。两者间的极差变化趋势是16695↘6467↗7460↗127656；极差率变化趋势是16.99↘7.57↗7.86↗104.95。这四年间小学生均学校固定资产总值的标准差变化趋势是2940↘1417↗1716↗22626；变异系数的变化趋势是1.311↗0.606↗0.672↗8.101。说明最大与最小地区之间及各地区与全国平均值间（也就是各地区间）的相对差距还在加大，由极差、极差率、标准差及变异系数都得以明证，它们均呈现增大的趋势。

由相关数据分析可知，这四年间各省区市间的差距或各省区市与全国均值之间的相对差距有增大的趋势，合计部分的北京、上海、西藏、广东、浙江、天津、江苏等地与贵州、安徽、河南、宁夏、青海、甘肃、陕西等地的差距在不断增大，并无缩小迹象，且北京、上海是远远高于其他任何地区。城镇部分的上海、北京、西藏、广东、浙江、江苏、海南等地与贵州、青海、内蒙古、安徽、陕西、江西、甘肃等地的差距是在不断增大，并无缩小迹象。农村部分的北京、上海、西藏、福建、天津、辽宁、浙江等地与贵州、安徽、河南、宁夏、四川、甘肃、广西等地的差距在不断增大，并无缩小迹象。

（四）普通小学生均学校固定资产总值的城乡差分析

2003年普通小学生均学校固定资产总值城乡差距最大且城镇低于农村的是北京（－10478元，“－”表示城镇比农村低，以下单位为元），其次是青海（－4597）、天津（－815），城镇比农村低的省份有5个，全国有26个省份的城镇小学生均学校固定资产总值比农村的大，全国的平均城乡差为1443元，城镇比农村高出全国平均城乡差的省份有7个，其中高出2000元的有江苏（2077）、西藏（2086）、甘肃（3225）。2006年普通小学生均学校固定资产总值城乡差距最大且城镇低于农村的是上海（－116975元），其次是内蒙古（－835）、山西（－619），城镇比农村低的省份有9个，全国有22个省份的城镇小学生均学校固定资产总值比农村的大，全国的平均城乡差为1367元，城镇比农村高出全国平均城乡差的省份有8个，其中高出2000元的有广东

(2094)、江苏（2600）、西藏（5619）。总的来说，城乡间的差距没有缩小，绝大多数省份在这四年间都是城镇高于农村，且有增大的趋势，西藏、江苏、重庆、山东等地的城乡差要远高于青海、福建、内蒙古、山西等地区。

综上所述，各地区在普通小学生均学校固定资产总值的差距呈现出一种“马太效应”，表现为强者更强，弱者更弱。

三、全国各省区市小学生均图书册数分析

表6.3显示了全国各省区市在2003—2006年间普通小学的生均图书册数情况。

表6.3　全国分地区普通小学生均图书册数表（单位：册）

地区 \ 分类 \ 年份	2003			2004			2005			2006		
	合计	城镇	农村	合计	城镇	农村	合计	城镇	农村	合计	城镇	农村
全国	12.07	14.30	10.91	12.64	14.54	11.64	13.62	15.05	12.81	13.84	15.00	13.13
北京	42.02	40.70	47.34	42.77	41.01	50.93	42.96	39.33	54.40	43.62	39.76	56.66
天津	15.08	15.09	15.08	15.54	15.47	15.77	16.22	16.15	16.43	16.53	15.91	18.64
河北	17.92	18.35	17.73	19.85	19.19	20.18	22.81	20.89	23.84	22.94	20.46	24.24
山西	11.04	11.42	10.87	11.26	11.01	11.38	12.51	11.42	13.11	13.33	11.98	14.13
内蒙古	12.18	13.42	10.91	12.70	13.39	11.94	13.64	13.15	14.27	13.68	12.83	15.06
辽宁	14.83	16.97	13.18	14.73	17.24	12.83	15.01	17.79	12.84	15.35	19.18	12.42
吉林	16.84	17.52	16.25	17.40	17.48	17.31	18.87	17.89	19.96	19.38	18.15	20.67
黑龙江	12.24	12.25	12.23	12.31	11.93	12.60	13.35	12.43	14.13	13.65	12.54	14.63
上海	24.03	23.94	26.46	28.02	27.86	32.96	27.49	27.50	27.19	27.72	27.67	31.20
江苏	15.45	16.82	14.85	16.69	16.88	16.58	17.93	17.93	17.94	18.78	18.44	19.13
浙江	16.61	17.09	12.15	17.09	18.19	14.43	18.42	19.14	16.87	19.03	19.48	18.02
安徽	9.18	12.20	8.28	9.73	12.55	8.82	10.66	12.43	9.97	10.99	13.01	10.23
福建	15.80	16.82	14.96	16.98	17.48	16.60	17.49	17.56	17.43	17.94	17.94	17.94
江西	8.43	8.97	8.06	8.80	9.23	8.49	9.71	9.62	9.75	9.61	9.10	9.83

续表

地区＼分类＼年份	2003			2004			2005			2006		
	合计	城镇	农村	合计	城镇	农村	合计	城镇	农村	合计	城镇	农村
山东	11.27	13.12	10.18	11.80	13.05	10.95	12.46	13.16	11.97	12.95	13.67	12.52
河南	13.25	14.55	12.91	13.82	14.44	13.64	14.34	14.25	14.37	14.20	13.34	14.48
湖北	12.06	13.46	11.40	12.87	13.57	12.51	14.56	14.41	14.62	15.07	14.30	15.46
湖南	16.28	18.44	15.19	17.36	18.22	16.87	18.34	17.57	18.83	18.10	16.80	18.88
广东	14.43	15.49	13.64	15.05	16.01	14.29	15.64	17.89	13.87	16.52	19.11	14.38
广西	9.34	13.23	8.05	9.80	13.85	8.41	11.20	14.28	10.13	10.88	14.19	9.57
海南	9.51	10.13	9.16	9.80	10.58	9.31	9.15	9.95	8.63	9.59	9.73	9.49
重庆	7.94	9.23	6.55	8.31	9.74	7.95	9.67	10.11	9.51	10.36	10.51	10.24
四川	7.33	8.95	6.72	7.58	8.38	7.28	8.21	8.40	8.12	7.93	8.45	7.53
贵州	4.60	6.80	3.97	5.12	7.14	4.48	5.99	7.79	5.39	6.50	8.35	5.82
云南	8.79	13.32	7.83	8.95	12.85	8.04	9.04	12.82	8.10	8.91	11.97	7.95
西藏	5.70	7.86	4.93	7.50	8.97	6.96	10.22	12.24	9.44	10.81	11.56	10.49
陕西	12.81	14.66	12.18	14.13	14.28	14.08	16.60	15.10	17.13	16.88	14.53	17.82
甘肃	7.37	9.50	6.68	7.72	9.30	7.14	9.28	10.86	8.76	9.58	10.89	9.10
青海	8.13	8.30	8.01	8.42	8.48	8.37	9.82	9.62	9.95	9.45	9.45	9.45
宁夏	10.45	10.57	10.39	10.26	10.37	10.19	11.33	10.79	11.63	11.22	10.60	11.61
新疆	8.01	10.97	6.86	8.06	10.42	7.04	9.09	10.29	8.54	9.45	10.53	8.90
极差	37.42	33.9	43.37	37.65	33.87	46.45	36.97	31.54	49.01	37.12	31.41	50.84
极差率	9.13	5.99	11.92	8.35	5.74	11.37	7.17	5.05	10.09	6.71	4.76	9.74
标准差	6.85	6.24	7.89	7.17	6.53	8.80	7.04	6.20	8.84	7.13	6.32	9.40
变异系数	0.568	0.436	0.723	0.567	0.449	0.756	0.517	0.412	0.690	0.515	0.421	0.716

资料来源：根据《中国教育统计年鉴》相关数据计算整理而得。

可见，全国合计的普通小学生均图书册数从2003年的12.07册，增加到2004年的12.64册，增加到2005年的13.62册，再增加到2006年的13.84册。2003年高于全国平均水平12.07册的地区有15个，2006年高于全国平均水平13.84册的地区有14个。城镇的普通小学生均图书册数从 2003 年的 14. 30 册，增加到 2004 年的 14. 54 册，增加到 2005 年的 15. 05 册，再减少到 2006 年的 15. 00 册。2003 年高于全国平均水平 14. 30 册的地区有 13 个，2006 年高于全国平均水平 15. 00 册的地区有 11 个。农村的普通小学生均图书册数从 2003 年的 10. 91 册，增加到 2004 年的 11. 64 册，增加到 2005 年的 12. 81 册，再增加到 2006 年的 13. 13 册。2003 年高于全国平均水平 10. 91 册的地区有 16 个，2006 年高于全国平均水平 13. 13 册的地区有 16 个。

2003 年普通小学生均图书册数城乡差距最大且城镇比农村低的是北京（ -6. 64，“ - ”表示城镇比农村低，单位为册，下同）、上海（ -2. 52），城镇比农村低省份有两个，其余 29 个省份的城镇小学生均图书册数比农村的多，全国的平均城乡差为 3. 39 册，城乡差高出这一水平的地区有 6 个，其中最高的为新疆（4. 11）、浙江（4. 94）、广西（5. 18）、云南（5. 49），城镇比农村高出两册以上的地区有 16 个，差距最小且小于 0. 5 册的地区有青海（0. 29）、宁夏（0. 18）、黑龙江（0. 02）、天津（0. 01）。2006 年普通小学生均图书册数城乡差距最大且城镇比农村低的是北京（ -16. 90）、河北（ -3. 78）、上海（ -3. 53）、陕西（ -3. 29），城镇比农村低省份有 15 个，城镇比农村低两册以上的地区有 10 个，其余 16 个省份的城镇小学生均图书册数比农村的大（包括福建、青海两个省份的城镇与农村的相等），全国的平均城乡差为 1. 87 册，城乡差高出这一水平的地区有 6 个，其中最高的为云南（4. 02）、广西（4. 62）、广东（4. 73）、辽宁（6. 76）。总的来说，多数省份间的城乡间的差距在 2003—2005 年间有所减小，之后是向着城镇比农村低得更多的方向发展，北京则一致是城镇比农村低且越来越低，反而是农村比城镇高的越来越多，上海其次，不过上海在 2004—2005 年间有所反弹，仅有辽宁、广东在这四年间的城乡差距都在增大。

纵观这四年间合计部分，贵州是小学生均图书册数最少的地区，其变化趋势是 4. 60 ↗ 5. 12 ↗ 5. 99 ↗ 6. 50（单位为册，下同）；北京是小学生均图书册数最多的地区，其变化趋势是 42. 02 ↗ 42. 77 ↗ 42. 96 ↗ 43. 62。两者间的极差变化趋势是 37. 42 ↗ 37. 65 ↘ 36. 97 ↗ 37. 12；极差率变化趋势是 9. 13 ↘ 8. 35 ↘ 7. 17 ↘ 6. 71。这四年间小学生均图书册数的标准差变化趋势是 6. 85 ↗ 7. 17 ↘ 7. 04 ↗ 7. 13；变异系数的变化趋势是 0.568 ↘0.567 ↘0.517 ↘0.515。说明最大与最小地区之间及各地区与全国平均值间（也就是各地区间）的相对差距在逐步减小，由极差、极差率、标准差及变异系数都得以明证，它们大致上呈现减小的趋势。

城镇部分，贵州是小学生均图书册数最少的地区，其变化趋势是 6.80 ↗7.14 ↗7.79 ↗8.35；北京是小学生均图书册数最多的地区，其变化趋势是：40.70 ↗41.01 ↘39.33 ↗39.76。两者间的极差变化趋势是 33.90 ↘33.87 ↘31.54 ↘31.41；极差率变化趋势是 5.99 ↘5.74 ↘5.05 ↘4.76。说明这四年间最大地区与最小地区之间的相对差距及绝对差距都在减小。这四年间小学生均图书册数的标准差变化趋势是 6.24 ↗6.53 ↘6.20 ↗6.32；变异系数的变化趋势是 0.436 ↗0.449 ↘0.412 ↗0.421。说明各地区与全国平均值间（也就是各地区间）的相对差距没有明显减小，而且在 2003—2004 年间还出现增大趋势，2004—2005 年间呈现减小态势，2005—2006 年间又有所增加，但比 2003 年的相对差距要小些。

农村部分，贵州是小学生均图书册数最少的地区，其变化趋势是 3.97 ↗4.48 ↗5.39 ↗5.82；北京是小学生均图书册数最多的地区，其变化趋势是 47.34 ↗50.93 ↗54.40 ↗56.66。两者间的极差变化趋势是 43.37 ↗46.45 ↗49.01 ↗50.84；极差率变化趋势是 11.92 ↘11.37 ↘10.09 ↘9.74。说明最大值与最小值之间的相对差距在减小，尽管绝对的数量差距在增加。这四年间小学生均图书册数的标准差变化趋势是 7.89 ↗8.80 ↗8.84 ↗9.40；变异系数的变化趋势是 0.723 ↗0.756 ↘0.690 ↗0.716。说明各地区与全国平均值间（也就是各地区间）的相对差距没有明显减小，而且在 2003—2004 年间还出现增大趋势，2004—2005 年间呈现减小态势，2005—2006 年间又有所增加，但比 2003 年的相对差距要小些。

各地区间的相对差距是农村大于合计，合计大于城镇。

由相关数据分析可知，这四年间各省区市间的差距或各省区市与全国均值之间的相对差距在农村部分有增大的趋势（从变异系数来看却有轻微减小），而合计及城镇部分各地区间的相对差距在这四年间的增减程度不是很明显。在合计及城镇部分北京则是远远高于其他任何地区，上海也处于较高的位置，河北、浙江、江苏、吉林、湖南也居于高位，贵州、西藏、甘肃、四川、重庆、新疆、青海、江西、宁夏等省份处于最低位。农村部分北京、上海、河北、吉林、湖南、天津、福建、江苏等地始终处于高位，贵州、西藏、甘肃、重庆、四川、新疆、云南、青海、广西、江西、安徽等地处于最低位。

四、全国各省区市小学生均计算机台数分析

表 6. 4 显示了全国各省区市在 2003—2006 年间普通小学的生均计算机台数情况。

表 6. 4 全国分地区普通小学生均计算机台数表（单位：台）

年份 / 分类 / 地区	2003			2004			2005			2006		
	合计	城镇	农村	合计	城镇	农村	合计	城镇	农村	合计	城镇	农村
全国	0. 023	0. 041	0. 013	0. 028	0. 048	0. 018	0. 034	0. 055	0. 022	0. 038	0. 057	0. 026
北京	0. 104	0. 102	0. 113	0. 124	0. 117	0. 153	0. 156	0. 148	0. 182	0. 201	0. 184	0. 258
天津	0. 048	0. 055	0. 028	0. 066	0. 071	0. 054	0. 081	0. 083	0. 074	0. 087	0. 088	0. 086
河北	0. 032	0. 045	0. 027	0. 041	0. 051	0. 036	0. 051	0. 057	0. 048	0. 058	0. 060	0. 057
山西	0. 020	0. 028	0. 016	0. 024	0. 031	0. 021	0. 031	0. 035	0. 028	0. 034	0. 039	0. 031
内蒙古	0. 028	0. 035	0. 021	0. 034	0. 038	0. 030	0. 036	0. 037	0. 034	0. 036	0. 035	0. 038
辽宁	0. 038	0. 048	0. 031	0. 043	0. 051	0. 036	0. 051	0. 063	0. 042	0. 060	0. 076	0. 047
吉林	0. 044	0. 061	0. 030	0. 051	0. 066	0. 036	0. 057	0. 070	0. 042	0. 063	0. 073	0. 052
黑龙江	0. 042	0. 056	0. 032	0. 044	0. 058	0. 034	0. 050	0. 062	0. 040	0. 054	0. 065	0. 043
上海	0. 076	0. 076	0. 065	0. 104	0. 104	0. 092	0. 125	0. 125	0. 112	0. 147	0. 147	0. 164
江苏	0. 031	0. 049	0. 023	0. 041	0. 056	0. 032	0. 054	0. 067	0. 041	0. 071	0. 078	0. 062
浙江	0. 045	0. 046	0. 029	0. 055	0. 060	0. 042	0. 065	0. 071	0. 051	0. 073	0. 079	0. 061
安徽	0. 010	0. 032	0. 003	0. 013	0. 041	0. 004	0. 016	0. 041	0. 006	0. 022	0. 051	0. 011
福建	0. 036	0. 044	0. 029	0. 046	0. 057	0. 037	0. 056	0. 065	0. 049	0. 062	0. 067	0. 058
江西	0. 015	0. 023	0. 009	0. 019	0. 026	0. 014	0. 019	0. 033	0. 012	0. 020	0. 034	0. 014
山东	0. 028	0. 050	0. 016	0. 036	0. 056	0. 022	0. 046	0. 064	0. 033	0. 050	0. 069	0. 039
河南	0. 011	0. 032	0. 006	0. 013	0. 034	0. 008	0. 016	0. 036	0. 010	0. 016	0. 035	0. 010

续表

地区 \ 年份/分类	2003			2004			2005			2006		
	合计	城镇	农村	合计	城镇	农村	合计	城镇	农村	合计	城镇	农村
湖北	0.018	0.035	0.010	0.021	0.040	0.011	0.027	0.048	0.016	0.030	0.049	0.020
湖南	0.021	0.036	0.014	0.027	0.040	0.019	0.032	0.045	0.023	0.034	0.044	0.027
广东	0.028	0.045	0.015	0.037	0.057	0.022	0.043	0.069	0.023	0.048	0.075	0.025
广西	0.011	0.034	0.003	0.015	0.040	0.006	0.015	0.042	0.006	0.016	0.042	0.006
海南	0.016	0.030	0.008	0.019	0.034	0.009	0.019	0.033	0.011	0.021	0.033	0.014
重庆	0.034	0.043	0.023	0.039	0.060	0.033	0.043	0.060	0.037	0.045	0.054	0.038
四川	0.021	0.034	0.016	0.024	0.036	0.020	0.028	0.038	0.023	0.028	0.037	0.020
贵州	0.011	0.027	0.006	0.013	0.029	0.008	0.015	0.031	0.010	0.016	0.031	0.011
云南	0.006	0.025	0.002	0.008	0.029	0.003	0.010	0.032	0.005	0.012	0.031	0.006
西藏	0.009	0.018	0.006	0.017	0.028	0.013	0.024	0.038	0.018	0.029	0.043	0.023
陕西	0.018	0.040	0.011	0.024	0.045	0.017	0.030	0.052	0.023	0.036	0.051	0.030
甘肃	0.014	0.028	0.009	0.018	0.029	0.014	0.021	0.037	0.016	0.022	0.037	0.017
青海	0.021	0.036	0.011	0.024	0.039	0.013	0.028	0.046	0.018	0.034	0.050	0.026
宁夏	0.026	0.046	0.015	0.029	0.043	0.020	0.031	0.049	0.020	0.034	0.050	0.025
新疆	0.014	0.031	0.007	0.017	0.033	0.010	0.021	0.035	0.015	0.027	0.040	0.020
极差	0.098	0.084	0.111	0.116	0.091	0.15	0.146	0.117	0.177	0.189	0.153	0.252
极差率	17.33	5.67	56.50	15.50	4.50	51.00	15.60	4.77	36.40	16.75	5.94	43.00
标准差	0.020	0.017	0.021	0.025	0.021	0.029	0.032	0.026	0.035	0.039	0.033	0.050
变异系数	0.870	0.415	1.615	0.893	0.438	1.611	0.941	0.473	1.591	1.026	0.579	1.923

资料来源：根据《中国教育统计年鉴》相关数据计算整理而得。

由表6.4可知，全国合计的普通小学生均计算机台数从2003年的0.023台，增加到2004年的0.028台，增加到2005年的0.034台，再增加到2006年的0.038台。2003年高于全国平均水平0.023台的地区有15个，2006年高于全国平均水平0.038台的地区有13个。城镇的普通小学生均计算机台数从2003年的0.041台，增加到2004年的0.048台，增加到2005年的0.055台，再增加到2006年的0.057台。2003年高于全国平均水平 0.041 台的地区有 14 个，2006 年高于全国平均水平 0.057 台的地区有 12 个。农村的普通小学生均计算机台数从 2003 年的 0.013 台，增加到 2004 年的 0.018 台，增加到 2005 年的 0.022 台，再增加到 2006 年的 0.026 台。2003 年高于全国平均水平 0.013 台的地区有 18 个，2006 年高于全国平均水平 0.026 台的地区有 17 个（包括青海 0.026 台与全国均值相等）。

2003 年普通小学生均计算机台数城乡差距，城镇比农村低的只有北京（-0.011 台），其余 30 个省份的城镇小学生均计算机台数比农村的多，全国的平均城乡差为 0.028 台，城乡差高出这一水平的地区有 7 个，其中最高的为广东（0.030）（单位为台，下同）、吉林（0.031）、广西（0.031）、宁夏（0.031）、山东（0.034），城镇比农村高出 0.020 台以上的地区有 19 个，差距最小且小于等于 0.012 台的地区有上海（0.011）、山西（0.012）、西藏（0.012）。2006 年普通小学生均计算机台数城乡差距中城镇比农村低的是北京（-0.074）、上海（-0.017）、内蒙古（-0.003），其余 28 个省份的城镇小学生均计算机台数比农村的大，全国的平均城乡差为 0.031 台，城乡差高出这一水平的地区有 3 个，高于 0.030 台的地区有山东（0.030）、广西（0.036）、安徽（0.040）、广东（0.050），高于 0.020 台的地区有 18 个，城乡差距最小且小于 0.010 台的地区有天津（0.002）、河北（0.003）、山西（0.008）、福建（0.009）。总的来说，除北京、宁夏外所有的省份城乡间的差距在 2003—2004 年间都在增大，之后，除安徽、辽宁、四川、山西在 2005—2006 年间增大，广西在2005—2006 年间维持不变外，所有的这些省份在 2004—2006 年间城乡差距都在逐步减小，只有广东的城乡差距四年来一致在增大，北京在 2003—2004 年间由城镇低于农村向着农村高于城镇移动，2004 年之后则迅速向着城镇比农村低很多的方向移动。

纵观这四年间合计部分云南是小学生均计算机台数最少的地区，其变化趋势是 0.006 ↗ 0.008 ↗ 0.010 ↗ 0.012（单位为台，下同）；北京是小学生均计算机台数最大的地区，其变化趋势是 0.104 ↗ 0.124 ↗ 0.156 ↗ 0.201。两者间的极差变化趋势是 0.098 ↗ 0.116 ↗ 0.146 ↗ 0.189，极差率变化趋势是 17.33 ↘ 15.50 ↗ 15.60 ↗ 16.75，说明极大值与极小值地区之间的绝对差距一直在增大，相对差距在 2003—2004 年间有所下降，之后一直呈增大趋势。这四年间小学生均计算机台数的标准差变化趋势是0.020↗0.025↗0.032↗0.039，变异系数的变化趋势是0.870↗0.893↗0.941↗1.026，说明各地区与全国平均值间（也就是各地区间）的相对差距在逐步增大。

城镇部分，西藏（2003年）、江西（2004年）、贵州（2005—2006年）是小学生均计算机台数最少的地区，其变化趋势是0.018↗0.026↗0.031↗0.031；北京是小学生均计算机台数最多的地区，其变化趋势是0.102↗0.117↗0.148↗0.184。两者间的极差变化趋势是0.084↗0.091↗0.117↗0.157，极差率变化趋势是5.67↘4.50↗4.77↗5.94。说明这四年间最多地区与最少地区之间的绝对差距一直在增大，相对差距在2003—2004年间呈减小态势，之后一直都在增大。这四年间小学生均计算机台数的标准差变化趋势是：0.017↗0.021↗0.026↗0.033，变异系数的变化趋势是0.415↗0.438↗0.473↗0.579，说明各地区与全国平均值间（也就是各地区间）的相对差距在逐步增加。

农村部分，云南（2003—2005年）、广西（2006年）是小学生均计算机台数最少的地区，其变化趋势是0.002↗0.003↗0.005↗0.006；北京是小学生均计算机台数最多的地区，其变化趋势是0.113↗0.153↗0.182↗0.258。两者间的极差变化趋势是0.111↗0.150↗0.177↗0.252，极差率变化趋势是56.50↘51.00↘36.40↗43.00。说明最大值与最小值之间的绝对数量上的差距在增大，相对差距在2003—2005年间呈逐步减小态势，2005—2006年又有所增加。这四年间小学生均计算机台数的标准差变化趋势是0.021↗0.029↗0.035↗0.050，变异系数的变化趋势是1.615↘1.611↘1.591↗1.923，说明各地区与全国平均值间（也就是各地区间）的相对差距在2003—2006年有所增加，尽管在2003—2005年间呈现逐步减小态势，2005—2006年间又有所增加，且比2003年的相对差距要大些。

各地区间的相对差距是农村大于合计，合计大于城镇。

由相关数据分析可知，这四年间各省区市间的差距或各省区市与全国均值之间的相对差距在农村部分有增大的趋势（从变异系数增大的变化情况也得以明证）。无论是在合计、城镇还是农村部分，北京远远高于其他任何省份，其次是上海也处于很高的位置，在合计部分天津、浙江、吉林、福建、江苏、辽宁等地区始终处于高位，而云南、西藏、安徽、河南、广西、贵州、甘肃、新疆、江西等地区则处于最低位置；城镇部分天津、吉林、浙江、广东、江苏、山东、辽宁等地区处于高位，而江西、云南、贵州、山西、甘肃、海南、新疆、安徽、河南等地区则处于最低位置；在农村部分天津、浙江、福建、河北、江苏、吉林、辽宁、黑龙江等地区处于高位，而云南、安徽、广西、河南、贵州、西藏、新疆、海南、江西、甘肃等地区则处于最低位置。

第二节 全国各省区市初中物力资源配置差异分析

一、全国各省区市初中生均校舍建筑面积分析

表6.5显示了全国各省区市在2003—2006年间普通初中的生均校舍建筑面积情况。

表6.5 全国分地区普通初中生均校舍建筑面积表（单位：平方米）

地区＼年份/分类	2003			2004			2005			2006		
	合计	城镇	农村	合计	城镇	农村	合计	城镇	农村	合计	城镇	农村
全国	5.06	5.09	5.02	5.41	5.40	5.41	5.88	5.79	6.00	6.39	6.13	6.74
北京	5.83	5.28	8.93	7.00	6.27	11.81	8.26	7.38	11.88	9.64	8.01	16.92
天津	4.33	4.24	4.59	4.85	4.77	5.08	5.37	5.20	5.88	5.74	5.48	6.54
河北	4.37	4.39	4.34	4.81	4.77	4.86	5.31	5.24	5.41	5.85	5.57	6.19
山西	4.72	4.32	5.10	4.99	4.41	5.49	5.46	4.81	6.14	5.99	5.08	6.97
内蒙古	4.57	4.00	5.90	5.02	4.35	6.73	5.48	4.78	7.41	5.96	5.24	8.81
辽宁	4.90	5.33	4.47	5.33	5.80	4.89	5.86	6.14	5.58	6.78	6.68	6.89
吉林	4.28	4.40	4.05	4.65	4.90	4.17	5.07	5.12	4.94	5.67	5.64	5.74
黑龙江	4.25	4.60	3.97	4.66	4.89	4.47	5.03	5.01	5.05	5.56	5.33	5.82
上海	9.41	9.35	11.37	8.72	8.72	9.07	9.98	9.95	11.10	10.72	10.75	8.16

续表

地区 \ 分类 \ 年份	2003			2004			2005			2006		
	合计	城镇	农村	合计	城镇	农村	合计	城镇	农村	合计	城镇	农村
江苏	5.10	5.50	4.89	5.54	5.94	5.30	6.23	6.34	6.10	7.11	7.00	7.25
浙江	8.14	8.07	8.92	9.33	9.22	10.01	10.24	10.07	11.24	10.65	10.49	11.65
安徽	3.64	3.34	3.82	3.75	3.47	3.92	4.04	3.58	4.41	4.41	3.93	4.73
福建	4.71	3.88	6.03	4.95	4.11	6.21	5.25	4.20	7.03	5.81	4.52	7.79
江西	4.97	4.65	5.32	5.43	5.13	5.78	6.17	5.54	6.86	7.10	5.85	8.17
山东	5.64	5.68	5.56	6.39	6.36	6.46	7.23	7.13	7.45	8.16	7.88	8.60
河南	4.90	5.11	4.76	5.16	5.24	5.11	5.46	5.47	5.46	5.90	5.83	5.95
湖北	6.36	6.24	6.46	6.56	6.50	6.60	6.95	6.78	7.06	7.50	6.95	7.89
湖南	5.65	5.34	5.91	6.22	5.74	6.65	7.51	6.54	8.51	9.19	7.51	11.01
广东	6.00	5.86	6.20	6.27	6.06	6.59	6.58	6.62	6.49	6.85	6.97	6.54
广西	6.18	5.91	6.79	6.44	6.13	7.15	6.80	6.43	7.75	7.18	6.77	8.71
海南	4.54	3.76	6.69	4.68	3.87	6.97	4.77	4.03	6.95	5.21	4.25	8.31
重庆	5.40	5.39	5.45	5.61	5.29	5.71	5.92	5.69	6.03	5.80	5.53	6.57
四川	4.67	4.37	4.98	4.92	4.27	5.46	5.29	4.61	6.07	5.54	4.82	7.01
贵州	3.20	3.48	2.90	3.48	3.59	3.37	3.94	3.91	3.98	4.51	4.36	4.71
云南	5.46	4.67	6.06	5.56	4.77	6.16	5.88	5.19	6.46	6.09	5.73	6.54
西藏	7.70	7.71	6.10	9.23	9.28	4.25	10.13	10.08	15.15	6.97	6.92	11.26
陕西	4.00	3.61	4.28	4.21	3.49	4.48	4.54	3.83	4.87	4.82	3.97	5.23
甘肃	3.17	2.59	3.51	3.26	2.70	3.61	3.38	2.72	3.85	3.57	2.75	4.26
青海	3.58	2.81	4.50	3.79	2.94	4.89	3.78	2.55	5.20	4.44	3.00	5.80
宁夏	4.14	3.93	4.34	4.40	4.16	4.70	4.74	4.37	5.27	5.25	4.61	6.24
新疆	3.66	3.31	3.85	3.83	3.55	3.98	4.10	3.73	4.30	4.40	3.87	4.70
极差	6.24	6.76	8.47	6.07	6.58	8.44	6.86	7.53	11.3	7.15	8	12.66
极差率	2.97	3.61	3.92	2.86	3.44	3.50	3.03	3.95	3.94	3.00	3.91	3.97
标准差	1.40	1.50	1.76	1.53	1.65	1.85	1.78	1.91	2.52	1.77	1.85	2.56
变异系数	0.277	0.295	0.351	0.283	0.306	0.342	0.303	0.330	0.420	0.277	0.302	0.380

资料来源：根据《中国教育统计年鉴》相关数据计算整理而得。

（一）合计的初中生均校舍建筑面积分析

由表6.5可知，全国合计的普通初中生均校舍建筑面积从2003年的5.06平方米，增加到2004年的5.41平方米，增加到2005年的5.88平方米，再增加到2006年的6.39平方米。初中生均校舍建筑面积在2003年高于全国平均水平5.06平方米的地区有15个，其中最高五个地区由低至高依次是广西（6.18/1.12）（括号中前者数据为生均值，后者为生均距平值，“－”表示生均值比全国平均值低，下同）、湖北（6.36/1.30）、西藏（7.70/2.64）、浙江（8.14/3.08）、上海（9.41/4.35）；低于全国平均水平的最小五个地区由低至高依次是甘肃（3.17/－1.89）、贵州（3.20/－1.86）、青海（3.58/－1.48）、安徽（3.64/－1.42）、新疆（3.66/－1.40）。初中生均校舍建筑面积在2006年高于全国平均水平6.39平方米的地区有12个，其中最高五个地区由低至高依次是山东（8.16/1.77）、湖南（9.19/2.80）、北京（9.64/3.25）、浙江（10.65/4.26）、上海（10.72/4.33）；低于全国平均水平的最小五个地区由低至高依次是甘肃（3.57/－2.82）、新疆（4.40/－1.99）、安徽（4.41/－1.98）、青海（4.44/－1.95）、贵州（4.51/－1.88）。

纵观这四年，甘肃是初中生均校舍建筑面积最小的地区，其变化趋势是3.17↗3.26↗3.38↗3.57（单位为平方米，下同）；上海（2003年、2006年）、浙江（2004—2005年）是初中生均校舍建筑面积最大的地区，其变化趋势是9.41↘9.33↗10.24↗10.72。两者间的极差变化趋势是6.24↘6.07↗6.86↗7.15，极差率变化趋势是2.97↘2.86↗3.03↘3.00，说明这四年间最大值与最小值地区之间的绝对数量差距在扩大，尽管在2004年有所下降，相对差距尽管有减有增，总的来说还是稍微有点增加。这四年间初中生均校舍建筑面积的标准差变化趋势是1.40↗1.53↗1.78↘1.77，变异系数的变化趋势是0.277↗0.283↗0.303↘0.277。说明各地区与全国平均值间（也就是各地区间）的相对差距还在2003—2005年间呈增大趋势，2006年有所减小至2003年的水平。

（二）城镇初中生均校舍建筑面积分析

由表6.5可知，全国城镇的普通初中生均校舍建筑面积从2003年的5.09平方米，增加到2004年的5.40平方米，增加到2005年的5.79平方米，再增加到2006年的6.13平方米。初中生均校舍建筑面积在2003年高于全国平均水平5.09平方米的地区有13个，其中最高五个地区由低至高依次是广西（5.91/0.82，单位为平方米，下同）、湖北（6.24/1.15）、西藏（7.71/2.62）、浙江（8.07/2.98）、上海（9.35/4.26）；低于全国平均水平的最小五个地区由低至高依次是甘肃（2.59/-2.50）、青海（2.81/-2.28）、新疆（3.31/-1.78）、安徽（3.34/-1.75）、贵州（3.48/-1.61）。初中生均校舍建筑面积在2006年高于全国平均水平6.13平方米的地区有12个，其中最高五个地区由低至高依次是湖南（7.51/1.38）、山东（7.88/1.75）、北京（8.01/1.88）、浙江（10.49/4.36）、上海（10.75/4.62）；低于全国平均水平的最小五个地区由低至高依次是甘肃（2.75/-3.38）、青海（3.00/-3.13）、新疆（3.87/-2.26）、安徽（3.93/-2.20）、陕西（3.97/-2.16）。

纵观这四年，甘肃（2003—2004年、2006年）、青海（2005年）是初中生均校舍建筑面积最小的地区，其变化趋势是2.59↗2.70↘2.55↗2.75（单位为平方米，下同）；上海（2003年、2006年）、西藏（2004—2005年）是初中生均校舍建筑面积最大的地区，其变化趋势是9.35↘9.28↗10.08↗10.75。两者间的极差变化趋势是6.76↘6.58↗7.53↗8.00，极差率变化趋势是3.61↘3.44↗3.95↘3.91，说明极大值与极小值地区之间的绝对差距与相对差距除在2003—2004年间有所下降外其余年份均呈增大趋势。这四年间初中生均校舍建筑面积的标准差变化趋势是1.50↗1.65↗1.91↘1.85；变异系数的变化趋势是0.295↗0.306↗0.330↘0.302。说明各地区与全国平均值间（也就是各地区间）的相对差距在2003—2005年间在不断加大，2006年比2005年稍微有所下降。

（三）农村初中生均校舍建筑面积分析

由表6.5可知，全国农村的普通初中生均校舍建筑面积从2003年的5.02平方米，增加到2004年的5.41平方米，增加到2005年的6.00平方米，再增加到2006年的6.74平方米。初中生均校舍建筑面积在2003年高于全国平均水平5.02平方米的地区有16个，其中最高五个地区由低至高依次是海南（6.69/1.67）、广西（6.79/1.77）、浙江（8.92/3.90）、北京（8.93/3.91）、上海（11.37/6.35）；低于全国平均水平的最小五个地区由低至高依次是贵州（2.90/－2.12）、甘肃（3.51/－1.51）、安徽（3.82/－1.20）、新疆（3.85/－1.17）、黑龙江（3.97/－1.05）。初中生均校舍建筑面积在2006年高于全国平均水平6.74平方米的地区有18个，其中最高五个地区由低至高依次是内蒙古（8.81/2.07）、湖南（11.01/4.27）、西藏（11.26/4.52）、浙江（11.65/4.91）、北京（16.92/10.18）；低于全国平均水平的最小五个地区由低至高依次是甘肃（4.26/－2.48）、新疆（4.70/－2.04）、贵州（4.71/－2.03）、安徽（4.73/－2.01）、陕西（5.23/－1.51）。

纵观这四年，贵州（2003—2004年）、甘肃（2005—2006年）是初中生均校舍建筑面积最小的地区，其变化趋势是2.90↗3.37↗3.85↗4.26（单位为平方米，下同）；上海（2003年）、北京（2004年、2006年）、西藏（2005年）是初中生均校舍建筑面积最大的地区，其变化趋势是11.37↗11.81↗15.15↗16.92。两者间的极差变化趋势是8.47↘8.44↗11.30↗12.66，极差率变化趋势是3.92↘3.50↗3.94↗3.97，说明极大值与极小值地区的绝对与相对差距都在增大，尽管在2003—2004年间略有所下降。这四年间初中生均校舍建筑面积的标准差变化趋势是1.76↗1.85↗2.52↗2.56，变异系数的变化趋势是0.351↘0.342↗0.420↘0.380，说明各地区与全国平均值间（也就是各地区间）的相对差距还在加大。

在普通初中生均校舍建筑面积合计部分，所有省份初中生均校舍建筑面积都在增加，西藏2005—2006年间除外，上海、浙江、西藏与其他省份的差距比较大，处于最高位置，其次是北京、湖南、山东、湖北、广西、广东也处于较高位置，而甘肃、贵州、青海、宁夏、新疆、安徽、陕西、河北等地区则处于最低位置。城镇部分，所有省份初中生均校舍建筑面积都在增加，西藏2005—2006年间除外，上海、浙江、西藏与其他省份的差距比较大，处于最高位置，北京、山东、湖北、广东、天津、江苏等地处于较高位置，而甘肃、青海则处于最低位置，且比其他省份要低得多，安徽、新疆、陕西、贵州、海南等地区处于最低位置。农村部分，北京、浙江、上海（呈W形增减）处于最高位置，与其他省份差距较大，其次是广西、海南、山东、内蒙古、湖北等地区也处于较高位置，西藏在2003年处于较低位置，2004年又有所下降，但到2005年则急速增至全国最高，2006年略有所下降但仍高居第三位，而贵州、甘肃、新疆、安徽、吉林、陕西、黑龙江、宁夏、青海等地区则处于最低位置。

由相关数据分析可知，这四年间各省区市间的差距或各省区市与全国均值之间的相对差距有增大的趋势，上海、浙江、西藏、北京、山东、湖北、广西、广东等地与甘肃、青海、安徽、新疆、陕西、贵州、陕西、宁夏等地区的差距在不断增大，并无缩小迹象。

（四）普通初中生均校舍建筑面积的城乡差分析

2003年普通初中生均校舍建筑面积城乡差距最大且城镇低于农村的是北京（-3.65平方米，单位下同）、海南（-2.93）、福建（-2.15）、上海（-2.02），城镇比农村低1平方米以上的省份有7个，全国仅有9个省份的城镇初中生均校舍建筑面积比农村的大，其余22个省份均是城镇比农村小，全国的平均城乡差为0.07平方米，城镇比农村高出0.5平方米的省份有贵州（0.58）、江苏（0.61）、黑龙江（0.63）、辽宁（0.86）、西藏（1.61）。2006年普通初中生均校舍建筑面积城乡差距（城镇低于农村）最大的是北京（-8.91），其次是西藏（-4.34）、海南（-4.06），低2平方米以上的省份有9个，低1平方米以上的有17个，低0.5平方米以上的有23个，全国有29个省份的城镇初中生均校舍建筑面积比农村的小，仅有广东（0.43）、上海（2.59）两个省份是城镇比农村大的，全国的平均城乡差为-0.61平方米。总的来说，城乡间的差距没有缩小，而是向着城镇比农村低得更多的方向发展，其中以北京的速度为最，其次是海南、内蒙古、福建、青海、湖南，上海在2005—2006年间出现反弹，呈现出城镇比农村高接近3平方米，仅有云南、广东是由城镇向着农村值靠拢，西藏则在2003—2004年间城镇高于农村，且城乡差距在增大，而2005年则急速下降，反而是城镇比农村低5平方米以上，2006年有所上升。说明农村初中的生均校舍建筑面积有很大的改善，且生均值比城镇高出相当数量。

综上所述，各地区在普通初中生均校舍建筑面积的差距呈现出一种“马太效应”，表现为强者更强、弱者更弱的趋势。

二、全国各省区市初中生均学校固定资产总值分析

表6.6显示了全国各省区市在2003—2006年间普通初中的生均学校固定资产总值情况。

表6.6 全国分地区普通初中生均学校固定资产总值表（单位：元）

年份 / 分类 / 地区	2003			2004			2005			2006		
	合计	城镇	农村	合计	城镇	农村	合计	城镇	农村	合计	城镇	农村
全国	3087	3494	2641	3260	3803	2693	3681	4163	3095	4260	4685	3702
北京	4283	3992	5911	5780	5035	10718	7738	7540	8552	11291	9751	18189
天津	2811	2441	3880	3357	2947	4549	3248	3157	3520	3869	3836	3975
河北	3011	2740	3303	3177	3527	2780	3586	4094	2934	4333	4842	3721
山西	2423	2296	2540	2962	2607	3269	3617	3394	3849	4134	3875	4413
内蒙古	2160	2042	2439	2513	2362	2897	3285	2926	4272	3989	3821	4647
辽宁	2801	3606	1995	3292	4227	2395	3404	3955	2865	4248	4733	3774
吉林	3363	4265	1662	3889	5040	1720	3549	4093	2330	4533	5102	3456
黑龙江	3275	4241	2500	2969	3958	2151	3315	4013	2567	3886	4505	3174
上海	11948	12027	9105	10965	11065	7114	12320	12366	10484	15878	15914	12946
江苏	3895	5163	3227	4172	6007	3066	4894	5885	3702	6427	7536	5007
浙江	6373	6568	4178	7656	7998	5559	9104	9526	6573	10384	10486	9750
安徽	1897	2109	1768	1882	2248	1658	2287	2536	2086	2423	2723	2224
福建	2776	2764	2795	2369	2055	2839	2864	2191	4010	3477	2765	4569
江西	2513	2425	2611	2118	1964	2296	3043	2768	3351	2964	3012	2922
山东	3198	3487	2582	3875	4199	3115	4682	5065	3809	5443	6064	4487
河南	2519	3501	1871	2472	2952	2142	2718	3328	2261	2894	3313	2569
湖北	3241	3486	3052	3528	3446	3589	3379	4003	2976	4236	4197	4263
湖南	2470	2326	2591	3189	3672	2759	3729	3164	4317	4660	3982	5396
广东	5538	5253	5959	4958	5232	4526	5553	5758	5032	6026	6391	5037

续表

地区 \ 分类 \ 年份	2003			2004			2005			2006		
	合计	城镇	农村	合计	城镇	农村	合计	城镇	农村	合计	城镇	农村
广西	2507	2514	2491	2825	2770	2954	3166	3149	3210	3367	3265	3750
海南	3289	2606	5180	3285	2572	5313	4312	2928	8382	3989	3018	7117
重庆	3841	4331	2391	3068	5754	2156	3301	4496	2705	3595	3887	2788
四川	2210	2528	1886	2669	3156	2254	2593	2635	2546	2886	2778	3107
贵州	1325	1550	1094	1601	1690	1502	1870	1892	1844	2384	2487	2245
云南	2636	2485	2751	2812	2715	2886	3059	2948	3152	3416	3332	3524
西藏	7118	7145	3492	10610	10683	2436	11448	11416	14850	8631	8592	12199
陕西	2149	1992	2256	2283	2171	2327	2458	2557	2413	2631	2499	2695
甘肃	2404	2506	2344	2075	1595	2372	2336	1672	2814	2943	1840	3869
青海	1793	1585	2041	1815	1654	2025	1970	1745	2230	3016	2085	3898
宁夏	5669	9574	1682	2915	2678	3214	2882	2770	3041	4035	3313	5149
新疆	2052	1864	2156	2320	2315	2323	2677	2827	2593	2840	2698	2921
极差	10623	10477	8011	9364	9470	9216	10450	10694	13006	13494	14074	15965
极差率	9. 02	7. 76	8. 32	6. 85	6. 94	7. 14	6. 59	7. 40	8. 05	6. 66	8. 65	8. 18
标准差	2075	2353	1619	2259	2380	1858	2572	2644	2841	2971	3000	3546
变异系数	0. 672	0. 673	0. 613	0. 693	0. 626	0. 690	0. 699	0. 635	0. 918	0. 697	0. 640	0. 958

资料来源：根据《中国教育统计年鉴》相关数据计算整理而得。

注：宁夏2003年、西藏2004年、北京2006年的城镇及农村数据，笔者仔细核对了教育统计年鉴中的数据，没有出现在数据录入方面的错误，这里反映的数据比较特殊，除非是统计年鉴在排版印刷时没有仔细核对出其中可能存在的错误，本研究就默认这里的数据是真实的。

（一）合计的初中生均学校固定资产总值分析

由表6.6可知，全国合计的普通初中生均学校固定资产总值从2003年的3087元，增加到2004年的3260元，增加到2005年的3681元，再增加到2006年的4260元。初中生均学校固定资产总值在2003年高于全国平均水平3087元的地区有13个，其中最高五个地区由低至高依次是广东（5538/2451）（括号中前者数据为生均值，后者为生均距平值，“－”

表示生均值比全国平均值低，下同）、宁夏（5669/2582）、浙江（6373/3286）、西藏（7118/4031）、上海（11948/8861）；低于全国平均水平的最小五个地区由低至高依次是贵州（1325/－1762）、青海（1793/－1294）、安徽（1897/－1190）、新疆（2052/－1035）、陕西（2149/－938）。初中生均学校固定资产总值在2006年高于全国平均水平4260元的地区有10个，其中最高五个地区由低至高依次是江苏（6427/2167）、西藏（8631/4371）、浙江（10384/6124）、北京（11291/7031）、上海（15878/11618）；低于全国平均水平的最小五个地区由低至高依次是贵州（2384/－1876）、安徽（2423/－1837）、陕西（2631/－1629）、新疆（2840/－1420）、四川（2886/－1374）。

纵观这四年，贵州是初中生均学校固定资产总值最小的地区，其变化趋势是1325↗1601↗1870↗2384（单位为元，下同）；上海是初中生均学校固定资产总值最大的地区，其变化趋势是11948↘10965↗12320↗15878。两者间的极差变化趋势是10623↘9364↗10450↗13494，极差率变化趋势是9.02↘6.85↘6.59↗6.66，说明极大值与极小值地区间的绝对差距是在不断增大，但是其相对差距却在减小。这四年间初中生均学校固定资产总值的标准差变化趋势是2075↗2259↗2572↗2971，变异系数的变化趋势是0.672↗0.693↗0.699↘0.697，说明各地区与全国平均值间（也就是各地区间）的相对差距还在加大，尽管2005—2006年间有所下降，但差距仍然要大于2003年的水平。

（二）城镇初中生均学校固定资产总值分析

由表6.6可知，全国城镇的普通初中生均学校固定资产总值从2003年的3494元，增加到2004年的3803元，增加到2005年的4163元，再增加到2006年的4685元。初中生均学校固定资产总值在2003年高于全国平均水平3494元的地区有12个，其中最高五个地区由低至高依次是广东（5253/1759）、浙江（6568/3074）、西藏（7145/3651）、宁夏（9574/6080）、上海（12027/8353）；低于全国平均水平的最小五个地区由低至高依次是贵州（1550/－1944）、青海（1585/－1909）、新疆（1864/－1630）、陕西（1992/－1502）、内蒙古（2042/－1452）。初中生均学校固定资产总值在2006年高于全国平均水平4685元的地区有10个，其中最高五个地区由低至高依次是江苏（7536/2851）、西藏（8592/3907）、北京（9751/5066）、浙江（10486/5801）、上海（15914/11229）；低于全国平均水平的最小五个地区由低至高依次是甘肃（1840/－2845）、青海（2085/－2600）、贵州（2487/－2198）、陕西（2499/－2186）、新疆（2698/－1987）。

纵观这四年，贵州（2003 年）、甘肃（2004—2006 年）是初中生均学校固定资产总值最小的地区，其变化趋势是 1550 ↗ 1595 ↗ 1672 ↗ 1840；上海是初中生均学校固定资产总值最大的地区，其变化趋势是 12027 ↘ 11065 ↗ 12366 ↗ 15914。两者间的极差变化趋势是 10477 ↘ 9470 ↗ 10694 ↗ 14074，极差率变化趋势是 7.76 ↘ 6.94 ↗ 7.40 ↗ 8.65，说明极大值与极小值地区间的绝对与相对差距都在不断增大。这四年间初中生均学校固定资产总值的标准差变化趋势是 2353 ↗ 2380 ↗ 2644 ↗ 3000，变异系数的变化趋势是 0.673 ↘ 0.626 ↗ 0.635 ↗ 0.640，说明各地区与全国平均值间（也就是各地区间）的相对差距有所减小，尽管在 2004—2006 年间呈增大趋势，但差距仍小于 2003 年的水平。

（三）农村初中生均学校固定资产总值分析

由表 6.6 可知，全国农村的普通初中生均学校固定资产总值从 2003 年的 2641 元，增加到 2004 年的 2693 元，增加到 2005 年的 3095 元，再增加到 2006 年的 3702 元。初中生均学校固定资产总值在 2003 年高于全国平均水平 2641 元的地区有 12 个，其中最高五个地区由低至高依次是浙江（4178/1537，单位为元，下同）、海南（5180/2539）、北京（5911/3270）、广东（5959/3318）、上海（9105/6464）；低于全国平均水平的最小五个地区由低至高依次是贵州（1094/－1547）、吉林（1662/－979）、宁夏（1682/－959）、安徽（1768/－873）、河南（1871/－770）。初中生均学校固定资产总值在 2006 年高于全国平均水平 3702 元的地区有 20 个，其中最高五个地区由低至高依次是海南（7117/3415）、浙江（9750/6048）、西藏（12199/8497）、上海（12946/9244）、北京（18189/14487）；低于全国平均水平的最小五个地区由低至高依次是安徽（2224/－1478）、贵州（2245/－1457）、河南（2569/－1133）、陕西（2695/－1007）、重庆（2788/－914）。

纵观这四年，贵州（2003—2005 年）、安徽（2006 年）是初中生均学校固定资产总值最小的地区，其变化趋势是 1094 ↗ 1502 ↗ 1844 ↗2224（单位为元，下同）；上海（2003—2004 年）、西藏（2005 年）、北京（2006 年）是初中生均学校固定资产总值最大的地区，其变化趋势是 9105 ↗ 10718 ↗ 14850 ↗ 18189。两者间的极差变化趋势是 8011 ↗ 9216 ↗ 13006 ↗ 15965，极差率变化趋势是 8.32 ↘ 7.14 ↗ 8.05 ↗ 8.18，说明极大值与极小值地区间的绝对与相对差距还在不断增大。这四年间初中生均学校固定资产总值的标准差变化趋势是 1619 ↗ 1858 ↗ 2841 ↗ 3546，变异系数的变化趋势是 0.613 ↗ 0.690 ↗ 0.918 ↗ 0.958，说明各地区与全国平均值间（也就是各地区间）的相对差距还在加大。

由相关数据分析可知，这四年间各省区市间的差距或各省区市与全国均值之间的相对差距有增大的趋势，上海、西藏、浙江、北京与其他省份的差距相当大，合计部分的广东、江苏、山东等地也明显高于其他地区，而贵州、青海、安徽、陕西、甘肃、新疆、四川、河南、广西等地则始终处于最低位置，与发达地区的差距在不断增大，并无缩小迹象。城镇部分的江苏、广东、山东也处于较高位置，甘肃、青海、贵州、四川、陕西、新疆、安徽、内蒙古、江西、云南、山西等地则处于最低位置，它们与发达地区的差距是在不断增大，并无缩小迹象。农村部分的上海、北京、西藏与其他地区的差距很大，浙江、广西也处于较高位置，贵州、安徽、河南、青海、四川、陕西、吉林、重庆、甘肃、辽宁等地则处于最低位置，与发达地区的差距在不断增大，并无缩小迹象。

（四）普通初中生均学校固定资产总值的城乡差分析

2003 年普通初中生均学校固定资产总值城乡差距最大的是海南（－2574 元，“－”表示城镇比农村低，单位为元，下同），其次是北京（－1919）、天津（－1439），城镇比农村低 500 元以上的省份有 5 个，全国有 14 个省份的城镇初中生均学校固定资产总值比农村的要低，其余 17 个省份均是城镇比农村要高，全国的平均城乡差为 853 元，城镇比农村高出 500 元的省份有 12 个，其中最高（且高出 2000 元的）地区为浙江（2390）、吉林（2603）、上海（2922）、西藏（3653）、宁夏（7892）。2006 年普通初中生均学校固定资产总值城乡差距（城镇低于农村）最大的是北京（－8438），其次是海南（－4099）、西藏（－3607）、甘肃

（-2029），城镇比农村低500元以上的省份有10个，全国有17个省份的城镇初中生均学校固定资产总值比农村的要低，其余14个省份均是城镇比农村要高，全国的平均城乡差为983元，城镇比农村高出500元的省份有11个，其中最高（且高出2000元的）地区为江苏（2529）、上海（2968）。总的来说，西藏、上海、重庆、吉林、江苏、黑龙江、辽宁、湖南、湖北在2003—2004年间城乡差距有所增大，2004—2005年间又有所减小，之后这些省份中除上海、江苏外继续减小，多数省份在这四年间均是城镇高于农村，且2004—2005年间有所减小，2005年城乡差距是最小的，2006年除少数几个省份外，差距比2005年有轻微减小。有几个省份的变化比较特殊，如宁夏的城乡差在2003—2004年间由7892骤减至-546，减幅超过8000元；北京的城乡差则从-1919骤减至-5683，减幅达3774元，之后在2004—2005年间也有很大的增幅4672元，于2005—2006年间又骤减7426元降至-8438元；西藏的城乡差变化也是非常特殊的，2003—2004年由3653元骤然增至8247元，增加4594元，2005年又骤然降至-3434元，降幅达11681元，2006年降幅较小只有273元。绝大多数省份的生均固定资产总值还是城镇比农村要高出不少数量，说明与农村比城镇拥有更好（多）的硬件教育资源。

综上所述，各地区在普通初中生均学校固定资产总值的差距呈现出一种“马太效应”，表现为强者更强、弱者更弱的趋势。

三、全国各省区市初中生均图书册数分析

表6.7显示了全国各省区市在2003—2006年间普通初中的生均图书册数情况。

表6.7 全国分地区普通初中生均图书册数表（单位：册）

年份 / 分类 / 地区	2003			2004			2005			2006		
	合计	城镇	农村	合计	城镇	农村	合计	城镇	农村	合计	城镇	农村
全国	12.40	11.95	12.88	13.14	12.66	13.64	14.22	13.55	15.04	15.07	13.82	16.72
北京	21.84	19.64	34.16	24.63	21.66	44.35	28.60	23.74	48.60	30.18	24.34	56.33
天津	13.05	12.31	15.20	13.04	12.02	16.00	14.56	13.57	17.53	15.27	13.50	20.86

续表

地区 \ 年份 分类	2003			2004			2005			2006		
	合计	城镇	农村	合计	城镇	农村	合计	城镇	农村	合计	城镇	农村
河北	19. 55	17. 16	22. 11	21. 38	18. 79	24. 33	23. 62	20. 39	27. 77	25. 21	20. 97	30. 31
山西	12. 22	10. 63	13. 68	12. 46	10. 39	14. 24	13. 59	10. 97	16. 30	14. 26	11. 28	17. 46
内蒙古	11. 50	10. 89	12. 93	12. 51	11. 43	15. 27	13. 39	12. 02	17. 17	14. 66	13. 05	20. 99
辽宁	11. 73	12. 18	11. 27	13. 15	13. 99	12. 35	14. 70	15. 26	14. 16	17. 29	17. 90	16. 70
吉林	13. 27	12. 71	14. 32	13. 73	13. 24	14. 66	15. 15	14. 60	16. 39	15. 85	14. 87	17. 70
黑龙江	9. 74	8. 70	10. 57	10. 46	9. 11	11. 58	11. 09	9. 37	12. 92	12. 19	10. 34	14. 33
上海	27. 79	27. 58	35. 26	25. 28	25. 17	29. 46	28. 63	28. 51	33. 29	30. 75	30. 71	34. 49
江苏	13. 28	12. 69	13. 59	13. 81	13. 15	14. 21	15. 34	14. 73	16. 06	16. 78	15. 69	18. 16
浙江	19. 68	19. 62	20. 28	22. 16	21. 66	25. 22	24. 34	23. 34	30. 37	24. 06	23. 25	29. 14
安徽	9. 89	8. 86	10. 51	9. 81	8. 58	10. 56	10. 35	8. 71	11. 68	11. 40	9. 91	12. 39
福建	9. 45	7. 63	12. 37	9. 99	8. 21	12. 66	11. 20	9. 17	14. 65	12. 31	9. 89	16. 03
江西	9. 12	8. 57	9. 74	10. 15	9. 27	11. 15	11. 27	9. 93	12. 76	12. 50	9. 84	14. 79
山东	13. 39	13. 17	13. 87	15. 00	14. 50	16. 19	16. 76	16. 20	18. 04	18. 57	18. 04	19. 39
河南	15. 40	14. 81	15. 79	15. 76	14. 96	16. 31	15. 93	15. 11	16. 55	16. 56	14. 99	17. 78
湖北	12. 22	12. 88	11. 71	12. 58	13. 11	12. 19	13. 29	13. 34	13. 25	13. 56	13. 15	13. 84
湖南	13. 76	12. 55	14. 78	15. 41	13. 93	16. 73	18. 58	15. 33	21. 97	22. 54	16. 93	28. 63
广东	14. 96	14. 09	16. 26	15. 57	14. 68	16. 97	16. 60	16. 61	16. 56	16. 78	16. 97	16. 26
广西	9. 51	9. 32	9. 92	10. 34	10. 07	10. 98	11. 15	10. 70	12. 30	12. 03	11. 29	14. 77
海南	8. 17	6. 78	12. 02	8. 68	7. 30	12. 58	9. 14	7. 60	13. 66	9. 46	7. 74	14. 98
重庆	6. 91	6. 75	7. 38	6. 95	6. 00	7. 27	7. 41	6. 76	7. 73	7. 22	6. 98	7. 88
四川	7. 33	6. 24	8. 43	7. 66	5. 97	9. 09	8. 15	6. 44	10. 11	8. 29	6. 86	11. 18
贵州	6. 77	7. 25	6. 27	8. 27	8. 47	8. 05	9. 68	9. 38	10. 04	11. 21	10. 87	11. 67
云南	8. 50	7. 95	8. 93	8. 67	8. 03	9. 16	8. 91	8. 31	9. 42	9. 24	9. 10	9. 41
西藏	6. 03	6. 05	2. 97	8. 52	8. 54	6. 29	11. 76	11. 83	5. 00	8. 00	7. 92	15. 00
陕西	11. 29	10. 63	11. 74	12. 44	9. 73	13. 49	13. 78	11. 10	14. 99	14. 26	10. 55	16. 05
甘肃	7. 55	6. 07	8. 42	7. 70	6. 09	8. 69	7. 85	6. 02	9. 16	8. 32	6. 06	10. 21

续表

地区 \ 年份 / 分类	2003			2004			2005			2006		
	合计	城镇	农村	合计	城镇	农村	合计	城镇	农村	合计	城镇	农村
青海	6.63	4.23	9.49	7.18	4.78	10.29	7.59	5.20	10.35	7.98	5.62	10.21
宁夏	8.91	8.70	9.13	9.80	9.00	10.82	10.59	9.84	11.67	11.23	9.24	14.29
新疆	7.52	6.14	8.27	7.64	6.28	8.40	8.31	6.86	9.13	9.13	6.51	10.62
极差	21.76	23.35	32.29	18.33	20.39	38.06	21.22	23.31	43.6	23.53	25.09	48.45
极差率	4.61	6.52	11.87	3.64	5.27	7.05	3.86	5.48	9.72	4.26	5.46	7.15
标准差	4.96	4.97	6.91	4.99	5.00	7.60	5.74	5.57	8.70	6.24	5.95	9.51
变异系数	0.400	0.416	0.536	0.380	0.395	0.557	0.404	0.411	0.578	0.414	0.431	0.569

资料来源：根据《中国教育统计年鉴》相关数据计算整理而得。

由表6.7可知，全国合计的普通初中生均图书册数从2003年的12.40册，增加到2004年的13.14册，增加到2005年的14.22册，再增加到2006年的15.07册。2003年高于全国平均水平12.40册的地区有11个，2006年高于全国平均水平15.07册的地区有12个。城镇的普通初中生均图书册数从2003年的11.95册，增加到2004年的12.66册，增加到2005年的13.55册，再增加到2006年的13.82册。2003年高于全国平均水平11.95册的地区有13个，2006年高于全国平均水平13.82册的地区有11个。农村的普通初中生均图书册数从2003年的12.88册，增加到2004年的13.64册，增加到2005年的15.04册，再增加到2006年的16.72册。2003年高于全国平均水平12.88册的地区有13个，2006年高于全国平均水平16.72册的地区有12个。

2003年普通初中生均图书册数城乡差距最大且城镇比农村低的是北京（－14.52册，“－”表示城镇比农村低，下同）、上海（－7.68）、青海（－5.26）、海南（－5.24），城镇比农村低省份有27个，其余4个省份的城镇初中生均图书册数比农村的大，全国的平均城乡差为－0.93册，城镇比农村低这一水平以上的地区有21个，城镇比农村低2册以上的地区有14个，低1册以上的地区有19个，城镇高于农村的地区有辽宁（0.91）、贵州（0.98）、湖北（1.17）、西藏（3.08）。2006年普通初中生均图书册数城乡差距最大且城镇比农村低的是北京（-31.99）、湖南（-11.70）、河北（-9.34），城镇比农村低省份有29个，城镇比农村低5册以上的地区有12个，低2册以上的地区有24个，全国的平均城乡差为-2.9册，城镇比农村低于这一水平以上的地区有20个，仅有两个省份的城镇比农村的要高，广东（0.71）、辽宁（1.20）。总的来说，只有辽宁是在这四年间城镇一直高于农村的，西藏、湖北在2003—2005年间也是城镇高于农村，之后是城镇低于农村；其余省份几乎在这四年间都是城镇比农村低，绝大多数省份城镇比农村要低2—8册，且低的程度越来越大，北京更是城镇比农村低14到32册之间；另外上海则是城镇低于农村的程度在减小，广东在2003—2004年间城镇低于农村，之后是城镇高于农村，且差距扩大。除个别情况外，差距是向着城镇比农村低得更多的方向发展。

纵观这四年间合计部分西藏（2003年）、重庆（2004—2006年）是初中生均图书册数最少的地区，其变化趋势是6.03↗6.95↗7.41↘7.22（单位为册，下同）；上海是初中生均图书册数最多的地区，其变化趋势是27.79↘25.28↗28.63↗30.75。两者间的极差变化趋势是21.76↘18.33↗21.22↗23.53，极差率变化趋势是4.61↘3.64↗3.86↗4.26，说明极大值与极小值地区间的绝对差距在增加，相对差距倍数却在减小，尽管2004—2006年间呈增长趋势，但仍然没有高于2003年的水平。这四年间初中生均图书册数的标准差变化趋势是4.96↗4.99↗5.74↗6.24，变异系数的变化趋势是0.400↘0.380↗0.404↗0.414，说明各地区与全国平均值间（也就是各地区间）的相对差距还在逐步增大，尽管2003—2004年间有所下降。

城镇部分，青海是初中生均图书册数最少的地区，其变化趋势是4.23↗4.78↗5.20↗5.62；上海是初中生均图书册数最多的地区，其变化趋势是27.58↘25.17↗28.51↗30.71。两者间的极差变化趋势是23.35↘20.39↗23.31↗25.09，极差率变化趋势是6.52↘5.27↗5.48↘5.46，说明这四年间最大地区与最小地区之间的绝对数量差距在增大，相对差距倍数在减小。这四年间初中生均图书册数的标准差变化趋势是4.97↗5.00↗5.57↗5.95；变异系数的变化趋势是0.416↘0.395↗0.411↗0.431。说明各地区与全国平均值间（也就是各地区间）的相对差距稍微有所增大，而且在 2003—2004 年间呈现减小趋势，之后逐年增加。

农村部分，西藏（2003—2005 年）、重庆（2006 年）是初中生均图书册数最少的地区，其变化趋势是 2.97 ↗6.29 ↘5.00 ↗7.88（单位为册，下同）；上海（2003 年）、北京（2004—2006 年）是初中生均图书册数最多的地区，其变化趋势是 35.26 ↗44.35 ↗48.60 ↗56.33。两者间的极差变化趋势是 32.29 ↗38.06 ↗43.60 ↗48.45，极差率变化趋势是 11.87 ↘7.05 ↗9.72 ↘7.15，说明最大值与最小值之间的绝对数量差距在增加，相对差距倍数却在减小。这四年间初中生均图书册数的标准差变化趋势是 6.91 ↗7.60 ↗8.70 ↗9.51，变异系数的变化趋势是 0.536 ↗0.557 ↗0.578 ↘0.569，说明各地区与全国平均值间（也就是各地区间）的相对差距略有所增加，尽管在 2005—2006 年间有所减小，但仍然比 2003 年的相对差距要大些。

各地区间的普通初中生均图书册数相对差距是农村大于城镇，城镇大于合计，普通初中生均图书册数一般是农村大于合计，合计大于城镇。

由相关数据分析可知，这四年间各省区市间的差距或各省区市与全国均值之间的相对差距有增大的趋势。合计部分中上海、北京远远高于其他省份，浙江、河北居第二高位，也比其他省份要高出一大截，湖南、山东、河南、广东等省份也处于较高位置，而重庆、青海、甘肃、四川、新疆、贵州、海南、云南等地区则处于最低位置，与发达地区的差距在逐年增大，无缩小趋势。城镇部分中上海远远高于其他任何地区，北京、浙江位居第二高位，其次是河北也处于相对高的位置，山东、广东、湖南、江苏、河南、吉林也处于较高位置，而青海、甘肃、四川、新疆、重庆、海南、云南、福建、安徽等地区则处于最低位置，与发达地区的差距越来越大，无缩小趋势。农村部分中北京远远高出其他省份，高出 10—30 册，上海其次，浙江、河北处于第三高位，湖南、河南、山东、内蒙古、江苏等地区也位于较高位置，而西藏、重庆、贵州、新疆、甘肃、四川、云南、青海、安徽等地则处于最低位置，与发达地区的差距是越来越大，无缩小迹象。

总的来说，这四年普通初中生均图书册数各地间的相对差距仍在加大。

四、全国各省区市初中生均计算机台数分析

表6.8显示了全国各省区市在2003—2006年间普通初中的生均计算机台数情况。

表6.8 全国分地区普通初中生均计算机台数表（单位：台）

年份 分类 地区	2003			2004			2005			2006		
	合计	城镇	农村	合计	城镇	农村	合计	城镇	农村	合计	城镇	农村
全国	0.032	0.037	0.027	0.038	0.043	0.032	0.046	0.050	0.041	0.054	0.055	0.052
北京	0.052	0.048	0.073	0.068	0.063	0.103	0.103	0.094	0.137	0.138	0.121	0.215
天津	0.043	0.043	0.045	0.051	0.050	0.055	0.064	0.062	0.070	0.067	0.065	0.073
河北	0.037	0.038	0.035	0.043	0.044	0.041	0.051	0.051	0.052	0.058	0.055	0.060
山西	0.027	0.028	0.026	0.031	0.030	0.031	0.035	0.033	0.037	0.043	0.037	0.051
内蒙古	0.030	0.029	0.031	0.032	0.032	0.033	0.037	0.035	0.043	0.044	0.040	0.061
辽宁	0.043	0.051	0.035	0.052	0.062	0.041	0.061	0.074	0.048	0.083	0.093	0.073
吉林	0.044	0.047	0.036	0.051	0.056	0.042	0.062	0.063	0.058	0.073	0.071	0.077
黑龙江	0.038	0.047	0.031	0.045	0.054	0.037	0.051	0.058	0.043	0.059	0.063	0.054
上海	0.120	0.121	0.104	0.128	0.129	0.098	0.161	0.162	0.129	0.189	0.190	0.142
江苏	0.034	0.045	0.028	0.041	0.051	0.034	0.051	0.057	0.044	0.066	0.070	0.060
浙江	0.059	0.059	0.056	0.078	0.079	0.076	0.096	0.096	0.095	0.103	0.103	0.104
安徽	0.014	0.022	0.009	0.019	0.027	0.013	0.024	0.028	0.020	0.036	0.039	0.035
福建	0.030	0.026	0.037	0.036	0.031	0.043	0.042	0.035	0.053	0.049	0.040	0.063
江西	0.022	0.023	0.020	0.025	0.027	0.023	0.030	0.031	0.028	0.038	0.035	0.041
山东	0.041	0.044	0.034	0.054	0.057	0.047	0.068	0.072	0.060	0.078	0.085	0.069
河南	0.025	0.032	0.021	0.027	0.034	0.023	0.033	0.038	0.029	0.038	0.041	0.036
湖北	0.028	0.036	0.022	0.032	0.041	0.025	0.039	0.045	0.034	0.042	0.046	0.039
湖南	0.032	0.030	0.033	0.038	0.036	0.041	0.050	0.044	0.056	0.061	0.048	0.074
广东	0.043	0.045	0.040	0.051	0.052	0.048	0.057	0.058	0.056	0.061	0.063	0.057
广西	0.025	0.029	0.016	0.029	0.033	0.021	0.035	0.037	0.029	0.039	0.039	0.041
海南	0.024	0.020	0.033	0.029	0.024	0.042	0.033	0.028	0.050	0.037	0.030	0.061

续表

地区 \ 年份/分类	2003			2004			2005			2006		
	合计	城镇	农村	合计	城镇	农村	合计	城镇	农村	合计	城镇	农村
重庆	0.038	0.039	0.034	0.039	0.042	0.038	0.042	0.043	0.042	0.041	0.039	0.047
四川	0.029	0.027	0.032	0.033	0.029	0.036	0.040	0.033	0.048	0.044	0.036	0.060
贵州	0.022	0.027	0.016	0.030	0.033	0.026	0.035	0.035	0.035	0.042	0.040	0.044
云南	0.010	0.013	0.007	0.013	0.017	0.011	0.020	0.022	0.018	0.029	0.031	0.027
西藏	0.018	0.018	0.028	0.026	0.026	0.020	0.030	0.030	0.017	0.021	0.021	0.017
陕西	0.032	0.036	0.029	0.035	0.036	0.035	0.043	0.042	0.043	0.052	0.043	0.056
甘肃	0.023	0.023	0.022	0.025	0.025	0.025	0.032	0.028	0.035	0.040	0.030	0.049
青海	0.024	0.021	0.027	0.027	0.024	0.031	0.040	0.033	0.048	0.059	0.035	0.081
宁夏	0.040	0.051	0.029	0.046	0.053	0.038	0.054	0.058	0.050	0.066	0.061	0.074
新疆	0.021	0.027	0.017	0.026	0.034	0.021	0.036	0.038	0.036	0.048	0.040	0.053
极差	0.11	0.108	0.097	0.115	0.112	0.092	0.141	0.14	0.12	0.168	0.169	0.198
极差率	12.00	9.31	14.86	9.85	7.59	9.36	8.05	7.36	8.06	9.00	9.05	12.65
标准差	0.019	0.019	0.018	0.021	0.021	0.021	0.028	0.028	0.027	0.033	0.034	0.036
变异系数	0.603	0.514	0.667	0.553	0.488	0.656	0.609	0.560	0.659	0.611	0.618	0.692

资料来源：根据《中国教育统计年鉴》相关数据计算整理而得。

由表6.8可知，全国合计的普通初中生均计算机台数从2003年的0.032台，增加到2004年的0.038台，增加到2005年的0.046台，再增加到2006年的0.054台。2003年高于全国平均水平0.032台的地区有15个（包括与全国均值相等的地区），2006年高于全国平均水平0.054台的地区有14个。城镇的普通初中生均计算机台数从2003年的0.037台，增加到2004年的0.043台，增加到2005年的0.050台，再增加到2006年的0.055台。2003年高于全国平均水平0.037台的地区有13个，2006年高于全国平均水平0.055台的地区有12个（包括与全国均值相等的地区）。农村的普通初中生均计算机台数从2003年的0.027台，增加到2004年的0.032台，增加到2005年的0.041台，再增加到2006年的0.052台。2003年高于全国平均水平0.027台的地区有21个（包括与全国均值相等的地区），2006 年高于全国平均水平 0.052 台的地区有 20 个。

2003 年普通初中生均计算机台数城乡差距，城镇比农村低的省份有 9 个，其中差距最大的是北京（-0.025，单位为台，下同）、海南（-0.013）、福建（-0.011）、西藏（-0.010），其余 22 个省份的城镇初中生均计算机台数比农村的大，全国的平均城乡差为 0.010 台，城乡差大于等于这一水平的地区有 13 个，其中最高的为辽宁（0.016）、黑龙江（0.016）、上海（0.017）、江苏（0.017）、宁夏（0.022）。2006 年普通初中生均计算机台数城乡差距中城镇比农村低且最大的是北京（-0.094）、青海（-0.046）、海南（-0.031），有 20 个省份的城镇初中生均计算机台数比农村的要低，低 0.020 台以上的地区有 7 个，低 0.010 台以上的地区有 12 个，城乡差距最小且小于 0.010 台的地区有天津（0.002）、河北（0.003）、山西（0.008）、福建（0.009）。有 11 个省份的城镇要高于农村，全国的平均城乡差为 0.003 台，城乡差高出这一水平的地区有 11 个，高于 0.010 台的地区有江苏（0.010）、山东（0.016）、辽宁（0.020）、上海（0.048）。总的来说，在 2003—2005 年间半数以上的省份是城镇要大于农村，且差距呈减小趋势，2005—2006 年间则是半数以上的省份是城镇要低于农村，且差距增大，除 4 个省份外，其余省份均是农村部分得到比较明显的提高，才呈现出城乡差曲线总体上向下的走势。北京则是城镇远远比农村低很多，低 0.025—0.094 台；在这四年间是城镇均高于农村的省份中，上海的差距最大，且城乡差越来越大，其次是辽宁，但辽宁在 2005—2006 年间差距有所减小，山东的城乡差也是在增加；此外黑龙江、江苏、安徽、河南、湖北、广东、云南在这四年间也始终是城镇要高于农村水平。

纵观这四年间合计部分云南（2003—2005 年）、西藏（2006 年）是初中生均计算机台数最少的地区，其变化趋势是 0.010 ↗ 0.013 ↗ 0.020 ↗ 0.021（单位为台，下同）；上海是初中生均计算机台数最多的地区，其变化趋势是 0.120 ↗ 0.128 ↗ 0.161 ↗ 0.189。两者间的极差变化趋势是 0.110 ↗ 0.115 ↗ 0.141 ↗ 0.168，极差率变化趋势是 12.00 ↘ 9.85 ↘ 8.05 ↗ 9.00，说明极大值与极小值地区之间的绝对差距一直在增大，相对差距在 2003—2005 年间逐年下降，2006 年有所增加，但仍低于 2003 及 2004 年水平。这四年间初中生均计算机台数的标准差变化趋势是 0.019 ↗

0.021 ↗ 0.028 ↗ 0.033，变异系数的变化趋势是 0.603 ↘ 0.553 ↗ 0.609 ↗0.611，说明各地区与全国平均值间（也就是各地区间）的相对差距在逐步增大。

城镇部分，云南（2003—2005 年）、西藏（2006 年）是初中生均计算机台数最少的地区，其变化趋势是 0.013 ↗ 0.017 ↗ 0.022 ↘ 0.021（单位为台，下同）；上海是初中生均计算机台数最多的地区，其变化趋势是 0.121 ↗0.129 ↗0.162 ↗0.190。两者间的极差变化趋势是 0.108 ↗ 0.112 ↗0.140 ↗0.169，极差率变化趋势是 9.31 ↘7.59 ↘7.36 ↗9.05，说明这四年间最大地区与最小地区之间的绝对差距数量一直在增大，相对差距在 2003—2005 年间呈逐年减小态势，2006 年有所增大，但仍低于 2003 年水平。这四年间初中生均计算机台数的标准差变化趋势是 0.019 ↗ 0.021 ↗0.028 ↗0.034，变异系数的变化趋势是 0.514 ↘0.488 ↗0.560 ↗ 0.618，说明各地区与全国平均值间（也就是各地区间）的相对差距在逐步增加。

农村部分，云南（2003—2004 年）、西藏（2005—2006 年）是初中生均计算机台数最少的地区，其变化趋势是 0.007 ↗ 0.011 ↗ 0.017 ↗ 0.017；上海（2003 年）、北京（2004—2006 年）是初中生均计算机台数最多的地区，其变化趋势是 0.104 ↘ 0.103 ↗ 0.137 ↗ 0.215。两者间的极差变化趋势是 0.097 ↘ 0.092 ↗ 0.120 ↗ 0.198，极差率变化趋势是 14.86 ↘ 9.36 ↘ 8.06 ↗ 12.65，说明最大值与最小值之间的绝对数量上的差距在增大，相对差距在 2003—2005 年间呈逐步减小态势，2005—2006 年又有所增加，但仍小于 2003 年水平。这四年间初中生均计算机台数的标准差变化趋势是 0.018 ↗ 0.021 ↗ 0.027 ↗ 0.036，变异系数的变化趋势是 0.667 ↘ 0.656 ↗ 0.659 ↗ 0.692，说明各地区与全国平均值间（也就是各地区间）的相对差距在 2003 到 2006 年有所增加，尽管在 2003—2004 年间有所减小，之后又逐年有所增加，且比 2003 年的相对差距要大些。

各地区间的普通初中生均计算机台数的相对差距是农村大于合计，合计大于城镇，普通初中生均计算机台数是城镇大于合计，合计大于农村。

由相关数据分析可知，这四年间各省区市间的差距或各省区市与全国均值之间的相对差距有增大的趋势。合计部分中上海远远高于其他省份，北京、浙江居第二高位，也比其他省份要高出一大截，山东、天津、辽宁、吉林、广东、宁夏等省份也处于较高位置，而云南、安徽、西藏、江西、甘肃、河南、海南、广西等地区则处于最低位置，与发达地区的差距在逐年增大，无缩小趋势。城镇部分中上海远远高于其他任何地区，浙江、北京、辽宁、山东位居第二高位，吉林、天津、广东、江苏、宁夏也处于较高位置，而云南、海南、甘肃、西藏、甘肃、青海、江西、福建、四川、贵州、河南等地区则处于最低位置，与发达地区的差距越来越大，无缩小趋势。农村部分中北京、上海远远高出其他省份，北京 2006 年的数据更是高出第二位上海 0. 073 台，浙江处于第二高位，天津、山东、广东、吉林、湖南等地区也位于较高位置，而云南、安徽、西藏、广西、河南、湖北、贵州、甘肃等地则处于最低位置，与发达地区的差距是越来越大，无缩小迹象。

第三节　全国各省区市高中物力资源配置差异分析

一、全国各省区市高中生均校舍建筑面积分析

表 6. 9 显示了全国各省区市在 2003—2006 年间普通高中的生均校舍建筑面积情况。

表 6. 9　全国分地区普通高中生均校舍建筑面积表（单位：平方米）

年份 / 分类 / 地区	2003			2004			2005			2006		
	合计	城镇	农村	合计	城镇	农村	合计	城镇	农村	合计	城镇	农村
全国	13. 93	13. 89	14. 22	13. 69	13. 69	13. 67	13. 75	13. 77	13. 56	14. 52	14. 48	14. 91
北京	23. 78	23. 68	27. 75	22. 77	22. 77	22. 74	23. 41	23. 17	28. 10	26. 31	26. 12	29. 56
天津	16. 44	17. 39	9. 42	15. 95	16. 94	9. 22	16. 07	17. 02	9. 40	17. 14	18. 31	9. 81
河北	12. 03	12. 02	12. 22	12. 18	12. 14	12. 62	12. 44	12. 38	13. 23	13. 37	13. 06	17. 16
山西	13. 51	13. 48	14. 01	13. 86	14. 00	12. 24	13. 84	13. 93	12. 85	14. 71	14. 75	14. 37
内蒙古	11. 34	11. 23	15. 35	10. 99	10. 90	15. 30	10. 65	10. 55	14. 56	11. 03	10. 87	21. 96

续表

年份 / 分类 / 地区	2003			2004			2005			2006		
	合计	城镇	农村	合计	城镇	农村	合计	城镇	农村	合计	城镇	农村
辽宁	10.58	10.65	9.75	10.50	10.60	9.30	10.89	10.99	9.59	11.23	11.34	9.74
吉林	10.57	10.50	13.96	10.09	10.20	7.47	9.72	9.73	9.57	10.02	9.98	11.56
黑龙江	10.67	10.22	14.70	10.32	10.05	12.75	10.22	9.93	13.99	10.77	10.40	14.94
上海	17.30	17.29	18.36	18.14	18.14	17.95	19.57	19.62	15.83	23.10	23.03	45.72
江苏	16.61	17.05	15.63	16.76	17.29	15.48	17.24	17.80	14.54	17.47	18.29	13.88
浙江	18.90	18.91	11.55	18.67	18.67	19.52	19.34	19.28	22.98	20.84	20.88	19.76
安徽	12.44	12.39	12.65	11.89	11.80	12.32	11.74	11.65	12.25	12.22	12.06	13.09
福建	18.17	17.90	20.99	17.93	17.87	18.51	17.70	17.52	20.07	18.81	18.63	20.28
江西	13.76	13.51	16.75	14.19	13.97	17.11	14.72	14.36	19.73	14.89	14.46	19.11
山东	12.68	12.53	16.33	12.58	12.43	16.60	12.64	12.48	17.26	13.49	12.94	25.64
河南	10.27	10.49	7.96	10.35	10.52	8.55	10.26	10.31	9.68	11.31	11.37	10.49
湖北	12.54	12.89	10.13	11.87	12.25	9.42	11.89	12.42	9.00	12.50	12.86	10.19
湖南	14.60	15.12	11.91	14.53	14.95	12.43	14.42	14.89	11.99	15.19	15.55	13.48
广东	19.71	18.60	25.26	18.74	17.99	22.68	18.16	17.69	22.44	18.81	18.45	22.59
广西	14.73	14.61	18.81	14.04	13.93	17.56	14.02	13.96	18.43	15.36	15.34	17.40
海南	21.75	21.33	27.54	20.02	19.71	24.29	18.91	18.58	22.77	19.76	19.56	22.06
重庆	15.89	16.06	13.15	15.98	16.79	14.65	16.32	16.77	15.33	17.89	17.76	19.25
四川	13.94	14.25	10.65	13.64	14.07	9.96	14.11	14.47	10.32	14.92	15.11	9.85
贵州	10.95	10.77	13.16	10.79	10.25	18.40	11.22	10.81	18.64	11.93	11.29	31.23
云南	16.57	16.18	21.14	16.05	15.77	19.40	15.59	15.33	19.32	15.40	15.24	19.07
西藏	13.28	13.28	0	16.30	16.30	0	14.97	14.97	0	26.64	26.64	0
陕西	10.02	10.31	8.90	9.88	9.99	9.57	9.90	9.90	9.93	10.35	10.41	10.20
甘肃	10.33	10.40	9.89	10.14	10.21	9.72	10.15	10.01	11.59	10.52	10.41	11.80
青海	14.41	14.83	9.48	13.08	13.34	10.08	13.84	14.13	11.19	14.12	13.94	15.20
宁夏	11.90	11.77	12.61	12.09	11.85	14.30	12.45	12.41	13.07	13.34	13.21	15.97
新疆	16.02	15.27	21.56	15.04	14.35	20.56	14.57	13.73	22.20	15.45	14.34	26.24

续表

地区 \ 分类 \ 年份	2003			2004			2005			2006		
	合计	城镇	农村	合计	城镇	农村	合计	城镇	农村	合计	城镇	农村
极差	13.76	13.46	19.79	12.89	12.78	16.82	13.69	13.44	19.1	16.62	16.66	35.98
极差率	2.37	2.32	3.49	2.30	2.28	3.25	2.41	2.38	3.12	2.66	2.67	4.69
标准差	3.53	3.46	5.47	3.37	3.37	4.75	3.41	3.43	5.10	4.43	4.48	7.93
变异系数	0.253	0.249	0.385	0.246	0.246	0.347	0.248	0.249	0.376	0.305	0.309	0.532

注：在计算标准差时，因西藏的农村部分为零值（没有农村高中），N 取值 30，其余 N 取值 31。

资料来源：根据《中国教育统计年鉴》相关数据计算整理而得。

（一）合计的高中生均校舍建筑面积分析

由表 6.9 可知，全国合计的普通高中生均校舍建筑面积从 2003 年的 13.93 平方米，减小到 2004 年的 13.69 平方米，增加到 2005 年的 13.75 平方米，再增加到 2006 年的 14.52 平方米。高中生均校舍建筑面积在 2003 年高于全国平均水平 13.93 平方米的地区有 15 个，其中最高五个地区由低至高依次是福建（18.17/4.24）（括号中前者数据为生均值，后者为生均距平值，“-”表示生均值比全国平均值低，下同）、浙江（18.90/4.97）、广东（19.71/5.78）、海南（21.75/7.82）、北京（23.78/9.85）；低于全国平均水平的最小五个地区由低至高依次是陕西（10.02/-3.91）、河南（10.27/-3.66）、甘肃（10.33/-3.60）、吉林（10.57/-3.36）、辽宁（10.58/-3.35）。高中生均校舍建筑面积在 2006 年高于全国平均水平 14.52 平方米的地区有 17 个，其中最高五个地区由低至高依次是海南（19.76/5.24）、浙江（20.84/6.32）、上海（23.10/8.58）、北京（26.31/11.79）、西藏（26.64/12.12）；低于全国平均水平的最小五个地区由低至高依次是吉林（10.02/-4.50）、陕西（10.35/-4.17）、甘肃（10.52/-4.00）、黑龙江（10.77/-3.75）、内蒙古（11.03/-3.49）。

纵观这四年，陕西（2003—2004 年）、吉林（2005—2006 年）是高中生均校舍建筑面积最小的地区，其变化趋势是 10.02 ↘ 9.88 ↘ 9.72 ↗

10.02（单位为平方米，下同）；北京（2003—2005 年）、西藏（2006 年）是高中生均校舍建筑面积最大的地区，其变化趋势是 23.78 ↘ 22.77 ↗ 23.41 ↗ 26.64。两者间的极差变化趋势是 13.76 ↘ 12.89 ↗ 13.69 ↗ 16.62，极差率变化趋势是 2.37 ↘ 2.30 ↗ 2.41 ↗ 2.66，说明这四年间最大值与最小值地区之间的绝对数量差距及相对差距在扩大，尽管在 2004 年有所下降，之后呈逐年增加，且差距大于 2003 年的水平。这四年间高中生均校舍建筑面积的标准差变化趋势是 3.53 ↘ 3.37 ↗ 3.41 ↗ 4.43，变异系数的变化趋势是 0.253 ↘ 0.246 ↗ 0.248 ↗ 0.305。说明各地区与全国平均值间（也就是各地区间）的相对差距还在 2003—2004 年间有所减小，之后呈逐年递增态势，且高于 2003 年的水平。

（二）城镇高中生均校舍建筑面积分析

由表 6.9 可知，全国城镇的普通高中生均校舍建筑面积从 2003 年的 13.89 平方米，减小到 2004 年的 13.69 平方米，增加到 2005 年的 13.77 平方米，再增加到 2006 年的 14.48 平方米。高中生均校舍建筑面积在 2003 年高于全国平均水平 13.89 平方米的地区有 15 个，其中最高五个地区由低至高依次是福建（17.90/4.01，单位为平方米，下同）、广东（18.60/4.71）、浙江（18.91/5.02）、海南（21.33/7.44）、北京（23.68/9.79）；低于全国平均水平的最小五个地区由低至高依次是黑龙江（10.22/－3.67）、陕西（10.31/－3.58）、甘肃（10.40/－3.49）、河南（10.49/－3.40）、吉林（10.50/－3.39）。高中生均校舍建筑面积在 2006 年高于全国平均水平 14.48 平方米的地区有 15 个，其中最高五个地区由低至高依次是海南（19.56/5.08）、浙江（20.88/6.40）、上海（23.03/8.55）、北京（26.12/11.64）、西藏（26.64/12.16）；低于全国平均水平的最小五个地区由低至高依次是吉林（9.98/－4.50）、黑龙江（10.40/－4.08）、陕西（10.41/－4.07）、甘肃（10.41/－4.07）、内蒙古（10.87/－3.61）。

纵观这四年，黑龙江（2003 年）、陕西（2004 年）、吉林（2005—2006 年）是高中生均校舍建筑面积最小的地区，其变化趋势是 10.22 ↘ 9.99 ↘ 9.73 ↗ 9.98；北京（2003—2005 年）、西藏（2006 年）是高中生均校舍建筑面积最大的地区，其变化趋势是 23.68 ↘ 22.77 ↗ 23.17 ↗ 26.64。

两者间的极差变化趋势是 13.46 ↘ 12.78 ↗ 13.44 ↗ 16.66，极差率变化趋势是 2.32 ↘ 2.28 ↗ 2.38 ↗ 2.67；说明极大值与极小值地区之间的绝对差距与相对差距除在 2003—2004 年间有所下降外其余年份均呈增大趋势，且高于 2003 年水平。这四年间高中生均校舍建筑面积的标准差变化趋势是 3.46 ↘ 3.37 ↗ 3.43 ↗ 4.48；变异系数的变化趋势是 0.249 ↘ 0.246 ↗ 0.249 ↗ 0.309。说明各地区与全国平均值间（也就是各地区间）的相对差距在 2003—2004 年间有所降低，之后呈逐年递增趋势，且高于 2003 年水平。

（三）农村高中生均校舍建筑面积分析

由表 6.9 可知，全国农村的普通高中生均校舍建筑面积从 2003 年的 14.22 平方米，减小到 2004 年的 13.67 平方米，减小到 2005 年的 13.56 平方米，再增加到 2006 年的 14.91 平方米。高中生均校舍建筑面积在 2003 年高于全国平均水平 14.22 平方米的地区有 13 个，其中最高五个地区由低至高依次是云南（21.14/6.92）、新疆（21.56/7.34）、广东（25.26/11.04）、海南（27.54/13.32）、北京（27.75/13.53）；低于全国平均水平的最小五个地区由低至高依次是河南（7.96/ - 6.26）、陕西（8.90/ - 5.32）、天津（9.42/ - 4.80）、青海（9.48/ - 4.74）、辽宁（9.75/ - 4.47）。高中生均校舍建筑面积在 2006 年高于全国平均水平 14.91 平方米的地区有 18 个，其中最高五个地区由低至高依次是山东（25.64/10.73）、新疆（26.24/11.33）、北京（29.56/14.65）、贵州（31.23/16.32）、上海（45.72/30.81）；低于全国平均水平的最小五个地区由低至高依次是辽宁（9.74/ - 5.17）、天津（9.81/ - 5.10）、四川（9.85/ - 5.06）、湖北（10.19/ - 4.72）、陕西（10.20/ - 4.71）。

纵观这四年，河南（2003 年）、吉林（2004 年）、湖北（2005 年）、辽宁（2006 年）是高中生均校舍建筑面积最小的地区，其变化趋势是 7.96 ↘ 7.47 ↗ 9.00 ↗ 9.74；北京（2003 年、2005 年）、海南（2004 年）、上海（2006 年）是高中生均校舍建筑面积最大的地区，其变化趋势是 27.75 ↘ 24.29 ↗ 28.10 ↗ 45.72。两者间的极差变化趋势是 19.79 ↘ 16.82 ↗ 19.10 ↗ 35.98，极差率变化趋势是 3.49 ↘ 3.25 ↘ 3.12 ↗ 4.69，说明极大值与极小值地区的绝对与相对差距都在增大，尽管在

2003—2004 年间略有所下降。这四年间高中生均校舍建筑面积的标准差变化趋势是 5.47 ↘ 4.75 ↗ 5.10 ↗ 7.93，变异系数的变化趋势是 0.385 ↘ 0.347 ↗ 0.376 ↗ 0.532，说明各地区与全国平均值间（也就是各地区间）的相对差距还在加大，尽管在 2003—2004 年间有所下降，之后呈逐年增加态势，且高于 2003 年水平。

在普通高中生均校舍建筑面积在合计与城镇部分大多数省份呈 U 形增长态势，农村部分则绝大多数省份一直呈增加态势。合计及农村部分，北京处于最高位置，除 2006 年西藏比它高以外均是如此；海南、上海、浙江、广东、福建、江苏等地区也处于较高位置，吉林、陕西、甘肃、黑龙江、辽宁、贵州、内蒙古、河南等地区处于最低位置。农村部分，一直呈减小趋势的是海南、湖南、云南，2003 -2005 年一直减小而2006 年却增加的省份有广东、上海、内蒙古、湖北，一直呈增加趋势的是山东、重庆、河北、青海、陕西、河南、贵州（其增幅超过 28 平方米），2003—2004 年减幅很大，之后又增加的省份有北京、新疆、黑龙江、吉林，浙江则是 2003—2005 年间迅速增加，之后有所减小，北京、海南、广东、新疆、云南、福建等处于最高位置，河南、陕西、天津、湖北、四川、甘肃等则处于最低位置。

由相关数据分析可知，这四年间合计及城镇部分各省区市间的差距或各省区市与全国均值之间的相对差距有增大的趋势。合计及城镇部分北京、西藏、海南、上海、浙江、广东、福建、江苏等发达地区与吉林、陕西、甘肃、黑龙江、辽宁、贵州、内蒙古、河南等落后地区的差距在增大。

（四）普通高中生均校舍建筑面积的城乡差分析

2003 年普通高中生均校舍建筑面积城乡差距最大且城镇低于农村的是广东（-6.66，单位平方米，下同）、新疆（-6.29）、海南（-6.21），城镇比农村低 4 平方米以上的省份有 8 个，低 1 平方米以上的有 14 个，全国有 18 个省份的城镇高中生均校舍建筑面积比农村要低，其余 13 个省份均是城镇比农村要高，全国的平均城乡差为 -0.03 平方米，城镇比农村高出 2 平方米的省份有 9 个，其中最大为青海（5.35）、浙江（7.36）、天津（7.97）、西藏（13.28）。2006 年普通高中生均校舍建筑面积城乡差距（城镇低于农村）最大的是上海（-22.69）、贵州（-19.94）、山东（-12.70）、新疆（-11.90）、内蒙古（-11.09），低4平方米以上的省份有9个，低1平方米以上的有20个，全国有20个省份的城镇高中生均校舍建筑面积比农村的小，其余11个省份是城镇比农村大的，全国的平均城乡差为-0.43平方米，城镇比农村高2平方米以上的省份有6个，其中最大为江苏（4.41）、四川（5.26）、天津（8.5）、西藏（26.64）。总的来说，城乡间的差距没有缩小，西藏在这四年间城镇比农村高出13.28—26.64平方米之间为城乡差之最，贵州则是城镇比农村低且差距急速加大，四年间达16.55平方米，山东、重庆也是城镇比农村低且差距在加大，尤其是在2005—2006年间，浙江则是在2003—2004年间由城镇高出农村7.36平方米下降到城镇比农村低0.85平方米，降幅达8.21平方米，2005年又继续下降到-3.70，2006年比2005年回升4.82达到城镇比农村高1.12平方米，其余省份的城乡差变化不是很明显，比较平稳，城镇比农村低和城镇比农村高的省份各占一半的样子。

总的来说，普通高中生均校舍建筑面积各地间的相对差距在扩大。

二、全国各省区市高中生均学校固定资产总值分析

表6.10显示了全国各省区市在2003—2006年间普通高中的生均学校固定资产总值情况。

表6.10 全国分地区普通高中生均学校固定资产总值表（单位：元）

年份 / 分类 / 地区	2003			2004			2005			2006		
	合计	城镇	农村	合计	城镇	农村	合计	城镇	农村	合计	城镇	农村
全国	10955	11231	8655	11063	11273	9452	11929	12212	9303	13013	13244	10742
北京	22270	22121	28160	22584	22547	24362	30938	31396	22034	36736	37308	27113
天津	12530	13021	8893	11520	12559	4498	15355	14410	22001	17726	17175	21181
河北	8807	9051	5969	8750	8922	6545	9684	9844	7442	10382	10300	11376
山西	8877	8916	8332	9900	10035	8365	11949	12293	8206	12549	12823	9420
内蒙古	6756	6728	7767	6278	6280	6180	7145	7092	9297	8221	8160	12367
辽宁	6860	6961	5638	8181	8413	5544	10337	10632	6617	11097	11442	6509

续表

年份 / 分类 / 地区	2003			2004			2005			2006		
	合计	城镇	农村	合计	城镇	农村	合计	城镇	农村	合计	城镇	农村
吉林	11669	11746	8102	10323	10573	4273	10524	10633	6356	10072	10153	7212
黑龙江	12581	13125	7749	12009	12488	7726	11765	11982	9012	10573	10631	9904
上海	27722	27783	22029	23191	23243	19098	28000	28211	13360	37923	37861	59088
江苏	16367	19047	10531	17146	19349	11767	18683	20334	10727	19798	21780	11075
浙江	20165	20199	5775	21168	21135	27198	21398	21474	16357	25030	25273	18114
安徽	10422	11011	7863	10138	9953	11022	9843	10544	5773	11163	11799	7654
福建	13055	13377	9712	12258	12405	10857	14067	13998	15005	16505	16644	15380
江西	9686	9684	9711	7795	7794	7809	9511	9204	13754	9604	9656	9096
山东	10081	9832	16112	10266	10044	16235	11454	11290	16120	12172	11523	26358
河南	6281	6554	3391	6615	6652	6227	7231	7280	6701	8294	8482	5967
湖北	8760	9335	4831	9295	10031	4488	9098	9754	5500	9654	10283	5574
湖南	8828	9363	6029	9628	10242	6590	10662	11448	6539	12209	13003	8416
广东	18152	17881	19506	17728	17251	20263	18102	17499	23575	18672	18216	23419
广西	6325	6346	5581	7126	7180	5328	7829	7854	6026	8545	8587	4507
海南	22221	22465	18820	20740	21001	17065	23174	23687	17250	19163	19196	18782
重庆	11563	11962	5228	13489	14257	12237	13430	15893	8080	15448	15927	10561
四川	9801	10238	5077	9831	10527	3953	10181	10570	6033	11597	11709	8563
贵州	6448	6477	6081	5978	5822	8151	7509	7208	12974	8099	7781	17828
云南	9665	9667	9639	11018	11210	8686	11862	11801	12713	12861	12898	12018
西藏	13566	13566	0	35199	35199	0	22019	22019	0	29505	29505	0
陕西	7747	8709	3991	7594	8654	4607	7668	8482	5304	8516	9458	5849
甘肃	5670	5963	3927	6817	6532	8528	6485	6437	6976	8032	8119	7045
青海	6505	6452	7116	5794	5983	3567	7210	7417	5312	9181	9491	7384
宁夏	7562	7995	5106	10408	10169	12582	11603	11933	7148	13578	13784	9263
新疆	10691	10334	13307	10670	10490	12105	11000	10794	12870	11354	10842	16314
极差	22052	21820	24769	29405	29377	23631	24453	24959	18271	29891	30080	54581
极差率	4.89	4.66	8.30	6.08	6.05	7.62	4.77	4.88	4.44	4.72	4.87	13.11
标准差	5478	5514	5950	6537	6557	6196	6280	6361	5419	7916	7962	10608
变异系数	0.500	0.491	0.687	0.591	0.582	0.656	0.526	0.521	0.583	0.608	0.601	0.988

注：在计算标准差时，因西藏的农村部分为零值（没有农村高中），N取值30，其余N取值31。

资料来源：根据《中国教育统计年鉴》相关数据计算整理而得。

(一) 合计的高中生均学校固定资产总值分析

由表6.10可知，全国合计的普通高中生均学校固定资产总值从2003年的10955元，增加到2004年的11063元，增加到2005年的11929元，再增加到2006年的13013元。高中生均学校固定资产总值在2003年高于全国平均水平10955元的地区有12个，其中最高五个地区由低至高依次是广东（18152/7197）（括号中前者数据为生均值，后者为生均距平值，“-”表示生均值比全国平均值低，下同）、浙江（20165/9210）、海南（22221/11266）、北京（22270/11315）、上海（27722/16767）；低于全国平均水平的最小五个地区由低至高依次是甘肃（5670/-5285）、河南（6281/-4674）、广西（6325/-4630）、贵州（6448/-4507）、青海（6505/-4450）。高中生均学校固定资产总值在2006年高于全国平均水平13013元的地区有11个，其中最高五个地区由低至高依次是江苏（19798/6785）、浙江（25030/12017）、西藏（29505/16492）、北京（36736/23723）、上海（37923/24910）；低于全国平均水平的最小五个地区由低至高依次是甘肃（8032/-4981）、贵州（8099/-4914）、内蒙古（8221/-4792）、河南（8294/-4719）、陕西（8516/-4497）。

纵观这四年，甘肃（2003年、2005—2006年）、青海（2004年）是高中生均学校固定资产总值最小的地区，其变化趋势是5670↗5794↗6485↗8032；上海（2003年、2006年）、西藏（2004年）、北京（2005年）是高中生均学校固定资产总值最大的地区，其变化趋势是27722↗35199↘30938↗37923（单位元，下同）。两者间的极差变化趋势是22052↗29405↘24453↗29891，极差率变化趋势是4.89↗6.08↘4.77↘4.72，说明极大值与极小值地区间的绝对差距是在增大，但是其相对差距却略有减小。这四年间高中生均学校固定资产总值的标准差变化趋势是5478↗6537↘6280↗7916，变异系数的变化趋势是0.500↗0.591↘0.526↗0.608，说明各地区与全国平均值间（也就是各地区间）的相对差距还在加大，尽管2004—2005年间有所下降，但差距仍然要大于2004年的水平。

(二) 城镇高中生均学校固定资产总值分析

由表6.10可知，全国城镇的普通高中生均学校固定资产总值从2003

年的11231元，增加到2004年的11273元，增加到2005年的12212元，再增加到2006年的13244元。高中生均学校固定资产总值在2003年高于全国平均水平11231元的地区有12个，其中最高五个地区由低至高依次是江苏（19047/7816）、浙江（20199/8968）、北京（22121/10890）、海南（22465/11234）、上海（27783/16552）；低于全国平均水平的最小五个地区由低至高依次是甘肃（5963/－5268）、广西（6346/－4885）、青海（6452/－4779）、贵州（6477/－4754）、河南（6554/－4677）。高中生均学校固定资产总值在2006年高于全国平均水平13244元的地区有11个，其中最高五个地区由低至高依次是江苏（21780/8536）、浙江（25273/12029）、西藏（29505/16261）、北京（37308/24064）、上海（37861/24617）；低于全国平均水平的最小五个地区由低至高依次是贵州（7781/－5463）、甘肃（8119/－5125）、内蒙古（8160/－5084）、河南（8482/－4762）、广西（8587/－4657）。

纵观这四年，甘肃（2003年、2005年）、贵州（2004年、2006年）是高中生均学校固定资产总值最小的地区，其变化趋势是5963↘5822↗6437↗7781（单位元，下同）；上海（2003年、2006年）、西藏（2004年）、北京（2005年）是高中生均学校固定资产总值最大的地区，其变化趋势是27783↗35199↘31396↗37861。两者间的极差变化趋势是21820↗29377↘24959↗30080，极差率变化趋势是4.66↗6.05↘4.88↘4.87，说明极大值与极小值地区间的绝对与相对差距还在增大，尽管中间有些年份在下降，但2006年仍然高于2003年水平。这四年间高中生均学校固定资产总值的标准差变化趋势是5514↗6557↘6361↗7962，变异系数的变化趋势是0.491↗0.582↘0.521↗0.601，说明各地区与全国平均值间（也就是各地区间）的相对差距仍在增大，尽管在2004—2005年间有所下降，但差距仍高于2003年的水平。

（三）农村高中生均学校固定资产总值分析

由表6.10可知，全国农村的普通高中生均学校固定资产总值从2003年的8655元，增加到2004年的9452元，减小到2005年的9303元，再增加到2006年的10742元。高中生均学校固定资产总值在2003年高于全国平均水平8655元的地区有12个，其中最高五个地区由低至高依次是山东（16112/7457）、海南（18820/10165）、广东（19506/10851）、上海（22029/13374）、北京（28160/19505）；低于全国平均水平的最小五个地区由低至高依次是河南（3391/－5264）、甘肃（3927/－4728）、陕西（3991/－4664）、湖北（4831/－3824）、四川（5077/－3578）。高中生均学校固定资产总值在2006年高于全国平均水平10742元的地区有14个，其中最高五个地区由低至高依次是天津（21181/10439）、广东（23419/12677）、山东（26358/15616）、北京（27113/16371）、上海（59088/48346）；低于全国平均水平的最小五个地区由低至高依次是广西（4507/－6235）、湖北（5574/－5168）、陕西（5849/－4893）、河南（5967/－4775）、辽宁（6509/－4233）。

纵观这四年，河南（2003年）、青海（2004年）、陕西（2005年）、广西（2006年）是高中生均学校固定资产总值最小的地区，其变化趋势是3391↗3567↗5304↘4507；北京（2003年）、浙江（2004年）、广东（2005年）、上海（2006年）是高中生均学校固定资产总值最大的地区，其变化趋势是28160↘27198↘23575↗59088。两者间的极差变化趋势是24769↘23631↘18271↗54581，极差率变化趋势是8.30↘7.62↘4.44↗13.11，说明极大值与极小值地区间的绝对与相对差距还在不断增大，虽然前三年呈减小趋势，但2005—2006年间回升得非常快，并远远高于2003年的水平。这四年间高中生均学校固定资产总值的标准差变化趋势是5950↗6196↘5419↗10608，变异系数的变化趋势是0.687↘0.656↘0.583↗0.988，说明各地区与全国平均值间（也就是各地区间）的相对差距还在加大，尽管前三年有所减小，但是2006年比2005年增大很多，且高于2003年水平。

由相关数据分析可知，这四年间各省区市间的差距或各省区市与全国均值之间的相对差距有增大的趋势，西藏、上海、北京、浙江与其他省份的差距相当大，合计与城镇部分海南、江苏、广东等地也明显高于其他地区，而甘肃、青海、贵州、内蒙古、河南、广西、陕西等地则处于最低位置，与发达地区的差距在不断增大，并无缩小迹象。农村部分的北京、广东、浙江、海南、山东、新疆位于最高位置，与其他地区的差距很大，陕西、青海、四川、甘肃、湖北、河南、辽宁、湖南等地则处于最低位置，与发达地区的差距在不断增大，并无缩小迹象，绝大多数省份呈W形变化态势。

（四）普通高中生均学校固定资产总值的城乡差分析

2003 年普通高中生均学校固定资产总值城乡差距最大且城镇低于农村的是山东（－6280）、北京（－6039）、新疆（－2973），有 7 个省份的城镇要低于农村，其余 23 个省份是城镇要高于农村（西藏除外，没有农村高中），城镇比农村高 1000 元以上的省份有 19 个，高 4000 元以上的省份有 9 个，全国的平均城乡差为 2576 元，高于这一水平的省份有 17 个（除去西藏，没有农村高中），其中最高（且高出 5000 元的）地区为四川（5161）、黑龙江（5376）、上海（5754）、重庆（6734）、江苏（8516）、浙江（14424）。2006 年普通高中生均学校固定资产总值城乡差距（城镇低于农村）最大的是上海（－21227），其次是山东（－14835）、贵州（－10047），全国有 8 个省份的城镇高中生均学校固定资产总值比农村的要低，其余 22 个省份均是城镇比农村要高（西藏除外，没有农村高中），城镇比农村高出 1000 元的省份有 18 个，高出 4000 元的有 10 个，全国的平均城乡差为 2502 元，高出这一水平的省份有 15 个（除去西藏，没有农村高中），其中最高（且高出 5000 元的）地区为重庆（5366）、浙江（7159）、北京（10195）、江苏（10705）。总的来说绝大多数省份在这四年间均是城镇高于农村，绝大多数省份的生均固定资产总值还是城镇比农村要高出 2000 元以上，说明与农村比城镇拥有更好（多）的硬件教育资源，且 2004—2006 年间有所增大，2004 年城乡差距是最小的。有几个省份的变化比较特殊，如浙江的城乡差在 2003—2004 年间由 14424 骤减至－6063，减幅超过 20487 元，2005 年又飙升到 5117，升幅达 11180 元，2006 年的城乡差距比 2005 年的增加了 2042 元；北京的城乡差则从 2003 年的－6039 骤减至 2004 年的－1815，减幅达 4224 元，之后在 2004—2005 年间又骤然回升，升幅达 11177 元，2006 年的城乡差距比 2005 年的增加了 833 元；天津的城乡差变化也是非常特殊的，2003—2004 年由 4128 元升至 8061 元，增加 3933 元，2005 年又骤然降至－7591 元，降幅达 15652 元，2006 年又略微回升至－4006 元，升幅为 3485 元；山东 2003—2004 年由－6280 元升至－6191 元，增加 89 元，2005 年又降至－4830 元，降幅达 1361 元，2006 年又骤然降至－14835 元，降幅达 10005 元；贵州则是四年间一直呈向下走向，从 2003 年的城镇高于农村 396 元降至 2004 年的城镇比农村低 2329 元，再降至 2005 年的－5766 元，降幅为3437元，又骤然降至2006年的－10047元，减幅达4281元。

总的来说，普通高中生均学校固定资产总值各地区间的相对差距还在加大。

三、全国各省区市高中生均图书册数分析

表6.11显示了全国各省区市在2003—2006年间普通高中的生均图书册数情况。

表6.11 全国分地区普通高中生均图书册数表（单位：册）

年份 / 分类 / 地区	2003			2004			2005			2006		
	合计	城镇	农村	合计	城镇	农村	合计	城镇	农村	合计	城镇	农村
全国	22.64	22.60	22.96	21.94	21.95	21.84	21.86	21.96	20.90	22.52	22.54	22.24
北京	59.02	58.86	65.38	53.23	53.35	47.37	53.66	53.68	53.15	60.66	61.22	51.23
天津	31.75	34.79	9.31	29.49	32.86	6.69	29.05	32.27	6.42	31.05	35.06	5.92
河北	19.21	19.01	21.53	17.84	17.56	21.38	18.51	18.32	21.25	18.71	18.42	22.26
山西	20.68	20.93	17.16	21.76	22.31	15.50	21.45	22.21	13.23	21.12	21.62	15.39
内蒙古	18.60	18.35	27.86	17.83	17.69	24.72	16.14	15.90	25.77	15.70	15.53	27.49
辽宁	15.51	16.06	8.81	15.34	16.07	7.02	16.68	17.40	7.60	17.51	18.08	9.85
吉林	17.11	16.81	30.88	17.07	17.14	15.35	15.92	15.80	20.45	16.52	16.24	26.43
黑龙江	15.57	14.69	23.40	14.61	13.98	20.22	14.28	13.53	23.77	14.47	13.77	22.57
上海	39.87	39.83	43.79	41.18	41.17	42.10	41.69	41.85	30.84	47.21	47.10	83.69
江苏	30.25	30.98	28.68	29.76	30.19	28.69	29.78	29.91	29.16	28.80	29.67	24.97
浙江	30.46	30.51	12.04	30.57	30.59	27.05	31.56	31.58	30.63	33.67	33.84	29.00
安徽	22.75	22.92	21.99	20.74	20.79	20.47	20.05	20.05	20.03	19.79	19.82	19.65
福建	43.94	44.02	43.17	42.96	43.43	38.54	40.66	40.55	42.22	41.78	41.49	44.07
江西	18.18	17.79	22.77	18.07	17.87	20.73	17.82	17.55	21.43	19.11	19.01	20.08
山东	14.95	14.91	15.94	15.08	14.92	19.50	15.60	15.39	21.60	16.49	16.10	25.09
河南	14.49	15.02	8.79	13.85	14.18	10.34	14.09	14.37	11.05	15.37	15.61	12.37
湖北	15.35	16.06	10.44	13.96	14.53	10.22	13.36	14.01	9.80	14.38	14.98	10.46

续表

地区 \ 分类 \ 年份	2003			2004			2005			2006		
	合计	城镇	农村	合计	城镇	农村	合计	城镇	农村	合计	城镇	农村
湖南	20.51	21.75	13.99	19.71	20.71	14.74	19.56	20.64	13.89	20.00	20.94	15.54
广东	40.48	38.59	49.94	39.48	37.07	52.29	38.26	37.16	48.25	38.85	38.16	45.97
广西	24.64	24.60	26.14	23.99	23.93	25.76	23.88	23.81	28.80	25.13	25.15	23.12
海南	31.17	30.64	38.54	29.07	28.37	38.88	24.30	23.74	30.81	24.50	24.00	30.22
重庆	17.21	17.19	17.60	17.20	18.78	14.63	17.20	17.49	16.57	18.06	17.64	22.31
四川	17.79	18.44	10.80	18.22	19.05	11.18	18.47	19.07	12.05	19.53	19.75	13.71
贵州	17.85	17.39	23.78	19.03	18.47	26.78	20.51	20.06	28.75	22.04	21.27	45.51
云南	26.55	26.44	27.87	23.76	23.80	23.28	25.11	25.36	21.70	21.23	21.17	22.44
西藏	14.51	14.51	0	12.62	12.62	0	14.19	14.19	0	30.53	30.53	0
陕西	20.10	21.50	14.64	19.39	20.30	16.82	19.66	20.14	18.27	19.78	20.10	18.87
甘肃	20.17	20.57	17.84	18.83	19.48	14.89	18.59	18.21	22.51	18.56	18.44	19.91
青海	22.63	22.96	18.82	22.24	22.16	23.19	21.72	22.64	13.31	23.33	23.39	23.01
宁夏	19.18	17.91	26.43	17.63	16.30	29.71	17.79	17.66	19.51	17.68	17.22	27.39
新疆	23.53	21.12	41.16	21.62	19.57	37.96	20.87	18.45	42.86	22.13	18.80	54.39
极差	44.53	44.35	56.59	40.61	40.73	45.6	40.3	40.15	46.73	46.28	47.45	77.77
极差率	4.07	4.06	7.44	4.22	4.23	7.82	4.02	3.97	8.28	4.22	4.45	14.14
标准差	10.27	10.25	13.57	9.71	9.69	11.77	9.50	9.55	11.62	10.58	10.78	16.16
变异系数	0.454	0.454	0.591	0.443	0.441	0.539	0.435	0.435	0.556	0.470	0.478	0.727

注：在计算标准差时，因西藏的农村部分为零值（没有农村高中），N 取值 30，其余 N 取值 31。

资料来源：根据《中国教育统计年鉴》相关数据计算整理而得。

由表 6.11 可知，全国合计的普通高中生均图书册数从 2003 年的 22.64 册，减少到 2004 年的 21.94 册，再减少到 2005 年的 21.86 册，增加到 2006 年的 22.52 册。2003 年高于全国平均水平 22.64 册的地区有 12 个，2006 年高于全国平均水平 22.52 册的地区有 11 个。城镇的普通高中生均图书册数从 2003 年的 22.60 册，减少到 2004 年的 21.95 册，增加到

2005 年的 21.96 册，再增加到 2006 年的 22.54 册。2003 年高于全国平均水平 22.60 册的地区有 12 个，2006 年高于全国平均水平 22.54 册的地区有 11 个。农村的普通高中生均图书册数从 2003 年的 22.96 册，减少到 2004 年的 21.84 册，再减少到 2005 年的 20.90 册，增加到 2006 年的 22.24 册。2003 年高于全国平均水平 22.96 册的地区有 14 个，2006 年高于全国平均水平 22.24 册的地区有 19 个。

2003 年普通高中生均图书册数城乡差距最大且城镇比农村低的是新疆（-20.04 册，“-”表示城镇比农村低）、吉林（-14.07）、广东（-11.35），城镇比农村低省份有 16 个，其余 14 个（西藏没有农村高中除外）省份的城镇高中生均图书册数比农村的多，全国的平均城乡差为 -0.36 册，城镇比农村低这一水平以上的地区有 16 个，城镇比农村低 4 册以上的地区有 10 个，低 1 册以上的地区有 15 个，城镇高于农村 4 册以上的地区有 9 个，其中最大为辽宁（7.25）、四川（7.64）、湖南（7.76）、浙江（18.47）、天津（25.48）。2006 年普通高中生均图书册数城乡差距最大且城镇比农村低的是上海（-36.59）、新疆（-35.59）、贵州（-24.24），城镇比农村低省份有 16 个，城镇比农村低 10 册以上的地区有 6 个，低 4 册以上的地区有 11 个，低 1 册以上的地区有 16 个，全国的平均城乡差为 0.30 册，城镇比农村高且高于这一水平以上的地区有 13 个，有 14 个（西藏没有农村高中除外）省份的城镇比农村的要高，其中最高为四川（6.04）、山西（6.23）、辽宁（8.23）、北京（9.99）、天津（29.14）。总的来说，天津的城乡差最大，在 25.48—29.14 册之间，比其他地区的城乡差要高出 14 册以上；辽宁、内蒙古、湖南四年间的城乡差一直 5—10 册之间，山西在 2004—2006 年间以及湖北、河南、陕西在 2003 年也进入这一区间；湖北、河南、浙江、陕西在 2004—2006 年间以及江苏、安徽的城乡差一直在 0—5 册这个区间；新疆的城镇比农村低得很多，低 18.39—35.59 册之间，且在 2004—2006 年间从最高点迅速下降；城镇比农村低得第二多的是广东，低 7.81—15.22 册之间，在 2004—2006 年间从最低点逐步上升；北京则是在 2003 年城镇比农村低 6.52 册，到 2004 年反而变成城镇比农村高 5.98 册，2005 年城乡差又下降到 0.53 册，2006 年又反弹到 9.99 册；上海在 2003 年是城镇比农村低 3.96 册，2004 年上升到比农村低 0.93 册，2005 年进一步上升到城镇比农村高

11.01 册，2006 年则反而下降为城镇比农村低 36.59 册，比 2005 年下降了 47.60 册；青海在 2003 年城镇比农村高 4.14 册，2004 年下降为城镇比农村低 1.03 册，2005 年又上升至城镇比农村高 9.33 册，升幅达 10.36 册，2006 年又骤然降至城镇比农村高 0.38 册，降幅达 8.95 册；河北、江西、山东、黑龙江、四川、贵州、海南、宁夏、广东、新疆在这四年间是城镇低于农村，且它们城镇比农村低的程度依上述顺序依次增大。

纵观这四年间合计部分，河南（2003 年）、西藏（2004 年）、湖北（2005—2006 年）是高中生均图书册数最少的地区，其变化趋势是 14.49（单位册，下同）↘12.62 ↗13.36 ↗14.38；北京是高中生均图书册数最多的地区，其变化趋势是 59.02 ↘53.23 ↗53.66 ↗60.66。两者间的极差变化趋势是 44.53 ↘40.61 ↘40.30 ↗46.28，极差率变化趋势是 4.07 ↗4.22 ↘4.02 ↗4.22，说明极大值与极小值地区间的相对与绝对差距都在增大，尽管部分年份有所减小，但仍然没有高于 2003 年的水平。这四年间高中生均图书册数的标准差变化趋势是 10.27 ↘9.71 ↘9.50 ↗10.58，变异系数的变化趋势是 0.454 ↘0.443 ↘0.435 ↗0.470，说明各地区与全国平均值间（也就是各地区间）的相对差距还在逐步增大，尽管 2003—2005 年间逐年下降，但 2006 年回升后仍高于 2003 年的水平。

城镇部分，西藏（2003—2004 年）、黑龙江（2005—2006 年）是高中生均图书册数最少的地区，其变化趋势是 14.51 ↘12.62 ↗13.53 ↗13.77；北京是高中生均图书册数最多的地区，其变化趋势是 58.86 ↘53.35 ↗53.68 ↗61.22。两者间的极差变化趋势是 44.35 ↘40.73 ↘40.15 ↗47.45，极差率变化趋势是 4.06 ↗4.23 ↘3.97 ↗4.45，说明这四年间最大地区与最小地区之间的相对与绝对差距都在增大，尽管部分年份有所减小，但仍然没有高于 2003 年的水平。这四年间高中生均图书册数的标准差变化趋势是 10.25 ↘9.69 ↘9.55 ↗10.78；变异系数的变化趋势是 0.454 ↘0.441 ↘0.435 ↗0.478，说明各地区与全国平均值间（也就是各地区间）的相对差距还在增大，尽管 2003—2005 年间逐年下降，但 2006 年回升后仍高于 2003 年的水平。

农村部分，河南（2003 年）、天津（2004—2006 年）是高中生均图书册数最少的地区，其变化趋势是 8.79 ↘6.69 ↘6.42 ↘5.92；北京（2003 年、2005 年）、广东（2004 年）、上海（2006 年）是高中生均图书册数最多的地区，其变化趋势是 65.38 ↘ 52.29 ↗ 53.15 ↗ 83.69。两者间的极差变化趋势是 56.59 ↘ 45.60 ↗ 46.73 ↗ 77.77，极差率变化趋势是 7.44 ↗ 7.82 ↗ 8.28 ↗ 14.14，说明最大值与最小值之间的相对与绝对差距都在增加，而且相对差距增加了近 1 倍。这四年间高中生均图书册数的标准差变化趋势是 13.57 ↘ 11.77 ↘ 11.62 ↗ 16.16，变异系数的变化趋势是 0.591 ↘ 0.539 ↗ 0.556 ↗ 0.727，说明各地区与全国平均值间（也就是各地区间）的相对差距略仍在增大，尽管在 2003—2004 年间有所减小，但 2004—2006 年间逐年增加，仍然要高于 2003 年的相对差距水平。

各地区间的相对差距是农村大于合计，合计大于城镇。

由相关数据分析可知，合计部分中北京远远高于其他省份，高出全国均值 31.80—38.14 册，呈 U 形增长趋势；福建、上海、广东居第二高位，高出全国均值 16—25 册，其中上海一直呈递增趋势，17.23 册增加到 24.69 册，广东呈递减趋势，从 17.84 降至 16.33 册，福建从 2003 年的 21.3 册逐年降至 2005 的 18.8 册，2006 年又升至 19.26 册；第三高位的是浙江、江苏、天津、海南（2003—2004 年），高出均值 7.13—11.15 册，浙江呈递增趋势，江苏在 2003—2005 年呈逐年递增趋势，2006 年有所下降，天津在 2003—2005 年呈逐年递减，2006 年有所上升；河南、湖北、山东、黑龙江、辽宁、吉林、内蒙古、重庆、江西、四川、宁夏、河北、甘肃等地则处于最低位，且低于全国均值 2.47—8.15 册，且它们与全国均值的偏离距离依上述次序依次减小；西藏比较特殊，在 2003—2005 年始终低于均值 7.67—9.32 册，2006 年反弹反而是高于全国均值 8.01 册；总的趋势是绝大多数低于均值的省份在靠近均值水平，绝大多数高于全国均值的省份在 2003—2005 年也是在向着靠近均值水平的方向发展，但是在 2006 年多数省份又开始远离全国均值水平。城镇部分变化趋势与合计部分基本类似。农村部分变化情况比较复杂，北京、广东居第一高位，高出均值 25.53—42.42 册，北京在 2003—2004 年有较大幅度下降，2004—2005 年有所回升，低于 2003 年水平，2006 年又有所下降，广东在 2003—2004 年从 26.98 册增至 30.45 册，之后逐年下降至 2006 年 23.73 册；处于第二高位的是上海（2006 年高达 61.45 册，比第一高位还要高，2005 年 9.94 册可以不归入第二高位）、福建、新疆（2006 年高达 32.15 册，比第一高位的北京 2003 年的值稍微低些）、海南（2003—

2004年），高出均值15.58—21.83册，上海2003—2005年逐年递减，2006年迅速反弹回升，福建、新疆2003—2004年有所降低，之后逐年递增；天津、辽宁、湖北、河南、四川、陕西则始终处于最低位，且它们与全国均值的偏离距离依上述次序依次减小，天津在2006年比全国均值低达16.32册，为最大差距；总的趋势是绝大多数低于均值的省份在向着靠近均值水平的方向发展。

总的来说，普通高中生均图书册数各地间的相对差距仍在增大。

四、全国各省区市高中生均计算机台数分析

表6.12显示了全国各省区市在2003—2006年间普通高中的生均计算机台数情况。

表6.12　全国分地区普通高中生均计算机台数表（单位：台）

年份 / 分类 / 地区	2003			2004			2005			2006		
	合计	城镇	农村	合计	城镇	农村	合计	城镇	农村	合计	城镇	农村
全国	0.092	0.094	0.077	0.096	0.098	0.082	0.100	0.102	0.085	0.106	0.107	0.095
北京	0.222	0.221	0.261	0.239	0.238	0.290	0.276	0.277	0.252	0.350	0.351	0.342
天津	0.152	0.164	0.060	0.164	0.181	0.054	0.179	0.196	0.058	0.195	0.216	0.065
河北	0.078	0.080	0.059	0.083	0.084	0.070	0.088	0.089	0.078	0.096	0.095	0.106
山西	0.081	0.081	0.083	0.091	0.092	0.078	0.093	0.094	0.077	0.101	0.102	0.089
内蒙古	0.076	0.075	0.110	0.075	0.075	0.087	0.074	0.073	0.092	0.079	0.078	0.132
辽宁	0.089	0.093	0.049	0.092	0.095	0.058	0.098	0.101	0.062	0.102	0.104	0.085
吉林	0.095	0.095	0.106	0.091	0.093	0.057	0.092	0.093	0.072	0.093	0.093	0.103
黑龙江	0.101	0.099	0.117	0.098	0.096	0.113	0.096	0.094	0.122	0.102	0.100	0.124
上海	0.197	0.197	0.200	0.224	0.225	0.174	0.263	0.264	0.174	0.323	0.323	0.407
江苏	0.117	0.130	0.088	0.123	0.135	0.095	0.134	0.143	0.091	0.138	0.149	0.086
浙江	0.130	0.130	0.045	0.140	0.141	0.111	0.149	0.150	0.117	0.164	0.165	0.124
安徽	0.089	0.092	0.076	0.095	0.096	0.088	0.093	0.094	0.087	0.093	0.093	0.093
福建	0.125	0.127	0.105	0.133	0.135	0.114	0.139	0.139	0.129	0.145	0.147	0.132

续表

年份/分类/地区	2003			2004			2005			2006		
	合计	城镇	农村	合计	城镇	农村	合计	城镇	农村	合计	城镇	农村
江西	0.077	0.077	0.084	0.081	0.081	0.080	0.081	0.081	0.083	0.086	0.086	0.084
山东	0.078	0.078	0.092	0.083	0.083	0.093	0.086	0.086	0.091	0.091	0.089	0.132
河南	0.052	0.054	0.038	0.053	0.054	0.042	0.055	0.056	0.043	0.058	0.059	0.048
湖北	0.055	0.058	0.031	0.056	0.059	0.036	0.057	0.061	0.038	0.060	0.062	0.045
湖南	0.083	0.088	0.058	0.089	0.094	0.064	0.093	0.097	0.070	0.095	0.098	0.080
广东	0.143	0.145	0.132	0.143	0.143	0.141	0.145	0.144	0.157	0.147	0.147	0.147
广西	0.082	0.083	0.057	0.086	0.087	0.060	0.089	0.089	0.074	0.093	0.094	0.070
海南	0.128	0.127	0.146	0.124	0.123	0.140	0.124	0.120	0.165	0.124	0.121	0.157
重庆	0.096	0.098	0.075	0.102	0.113	0.086	0.103	0.107	0.094	0.103	0.103	0.101
四川	0.071	0.073	0.046	0.071	0.074	0.047	0.076	0.078	0.056	0.080	0.081	0.058
贵州	0.079	0.078	0.081	0.082	0.080	0.110	0.086	0.084	0.122	0.088	0.085	0.188
云南	0.077	0.077	0.069	0.086	0.087	0.072	0.095	0.094	0.111	0.100	0.100	0.118
西藏	0.072	0.072	0	0.077	0.077	0	0.071	0.071	0	0.102	0.102	0
陕西	0.083	0.089	0.061	0.082	0.088	0.067	0.088	0.093	0.073	0.091	0.096	0.075
甘肃	0.082	0.084	0.069	0.088	0.091	0.073	0.093	0.092	0.105	0.096	0.096	0.098
青海	0.101	0.104	0.069	0.114	0.116	0.084	0.125	0.129	0.093	0.139	0.136	0.156
宁夏	0.111	0.111	0.113	0.113	0.109	0.147	0.118	0.118	0.115	0.117	0.115	0.147
新疆	0.111	0.109	0.123	0.110	0.105	0.155	0.116	0.106	0.200	0.133	0.120	0.260
极差	0.17	0.167	0.23	0.186	0.184	0.254	0.221	0.221	0.214	0.292	0.292	0.362
极差率	4.27	4.09	8.42	4.51	4.41	8.06	5.02	4.95	6.63	6.03	5.95	9.04
标准差	0.038	0.038	0.048	0.042	0.042	0.051	0.050	0.051	0.047	0.064	0.065	0.081
变异系数	0.413	0.404	0.623	0.438	0.429	0.622	0.500	0.500	0.553	0.604	0.607	0.853

注：在计算标准差时，因西藏的农村部分为零值（没有农村高中），N 取值 30，其余 N 取值 31。

资料来源：根据《中国教育统计年鉴》相关数据计算整理而得。

由表 6.12 可知，全国合计的普通高中生均计算机台数从 2003 年的

0.092 台，增加到 2004 年的 0.096 台，增加到 2005 年的 0.100 台，再增加到 2006 年的 0.106 台。2003 年高于全国平均水平 0.092 台的地区有 14 个，2006 年高于全国平均水平 0.106 台的地区有 11 个。城镇的普通高中生均计算机台数从 2003 年的 0.094 台，增加到 2004 年的 0.098 台，增加到 2005 年的 0.102 台，再增加到 2006 年的 0.107 台。2003 年高于全国平均水平 0.094 台的地区有 14 个，2006 年高于全国平均水平 0.107 台的地区有 11 个。农村的普通高中生均计算机台数从 2003 年的 0.077 台，增加到 2004 年的 0.082 台，增加到 2005 年的 0.085 台，再增加到 2006 年的 0.095 台。2003 年高于全国平均水平 0.077 台的地区有 15 个，2006 年高于全国平均水平 0.095 台的地区有 18 个。

2003 年普通高中生均计算机台数城乡差距，城镇比农村低的省份有 12 个，其中差距最大的是北京（-0.040）、内蒙古（-0.035）、海南（-0.019）、黑龙江（-0.018）、山东（-0.014）、新疆（-0.014）、吉林（-0.011），其余 19 个省份的城镇高中生均计算机台数比农村的大（西藏除外，因西藏没有农村高中），全国的平均城乡差为 0.017 台，城乡差大于等于这一水平的地区有 13 个（西藏除外），其中最高的为湖南（0.030）、青海（0.035）、江苏（0.042）、辽宁（0.044）、浙江（0.085）、天津（0.104）。2006 年普通高中生均计算机台数城乡差距中城镇比农村低的省份有 13 个，其中差距最大的是新疆（-0.140）、贵州（-0.103）、上海（-0.084）、内蒙古（-0.054）、山东（-0.043）、海南（-0.036）、宁夏（-0.032），城镇比农村低 0.020 台以上的地区有 9 个，低 0.010 台以上的地区有 12 个；安徽、广东的城镇与农村生均拥有计算机台数相等；有 15 个省份的城镇高中生均计算机台数比农村的要高（西藏除外，因西藏没有农村高中），全国的平均城乡差为 0.012 台，城乡差高出这一水平的地区有 11 个（西藏除外），高于 0.020 台的地区有陕西（0.021）、四川（0.023）、广西（0.024）、浙江（0.041）、江苏（0.063）、天津（0.151）。总的来说，在 2003—2005 年间半数以上的省份是城镇要大于农村，且差距呈减小趋势，其中浙江、江苏例外，2003—2004 年减小（浙江的减幅最大，达 0.055 台），之后呈逐年递增趋势；上海在 2003—2005 年从 -0.003 台迅速增至 0.090 台，又骤然降至 2006 年的 -0.084 台，降幅达 0.174 台，吉林在 2003—2004 年从 -0.011

台迅速增至0.036台，2005年又降至0.021台，2006年更降至-0.010台；北京、宁夏在2003—2004年有较大幅度下降，2004—2005年则有较大幅度增大，2006年又有较大幅度下降；新疆、贵州则是四年间一直呈下降趋势，且下降幅度很大，新疆的降幅达0.126台（从2003年的-0.014台降至2006年的-0.140台），贵州降幅达0.100台（从2003年的-0.003台降至2006年的-0.103台）。山东、内蒙古、黑龙江、海南、贵州、新疆、在这四年间是城镇要低于农村水平，且它们低于农村的水平以上述顺序依次增大，即曲线依次往下排列。

纵观这四年间合计部分，河南是高中生均计算机台数最少的地区，其变化趋势是0.052↗0.053↗0.055↗0.058；北京是高中生均计算机台数最多的地区，其变化趋势是0.223↗0.239↗0.276↗0.350。两者间的极差变化趋势是0.170↗0.186↗0.221↗0.292，极差率变化趋势是：4.27↗4.51↗5.02↗6.03，说明极大值与极小值地区之间的相对与绝对差距一直在增大。这四年间高中生均计算机台数的标准差变化趋势是0.038↗0.042↗0.050↗0.064，变异系数的变化趋势是：0.413↗0.438↗0.500↗0.604，说明各地区与全国平均值间（也就是各地区间）的相对差距在逐步增大。

城镇部分，河南是高中生均计算机台数最少的地区，其变化趋势是0.054↗0.054↗0.056↗0.059；北京是高中生均计算机台数最多的地区，其变化趋势是0.221↗0.238↗0.277↗0.351。两者间的极差变化趋势是0.167↗0.184↗0.221↗0.292，极差率变化趋势是4.09↗4.41↗4.95↗5.95，说明这四年间最大地区与最小地区之间的相对与绝对差距数量一直在增大。这四年间高中生均计算机台数的标准差变化趋势是0.038↗0.042↗0.051↗0.065，变异系数的变化趋势是0.404↗0.429↗0.500↗0.607，说明各地区与全国平均值间（也就是各地区间）的相对差距在逐步增加。

农村部分，湖北是高中生均计算机台数最少的地区，其变化趋势是0.031↗0.036↗0.038↗0.045；北京（2003—2005年）、上海（2006年）是高中生均计算机台数最多的地区，其变化趋势是0.261↗0.290↘252↗0.407。两者间的极差变化趋势是0.230↗0.254↘0.214↗0.362，极差率变化趋势是8.42↘8.06↘6.63↗9.04，说明最大值与最小值之间的绝对数量上的差距尽管在2004—2005年有所减小，但2006年与2003年相比仍在增大，相对差距在2003—2005年间呈逐步减小态势，2005—2006年又有所增加，高于2003年水平，即相对差距仍在增大。这四年间高中生均计算机台数的标准差变化趋势是0.048 ↗ 0.051 ↘ 0.047 ↗0.081，变异系数的变化趋势是0.623 ↘0.622 ↘0.553 ↗0.853，说明各地区与全国平均值间（也就是各地区间）的相对差距在2003—2005年有所减小，但2006年又迅速回升，且比2003年的水平要高，即各地区间的相对差距仍在增大。

普通高中生均计算机台数各地区间的相对差距是农村大于合计，合计大于城镇，各地普通高中生均计算机台数绝对数量是城镇大于合计，合计大于农村。

由相关数据分析可知，这四年间各省区市间的差距或各省区市与全国均值之间的相对差距有增大的趋势。合计部分中北京、上海远远高于其他省份，高出0.105—0.244台；天津居第二高位，也比其他省份要高出0.060—0.089台之间；广东、浙江、福建、江苏、海南、青海等省份也处于较高位置，而河南、湖北处于最低位，比等地区则处于最低位置，低于零值0.037—0.048台，比其他也处于很低位置的曲线还要低很多；四川、内蒙古、西藏、江西、贵州、山东、河北也处于相当低的位置，且它们低于零值的水平以上述次序依次减小，即它们与全国均值的差距以上述顺序递减；与发达地区的差距在逐年增大，无缩小趋势，即曲线族之间的开口有增大的趋势。城镇部分的变化趋势与合计部分基本类似。农村部分中北京远远高出其他省份，其在2003—2004年呈增大趋势，2004—2005年又有所下降，2006年又迅速回升，远高于2004年的水平；上海处于第二高位，但其在2006年的数据比北京的要高，达0.312台，比北京高出0.065台，上海呈U形增长（2003—2005年逐年下降），但其2006年值比2003年要高出很多，达0.189台；新疆、海南、广东则处于第三高位，其中新疆逐年递增，其在2006年比2003年要高出0.119台，高于上海2003年的水平；而湖北、河南、四川、天津、辽宁、广西、湖南、陕西等地则处于最低位置，且它们低于零值的水平以上述次序依次减小，即它们与全国均值的差距以上述顺序递减；与发达地区的差距在逐年增大，无缩小趋势。城镇部分的变化趋势与合计部分基本类似。

总的来说，这四年间普通高中生均计算机台数各地区间的相对差距仍在增大。

类似的，还可以分析基础教育阶段的生均校园占地面积、生均体育运动场馆面积、生均教学及辅助用房面积，不过这三个指标与生均校舍建筑面积一样都是属于学校建筑或占地面积之类的，故只选取了生均校舍建筑面积作差异比较分析。

第七章 基础教育资源配置不公平的原因分析

鉴于前面第四、五、六章中对全国普通小学、普通初中、普通高中的财力、人力、物力资源配置方面存在的巨大差异的分析，虽然通过基尼系数或泰尔指数来看，还没有达到0.4及以上，但通过变异系数等其他差异指标来看，全国各省际间及省际城乡间在教育资源分配上的差距还是巨大的，我们可以认为这种巨大的差距是不公平的具体表现，也就可以认为全国在基础教育资源的分配上存在比较明显的不公平现象和事实。

第一节 我国基础教育资源配置不公平的经济分析

一、社会经济发展的二元结构及其问题

（一）二元经济发展模式

二元经济的思想始于经济学的鼻祖——亚当·斯密。斯密把工业部门在农业部门中产生、成长的过程看做经济发展的本质，但这种认识方法论

随着古典经济学的发展而淡薄了，而在新古典经济学的理论中便销声匿迹。虽然二元经济思想的产生源远流长，美国黑人经济学家W. 亚瑟·刘易斯却是对二元经济的内涵及二元经济中的两部门在经济发展中的相互关系作全面、深刻分析的第一人。①

刘易斯在他的著名论文《劳动无限供给条件下的经济发展》一文中建立了一个二元经济的"古典"模型。刘易斯模型假设存在现代交换部门和当地的自给部门并存的二元经济，假设在当地的自给部门中，在生计工资条件下劳动的供给超过了对它的需求，因而劳动供给是无限的。也就是说，自给部门中劳动者的边际产品等于或低于生计工资或惯常工资，以致工人数量的减少不会降低劳动的平均（生计）产量，反而可能使其提高。②刘易斯在此提出的二元经济形态包含以下三个方面的内容：第一，它包括"现代的"（工业）与"传统的"（农业）这两个部门，现代部门通过从传统部门吸收劳动力而得以发展；第二，在提供同等质量和同等数量的劳动条件下，非熟练劳动者在现代部门比在传统部门得到更多的工资；第三，在现行工资水平下，对现代部门的劳动力供给超过这个部门的劳动力需求。就这个意义来说，发展初期非熟练劳动者是充裕的。模型着力于解释现代部门内部的收入分配和现代部门的增长速度，它也包括一些其他衍生的结论。③事实上，没有理由期望传统部门总是从现代部门的扩张中获益。经济系统中既有使传统部门得益的力量，也有使其受到损害的因素。因而最后的结果，在不同的情况下大相径庭。现代部门的扩张可以通过四种方式使传统部门获益，而每一个都包含着不利的方面。这四个途径是：提供就业机会，分享物质设施，传播现代的思想和制度，相互之间的贸易。④

（二）发展过程中的二元结构问题

二元结构论是对发展中国家早期发展阶段中存在的一种状况的描述。

① 陈宗胜．发展经济学——从贫困走向富裕［M］．上海：复旦大学出版社，2000：73.

② ［英］A. P. 瑟尔瓦尔．增长与发展［M］．金碚，等，译．北京：中国人民大学出版社，1992：73.

③ ［美］阿瑟·刘易斯．二元经济论［M］．施炜，等，译．北京：北京经济学院出版社，1989：149.

④ ［美］阿瑟·刘易斯．二元经济论［M］．施炜，等，译．北京：北京经济学院出版社，1989：152.

"二元"一词可以有多种定义和解释，但一般来说，它指的是经济体系中的经济性和社会性的分化，如各部门或各地区之间的技术水平差异、地域发展程度上的差异、本国社会制度与外来社会制度之间的社会风俗习惯和社会价值观念方面的差异。区域的、社会的和技术的二元结构现象并不罕见，而每一方面的二元结构又对其他方面的二元结构起强化作用。较"先进"的部门通常有利于获得稀缺性的生产要素，这是造成二元结构持久存在的一个重要原因。在这个过程中，对城市的偏爱起着重要作用。①

在发展中国家表现最突出的二元结构问题为城乡差距问题。城乡差别是一个内容复杂、层次很多的概念。它不仅指城乡居民经济生活的差别，而且还包括政治、文化和社会心理状态方面的差别；不仅指城乡居民对社会资源（如经济收入）支配数量的不同，而且也包括他们对这些资源支配方式的不同。统计部门的一般统计数据，只计算了收入与消费方面的差别，只是城乡差距的经济表现的一部分；而且这一小部分内容也不全面，有许多不是用钱来计算的。有人说，现在城镇居民在工资之外享有100多种好处，而农民则在"工资"之内承受着100多种额外负担，这一正一负，累计起来的城乡收入之差，就远远不止《统计年鉴》上统计的距离了。②

（三）我国二元经济的基本特征

从中国二元经济演进的两个阶段可以看出其基本特征。

第一个阶段为重工业优先发展的二元经济结构的强化阶段（1949—1978年）。重工业优先发展的战略措施集中体现在国民经济发展的第一个五年计划中。在整个"一五"期间，重工业基本建设投资占工业基本建设投资的85%，占工农业基本建设总投资的72.9%。重工业优先发展战略虽然使我国在较短的时间内建立了比较全面的现代工业体系，但却造成了畸形的产业结构。从三次产业的产值和就业比重看，第一、三产业的发展严重滞后于第二产业；在工业部门内部，轻工业的发展严重滞后于重工

① ［英］A.P.瑟尔瓦尔．增长与发展［M］．金碚，等，译．北京：中国人民大学出版社，1992：118.

② 张培刚，等．发展经济学与中国经济发展［M］．北京：经济科学出版社，1996：306.

业。从1952—1978年，我国重工业产值增长了28倍，而轻工业只增长了16倍。1978年，从三次产业的产值结构看，我国工业所占比重已达44.8%，具有人均3000美元以上的中等发达国家的特征；而从劳动力结构看，农业劳动力比重仍高达73.3%，是人均200美元以下农业国家的典型特征。①

第二个阶段为双重二元经济结构的形成与发展阶段（1979年至今）。1978年到现在中国经济正经历着双重的过渡：从经济发展阶段上看，正从低收入国家向中下收入国家过渡；从经济体制上看，正从计划经济体制向市场经济体制过渡，中国二元经济结构发生了很大的变化，从两部门经济转变为三部门经济（城市非农业经济、乡村非农业经济、乡村农业经济），三部门经济从二元经济的角度看，可概括为双重二元经济。其中第一重二元经济为全国范围内的二元经济，非农业的一元为城市非农业加上乡村非农业，乡村农业为另一元；第二重二元经济结构为农村内部的二元经济，农村非农业为一元，农村农业为另一元。双重二元经济是中国二元经济发展过程中特有的历史阶段，是中国经济体制改革的产物。②

当前我国二元经济的一个明显特征就是收入差距急剧上升。在经济高速发展及二元经济不断强化的过程中，同时也出现了收入差距的急剧上升。反映收入不均等的基尼系数在1980年为0.32，1990年上升到0.36，2001年进一步扩大到0.45，2003年达到0.46。根据世界银行《2005年世界银行发展报告》，按照由低到高的顺序排列，中国的基尼系数在120个国家和地区中列到了第85位，已经接近某种社会分化严重、经济增长停滞的拉美和非洲国家的水平。③ 居高不下的收入差距已成为中国政府最为关心的经济和社会难题，也成为国际社会和学术界关注的焦点之一。

另外，二元经济对我国社会经济发展产生了一系列不利影响：城乡双

---

① 陈宗胜．发展经济学——从贫困走向富裕［M］．上海：复旦大学出版社，2000：94－95.

② 陈宗胜．发展经济学——从贫困走向富裕［M］．上海：复旦大学出版社，2000：96－97.

③ 万广华．经济发展与收入不均等：方法和证据［M］．上海：上海三联书店，上海人民出版社，2006：序1.

重人口过剩限制了城乡之间的劳动力转移，城乡户籍制度约束和限制了农村劳动力向城市的转移，限制了城乡产业结构的升级，农业发展的停滞阻碍了现代工业部门的发展等诸多不利。历史上的城乡发展差异起到一定的强化作用；现行的很多政策有偏爱城市而歧视农村的倾向，这种做法人为地加剧了城乡间的差距。

（四）我国二元经济结构与基础教育发展的城乡差异

我国的城乡差距在最近几年仍呈增大趋势，从表 7.1 可知 2003—2006 年间全国各地区城乡居民年均纯收入的差距变化情况。

表 7.1　全国分地区城乡居民年均纯收入统计表（单位：元）

地区 \ 分类 \ 年份	2003				2004				2005				2006			
	城市	农村	差	比	城市	农村	差	比	城市	农村	差	比	城市	农村	差	比
全国	8472	2622	5850	3. 23	9422	2936	6486	3. 21	10493	3255	7238	3. 22	11759	3587	8172	3. 28
北京	13883	6496	7387	2. 14	15638	7172	8466	2. 18	17653	7860	9793	2. 25	19978	8620	11358	2. 32
天津	10313	5861	4452	1. 76	11467	6525	4942	1. 76	12639	7202	5437	1. 75	14283	7942	6341	1. 80
河北	7239	2853	4386	2. 54	7951	3171	4780	2. 51	9107	3482	5625	2. 62	10305	3802	6503	2. 71
山西	7005	2299	4706	3. 05	7903	2590	5313	3. 05	8914	2891	6023	3. 08	10028	3181	6847	3. 15
内蒙古	7013	2268	4745	3. 09	8123	2606	5517	3. 12	9137	2989	6148	3. 06	10358	3342	7016	3. 10
辽宁	7241	2934	4307	2. 47	8008	3307	4701	2. 42	9108	3690	5418	2. 47	10370	4090	6280	2. 54
吉林	7005	2530	4475	2. 77	7841	3000	4841	2. 61	8691	3264	5427	2. 66	9775	3641	6134	2. 68
黑龙江	6679	2525	4154	2. 65	7471	3010	4461	2. 48	8273	3221	5052	2. 57	9182	3552	5630	2. 59
上海	14867	6658	8209	2. 23	16683	7337	9346	2. 27	18645	8342	10303	2. 24	20668	9213	11455	2. 24
江苏	9262	4239	5023	2. 18	10482	4754	5728	2. 20	12319	5276	7043	2. 33	14084	5813	8271	2. 42
浙江	13180	5431	7749	2. 43	14546	6096	8450	2. 39	16294	6660	9634	2. 45	18265	7335	10930	2. 49
安徽	6778	2127	4651	3. 19	7511	2499	5012	3. 01	8471	2641	5830	3. 21	9771	2969	6802	3. 29
福建	10000	3734	6266	2. 68	11175	4089	7086	2. 73	12321	4450	7871	2. 77	13753	4833	8920	2. 85
江西	6901	2458	4443	2. 81	7560	2953	4607	2. 56	8620	3266	5354	2. 64	9551	3585	5966	2. 66
山东	8400	3151	5249	2. 67	9438	3507	5931	2. 69	10745	3931	6814	2. 73	12192	4368	7824	2. 79
河南	6926	2228	4698	3. 11	7705	2553	5152	3. 02	8668	2871	5797	3. 02	9810	3261	6549	3. 01
湖北	7322	2567	4755	2. 85	8023	2897	5126	2. 77	8786	3099	5687	2. 84	9803	3419	6384	2. 87
湖南	7674	2533	5141	3. 03	8617	2838	5779	3. 04	9524	3118	6406	3. 05	10505	3390	7115	3. 10
广东	12380	4055	8325	3. 05	13628	4366	9262	3. 12	14770	4691	10079	3. 15	16016	5080	10936	3. 15

续表

年份/分类/地区	2003				2004				2005				2006			
	城市	农村	差	比	城市	农村	差	比	城市	农村	差	比	城市	农村	差	比
广西	7785	2095	5690	3.72	8690	2305	6385	3.77	8917	2495	6422	3.57	9899	2771	7128	3.57
海南	7259	2588	4671	2.80	7736	2818	4918	2.75	8124	3004	5120	2.70	9395	3256	6139	2.89
重庆	8094	2215	5879	3.65	9221	2535	6686	3.64	10244	2809	7435	3.65	11570	2874	8696	4.03
四川	7042	2230	4812	3.16	7710	2580	5130	2.99	8386	2803	5583	2.99	9350	3013	6337	3.10
贵州	6569	1565	5004	4.20	7322	1722	5600	4.25	8147	1877	6270	4.34	9117	1985	7132	4.59
云南	7644	1697	5947	4.50	8871	1864	7007	4.76	9266	2042	7224	4.54	10070	2251	7819	4.47
西藏	8058	1690	6368	4.77	8200	1861	6339	4.41	8411	2078	6333	4.05	8941	2435	6506	3.67
陕西	6806	1676	5130	4.06	7493	1867	5626	4.01	8272	2052	6220	4.03	9268	2260	7008	4.10
甘肃	6657	1673	4984	3.98	7377	1852	5525	3.98	8087	1980	6107	4.08	8921	2134	6787	4.18
青海	6732	1817	4915	3.71	7320	2005	5315	3.65	8058	2165	5893	3.72	9000	2358	6642	3.82
宁夏	6530	2043	4487	3.20	7218	2320	4898	3.11	8094	2509	5585	3.23	9177	2760	6417	3.33
新疆	7221	2106	5115	3.43	7503	2245	5258	3.34	8100	2482	5618	3.26	9120	2737	6383	3.33
极差	8337	5093	4171	3.01	9465	5615	4885	3.00	10587	6465	5251	2.79	11747	7228	5825	2.79
极差率	2.28	4.25	2.00	2.71	2.31	4.26	2.10	2.70	2.31	4.44	2.04	2.59	2.32	4.64	2.03	2.55
标准差	2296	1421	1150	0.713	2597	1561	1348	0.716	2948	1742	1485	0.668	3289	1920	1649	0.672
变异系数	0.271	0.542	0.197	0.221	0.276	0.532	0.208	0.223	0.281	0.535	0.205	0.207	0.280	0.535	0.202	0.205

注：表格中“城市”指城市居民（家庭）人均年可支配收入，“农村”指农村居民（农民）（家庭）人均年可支配收入。“差”指城市与农村的绝对差（城市－农村），“比”指城市与农村的相对比（城市/农村）。

资料来源：中华人民共和国国家统计局统计公报网站提供数据（http：//www.stats.gov.cn/tjgb/，2007－11－26），具体为“全国年度统计公报”及“地方年度统计公报”中的数据，其中对数据进行了小数点后第一位数值的四舍五入，保留到整数个位。其中个别省份的数据与最终的统计年鉴中的数据有少许出入。

由相关数据分析可知，2003—2006年四年间我国各省市区的年均城市居民可支配收入与年均农民纯收入之间的差（绝对差）呈增加趋势，其中上海、广东、北京、浙江这四个省市的城乡差是最大的，且增长速度明显快于其他省区市，而且它们的城乡差比其他省区市要高出很大一截；其中2003年城乡差最大的北京为8325元，2006年城乡差最大的上海为11455元，增幅最大的是北京，从7387元增加到11358元，增幅达3971元。西藏的城乡差增长是最缓慢的，四年间只增加了138元，且2003—2004年有所下降。城乡收入差距最小的是黑龙江、江西、辽宁、海南、吉林等地区，其中黑龙江从4154元增加到5630元，增幅最小的为1476

元。城乡收入差相对比（城市是农村的倍数）中只有西藏是四年间呈下降趋势的，从4.77倍下降到3.67倍。绝大多数省份是2003—2004年间有所下降，之后又逐年呈上升趋势，最终大于2003年城乡差的相对比情况。天津在前三年从1.76倍下降到1.75倍，在2006年又上升，且超过2003年水平，达到1.8倍。云南是在2003—2004年间有所上升，上升到4.76倍，之后逐年呈递减趋势，从2003年的4.5倍减小到2006年的4.47倍。海南、新疆则是在2003—2005年间呈逐年递减趋势，2005—2006年又有所回升。其中海南从2003年的2.8倍增加到2006年的2.89倍，新疆从2003年的3.43倍减小到2006年的3.33倍。江苏、北京、山东、福建、湖南、山西、广东、甘肃、贵州则是四年间一直呈增加趋势。其中最小的是江苏从2003年的2.18倍增加到2006年的2.42倍，最大的是贵州从2003年的4.2倍增加到2006年的4.59倍。就全国的平均水平而言，城乡收入之比由1978年的2.57∶1，1983年一度缩小为1.82∶1，此后就不断扩大，2003年扩大为3.23∶1，已超过改革开放初期，如果考虑到城市居民享有的各种福利和补贴，而农民收入中包括生产经营支出等因素，实际收入差距可能要达到6∶1。[①] 2003年的城乡收入绝对差为5850元，之后逐年递增，至2006年已升至8172元，2003年的城乡收入相对比为3.23倍，2004年有所下降，2005年开始又呈增长态势，至2006年已升至3.28倍。可见城乡收入差距进一步加大。

弄清城乡居民收入与家庭的教育支出之间的关系，需要知道生均家庭教育支出情况，由于统计年鉴中没有这样的统计指标，我们采取了近似的做法（由于基础教育投入中除政府外的民办投入及学校事业收入与其他收入所占总教育投入的比例很低，尤其是初中及小学阶段，因此可假设政府预算内教育支出为政府的全部财政性教育支出，而政府财政性教育支出以外的部分完全由家庭负担的话，可以近似地认为生均家庭教育支出就是总生均教育经费减去生均预算内教育经费），得出各地城市与农村在2003—2006年的全国分地区普通小学、初中的生均家庭（近似）支出情况，如表7.2所示。

---

① 王一鸣，等．城乡二元结构：体制性因素和改革对策［EB/OL］．北京：中国城市发展网，［2007－08－25］．http：//www.chinacity.org.cn/csll/20574.html

表 7.2 全国分地区普通小学、初中生均家庭（近似）年均支出统计表（单位：元）

类型/年份/地区	小学								初中							
	城镇				农村				城镇				农村			
	2003	2004	2005	2006	2003	2004	2005	2006	2003	2004	2005	2006	2003	2004	2005	2006
全国	495	549	600	659	231	235	291	343	738	810	830	907	313	321	386	465
北京	1816	2063	2407	2584	606	800	1211	1301	2514	3022	3437	3793	739	774	1282	1534
天津	695	730	770	830	411	525	444	449	1417	1216	1239	1193	196	329	286	518
河北	201	213	264	393	117	118	149	252	369	366	424	486	189	180	226	295
山西	341	312	311	388	274	188	210	227	623	570	514	622	370	255	246	285
内蒙古	500	527	580	515	417	409	553	516	582	557	615	641	345	308	335	307
辽宁	616	621	655	748	377	356	428	487	830	799	936	1118	416	362	508	502
吉林	688	741	809	881	454	509	571	659	911	947	987	1132	522	495	499	525
黑龙江	289	278	296	429	120	108	115	108	366	502	387	666	137	127	117	116
上海	1134	1632	2349	1821	499	612	751	930	1788	2307	3025	3343	669	1002	1069	1451
江苏	763	865	867	1000	328	376	444	543	1622	1765	1448	1610	568	540	588	773
浙江	912	1139	1404	1516	675	803	1128	1239	1427	1784	2163	2431	979	1273	1623	1945
安徽	270	285	349	435	136	145	182	206	529	588	612	739	194	203	237	281
福建	566	684	728	792	327	272	377	543	1006	911	852	841	419	350	435	602
江西	227	252	326	416	144	153	168	206	463	458	482	585	246	244	263	312
山东	420	419	453	578	224	214	223	290	501	545	599	796	316	343	371	487
河南	280	290	340	364	115	119	144	168	404	416	412	461	183	185	206	217
湖北	354	385	482	570	160	169	190	224	636	690	739	782	335	336	361	404
湖南	359	373	406	460	224	229	232	273	611	637	687	735	326	330	333	411
广东	900	894	925	994	590	549	594	581	1166	1292	1266	1392	803	821	865	895
广西	297	296	314	348	186	144	142	182	438	428	507	533	295	286	321	385
海南	395	401	345	225	177	177	201	75	721	912	791	579	392	376	430	202
重庆	478	820	1015	1030	281	352	438	598	700	1591	1525	1308	306	410	523	832
四川	487	556	594	623	271	317	373	433	670	783	809	852	285	332	464	567
贵州	140	176	173	203	71	82	74	97	304	352	301	367	111	139	120	158
云南	268	268	463	533	149	136	256	315	438	428	549	543	186	173	222	263
西藏	215	212	104	414	122	116	79	250	146	76	213	63	0	0	0	0
陕西	198	244	260	281	119	136	151	165	341	435	467	517	176	206	199	221
甘肃	174	158	206	304	99	90	114	143	364	319	391	401	170	160	207	216
青海	154	152	187	240	78	61	94	89	285	312	346	421	82	101	130	125
宁夏	379	354	446	454	150	188	251	193	583	478	787	679	281	260	362	276
新疆	609	707	705	837	327	362	451	573	1147	1246	1177	1428	286	339	367	461

注：(1) 国家财政性教育经费包括各级财政对教育的拨款、教育费附加、企业办中小学支出以及校办产业减免税等项，由于基础教育阶段政府的财政性教育支出主要为预算内教育经费，预算外支出很少，因此可以认为国家财政性经费几乎已全包括了除家庭外支出的部分，近似地生均家庭支出部分就是生均总教育经费减去生均预算内教育经费部分，尽管这种假设并不完全接近于事实，但是就实际支出的多少而言，这样计算的结果与实际支出的差距不是很大，为了便于分析可以做这样的假设。(2) 西藏农村初中为零值，统计年鉴中显示的值亦如此。

对2003—2006年各地区的生均家庭（近似）教育支出（因变量）与城乡居民收入（自变量）进行一元线性回归分析，发现其回归系数及常数项等值如表7.3所示。

表7.3 生均家庭（近似）教育支出与居民纯收入的一元线性回归分析表

城乡	年份	小学						初中					
		回归系数	常数项	相关系数	t	Sig.	R Square	回归系数	常数项	相关系数	t	Sig.	R Square
城镇	2003	0.129	-577.247	0.846	8.543	0.000	0.716	0.190	-801.821	0.831	8.044	0.000	0.691
	2004	0.146	-794.160	0.879	9.907	0.000	0.772	0.211	-1069.200	0.838	8.255	0.000	0.701
	2005	0.168	-1070.949	0.900	11.146	0.000	0.811	0.226	-1367.607	0.889	10.440	0.000	0.790
	2006	0.138	-889.440	0.893	10.657	0.000	0.797	0.226	-1569.571	0.899	11.078	0.000	0.809
农村	2003	0.092	-2.059	0.778	6.662	0.000	0.605	0.112	12.499	0.723	5.633	0.000	0.523
	2004	0.109	-71.387	0.831	8.042	0.000	0.690	0.137	-85.158	0.787	6.879	0.000	0.620
	2005	0.127	-108.316	0.786	6.840	0.000	0.617	0.155	-131.549	0.774	6.582	0.000	0.599
	2006	0.126	-98.758	0.778	6.659	0.000	0.605	0.186	-230.233	0.814	7.556	0.000	0.663

上述各回归模型全部在0.05显著水平上通过统计检验。

以城市小学为例，其在2003年的生均家庭（近似）年均教育支出与城市居民年均可支配收入之间的一元线性回归方程为：

$$\text{生均家庭（近似）年均支出} = 0.129 * \text{城市居民年均可支配收入} - 577.247 \quad (7-1)$$

同理，其他年份的小学及初中均可以列出类似的方程，只需将回归系数及常数项填入相应位置即得到相应的回归方程。

如果说回归系数可以表征城乡居民年均纯（可支配）收入对生均家庭（近似）年均教育支出的贡献率，或者表明家庭收入对家庭教育支出的贡献（负担）率的话，而且事实上也基本上可以这样认为。那么可以看出，城市居民在小学教育支出方面的负担率从2003年的0.129逐年增加到2005年的0.168，2006年下降到0.138，但仍然高于2003年的负担率，从2003年到2006年的增幅为6.98%。农村居民在小学教育支出方面的负担率从2003年的0.092逐年增加到2005年的0.127，2006年下降到0.126，但仍然要于2003年的水平，2006年比2003年增加36.96%。可见在小学教育支出方面城市居民的负担率要高于农村居民的负担率，但是农村的增幅要大于城市的增幅。城市居民在初中教育支出方面的负担率从 2003 年的 0.190 逐年增加到 2005 年的 0.226，2006 年维持在 2005 年的水平上，2006 年比 2003 年增加 18.95%。农村居民在初中教育支出方面的负担率从 2003 年的 0.112 逐年增加到 2006 年的 0.186，2003—2006 年的增幅比较大，达 66.07%。可见在初中教育支出方面城市居民的负担率要高于农村居民的负担率，但是农村的增幅要大于城市的增幅。

可见 2003—2006 年间，就全国范围内来说，无论是城乡居民的年均纯收入差距还是他们在生均家庭（近似）年均教育支出方面的差距都在加大；家庭的教育支出负担也在增加，小学在 2005—2006 年有所下降，但仍高于 2003 年的水平；初中的家庭教育支出负担无论是城市还是农村都呈逐年递增的趋势，且农村的教育负担的增幅要明显远高于城市的教育负担的增幅，无缩小的迹象，“马太效应”愈演愈烈；高中因生均经费没有城市与农村的统计区别，故本研究中未能研究其与家庭收入之间的关系的变化情况。

二、区域经济不平衡发展与基础教育资源配置

（一）社会经济发展的不平衡发展模式

在一个国家的社会经济发展中有平衡发展与不平衡发展两种模式。赫希曼可能是不平衡增长理论的最初代表。他力图要回答的问题是：假定存在有限数量的投资资源和一系列投资项目，这些项目的总成本超过可利用的资源，我们怎样挑选出相对于它们的成本来说对发展的贡献最大的那些项目？应该怎样计量“贡献”？赫希曼认为，发展中国家真正缺乏的不是资源本身，而是把资源投入使用的方法和能力。应该优先考虑的是那种能最大限度地“引致”决策的项目排列顺序。[①]

增长极理论是非均衡发展理论的代表，在其基础上，还引申出了点轴开发理论和网络开发理论。1955 年法国经济学家佩雷提出的“增长极”理论，其核心是在经济增长中，由于某些主导部门或有创新能力企业或行

① ［英］A. P. 瑟尔瓦尔．增长与发展［M］．金碚，等，译．北京：中国人民大学出版社，1992：188.

业在一些地区或大城市的聚集形成一种资本与技术高度集中、具有规模经济效益、自身增长迅速并能对邻近地区产生强大辐射作用的“增长极”。通过具有“增长极”的地区优先增长，可以带动相邻地区的共同发展。佩雷提出，应当以非总量的方法来安排发展计划，将国民经济按地理幅宽分解为部门、行业和工程项目。按照这一分解，经济增长并不是在每个部门、行业或地区按同一速度平均增长的，相反是在不同部门、行业或地区按不同速度不平衡增长的。①

不平衡发展的“增长极”理论有其循环积累因果关系。工业化和城市化是一个相互促进的过程。由于某种原因（如发现了一种矿产资源）某一地区发展起来了，它就会通过一个循环积累过程而不断增大。当新的工业在某一地区建立起来时，该地区就业就增加，总人口增加，对消费品和服务的需求扩大，引诱消费工业和服务业的发展。市场的繁荣兴旺，又带来相关产业的发展。该地区经济的发展使得地方财富不断增加，税收增加，从而有能力修建较好的公共基础设施，兴办文化教育事业。不断完善的基础设施和不断提高的科技教育水平，优裕的生活条件，又吸引着更多的工业家和创业者到此投资办企业，促进了这一地区的进一步发展。如此一种发展带动另一种发展，形成一系列的发展循环。工业与城市规模也就在这个循环积累过程中不断扩大。这种循环不仅具有积累效应，而且常常带来加速度，使发展的速度不断加快。② 如某些主导部门和有创新能力的行业集中于一些地区或大城市，以较快速度优先得到发展，形成“增长极”，带动其他部门和地区的发展。增长极包含了两个明确的内涵：一是作为经济空间上的某种推动型产业；二是作为地理空间上的产生聚集的城镇，即增长中心。增长极的形成至少需要三个条件：第一，必须存在有创新能力的企业和企业家群体；第二，必须具有规模经济效益；第三，需要适当的周围环境。

（二）我国社会经济发展的不平衡发展模式

改革开放以来，中国的理论界和实际工作部门在认真总结历史经验，

① 吴柏均，等．政府主导下的区域经济发展［M］．上海：华东理工大学出版社，1998：76.

② 张培刚，等．发展经济学与中国经济发展［M］．北京：经济科学出版社，1996：215.

深入分析中国国情和地区经济发展的状况后，对区域生产力布局的理论展开了深入的讨论，提出了许多理论和主张，如“均衡配置”论、“梯度推移”论、“点轴开发”论和“反梯度”的跳跃发展论等。从中国区域经济实际所走的道路来看，我国基本上采用了梯度转移论的思路，这一点，从邓小平同志的两个“大局”观能够清楚地看到。① 十一届三中全会以后，邓小平同志总结中国区域发展不平衡的经验时反复告诫人们，“我们坚持走社会主义道路的根本目标是实现共同富裕，然而平均发展是不可能的。过去搞平均主义，吃大锅饭，实际上是共同贫穷，我们就是吃了这个亏。改革首先打破平均主义，打破‘大锅饭’，现在看来这个路子是对的。”“一部分地区有条件先发展起来，一部分地区发展慢一点，先发展的地区带动后发展的地区，最终走向共同富裕。”“沿海地区要加快对外开放，使这个拥有两亿人口的广大地带较快地先发展起来，从而带动内地更好地发展，这是一个事关大局的问题。”②

造成我国社会经济发展在改革开放后实行梯度转移论（增长极论）的因素是多方面的。这既与历史条件有关，又同改革开放以来的政策差别有关。从历史上看，中国自宋朝以来，经济、人口偏集中于东部地区的格局一直延续至今。沿海省市在过去很长时期内就是经济相对发达的地区，工业基础较好，教育发展比较普及，人才较多，交通运输条件比较好，商业比较兴旺；而内陆省份与东部的各种条件相比都处于落后或不利的不发达状态。东部地区与西部地区相比，区位优势明显。经过“三五”、“四五”期间的大规模“三线建设”，中西部地区的现代化产业有了一定基础，但受价格扭曲的影响，中西部“双重利润”流失，区域间经济发展水平差距拉大。自改革开放以来，沿海地区尤其是开放城市在政策上享受较多的优惠，这又进一步促使沿海与内陆在经济增长速度与人均收入提高幅度上差距的扩大。投资和政策的过度东倾，是造成地区差距拉大的一个重要因素。价格体系的不合理，导致以能源原材料初级产品为主的中西部地区双重价格的流失，而以加工为主的东部地区双重利润的获得，对地区

① 胡晓鹏．不平衡增长格局下中国区域产业发展的实证研究［M］．上海：上海财经大学出版社，2006：17－18.

② 邓小平．邓小平文选（第三卷）［M］．北京：人民出版社，1993：155，374，277.

差距的拉大起了火上加油的作用。①

此外，绝不能忽略计划经济体制所造成的影响。厉以宁教授指出，中国的经济属于非均衡经济。我们就浅层次上的理解，这种非均衡的产生来自如下几个方面：市场没有发挥第一次调节作用而影响了资源的优化组合；政府宏观调控措施、政策效力由于行为的理想化而处于不利位置；经济运行过程中出现撞击时计划性显得软弱无力，并没有使供求矛盾真正得到缓解；新旧体制交替时期建立社会主义商品经济新秩序出现困难。厉以宁教授认为，计划经济体制是近年来造成沿海省份与内陆省份收入差距扩大的最重要的因素。② 然而，有研究者却不这样认为，区域经济的实证研究表明，无论其初衷如何，“计划经济体制实施的一个重要结果是空间平等，尽管这是在牺牲效率的前提下实现的。”③

总之，不平衡发展模式就是“效率优先、兼顾公平”发展思维的集中体现。新中国成立后很长一段时间内，政府追求的平等实质上是全体社会成员地位平等基础上的结果均等（即社会财富分配方面的平均主义），这种目标选择利用牺牲效率换来贫穷的公平，而贫穷基础上的公平最后的归宿必然是贫穷与不均的并存。社会主义的平等究竟是什么呢？我们的最高领导及很多经济学同仁后来趋于达成一致的意见：机会均等、效率优先。机会均等是公平竞争的开始和平等的起点，没有效率优先作保证平等相当于失去基础，这种对传统体制进行挑战的思想终被人们所接受，公平优先的传统目标选择在实践中已走到了它的尽头。必须改变以往公平优先于效率的目标序列，把效率目标放在首位。但是，与过去那种目标单一化倾向相反，这种调整决不意味着只追求经济效益而忽视社会公平。我们所要寻求的，是效率目标与公平目标的协调，是在保证最必要的公平程度前提下，最大限度提高社会经济效率。④

① 张敦福．区域发展模式的社会学分析［M］．天津：天津人民出版社，2002：59－60.

② 朱荣科．社会主义福利经济学［M］．哈尔滨：黑龙江教育出版社，1998：417.

③ 张敦福．区域发展模式的社会学分析［M］．天津：天津人民出版社，2002：61.

④ 周为民，等．效率优先、兼顾公平——通向繁荣的权衡［J］．经济研究，1986，32（2）：30－36.

（三）我国社会经济的不平衡发展与基础教育资源配置

1. 各地区的人均 GDP 与生均总教育经费的关系

我国各地的社会经济发展水平极不平衡，从各地的人均 GDP 可以看出这种差距来。表 7.4 反映了 2003—2006 年间全国各省区市的人均 GDP 及其排名变化情况。

表 7.4 全国各省市区人均 GDP 统计表（单位：元）

地区	2003 年	2004 年	2005 年	2006 年	平均	排名				
全国	10510	12299	13944	15931	13171	2003 年	2004 年	2005 年	2006 年	平均
北京	31613	40589	44969	49505	41669	2	2	2	2	2
天津	25874	31439	35457	40961	33433	3	3	3	3	3
河北	10508	12979	14814	16894	13799	11	11	11	11	12
山西	7402	9122	12320	14106	10738	18	18	15	15	16
内蒙古	8734	11375	16026	20047	14046	15	12	10	10	11
辽宁	14258	16298	18965	21802	17831	8	9	8	8	9
吉林	9326	10922	13328	15625	12300	13	14	13	13	13
黑龙江	12453	13897	14430	16268	14262	10	10	12	12	10
上海	36533	42765	51954	56733	46996	1	1	1	1	1
江苏	16796	20871	24515	28685	22717	6	5	5	5	5
浙江	19730	23822	27552	31684	25697	4	4	4	4	4
安徽	6457	7768	8597	10044	8217	26	25	28	28	27
福建	15006	17218	18621	21152	17999	7	7	9	9	8
江西	6677	8189	9438	10679	8746	23	22	24	24	24
山东	13654	16925	20044	23546	18542	9	8	7	7	7
河南	7268	9072	11236	13279	10214	20	20	17	16	19
湖北	8990	10506	11356	13169	11005	14	15	16	17	15
湖南	6954	9117	10366	11830	9567	21	19	20	20	20
广东	16910	19316	23616	28077	21980	5	6	6	6	6
广西	5964	7196	8762	10240	8041	28	28	27	27	28
海南	8655	9661	10980	12650	10487	16	16	18	18	17
重庆	8075	9608	10978	12437	10275	17	17	19	19	18

续表

地区	2003 年	2004 年	2005 年	2006 年	平均	排名				
						2003 年	2004 年	2005 年	2006 年	平均
四川	6272	7526	9060	10574	8358	27	27	26	25	26
贵州	3600	4215	4957	5750	4631	31	31	31	31	31
云南	5619	6703	7833	8961	7279	29	29	29	29	29
西藏	6874	7779	9103	10396	8538	22	24	25	26	25
陕西	6480	7757	9844	11762	8961	25	26	23	22	23
甘肃	4984	5970	7341	8749	6761	30	30	30	30	30
青海	7276	8647	10043	11753	9430	19	21	22	23	21
宁夏	6638	7880	10130	11784	9108	24	23	21	21	22
新疆	9686	11199	13286	14871	12261	12	13	14	14	14
极差	32933	38550	46997	50983	42365	–	–	–	–	–
极差率	10. 15	10. 15	10. 48	9. 87	10. 15	–	–	–	–	–
标准差	7790. 2	9483. 9	10926. 6	12077. 7	10050. 8	–	–	–	–	–
变异系数	0. 7412	0. 7711	0. 7836	0. 7581	0. 7631	–	–	–	–	–

注：“平均”为2003—2006 年的人均 GDP 算术平均值。

资料来源：2003 年数据来自，中国地方统计公报数据中心（http：//database. ce. cn/district/tjgb/nf/03/index. shtml，2007 －11 －27），其中有的省份有直接的人均 GDP，有的省份没有，没有人均 GDP 的省区市就结合“中国人口信息网－数据统计－中国人口数据表”（http：//www. cpirc. org. cn/tjsj/tjsj_cy_1. asp，2007 －11 －27）中提供的人口数，计算得出各地的人均 GDP。2004 年数据来自中国统计信息网年度数据（http：//www. stats. gov. cn/tjsj/ndsj/，2007 －11 －27）。2005 年数据来自中国统计信息网，转载于红豆社区（http：//hongdou. gxnews. com. cn/forumview. asp？td =2006&topic_id =1357080，2007 －11 －27）2006 年数据来自中华人民共和国国家统计局网站中的“地方年度统计公报”中各省区市中的人均 GDP 或各省区市的生产总值除以当地人口数（“2006 年各地区人口变动情况”中的“年底人口数”）得到当地的人均 GDP，网站为：http：//www. stats. gov. cn/tjgb/，2007 －11 －27。

由表 7. 4 可知，2003 年全国人均 GDP 最小的是贵州为 3600 元，最大的是上海为 36533 元，两者之间的差距（极差）为 32933 元，最大是最小的倍数（极差率）为 10. 15。2006 年全国人均 GDP 最小的是贵州为 5750 元，最大的是上海为 56733 元，极差为 50983 元，极差率为 9. 87。可见，虽然最大值与最小值的相对比有所减小，但也是很轻微的减小，只减小了2.77%，而绝对差距却增加了54.81%。各地区之间的相对差距在2003—2005年呈逐年递增趋势，2006年有所下降，但仍高于2003年的水平，从变异系数可知，这四年间各地区之间的相对差距增加了2.28%。从各地区的人均GDP排名上看，无论是在这四年间，还是四年的平均GDP水平，上海、北京、天津、浙江是前四位，云南、甘肃、贵州是人均GDP最低的三个省份，其排名一直没有变化。

就各地的生均教育总经费与各地的人均GDP进行一元线性回归分析，可知各地的人均GDP对各地生均教育总经费的影响，回归系数大致上反映了人均GDP对生均教育经费的贡献率（实际上为生均教育经费对人均GDP的相对弹性系数值）。各地的小学、初中、高中的生均总教育经费与人均GDP的相关回归分析如表7.5所示。

表7.5 全国各地2003—2006年普通小学生均总教育经费与人均GDP的一元线性回归分析表

项目 地区	回归系数B	常数值	相关系数R	t	Sig.	可决系数R Square	回归系数排名	相关系数排名
全国	0.127	-211.158	0.992	11.107	0.008	0.984	-	-
北京	0.145	-223.029	0.968	5.482	0.032	0.938	9	24
天津	0.122	-731.323	0.999	29.351	0.001	0.998	18	1
河北	0.141	-711.583	0.964	5.108	0.036	0.929	11	26
山西	0.076	392.309	0.908	3.065	0.092	0.824	27	30
内蒙古	0.079	894.588	0.996	16.525	0.004	0.993	26	5
辽宁	0.131	-506.800	0.998	21.797	0.002	0.996	17	2
吉林	0.145	200.591	0.992	11.907	0.008	0.984	10	7
黑龙江	0.210	-973.721	0.949	4.266	0.051	0.901	3	29
上海	0.211	-2054.752	0.998	20.624	0.002	0.995	2	3
江苏	0.117	-545.304	0.993	12.142	0.007	0.987	20	6
浙江	0.140	-389.703	0.992	11.471	0.008	0.985	12	8
安徽	0.137	-121.788	0.968	5.492	0.032	0.938	14	25
福建	0.137	-665.642	0.982	7.316	0.018	0.964	15	15
江西	0.108	107.680	0.977	6.423	0.023	0.954	22	22
山东	0.067	172.949	0.987	8.765	0.013	0.975	28	13

续表

项目 地区	回归系数 B	常数值	相关系数 R	t	Sig.	可决系数 R Square	回归系数排名	相关系数排名
河南	0. 061	154. 729	0. 989	9. 549	0. 011	0. 979	29	10
湖北	0. 139	-499. 734	0. 980	6. 890	0. 020	0. 960	13	19
湖南	0. 133	10. 946	0. 971	5. 745	0. 029	0. 943	16	23
广东	0. 036	1219. 387	0. 979	6. 840	0. 021	0. 959	31	20
广西	0. 091	343. 374	0. 985	8. 062	0. 015	0. 970	25	14
海南	0. 122	-59. 439	0. 982	7. 349	0. 018	0. 964	19	16
重庆	0. 174	-507. 676	0. 962	4. 992	0. 038	0. 926	5	27
四川	0. 103	296. 585	0. 998	20. 028	0. 002	0. 995	23	4
贵州	0. 176	-23. 013	0. 979	6. 812	0. 021	0. 959	4	21
云南	0. 163	191. 065	0. 982	7. 358	0. 018	0. 964	7	17
西藏	0. 247	555. 491	0. 981	7. 246	0. 019	0. 963	1	18
陕西	0. 103	67. 499	0. 992	10. 941	0. 008	0. 984	24	9
甘肃	0. 109	239. 840	0. 988	8. 896	0. 012	0. 975	21	12
青海	0. 167	66. 262	0. 957	4. 656	0. 043	0. 916	6	28
宁夏	0. 053	804. 899	0. 715	1. 447	0. 285	0. 511	30	31
新疆	0. 159	5. 708	0. 989	9. 482	0. 011	0. 978	8	11

注：其中山西、黑龙江、宁夏这3个省区的Sig值大于0. 05，没有在0. 05显著水平上通过检验，其中山西、黑龙江在0. 1显著水平上通过检验。这可能是数值比较特殊，如果自变量与因变量的取值能再多取几个年份的数值的话，它们之间也许成一元线性关系。为了便于比较，我们姑且假设它们仍呈一元线性关系，以便比较回归系数的大小，实际上也就是在对各省区市人均GDP对生均教育经费的贡献率的大小的比较。这样的假设也有利于比较相关系数的大小。以下类似的分析同理。

由表7. 5可见，就全国的平均水平而言，全国人均GDP对普通小学生均总教育经费的贡献即它们之间的一元线性回归方程如下。

$$普通小学全国生均总教育经费 = 0.127 * 全国人均GDP - 211.158 \tag{7-2}$$

同理，其他省区市的人均GDP对本地区的普通小学生均教育总经费的一元线性回归方程只需将其回归系数与常数项填上即可。回归系数可以大致表征人均 GDP 对生均教育总经费的贡献率，从上表可知，人均 GDP 对生均总教育经费贡献率最大的前五个省区市是西藏为 0.247、上海为 0.211、黑龙江为 0.210、贵州为 0.176、重庆为 0.174，贡献率最小的五个省区市是山西为 0.076、山东为 0.067、河南为 0.061、宁夏为 0.053、广东为 0.036。可见贡献率最大为最小的 6.86 倍。而且这种贡献率与各省区市的经济实力（人均 GDP）的排名有很大的出入。

类似的，各省区市的人均 GDP 对各地的普通初中生均总教育经费的一元线性回归（贡献率）分析如表 7.6 所示。

表 7.6 全国各地 2003—2006 年普通初中生均总教育经费与人均 GDP 的一元线性回归分析表

地区＼项目	回归系数 B	常数值	常数项标准差误差	回归系数标准差	相关系数	t	Sig.	回归系数排名	相关系数排名
全国	0.139	14.328	228.172	0.017	0.985	8.141	0.015	–	–
北京	0.193	-787.054	1546.210	0.037	0.966	5.256	0.034	7	14
天津	0.102	267.045	741.462	0.022	0.957	4.683	0.043	23	20
河北	0.115	-221.635	393.919	0.028	0.945	4.076	0.055	18	22
山西	0.063	841.195	332.954	0.030	0.829	2.093	0.171	31	30
内蒙古	0.081	874.699	198.989	0.014	0.973	5.970	0.027	27	11
辽宁	0.166	-688.195	337.552	0.019	0.988	8.884	0.012	8	5
吉林	0.114	763.375	260.061	0.021	0.968	5.472	0.032	19	12
黑龙江	0.257	-1904.640	476.184	0.033	0.984	7.732	0.016	3	7
上海	0.292	-4666.660	1357.987	0.029	0.991	10.231	0.009	2	3
江苏	0.081	663.294	350.117	0.015	0.967	5.381	0.033	26	13
浙江	0.211	-1011.833	278.783	0.011	0.997	19.775	0.003	5	1
安徽	0.115	225.090	188.459	0.023	0.963	5.059	0.037	17	17
福建	0.066	824.699	327.711	0.018	0.933	3.677	0.067	29	26
江西	0.124	164.436	298.867	0.034	0.933	3.668	0.067	13	25
山东	0.113	-261.601	303.817	0.016	0.980	7.042	0.020	20	8
河南	0.063	387.222	101.462	0.010	0.977	6.516	0.023	30	9
湖北	0.112	216.246	243.974	0.022	0.964	5.096	0.036	21	15

续表

项目 地区	回归系数 B	常数值	常数项标准差误差	回归系数标准差	相关系数	t	Sig.	回归系数排名	相关系数排名
湖南	0. 144	121. 518	423. 594	0. 044	0. 920	3. 309	0. 080	11	27
广东	0. 066	1489. 931	295. 438	0. 013	0. 963	5. 028	0. 037	28	16
广西	0. 096	613. 344	159. 264	0. 019	0. 961	4. 924	0. 039	24	19
海南	0. 115	665. 887	74. 847	0. 007	0. 996	16. 251	0. 004	16	2
重庆	0. 249	-736. 032	575. 014	0. 055	0. 954	4. 498	0. 046	4	21
四川	0. 118	439. 288	119. 624	0. 014	0. 986	8. 393	0. 014	15	6
贵州	0. 198	134. 508	188. 616	0. 040	0. 961	4. 923	0. 039	6	18
云南	0. 165	437. 052	198. 098	0. 027	0. 975	6. 156	0. 025	9	10
西藏	0. 573	-431. 178	1575. 353	0. 182	0. 912	3. 141	0. 088	1	28
陕西	0. 083	425. 870	81. 778	0. 009	0. 989	9. 298	0. 011	25	4
甘肃	0. 118	443. 342	207. 582	0. 030	0. 941	3. 930	0. 059	14	23
青海	0. 154	519. 323	496. 990	0. 052	0. 903	2. 969	0. 097	10	29
宁夏	0. 130	653. 090	332. 466	0. 036	0. 933	3. 654	0. 067	12	24
新疆	0. 104	1030. 606	652. 212	0. 053	0. 814	1. 985	0. 186	22	31

注：其中河北、山西、福建、江西、湖南、西藏、甘肃、青海、宁夏、新疆这 10 个省区的 Sig 值大于 0. 05，没有在 0. 05 显著水平上通过检验，其中河北、福建、江西、湖南、西藏、甘肃、青海、宁夏在 0. 1 显著水平上通过检验。

从表 7. 6 可知，人均 GDP 对普通初中生均总教育经费贡献率最大的前五个省区市是西藏为 0. 573、上海为 0. 292、黑龙江为 0. 257、重庆为 0. 249、浙江为 0. 211，贡献率最小的五个省区市是内蒙古为 0. 081、广东为 0. 066、福建为 0. 066、河南为 0. 063、山西为 0. 063。可见贡献率最大为最小的 9. 10 倍。而且这种贡献率与各省区市的经济实力（人均 GDP）的排名有很大的出入。

对高中进行类似的分析时，因北京、天津、河北、山西、辽宁、吉林、黑龙江、福建、江西、河南、湖北、湖南、四川、西藏、甘肃、青海、新疆这 17 个省区的 Sig 值大于 0. 05，没有在 0. 05 显著水平上通过检验，因此对它们的一元回归分析不成立，即它们不成一元线性关系。即有超过一半以上的地区的一元线性回归分析都不成立，除非有更多年份的数据，这种一元线性关系也许存在，故此处就略去对高中的类似的分析。

通过上述各表的数值，发现一个有趣的现象，即各省区市在2003—2006年间平均的普通小学、初中的生均总教育经费的排名与人均GDP的排名及人均GDP对生均总教育经费的贡献率的排名并不一致，甚至有很大的出入，具体情况如表7.7所示。

表7.7 生均总经费、人均GDP、生均总经费对人均GDP的相对弹性系数值排名情况表

类型/项目/地区	普通小学				普通初中			
	生均总教育经费排名	人均GDP排名	人均GDP对生均总经费的贡献率排名	人均GDP与生均总经费相关性排名	生均总教育经费排名	人均GDP排名	人均GDP对生均总经费的贡献率排名	人均GDP与生均总经费相关性排名
北京	2	2	9	24	2	2	7	14
天津	3	3	18	1	5	3	23	20
河北	20	12	11	26	25	12	18	22
山西	22	16	27	30	20	16	31	30
内蒙古	9	11	26	5	12	11	27	11
辽宁	12	9	17	2	9	9	8	5
吉林	10	13	10	7	10	13	19	12
黑龙江	7	10	3	29	18	10	3	7
上海	1	1	2	3	1	1	2	3
江苏	6	5	20	6	7	5	26	13
浙江	4	4	12	8	4	4	5	1
安徽	27	27	14	25	29	27	17	17
福建	13	8	15	15	11	8	29	26
江西	25	24	22	22	26	24	13	25
山东	15	7	28	13	16	7	20	8
河南	31	19	29	10	31	19	30	9
湖北	26	15	13	19	22	15	21	15

续表

类型 / 项目 / 地区	普通小学				普通初中			
	生均总教育经费排名	人均 GDP 排名	人均 GDP 对生均总经费的贡献率排名	人均 GDP 与生均总经费相关性排名	生均总教育经费排名	人均 GDP 排名	人均 GDP 对生均总经费的贡献率排名	人均 GDP 与生均总经费相关性排名
湖南	17	20	16	23	21	20	11	27
广东	8	6	31	20	6	6	28	16
广西	24	28	25	14	24	28	24	19
海南	21	17	19	16	14	17	16	2
重庆	19	18	5	27	17	18	4	21
四川	23	26	23	4	23	26	15	6
贵州	30	31	4	21	30	31	6	18
云南	16	29	7	17	19	29	9	10
西藏	5	25	1	18	3	25	1	28
陕西	28	23	24	9	28	23	25	4
甘肃	29	30	21	12	27	30	14	23
青海	14	21	6	28	13	21	10	29
宁夏	18	22	30	31	15	22	12	24
新疆	11	14	8	11	8	14	22	31

由表 7.7 可知，各地区的人均 GDP 的排名高低并不决定各地区的生均总教育经费的排名高低，它们之间并不呈完全一致的关系，相差甚至比较大，人均 GDP 对生均总教育经费的一元线性回归系数（近似地可以认为是人均 GDP 对生均经费的贡献率）与人均 GDP 及生均总教育经费的排名也有相当大的出入。原因可能是经济实力强大的地区，为了实现一定数目的生均经费，不需要太大比例的人均 GDP；另一个原因也可能是各地区对教育投入的努力程度与其经济发展水平并不完全一致。

2. 各地区的人均财政支出与生均预算内教育经费的关系

我国各地的社会经济发展水平极不平衡，并且财政支出的差距也很大，各地的财政支出水平反映了各地对公共产品及服务以及行政事业费用等方面支出的努力程度。从各地的人均财政支出可以看出这种差距来。表7.8反映了2003—2006年间全国各省区市的人均财政支出及其排名变化情况。

表7.8 全国各省市区人均财政支出统计表（单位：元）

地区	2003年	2004年	2005年	2006年	平均	排名				
全国	1904	2182	2578	3059	2431	2003年	2004年	2005年	2006年	平均
北京	5047	6017	6983	8175	6556	3	2	2	2	2
天津	3087	3662	4278	6086	4278	4	4	4	4	4
河北	947	1154	1434	1698	1308	23	23	23	23	23
山西	1254	1556	1999	2702	1878	18	15	15	14	15
内蒙古	1879	2366	2859	3812	2729	9	6	6	6	6
辽宁	1863	2209	2855	3791	2680	10	9	7	7	7
吉林	1513	1874	2327	2638	2088	12	12	12	15	12
黑龙江	1481	1827	2063	2785	2039	13	13	14	12	13
上海	6361	7936	9354	9993	8411	1	1	1	1	1
江苏	1415	1765	2245	2633	2015	14	14	13	16	14
浙江	1916	2252	2632	2946	2437	7	7	9	10	10
安徽	792	931	1134	1499	1089	30	30	31	30	30
福建	1297	1472	1683	2030	1621	17	18	19	19	19
江西	898	1060	1312	1602	1218	26	27	27	27	26
山东	1108	1296	1591	1969	1491	21	21	22	22	22
河南	741	906	1169	1534	1088	31	31	30	29	31
湖北	900	1074	1328	1407	1177	25	24	26	31	29
湖南	861	1074	1341	1649	1231	27	25	25	25	24
广东	2132	2231	2616	2744	2431	6	8	10	13	11
广西	913	1038	1281	1544	1194	24	28	28	28	28
海南	1300	1555	1838	2347	1760	16	16	16	17	16
重庆	1091	1268	1646	2922	1732	22	22	21	11	17
四川	842	1026	1278	1650	1199	29	29	29	24	27

续表

地区	2003 年	2004 年	2005 年	2006 年	平均	排名				
						2003 年	2004 年	2005 年	2006 年	平均
贵州	859	1072	1364	1620	1229	28	26	24	26	25
云南	1342	1503	1729	1993	1642	15	17	17	21	18
西藏	5404	4884	6731	7125	6036	2	3	3	3	3
陕西	1133	1394	1721	2200	1612	20	19	18	18	20
甘肃	1153	1363	1647	2006	1542	19	20	20	20	21
青海	2285	2548	3138	3917	2972	5	5	5	5	5
宁夏	1824	2092	2707	3191	2454	11	11	8	9	9
新疆	1905	2145	2613	3302	2491	8	10	11	8	8
极差	5620	7030	8220	8586	7323	–	–	–	–	–
极差率	8.58	8.76	8.25	7.10	7.73	–	–	–	–	–
标准差	1384.7	1571.4	1889.6	2066.2	1719.4	–	–	–	–	–
变异系数	0.7273	0.7202	0.7330	0.6754	0.7073	–	–	–	–	–

资料来源：各省、自治区、直辖市人均财政支出数据来自《中国财政统计年鉴》相关年份数据，具体来自中华人民共和国财政部网站“中国财政年鉴”网页（http：//www.mof.gov.cn/lm3395_1.htm，2007－12－26）。其中数值进行了小数点后一位的四舍五入处理，保留到个位数。其中2006年数据来自“各省市区《2006年财政预算执行情况和2007年财政预算草案的报告》”中提供的财政支出数据除以各地年末人口数。

由表7.8可知，2003年全国人均财政支出最小的是河南为741元，最大的是上海为6361元，两者之间的差距（极差）为5620元，最大是最小的倍数（极差率）为8.58。2006年全国人均财政支出最小的是湖北为1407元，最大的是上海为9993元，极差为8586元，极差率为7.10。可见，虽然最大值与最小值的相对比有所减小，尽管2003—2004年有所增加，但2006年比2003年仍减小了17.26%，而绝对差距却增加了52.78%。各地区之间的相对差距在2003—2004年有所减小，2004—2005年又有所增加，2006年又下降，且低于2003年的水平，从变异系数可知，这四年间各地区之间的相对差距减小了7.12%。从各地区的人均财政支出排名上看，无论是在这四年间，还是四年的平均人均财政支出水平，上海、北京、西藏、天津、青海是前五位，江西、广西、四川、安徽、河南是人均财政支出最低的五省份，除江西、广西、四川有一年的排名在前27名外，其他年份的排名一直在最后五位。

就各地的生均预算内经费与各地的人均财政支出进行一元线性回归分析，可知各地的人均财政支出对各地生均教育总经费的影响，回归系数大致上反映了各地人均财政支出对生均预算内教育经费的贡献率以及各地财政对教育投入的重视程度。各地的小学、初中、高中的生均预算内教育经费与人均财政支出的相关回归分析如表7.9。

表7.9 全国各地2003—2006年普通小学生均预算内教育经费与人均财政支出的一元线性回归分析表

项目 地区	回归系数B	常数值	相关系数R	t	Sig.	可决系数R Square	回归系数排名	相关系数排名
全国	0.463	-47.946	0.999	31.087	0.001	0.998	—	—
北京	0.614	-155.708	0.989	9.265	0.011	0.977	9	14
天津	0.542	360.705	0.965	5.193	0.035	0.931	14	29
河北	0.986	-249.765	0.990	9.938	0.010	0.980	2	13
山西	0.384	220.357	0.993	11.921	0.007	0.986	26	11
内蒙古	0.430	321.522	0.987	8.851	0.013	0.975	23	19
辽宁	0.436	138.217	0.989	9.282	0.011	0.977	21	15
吉林	0.612	37.557	0.972	5.872	0.028	0.945	10	27
黑龙江	0.561	675.535	0.979	6.795	0.021	0.958	13	23
上海	0.926	-1646.790	0.977	6.482	0.023	0.955	3	24
江苏	0.862	-238.492	0.995	14.281	0.005	0.990	4	10
浙江	1.052	-529.982	0.999	32.567	0.001	0.998	1	1
安徽	0.535	211.498	0.989	9.345	0.011	0.978	15	16
福建	0.821	-52.068	0.996	16.474	0.004	0.993	6	9
江西	0.488	239.375	0.999	36.067	0.001	0.998	18	2
山东	0.648	123.752	0.999	43.248	0.001	0.999	8	3
河南	0.374	196.767	0.988	8.880	0.012	0.975	27	17
湖北	0.827	-212.929	0.983	7.480	0.017	0.965	5	20
湖南	0.739	79.571	0.998	21.763	0.002	0.996	7	5
广东	0.525	1.177	0.966	5.307	0.034	0.934	16	28

续表

项目 地区	回归系数 B	常数值	相关系数 R	t	Sig.	可决系数 R Square	回归系数排名	相关系数排名
广西	0.582	177.281	0.999	27.803	0.001	0.997	12	4
海南	0.588	-40.033	0.980	6.950	0.020	0.960	11	22
重庆	0.183	412.582	0.976	6.334	0.024	0.953	30	25
四川	0.322	350.592	0.997	19.569	0.003	0.995	28	8
贵州	0.449	139.452	0.973	6.009	0.027	0.948	20	26
云南	0.493	322.477	0.981	7.213	0.019	0.963	17	21
西藏	0.251	983.770	0.767	1.689	0.233	0.588	29	30
陕西	0.470	64.204	0.998	21.133	0.002	0.996	19	6
甘肃	0.400	222.970	0.998	22.575	0.002	0.996	25	7
青海	0.434	234.273	0.988	9.193	0.012	0.977	22	18
宁夏	0.152	638.813	0.596	1.049	0.404	0.355	31	31
新疆	0.417	401.679	0.992	10.782	0.008	0.983	24	12

注：其中西藏、宁夏这两个省区的Sig值大于0.05，没有在0.05显著水平上通过检验，因此对它们的一元回归分析不成立，即它们不成一元线性关系。

由表7.9可见，就全国的平均水平而言，全国人均财政支出对普通小学生均预算内教育经费的贡献即它们之间的一元线性回归方程如下。

$$\begin{matrix}\text{普通小学全国生均}\\\text{预算内教育经费}\end{matrix} = 0.463 * \begin{matrix}\text{全国人均}\\\text{财政支出}\end{matrix} - 47.946 \qquad (7-3)$$

同理，其他省区市的人均财政支出对本地区的普通小学生均预算内教育经费的一元线性回归方程只需将其回归系数与常数项填上即可。回归系数大致表征了人均财政支出对生均预算内教育经费的贡献率，也反映了各地区在财政支出上对教育支出的重视程度。从表7.9可知，人均财政支出对生均预算内教育经费贡献率最大的前五个省区市是浙江为1.052（意味着浙江一个小学生的预算内教育经费要高于人均财政支出）、河北为0.986、上海为0.926、江苏为0.862、湖北为0.827，贡献率最小的五个省区市是河南为0.374、四川为0.322、西藏为0.251、重庆为0.183、宁夏为0.152。可见贡献率最大为最小的6.92倍。而且这种贡献率与各省区市的财政支出实力（人均财政支出）的排名有很大的出入。

类似的，各省区市的人均财政支出对各地的普通初中生均预算内教育经费的一元线性回归（贡献率）分析如表7.10所示。

表7.10 全国各地2003—2006年普通初中生均预算内教育经费与人均财政支出的一元线性回归分析表

项目 地区	回归系数B	常数值	常数项标准差误差	回归系数标准差	相关系数	t	Sig.	回归系数排名	相关系数排名
全国	0.494	36.623	67.816	0.027	0.997	18.000	0.003	-	-
北京	0.780	-718.319	456.980	0.069	0.992	11.367	0.008	5	8
天津	0.536	366.367	110.729	0.025	0.998	21.428	0.002	15	4
河北	0.814	-28.599	173.763	0.130	0.976	6.272	0.024	4	18
山西	0.348	430.571	79.537	0.041	0.987	8.564	0.013	28	13
内蒙古	0.456	236.451	142.616	0.051	0.988	9.028	0.012	21	11
辽宁	0.535	159.186	70.876	0.026	0.998	20.956	0.002	17	3
吉林	0.489	308.381	273.358	0.128	0.938	3.812	0.062	18	26
黑龙江	0.619	198.758	72.129	0.034	0.997	17.960	0.003	11	5
上海	1.178	-3450.449	2065.576	0.242	0.960	4.862	0.040	2	23
江苏	0.535	376.115	198.002	0.096	0.969	5.587	0.031	16	20
浙江	1.468	-1043.600	56.876	0.023	1.000	63.668	0.000	1	1
安徽	0.374	374.796	47.645	0.043	0.987	8.798	0.013	26	12
福建	0.581	351.220	105.219	0.064	0.988	9.074	0.012	14	10
江西	0.608	120.419	91.407	0.073	0.986	8.299	0.014	13	14
山东	1.034	-236.931	56.744	0.037	0.999	27.813	0.001	3	2
河南	0.419	285.388	28.174	0.025	0.996	16.764	0.004	23	7
湖北	0.648	179.626	212.307	0.178	0.932	3.645	0.068	8	28
湖南	0.769	47.086	159.763	0.126	0.974	6.093	0.026	6	19
广东	0.766	-48.184	508.245	0.208	0.934	3.682	0.066	7	27
广西	0.463	395.675	69.528	0.057	0.985	8.116	0.015	20	15

续表

项目 地区	回归系数 B	常数值	常数项标准差误差	回归系数标准差	相关系数	t	Sig.	回归系数排名	相关系数排名
海南	0.617	135.023	224.410	0.125	0.962	4.957	0.038	12	22
重庆	0.281	494.997	55.764	0.030	0.989	9.455	0.011	31	9
四川	0.282	480.806	54.338	0.044	0.977	6.410	0.023	30	17
贵州	0.481	219.479	118.254	0.094	0.964	5.132	0.036	19	21
云南	0.636	252.738	63.919	0.039	0.996	16.510	0.004	9	6
西藏	0.623	576.528	2923.112	0.479	0.677	1.301	0.323	10	31
陕西	0.354	319.742	78.667	0.047	0.983	7.464	0.017	27	16
甘肃	0.443	297.148	155.535	0.099	0.954	4.482	0.046	22	24
青海	0.388	586.413	307.424	0.101	0.938	3.838	0.062	24	25
宁夏	0.382	416.301	280.750	0.112	0.924	3.413	0.076	25	29
新疆	0.290	905.557	285.387	0.112	0.878	2.590	0.122	29	30

注：其中吉林、湖北、广东、西藏、青海、宁夏、新疆这 7 个省区的 Sig 值大于 0.05，没有在 0.05 显著水平上通过检验，其中吉林、湖北、广东、青海、宁夏在 0.1 显著水平上通过检验。

从表 7.10 可知，人均财政支出对普通初中生均预算内教育经费贡献率最大的前五个省区市分别是浙江为 1.468、上海为 1.178、山东为 1.034、河北为 0.814、北京为 0.780；贡献率最小的五个省区市分别是陕西为 0.354、山西为 0.348、新疆为 0.290、四川为 0.282、重庆为 0.281。可见贡献率最大为最小的 5.22 倍。而且这种贡献率与各省区市的财政支出实力（人均财政支出）的排名有很大的出入。

对高中进行类似的分析时，因河北、山西、辽宁、吉林、黑龙江、安徽、山东、河南、湖北、湖南、海南、重庆、四川、贵州、云南、西藏、甘肃、青海、新疆这 19 个省区的 Sig 值大于 0.05，没有在 0.05 显著水平上通过检验，因此对它们的一元回归分析不成立，即它们不成一元线性关系。这可能是数值比较特殊，即使现在超过一半以上的地区的一元线性回归分析都不成立，但是如果自变量与因变量的取值能再多取几个年份的数值的话，它们之间也许成一元线性关系。故此处就略去对高中的类似的分析。

通过上述各表的数值，发现一个有趣的现象，即各省区市在2003—2006年间平均的普通小学、初中的生均预算内教育经费的排名与人均财政支出的排名及人均财政支出对生均预算内教育经费的贡献率的排名并不一致，甚至有很大的出入，具体情况如表7.11所示。

表7.11 生均预算内教育经费、人均财政支出、生均预算内经费对人均财政支出的弹性系数值排名情况表

类型/项目/地区	普通小学				普通初中			
	生均预算内教育经费排名	人均财政支出排名	人均财政支出对生均预算内经费的贡献率排名	人均财政支出与生均预算内经费相关性排名	生均预算内教育经费排名	人均财政支出排名	人均财政支出对生均预算内经费的贡献率排名	人均财政支出与生均预算内经费相关性排名
北京	2	2	9	14	2	2	5	8
天津	3	4	14	29	4	4	15	4
河北	17	23	2	13	20	23	4	18
山西	21	15	26	11	19	15	28	13
内蒙古	9	6	23	19	10	6	21	11
辽宁	12	7	21	15	9	7	17	3
吉林	11	12	10	27	14	12	18	26
黑龙江	6	13	13	23	11	13	11	5
上海	1	1	3	24	1	1	2	23
江苏	8	14	4	10	12	14	16	20
浙江	5	10	1	1	5	10	1	1
安徽	26	30	15	16	30	30	26	12
福建	14	19	6	9	17	19	14	10
江西	24	26	18	2	27	26	13	14
山东	16	22	8	3	15	22	3	2
河南	31	31	27	17	31	31	23	7
湖北	27	29	5	20	25	29	8	28
湖南	20	24	7	5	21	24	6	19

续表

类型 / 项目 / 地区	普通小学				普通初中			
	生均预算内教育经费排名	人均财政支出排名	人均财政支出对生均预算内经费的贡献率排名	人均财政支出与生均预算内经费相关性排名	生均预算内教育经费排名	人均财政支出排名	人均财政支出对生均预算内经费的贡献率排名	人均财政支出与生均预算内经费相关性排名
广东	13	11	16	28	6	11	7	27
广西	22	28	12	4	24	28	20	15
海南	19	16	11	22	18	16	12	22
重庆	29	17	30	25	22	17	31	9
四川	28	27	28	8	28	27	30	17
贵州	30	25	20	26	29	25	19	21
云南	15	18	17	21	16	18	9	6
西藏	4	3	29	30	3	3	10	31
陕西	25	20	19	6	26	20	27	16
甘肃	23	21	25	7	23	21	22	24
青海	7	5	22	18	7	5	24	25
宁夏	18	9	31	31	13	9	25	29
新疆	10	8	24	12	8	8	29	30

由表7.11可知，各地区的人均财政支出的排名高低并不决定各地区的生均预算内教育经费的排名高低，它们之间并不呈完全一致的关系，甚至相差比较大，人均财政支出对生均预算内教育经费的一元线性回归系数（近似地可以认为是人均财政支出对生均预算内教育经费的贡献率）与人均财政支出及生均预算内教育经费的排名也有相当大的出入。原因可能是各地区对教育投入的努力程度与其财政支出水平并不完全一致造成的。

第二节　我国基础教育资源配置不公平的政策分析

在造成我国基础教育资源配置不公平的众多相互叠加的因素中，“政策性”原因是根本性的。教育政策长期偏爱城市群体，而忽视了农村教育利益的存在，或者变相剥夺了农村教育利益，或者对农村教育的利益未给予应该的维护。中国基础教育城乡差距的根本原因是存在一种使农村教育无法自我生长的政策性因素，教育政策在制造教育贫困、教育差距方面有着不可回避的影响。①

一、我国基础教育资源配置城市价值取向分析

（一）国家教育发展战略中的城市偏向型政策

在教育政策的制定与执行过程中对城市的偏向仍然存在，其集中体现在基础教育发展的精英价值取向上。来源于精英价值取向的精英教育理念在我国可谓历史悠久，根深蒂固。“精英教育”理念认为，国家财力有限，不可能面面俱到，只能突出重点，确保重点，主张将有限的教育资源用于少数的重点学校和少数的精英人物，而对于大多数的普通学校和大多数的普通人物却极少关注。另外，由于我国政府教育经费投入的严重不足，有偏向的政策引导致使教育成本向学生家长转移，加之学校与家长、重点学校与非重点学校、公办校与民办校之间的非均衡博弈，使精英等级化的教育体系出现异化，严重影响了教育公平。通过这种逐级升学考试和重点、非重点学校学生的选拔归类，教育系统成了索罗金所说的“使社会‘贵族化’和分层化的机器”——它一方面选拔出了精英人才（尖子学生），另一方面又逐级淘汰了其他的人。②

“精英教育”的理念使国家教育投资长期集中于高等教育和城市居民的教育。在教育制度的设置与安排中，我们也可以体会到明显的“城市

① 孙艳霞．教育政策道德性研究——义务教育城乡差距的归因与路径探析［D］．长春：东北师范大学，2006：1.

② 罗盈．转型期我国基础教育公平及其政策研究［D］．重庆：西南政法大学，2007：24－25.

取向”，采取城乡不同的教育投资模式和高校招生政策，这自然构成城乡教育的严重差别。国家教育资源的配置，尤其是优质教育资源的配置明显地向城市倾斜而非向农村倾斜，甚至农村中的优质教育资源还在不断地向城市流动，其结果使城乡间本已存在的教育差别继续扩大。虽然从新中国成立初期政府就强调要缩小城乡差别，并制定了一系列有利于农民及其子女受教育的方针，但事实上我国1978年至20世纪90年代末所实施的教育政策乃至社会政策是“效率优先，兼顾公平”，因而从某种程度上拉大了城乡基础教育的发展差距。①

（二）基础教育特别是义务教育发展政策城市偏向的集中表现

袁振国教授认为教育差距既表现为城乡之间、地区之间、阶层之间的差距，又表现为不同教育类别之间的差距，如重点学校与非重点学校、普通教育与职业教育、研究型大学与非研究型大学、公办学校与民办学校的差距。“其中，城乡差距是教育差距的核心，缩小教育差距的关键在于缩小教育的城乡差距。”② 在义务教育经费的政策实践中，国家与社会长期忽视了农村义务教育建设，在财政供给上，采取了城乡有别的“二元”分配政策：在城市，义务教育教师工资、学校公用经费以及校舍和设施建设经费、维修经费等均由国家来提供，从政府财政预算内拨款；而在农村，“《教育法》明文规定农民个人应交纳教育费附加用以补充县、乡教育经费的不足，同时乡、村可以向农民集资用于农村义务教育学校校舍建设。因此，在税费改革之前，政府向农民收取的农村教育费附加、教育集资、杂费等经费大约占农村教育经费的1/3。”③ 从严格意义上说，我国义务教育经费投入政策并不存在主观上的双轨制，全国统一的教育方针、教育内容和升学制度，都突出了一视同仁的精神，但客观上却存在着城市与

① 刘颂，等. 城乡义务教育发展差异的政策原因探析［J］. 江西教育科研，2007，24（4）：41－44.

② 本刊综合报道. 教育差距：中国教育政策的重大命题［J］. 校长阅刊，2005，2（9）：20－22.

③ 高如峰. 重构中国农村义务教育财政体制的政策建议［J］. 教育研究. 2004，26（7）：18－25.

农村义务教育区别对待的现象，存在着实实在在的城乡教育的制度性落差。①

"城市取向"经费政策文本举例。(1)《中华人民共和国义务教育法实施细则》第三十条规定：实施义务教育的学校新建、改建、扩建所需资金，在城镇由当地人民政府负责列入基本建设投资计划，或者通过其他渠道筹措；在农村由乡、村负责筹措，县级人民政府对有困难的乡、村可酌情予以补助。(2) 教师政策的二元特征，最直接、明显的表现是城乡教师的不同待遇。同一个县，城乡相同性质学校教师的收入可以相差3倍左右，这实际上是人员经费投入政策造成的二元现象。(3) 1980年12月3日，《中共中央、国务院关于普及小学教育若干问题的决定》指出："农村小学的校舍修建和课桌凳的购置，一般应由社队主要负责，国家酌情给以补助。国家补助费大体按所需1/3的比例列入省、自治区、直辖市预算，使用时根据实际情况，有的可以不补，有的可以少补，有的可以多补。"② (4) 2006年，西部某市规定，从2006年春季开始，城市义务教育学校特别是初中可以收取择校借读费和日常服务性收费，而农村学校不许收取。③

从这些政策文本可以看出，在过去，城市居民除了负担子女的义务教育杂费和其他学校收费外，不再直接负担义务教育经费。而农村居民除了负担子女的义务教育杂费和其他学校收费，还要以农村教育费附加及教育集资（后被取消）的方式负担大部分义务教育基建费和部分事业费。农村教育费附加与城市教育费附加不同，后者属于流转税，不直接由个人负担，前者是由农民个人直接负担的。在这一制度下，对农民和农民子弟的歧视是显而易见的。④ 对于这种城市教育经费国家负责，农村教育经费农村负责的做法，一些学者尖锐地指出：明眼人不难看出，政策体现出明显的对城镇的倾斜或者对农村的歧视性。通俗一些表达，就是城镇的基本国

---

① 魏宏聚．义务教育经费投入政策失真现象研究［D］．重庆：西南大学，2006：66－67.

② 何东昌．中华人民共和国重要教育文献［Z］．海口：海南出版社，1998：1878.

③ 魏宏聚．义务教育经费投入政策失真现象研究［D］．重庆：西南大学，2006：65.

④ 胡延品．中国义务教育财政投入体制的困境与对策研究［D］．北京：北京师范大学，2003：13.

家全包，农村的主要由农民自己掏。① 当前，农村教育费附加已不允许收取，城市偏向有所纠正，但这种城市偏向思想却时刻影响着决策者。比如从政策文本（4）可以看出，城乡义务教育投入不足是事实，但政府给城市学校特殊的收费政策以增强筹集经费的权利和能力，可以收取择校费和经常性服务项目，但规定该政策不能适用于农村学校。具体规定如下：西部某市在农村义务教育免费政策实施以前（2006 年），无论城市与农村学校，均由物价部门核定收取日常服务性收费，每生每学期 200 元左右，择校生每年 1000 余元（有的城市学校还要高）。但 2006 年免费政策实施后，只允许城市学校收取这两项费用，而农村学校却不允许收取。这样，一个一千人规模的初中学校，仅经常性服务收费一项，每学期少收入二十万元左右，严重影响了学校教师工作的积极性，在经费投入中无形拉大了城乡学校的距离。与农村学校相比，城市学校每校每年多收入几十万元不成问题。这一城市偏向政策实施的结果，城乡学校收入差距每年将以几十万元甚至上百万元的差距在拉大，其办学质量与条件的差距更是不言而喻了。

由上可知，长期以来，在城市取向、高度集中的计划体制下，形成了一种忽视地区差别和城乡差别的“以城市为中心的价值取向，这种取向在义务教育政策中不时有所体现。虽然目前我们在努力纠偏，但不排除这种‘城市中心’价值取向继续影响决策者的进一步决策”②。

二、我国基础教育资源配置政策历史分析

（一）20 世纪 80 年代以来我国基础教育经费政策的历史回顾

教育资源配置政策最核心的就是教育经费（投入）政策。20 世纪 80 年代中国的基础教育经费政策的变化大致可以分为三个阶段，下面是其具体的经费政策变迁文本与特征。

第一阶段，经费来源由一元化向多元化发展阶段（1980—2000 年），多主体投入，以乡为主。

---

① 农业部农村经济研究中心．中国农村研究报告［M］．北京：中国财政经济出版社，2002：622.

② 魏宏聚．义务教育经费投入政策失真现象研究［D］．重庆：西南大学，2006：66.

1980—1985 年为一元化向多元化转型阶段。1980 年，中国财政体制进行了重大改革，国家预算管理由过去的“统收统支”改为“划分收支，分级包干”的“分灶吃饭”体制。该体制规定：“各省、市（自治区）的教育事业费由各级人民政府自主安排，不再实行财政部和教育部联合下达教育事业费支出指标的管理办法。”与此相适应，财政用于教育的支出，也分别由中央和地方分担。

1985—1995 年为多元化格局逐步形成阶段。1985 年，《中共中央关于教育体制改革的决定》（以下简称《决定》）提出了中国教育体制全面改革的战略目标，并明确了将发展基础教育的责任交给地方，有计划有步骤地实施九年义务教育，实行基础教育由地方负责、分级管理的原则。《决定》指出：“为了保证地方发展教育事业，除了国家拨款以外，地方机动财力中应有适当比例用于教育，乡财政收入应主要用于教育”，“地方可以征收教育费附加”。同时，允许地方“在自愿的基础上，鼓励单位、集体和个人捐资助学”。我国于 1986 年 4 月开始正式实施《中华人民共和国义务教育法》，并将义务教育“实行地方负责，分级管理”的体制以法律的形式规定下来。1988 年，国家教委、财政部发布《关于加强普通教育经费的管理规定》要求各级财政、教育部门在制定教育经费预算时，应根据地方财力，逐步推行定额加专项的办法。同时教育行政部门在向所属学校拨款时，要实行“经费包干，结余留用，超支不补，自求平衡”的原则。①

1993 年 2 月 13 日，中共中央、国务院颁布了《中国教育改革和发展纲要》（以下简称《纲要》），《纲要》提出在我国要逐步建立以国家财政拨款为主，辅之以征收用于教育的税费，校办产业收入，社会捐、集资和设立教育基金等多种渠道筹措教育经费的新体制，并第一次明确地提出了国家财政性教育经费支出占国民生产总值的比例在 20 世纪末要达到 4% 。1994 年 6 月召开的全国教育工作会议，进一步强调了我国基础教育的发展目标和政策重点，要求各级党委和政府树立教育投资是战略性投资的观念，合理调整投资结构，在安排财政预算时，优先保证教育的需求，并切

① 《中国教育年鉴》编辑部．中国教育年鉴（1949—1981）［Z］．北京：中国大百科全书出版社，1994：89.

实做到《纲要》提出的“三个增长”。这次全国教育工作会议进一步完善了基础教育以国家财政拨款为主、多渠道筹措教育经费的教育财政体制。1995年3月18日八届人大三次会议通过的《中华人民共和国教育法》，则以法律的形式确立了“财、税、费、产、社、基”的经费体制，即以政府财政拨款为主，辅之以教育税费、非义务教育阶段收取学费、义务教育阶段学生杂费、校办产业收入、社会捐资、集资和设立教育基金等多渠道筹措基础教育经费。

1995—2000年为经费来源多元化格局逐步完善阶段，分级办学，分级管理。1995年到现在，我国一直稳定地采取多渠道投资体制。但进入20世纪90年代后，随着中央与地方财政关系的调整，随着农村经济形势的变化，随着地区间发展差距的扩大，这一体制的缺陷就逐渐地凸显出来。这是因为多渠道投入体制仅仅将原来的投入方式具体化和制度化，而并没有从根本上改变过去基础教育投入模式，尤其是广大农村地区，基础教育由于受“县、乡、村三级办学，县、乡两级管理”体制的限制，教育经费实质上转嫁到乡村负责，而由于各地基础教育吸纳民间资金的能力不同，学生家长承受能力也不同，许多贫困地区的家长仍然由于经济负担过重而不愿意让孩子接受基本的教育，基础教育的经费来源也不稳定，教师工资大面积拖欠就是其中的典型案例。另外，中央和省级财政投入比例过小，扶助贫困地区的能力很弱，这些因素都导致地区之间教育投入差距越来越大，严重影响了各地基础教育的均衡发展。①

为了缓解基础教育财政所面临的困难，从“九五”开始，中央财政加大了对贫困地区的义务教育转移支付力度。1999年第三次全国教育工作会议明确提出：“政府的教育拨款主要用于保证普及义务教育和承担普通高等教育的大部分经费，地方各级政府要确保义务教育的资金投入并做到专款专用。”②

这一阶段虽然明确分级投入体制，但是投入主体以“乡镇为主”。1980—2000年，投入的基本原则与指导思想是“谁举办，谁负责”，管理

---

① 郭勇．转型时期我国基础教育经费政策的内容分析［D］．武汉：华中师范大学，2004：20－23.

② 教育部．第三次全国教育工作会议文件汇编［Z］．北京：高等教育出版社，1999：26.

者与投入者相统一。中央在全国大多数省试行财政划分收支、分级包干的办法，即“分灶吃饭”的体制。与此相适应，中央财政负担中央各部门举办的所属各类学校的办学经费，地方财政负担地方举办的各类学校办学经费。对于义务教育来讲，中央只负责地方教育事业的专项补助，县级财政负担普通中小学的经费支出。“应该说，这以后教育财政管理都没有脱离这一模式。只是随着财政管理体制和教育管理体制的调整，教育经费的负担主体作过一些适应性调整。”① 在这以后，基于“谁举办，谁负责”这一原则，逐步完善这一体制。

第二阶段，2001—2005 年，完善“谁举办，谁负责”体制，“以县为主”投入体制的形成。

2001—2005 年，乡镇逐步退出义务教育投入的历史舞台，“以县为主”投入体制逐步形成。2001 年 5 月 29 日全国教育工作会议《关于基础教育改革与发展的决定》明确提出基础教育管理体制“实行在国务院领导下，由地方政府负责、分级管理、以县为主的体制”。调整和完善农村义务教育管理体制，把农村义务教育的责任从主要由农民负担转到由政府负担；把政府对农村义务教育的责任从以乡镇为主转到以县为主。2002 年 4 月 14 日，国务院下发了《国务院办公厅关于完善农村义务教育管理体制的通知》，对《关于基础教育改革与发展的决定》的精神作了进一步说明。《通知》规定：“县级人民政府对农村义务教育负有主要责任，省、地（市）、乡等地方各级人民政府承担相应责任，中央政府给予必要的支持。”上述规定可以表明，对于义务教育，中央、省、地（市）级政府负责管理指导，财政投入规定模糊，基本上属于“原则性质”的描述，县级政府全面负责投入问题，乡镇府政府被免除了财政投入的责任。以县为主的基础教育管理体制，其核心是教育投入机制的转变，要求县政府通过调整本级财政支出结构，增加教育经费预算，合理安排上级转移支付的资金。新体制在国务院领导下，明确提出了加大中央及省级政府对义务教育的转移支付力度，同时适当提高义务管理的层级，实行县级统筹。逐步建立了基础教育经费由地方财政拨款、中央和省级财政转移支付和专项资助等共同分担的制度；从体制上逐步扭转财政性教育经费不足的状况，实行

① 胡延品．中国义务教育财政体制困境与对策研究［D］．北京：北京师范大学，2004：45.

保证普及义务教育经费和教师待遇的县级政府统筹制度。

第三阶段，2006年，“以县为主”投入体制发生了变化，中央及省级政府参与到了投入“主体”这一队伍中。

标志性文件为国务院2005年第43号文件《关于深化农村义务教育经费保障机制改革的通知》。该文件规定，2006年最先在西部地区开始施行农村义务教育公用经费国家负担，西部地区中央与地方承担比例为8:2，中部地区中央与地方承担比例为6:4，东部地区分省确定，2007年拟在全国农村地区实施。该文件虽为“经费保障机制”，但其本质上改变了“以县为主”投入主体的组成，中央与省级政府以前的“原则性投入主体”转变为“明确的投入主体”，使得“以县为主”投入体制发生了质的变化，在义务教育经费政策变迁中应独立成为一个历史阶段。

通过对新中国成立以来我国基础教育经费政策的历史回顾，我们可以发现，教育经费政策的每一次变革都不是任意的，而是为了适应当时的社会经济背景而作的一种调整或变革。教育投资体制由经济体制决定，是经济管理体制的一部分，经济管理体制决定教育投资在中央与地方各级政府之间以及国家、企业与个人之间的负担比例和管理权限，所以经济管理体制在许多方面决定和制约着教育投资体制。有什么样的经济运行模式，就要有什么样的教育投资体制与之相适应。因此，随着由计划经济体制向市场经济体制的转型，教育经费政策必然由只关注中央和地方管理权限转向既关注中央和地方管理权限又关注国家、企业与个人家庭的关系，从而形成了政府投资为主的多渠道筹措经费的政策。

（二）我国基础教育经费政策变迁的特征

从20世纪90年代（1994年）我国财政体制实施分税制改革以来，我国义务教育经费投入体制已进入了“体制剧变”与“体制混变”时代，旧体制虽已在形式上被完全打破，新体制也已基本上或完全建立，但新体制存有诸多不完善之处，致使旧体制实际上仍发其威。[①] 当前，义务教育的经费投入领域是社会变革最为剧烈的领域之一，每一次变革，都冲击着义务教育经费投入格局。下面对1986年以来，义务教育经费政策的重大

① 吴康宁．教育社会学［M］．北京：人民教育出版社，2005：181－182.

调整及对义务教育经费政策产生重大冲击的相关政策时间及内容进行简要回顾。(1) 1986 年，以“乡镇为主”投入体制确立。(2) 1993 年，分税制体制改革，县乡财政收入削弱。(3) 2000 年，税费改革。主要内容是“三取消、两调整、一改革”。这一政策对农村义务教育经费政策的直接冲击是：取消农民的教育税附加，取消农村集资办学项目。原来农村义务教育特别是小学经费的主要投入主体——乡、镇和行政村收入来源消失或锐减。(4) 2001 年 5 月，以“县为主”投入体制确立。义务教育投入主体由“乡、镇”上移为县，在一定程度上改变了拖欠教师工资现象，但在一些经济实力中下等的县、市经费投入依然紧张。(5) 2004 年 7 月，中小学收费实施“一费制”，削弱了学校自筹经费能力。“一费制”在 2001 年已在国家级贫困县和省级贫困县实施，2004 年在全国推广。(6) 2005 年 3 月，“两免一补”政策。免除国家扶贫开发工作重点县农村义务教育阶段贫困学生的书本费、杂费，并资助寄宿学生生活费。这意味着这些地区部分学生“一费”被取消，国家及省级政府参与了农村义务教育的投入。(7) 2005 年 12 月，国务院《关于深化农村义务教育经费保障机制改革的通知》。主要内容为：西部农村地区 2006 年义务教育免收学生杂费，2007 年中部地区和东部地区农村义务教育免收杂费，中央和地方分担的比例是西部地区为 8:2，中部地区为 6:4。2006 年春季开始在西部农村地区实行“两免一补”政策，2007 年秋季开始适用于所有农村地区，2008 年全国城市也实行了免除学杂费政策。意味着在农村地区“一费制”政策退出历史舞台，中央政府和省级政府成为农村义务教育投入主体。

从 1986 年我国《义务教育法》颁布至 2006 年对部分农村地区义务教育免收杂费政策的实施，其变革周期逐渐缩短，平均 2.8 年就发生一次对已有政策产生巨大冲击的“巨变”。从 1986 年我国确立义务教育制度至 2006 年短短的二十年间，义务教育经费政策竟然经历了七次较大的政策变革，完全可以用“剧变式义务教育经费投入政策”来称谓。①

(三) 我国基础教育经费政策的缺陷

在 2001 年以前基础教育经费基本上是由乡镇一级财政负担，同时农

① 魏宏聚. 义务教育经费投入政策失真现象研究 [D]. 重庆：西南大学，2006：80－82.

民又要缴纳大量的税费，农村义务教育基本上是“人民教育人民办”。据国务院发展研究中心在中部三个农业县的调查，农民直接负担的教育投入包括农村教育费附加、农村教育集资、中小学杂费等，这三项投入占全县教育经费的40%左右，乡级财政预算内拨款占40%多一点——其实这笔款项也是来自农民上交的税费，两者加在一起占全部教育经费的80%。[①]来自国家教育发展研究中心1998年的抽样调查研究表明，我国农村义务教育78.2%的经费是靠乡村，也就是靠农村教育费附加、靠收费、靠学生交费维持的。[②] 原国家教委副主任柳斌认为，义务教育在农村筹措的资金估算下来有几千亿。国家公共财政的投入占义务教育总投入，20世纪80年代是40%多，到2000年前后，国家投入也只是54%，46%是靠农民和企业负担，中国义务教育一半的财力要靠社会筹集，而当另一项“惠民”措施——减轻农民负担——实施后，却给义务教育来了个“釜底抽薪”。[③] 这种方式一方面满足了农村群众子女受教育的需要，另一方面又加重了农民的负担。2001年以后实行“以县为主”的管理政策后，随着税费改革的推进和“三农”问题的凸现，国家加大了对农村义务教育的转移支付力度，但截至2003年，我国义务教育阶段学生所缴纳的学杂费仍然占到学校经费的15%。[④]

国家实行“以县为主、分级管理”的教育财政制度，在一定程度上缓解了原来比较突出的矛盾问题，与此同时也出现了一些新的现象和新的问题。

第一，教育投资主体的重心仍偏低。从全国范围讲，即使是县级政府，也不是都能够承担辖区义务教育投入的主要责任的。我国目前的县级财政，大部分属于“吃饭财政”，甚至不少是“欠债财政”。我国尚有1400多个财政贫困县即属此类，其根本不可能起到教育投入“主渠道”的作用。特别是中西部一些极端贫困的县，即使集全县收入都不足以全额发放教师工资。农村税费改革后，县级税收减少，教育投入也随之锐减。

---

① 刘成友. 加大“义务教育政府办”力度［N］. 文汇报，2002-05-21（1）.

② 王善迈. 中国义务教育财政制度改革构想［N］. 中国教育报，2000-03-12（2）.

③ 马昌博，等. 义务教育，这20年为何这么难？——对话全国人大常委会委员、原国家教委副主任柳斌［N］. 南方周末，2006-10-12（3）.

④ 张志勇. 教育的区域差距与政策选择［J］. 北京师范大学学报：社会科学版，2005（3）：32-39.

因此，把教育的"重中之重"——义务教育交给了不完全具备经济承受力的县级政府，导致教育投入责任与投入能力的矛盾越来越尖锐。

第二，财权与事权仍不对称。虽然1994年实行了分税制，财力越来越向上一级政府集中，县级财力则越来越薄弱。一方面，收入来源和财力弱化，甚至收入的总量也在下降，但担负的事权并没有减弱，甚至还在加强；另一方面，县级财政收入构成中，非税收比重过多，财政收入受政策因素的影响较大，收入来源不稳定，但成为占县级财政支出重头的义务教育经费支出，却是硬性支出，而且还要保证支出的稳步增长，县级财政对义务教育经费投入不足的问题甚至更为突出。特别是"费改税"的施行使县级财政收入的来源变得越来越单一，但实行"以县为主"的财政管理体制后，对许多工业相对落后的农业县来说，因没有可用资金，当各种有形或无形的负担受到轻重缓急的权衡时，义务教育的经费可能就会在一些思想意识薄弱的领导那里"流产"了，因此某些薄弱县没有完全承担起义务教育经费投入的责任。①

第三，地区间教育投入严重不均衡问题仍未得到有效解决，省区域内差距甚至大于各省区之间的差距。由于经济发展的不平衡，贫困县市政府财力薄弱，所以很难筹集到足够的教育资金，因而，"以县为主"的教育财政体制虽然部分解决了县市内部的教育差别问题，但由于县市之间的差别本身就很大，东部地区有的县市一年国民生产总值能相当于西部地区一个省的总和，在如此巨大经济发展差距的前提之下，要想实现县市之间教育投入的相对均衡无异于痴人说梦。鉴于这种情况，不少专家提出县级财政不足部分由中央和省级财政通过转移支付的方式加以弥补，但是仅仅通过上级部门的转移支付也不能解决教育投资不平衡的根本性问题。王蓉使用县级数据、2000多个样本对我国义务教育经费的区域性不平衡进行了实证性分析，发现小学和初中的教育经费支出上的不平等主要是由省内差异引起的，而非省际差异，对农村地区的分析也得出了同样的结论。这说明，我国教育投入的区域性差异最显著的表征是各省之内的县、区之间的不平等。②

---

① 夏松．教育经费投入的非均衡研究——基于江苏经济水平地区差异的教育资源配置新模式［D］．南京：南京师范大学，2005：24－25.

② 王蓉．我国义务教育经费的地区性差异研究［EB/OL］．北京：中国教育和科研计算机网，［2006－03－23］．http：//www.edu.cn/pu_jiu_jiao_yu_248/20060323/t20060323_27000.shtml.

第四，“以县为主”的基础教育投资政策往往会因为基础教育在地区间的外溢效应而降低地方政府对基础教育投资的积极性。基础教育作为公共产品，其消费和受益范围主要局限在一个地区内部，但是它也具有很强的外溢效应，比如地区间的人口流动使人口流入地享受了本应由流出地获得的教育收益，使基础教育这个公共产品的受益范围超出行政上的地理范围。在基础教育财政分权体制下，地方政府负担了基础教育的投入成本，但是劳动力流出地的欠发达地区却没有完全获得基础教育的收益，而劳动力流入地的发达地区却免费享受了基础教育的外溢收益。对于劳动力流出地政府来说，由于这部分正外部收益没有得到有效补偿，所以会降低他们对基础教育投入的积极性。① 此外，“以县为主”的投资政策没有明确省级政府在基础教育投资中的职责，各级政府都希望自己拿少一点，他人拿多一点，自己的责任在哪里不是很明确。据调查，实行“以县为主”的投资政策以后，乡镇领导普遍感到没有责任了，乡镇既无权又无钱，“等、靠、要”的思想突出，有的乡镇村把改造危房的责任推给学校，乡镇不再过问改善办学条件的事。② 因此，“以县为主”的基础教育投资政策使乡镇、学校办学的积极性普遍下降。

实行“两免一补”政策后，实行“国务院领导，省、自治区、直辖市人民政府统筹规划实施，县级人民政府为主管理的体制”，但是仍然存在一些问题。如在刚开始时（2006 年）没有把西部农村民办中小学生纳入政策适用范围，而且至今仍未听说教育部要将这部分学生纳入政策适用范围；另外减免的学杂费也比较少，每个学生就是 100—200 元之间。据报道，农村义务教育经费保障新机制 2006 年已惠及 5000 多万名农村中小学学生，平均每个小学生年减负 140 元，初中生年减负 180 元，贫困寄宿生可减负 500 元；截至 2006 年 10 月，中央财政共落实改革资金 133 亿元，各地落实改革资金 77 亿元。③ 但是，对于广大学生家长来说，仍然

---

① 宋京．基础教育财政体制的效率：一般均衡经济学的视角［C］// 中国教育经济学研究会学术论文集．青岛：青岛大学，2006：150－153.

② 袁桂林．农村义务教育“以县为主”管理体制的利弊分析及前瞻性思考［M］//袁振国．中国教育政策评论（2001 年）．北京：教育科学出版社，2003：288.

③ 吕诺，王丽．2006：中国教育提速迈向公平 足音清晰而坚定［EB/OL］．北京：《中国教育报》电子版，［2006－12－18］．http：//www.jyb.com.cn/xwzx/gnjy/zhbd/t20061218_55505.htm.

需要支付很大的教育开支。可见，国务院《关于基础教育改革与发展的决定》所提出的把农村义务教育的管理权限由乡镇上移到县，实行“以县为主”的投入体制并没有从根本上解决农村义务教育问题，区域内的差距仍然明显，家庭的教育支出负担仍较重。

第三节 我国基础教育受教育权利公平的各种保障措施未执行到位

我国基础教育受教育权利在某种程度上仅是法律字面规定的人人平等，受教育权利公平的法律规定与实际保障相脱节。

《世界人权宣言》《国际经济、社会与文化权利条约》《儿童权利公约》《为全人类的世界教育宣言》等国际公约与宣言都明确规定儿童享有接受基本（基础）的教育的权利，我国《宪法》《教育法》《义务教育法》等法律也规定我国儿童享有公平的受教育权利。但是，长期以来由于政府的重视度不够和有限的公共财政能力，使得我国的基础教育受教育权仅仅局限于公民享有公平的接收义务教育的权利，所指向的标的仅仅表现为入学机会的公平，而且很多时候很多地区就连在入学这一基本方面都不能做到公平对待所有儿童，才出现对各种优质学校、示范学校的择校现象的存在。就连入学机会方面的公平都不能保障，更不用说如何保障受教育过程、受教育结果及接收教育后对个人生活前景的影响方面的公平了。由于基本的办学条件如生均事业性经费、生均公用经费、生均基建经费等的不平衡，产生了教育过程及结果的不均衡。

我国现实中基础教育资源配置的不均等（如城乡间的分配不均，区域间及区域内的分配不均等），影响着公民构建生活能力的手段的获得，尤其是那些因为家庭贫穷而没有支付能力的孩子，既存的社会不平等可能因此而复制与强化，而且这种差距有可能在一代人甚至几代人都无法纠正过来。

基础教育作为社会效益外溢性很强的公共产品（除去高中阶段的教育，小学及初中阶段的基础教育可以认为是纯公共产品），而现代政府存在的根本原因之一就是为社会提供公共产品，满足公民的公共利益的需要，因此，提供基础教育尤其是义务教育是政府的重要职能和责任。然而，单单就政府在法律意义上规定接受基础教育为公民的基本权利，还不足以保证公民实际享有这项权利和政府真正承担了其应有责任。因为一个人仅仅具有对某种东西的平等的法律权利，和一个人具有有效运用这种权利来保护其利益或追求其目标的能力，这两者是根本不同的。因为平等法律权利的价值毕竟要体现在人们运用它能干什么方面，而不能说他们知道他们拥有这些权利就满足了。[①]正是由于我国在执行教育政策时，执行保障公民平等受教育权利的法律（政策）所需的配套资源的缺乏或使用不当或低效率使用，以及我国的基础教育财政体制、各地历史传统、人口等因素的综合累积影响，导致了人们基础教育平等受教育权利只得到了部分实现或低水平的实现，造成了我国基础教育受教育权利公平的法律规定与实际保障的脱节。

① ［美］艾伦·布坎南．伦理学、效率与市场［M］．廖申白，等，译．北京：中国社会科学出版社，1991：115.

第八章 致力于更加公平的基础教育资源配置的对策建议

第一节 统筹城乡及区域经济协调发展，缩小地区及城乡差异

一、城乡统筹发展是缩小基础教育资源配置城乡差距的重要措施

统筹城乡发展就是把城乡作为一个整体，实行城乡统一筹划，把解决“三农”问题放在优先位置，更多地关注农村、关心农民、支持农业，实现城乡协调发展。综观世界各国，多数国家在工业化进程中运用政府干预和政府统筹城乡经济社会协调发展，对农业采取了一系列扶持政策和保护措施，促进了经济与社会的和谐发展。

统筹我国城乡协调发展，最根本的是要发展农村经济、促进农民增收。而当前造成农村发展落后的原因很多，有历史的原因，也有政策的因素。但是农村的贫困更多的是能力的贫困、资产的贫困。

增强农村及贫困人口的能力建设，让他们有更多的能力摆脱贫困，从

而实现城乡协调发展。阿马蒂亚·森将贫困分为三类：一是传统的收入贫困，即收入水平极其低下，不能维持基本生活；二是人类贫困，指缺乏基本的人类能力，如不识字、营养不良、较短的预期寿命、母婴健康水平的低下和可预防性疾病的危害等；三是知识贫困，指获取、吸收和交流知识能力的匮乏或者途径的缺乏。这三类贫困之间不是互相隔离、相互独立的，而是相互联系、相互作用的。农村人口缺少收入会导致缺乏营养、缺乏清洁水、缺乏教育；由于人类贫困和知识贫困，农村人口很难摆脱收入贫困；一些已经暂时脱离收入贫困的农村人口在遭遇到疾病或不识字等人类贫困或知识贫困打击后容易返回收入贫困状态。森认为，增加农民及贫困人群的能力系统建设，特别是通过为他们提供基本教育，对穷人进行最基本的人力资本投资，让他们获得足够的生活能力，增加收入从而缩小与城市及富裕人群的差距。[①]目前我国在农村将有越来越多的收入贫困和人类贫困是由于缺乏获取知识、吸收知识和交流知识的能力所致。农村贫困根本的原因在于农村贫困人口能力的缺乏，而知识能力则是发展能力中至关重要的能力。因此，给农村居民提供更好的教育和医疗保健不仅能直接改善生活质量，同时也能提高获取收入并摆脱收入贫困的能力。教育和医疗保健越普及，则越有可能使那些本来会是穷人的人得到更好的机会去克服贫困。

另外，在促进农村地区及贫困人口增收方面，还可以通过改变土地的所有权，让农民拥有土地所有权，而不仅仅是承包经营权，这样他们就有更大的动力改良土地，增加土地的用途，提高收入。如新成立的重庆、成都城乡综合配套改革试验区，重庆就允许农民在合作经营中以土地入股，农民在没有投入劳动力，但可以在投入土地资本的情况下也能增收，当然这还是土地仍然国有的情况下。如果土地私有的话，在拆迁、移民补偿谈判中，农民也能得到更多的补偿。

此外，可以借鉴国外的做法，给农民及弱势群体家庭建立个人资产账户，增加他们的财产性收入。一般来说社会政策也应当重视家庭资产积累，因为只有这样家庭和社会才能持久地参与社会和经济的发展，哪怕是

① ［印］阿马蒂亚·森．以自由看待发展［M］．任赜，等，译．北京：中国人民大学出版社，2002：87－89.

小额的资产积累也会对家庭的长远发展起着重大影响。这是由迈克尔·谢若登提出的一项名为“个人发展账户”的赔款储蓄账户议案，由政府给农村及贫困居民每人提供一个账户，并且每年存入一定数目的钱。目前美国已有 40 多个州的农村及贫困居民拥有个人发展账户，联邦立法已经开始支持个人发展账户，其进一步推广也得到了国会及白宫的支持。加拿大、英国、澳大利亚、乌干达等国家已经出台了个人发展账户或类似的项目，这些项目都是旨在增加农村及贫困居民的资产性收入，这是对传统福利政策的一个调整。因为刺激资产积累的福利转支最终将是比直接消费福利转支更有力的反贫困措施，即人们要摆脱贫困最根本的是要拥有资产，而不仅仅是最低生活消费的保障。[①]在我国如果做不到给每个农村居民建立个人发展账户，但是至少可以对贫困居民建立个人发展账户，另外对农村居民的小额信贷可以增加贷款额度，延长还款时间，增加政府的风险分担，这样也有利于农村及贫困居民积累资产性收入，摆脱贫困，促进城乡协调发展。

再次，还可以大力发展农民合作组织；依据国情，制定区别对待的、可操作的“三农”扶持政策；加大对农业的财政投入力度和信贷扶持；完善主要农产品价格保护政策；完善农业保险补贴政策；完善农业优惠税收政策。[②]改变过去很多政策都倾向于城市的做法，如城乡二元户籍制度、工业产品与农产品的价格剪刀差等不利制度，逐步取消极具歧视性的户籍限制，提高农产品价格，增强工业反哺农业的力度，促进城乡一体化协调发展，通过多重渠道增加农民收入，促进农村地区发展，公平对待农民工及其子女，统筹城乡协调发展，城乡协调发展了，农民腰包鼓了，在除去国家公共开支外自己支付教育开支的能力增强了，整个收入差距缩小了，才有利于缩小教育发展的城乡差距。

为了实现党的“十六大”提出的全面建设小康社会奋斗发展目标，促进城乡教育协调发展，国务院在 2003 年 9 月专门召开了全国农村教育工作会议，作出了《国务院关于进一步加强农村教育工作的决定》，如何

① ［美］迈克尔·谢若登．资产与穷人——一项新的美国福利政策［M］．高鉴国，译．北京：商务印书馆，2005：1－6.

② 陶应虎，等．统筹城乡的国际经验及启示［J］．农村经济，2006，24（10）：127－129.

解决好“三农”问题，统筹城乡协调发展，既要统筹城乡经济资源，也必须统筹城乡教育资源，城乡教育资源如何优化配置，是解决农村问题的根本出路。而发展农村教育，办好农村学校，是直接关系到8亿多农民的切身利益，满足广大农村人口学习需求的一件大事，也是从根本上解决农业、农村和农民问题的关键。但是，正如温家宝总理在《全国农村教育工作会议上的讲话》指出的那样，“发展农村教育，有经费问题，有体制问题，有师资问题，核心是加强领导问题。”①因此，我们需要加强教育领导，特别是对农村教育发展要有新的思路，这就需要更新观念，摆脱“城乡二元社会结构”思维的束缚，这是城乡教育均衡发展的关键。这就要求我们树立城乡公民公平地位的崭新观念，认识到目前农村落后的教育是他们为国家工业化进程作出巨大牺牲的结果，目前应是恢复农民公平教育权的时候了。首先，坚持城乡义务教育的共同发展。无论从教育权利平等与教育义务平等的角度看，国家对全体国民的义务教育不应有双重标准。其次，切实保障进城务工的农民工子女公平接受义务教育的权利。农村一些儿童伴随外出就业的父母流入城镇，其规模也已达到200万—300万人，这使城市接受义务教育的群体结构发生了变化，流入地政府有责任搞好进城务工农民工子女的义务教育。第三，统筹城乡教育资源建设，保证城乡教育均衡发展，包括对加强薄弱学校的基础建设、城乡教师互换交流制度、优质课程远程教育等。②

统筹城乡国民教育经费投入，为城乡教育均衡发展提供经费保证。城乡教育经费投入的巨大差异直接导致了城乡公民入学的条件、受教育的机会等教育起点的显著不公平。因此，要从经费方面入手，着手维护城乡公平的国民教育起点。这从公共投入的角度来说是应该增加政府对农村及贫困人群子女的教育投入，但是从私人的角度来说，上学总是需要支付一定的费用的，因此，最根本的还是只有促进了城乡经济的协调发展，才能使人们的教育支付差距缩小，促进城乡的教育协调发展。

---

① 杨仁毅．协调城乡教育资源优化配置——农村教育发展战略探讨［J］．职教论坛，2004，20（4上）：50－52.

② 李波．城乡经济协调发展中的教育均衡问题［J］．齐鲁学刊，2005，32（4）：119－122.

二、加强区域经济协调发展是缩小基础教育资源配置区域差距的根本所在

党的十六届六中全会《决定》提出："继续推进西部大开发，振兴东北地区等老工业基地，促进中部地区崛起，鼓励东部地区率先发展，形成分工合理、特色明显、优势互补的区域产业结构，推动各地区共同发展。"促进区域经济协调发展是构建社会主义和谐社会的重大战略任务。胡锦涛总书记在党的十七大报告中再次将"推动区域协调发展，优化国土开发格局，缩小区域发展差距，必须注重实现基本公共服务均等化，引导生产要素跨区域合理流动"作为深入贯彻落实科学发展观的重要内容，作为促进国民经济又好又快发展的重大任务，突出强调了要继续实施区域总体发展战略。①

在促进区域经济协调发展上，今后政府在区域规划方面，首先要理顺规划管理体制。在扶持落后地区方面，首要的是改革中央资金的再分配体制，中央财政转移支付资金重点用于中西部地区，尽快使中西部地区基础设施和教育、卫生、文化等公共服务设施得到改善，逐步缩小地区间基本公共服务差距。在维护市场秩序方面，要鼓励和支持建立相应的契约机制和互惠互利机制，中央政府要支持经济发达地区加快产业结构优化升级和产业转移，扶持中西部地区优势产业项目，鼓励东部地区带动和帮助中西部地区发展，形成以政府为主导、市场为纽带、企业为主体、项目为载体的互惠互利机制。在合理配置短缺资源方面，各级政府应在坚持充分发挥市场配置资源的基础性作用的同时，不断改善和加强行政管理来进行合理调节，特别是要建立健全资源开发有偿使用制度和补偿机制，对资源衰退和枯竭的困难地区进行的经济转型采取扶持措施。②由于各地区差异性很大，就必须采取非均衡的战略，给落后地区更多的政策支持，不能采取"一刀切"的政策。如果我们对不同的区域采取相同的政策，则欠发达地区在资本、人力资本、基础设施等方面不具有竞争优势，其结果是拉大了区域之间的差距，产生极化效应，只有采取灵活的非均衡的经济政策，不

① 陈栋生．构建协调发展的区域经济新格局［J］．西南民族大学学报：人文社科版，2008，30（1）：93－97.

② 徐加明．区域经济协调发展与构建和谐社会［J］．理论学刊，2007，24（4）：35－37.

能等待发达地区的“扩展效应”自然而然地消除二元区域经济结构，需要政府采取非均衡的政策刺激不发达地区的经济发展，才能达到区域经济协调发展的目的。①今后政府应为中西部提供更多的优惠政策，积极推动产业向中西部等落后地区转移。将产业梯度转移、生产链梯度转移、价值链梯度转移结合起来，以多梯度促协调；在产业梯度、生产链、价值链上根据区域内实际情况形成多区域范围、多共生链条的协调，即以多向位促协调；结合各区域内部发展不平衡的状况，引进高新产业的新技术，以跨越式促协调；区域内部通过主导产业、辅助产业、基础产业、服务业形成区域内共生链条加快发展区域内经济。②

在区域政策上要采取不平衡的发展策略，强调市场力量在资源配置方面的基础性作用，强化政府的公共服务及再分配职能，为民众提供更多的公共产品，补贴落后地区及群体，增强区域发展互动，加强各区域公共服务的均等化和控制居民收入水平差距，加强经济社会发展与人口资源环境在空间上的协调，促进地区间的社会经济协调发展。

各地在社会经济发展上协调发展了，各地间的经济及收入差距处于比较合理的范围内，人们有能力为教育买单，在基础教育这种公共产品的供给上，各地方政府的公共支出能力差距也不过于悬殊，基础教育具备了公共及私人支付能力的比较公平的环境，也能得以比较均衡的发展。另外，中央及地方政府要明确划分各自权限（事权与财权），在教育制度及政策供给上对落后地区有所倾斜，加快落后地区的基础教育发展，才有利于促进基础教育的均衡发展。

第二节 致力于更加公平的基础教育经费政策

一、建立矫正的补偿平等措施

正是由于在教育资源配置中存在不公平的现象，并且这种差距还在

① 赵振华．运用非均衡政策实现区域经济协调发展［J］．中国党政干部论坛，2004，17（7）：46.

② 胡俊超．区域经济协调发展的路径依赖［J］．特区经济，2006，24（6）：286－288.

增大，如果假设我们做到了起点的机会均等，那么我们对各种资源配置方案执行过程中由程序性不公平造成的不平等，应该给予纠正与补偿，改善受损群体的不利地位状况。更何况我们的教育资源及机会在配置的起点上就存在很多不公平的地方，所以更应该补偿纠正这种不平等现象。

针对我国基础教育资源配置不公平的现状，国家已提出了一揽子计划来改变这种状况，致力于更加公平的教育资源配置状态。如新近实行的“两免一补”及“新机制”改革就是出于这样的目的。

（一）“新机制”改革及其评价

2005 年 12 月 23 日，温家宝总理主持召开国务院常务会议，研究农村教育问题，决定对农村义务教育经费保障机制进行改革。12 月 24 日，国务院印发了《关于深化农村义务教育经费保障机制改革的通知》（国发〔2005〕43 号），决定从 2006 年开始，用五年时间，按照“明确各级责任、中央地方共担、加大财政投入、提高保障水平、分步组织实施”的基本原则，逐步将农村义务教育全面纳入公共财政保障范围，建立中央与地方分项目、按比例分担的农村义务教育经费保障新机制。该文件规定，2006 年最先在西部地区中小学“两免一补”政策，2007 年拟在全国农村地区实施，2008 年在全国范围内实施。这也就是 2006 年在新修订的《义务教育法》中规定的“义务教育经费保障”机制（新机制）改革。

“新机制”强调制定全国公用经费基准定额，所需资金由中央和地方按照免学杂费资金的分担比例（中央与地方分担比例，西部地区为 8∶2，中部地区为 6∶4，东部自理）共同承担。但是公用经费毕竟只占生均总教育经费的小部分，就是中央与地方共同分摊了这部分费用，事业性经费中仍有很大部分的人员经费要由地方承担，而地方的财政实力各地悬殊，尽管确保中小学教师工资按照国家标准按时足额发放，各地的工资、福利等待遇还是相差很大，另外再加上在基建经费方面的差距，各地生均总教育经费的差距还是很难缩小，“新机制”对缩小生均总教育经费的贡献率不会很大。因为，国际上一般认为，人员经费占总支出的百分比中学在 60%、小学在 70% 是适当的，即公用经费占总支出的百分比中学应该是

40%、小学应该是30%。[①]可见在所占比例很小部分的平等化努力很难改变整个大饼分配的最后效果。因此，需要加大致力于减小生均总教育经费，至少是生均预算内教育经费差距的努力，如将人员经费及基建经费也由中央与地方共同分担，并确定全国标准。

其次，“新机制”投入的教育经费有限，平均到每个学生身上，这种平等化努力的效果就微乎其微了。截至2006年12月底，西部各省累计下拨到学校的新机制资金为154亿元，全年免除学杂费补助资金75.7亿元，公用经费补助资金23.4亿元，校舍维修改造资金25亿元，免费教科书资金16.8亿元，补助家庭经济困难寄宿生生活费资金11亿元。截至2007年4月底，全国各级财政预算共安排2007年新机制资金621.3亿元，其中中央财政246.3亿元，地方财政375亿元。[②]2006年全国近5800万农村中小学生受惠，每个小学生大概减轻的负担是140元，初中生减轻负担180元，如果这些孩子还享受免费教科书的话，那么小学生减负210元，初中生320元。大概10%左右的学生得到了住宿生活补贴，小学生能够得到510元，初中生得到620元。[③]可见，完全享受到“两免一补”的学生，确实能减轻其家长负担，不过只有这部分比例比较小，还有很大比例的学生只享受到140—180元学杂费的减免，相对于家长承担的更大的教育负担来说，也只能是杯水车薪了。因此，后续需要继续加大对“新机制”的投入保障经费，使受益面更广，受益人获得更多的好处，在更大程度上减轻贫困家庭的教育负担。

再次，“两免一补”在西部刚开始实施时，并没有把农村民办中小学校就读的学生纳入政策适用范围，而民办中小学就读的农村学生数达数百万，对他们利益的忽视就是对千百万家庭及其孩子的不公平待遇。这也是“两免一补”的重大缺陷之一，急需改进，而至今仍未听闻有关部委将民办中小学学生纳入保障范围。因此，从平等的角度考虑，应将民办中小学

① 上海财经大学课题组．公共支出评价［M］．北京：经济科学出版社，2006：137.

② 农村义务教育经费保障机制改革工作简报第9期（总第18期）［EB/OL］．北京：全国农村义务教育经费保障机制改革网站，［2007－09－12］．http：//www.qgbzb.cee.edu.cn/show_news.jsp? id＝1328.

③ ［一丹两会信箱］教育部长谈农村义务教育［EB/OL］．北京：中央电视台新闻网，［2007－03－05］．http：//news.cctv.com/china/20070305/105442.shtml.

就读的学生也纳入政策适用范围。①

最后，贫困生人数涉及免教科书人数的问题，而免教科书费用由中央政府负担，中央政府在拨付免教科书费用时是按应有人数拨付的，具体执行到县级教育主管部门及下面的具体学校时，学校少报贫困生人数就可以赚取应有人数与所报人数之差额的免教科书费，差额越大，学校或者是县政府就可以多截留一些免教科书的费用，因为这笔费用是中央政府已经拨付了的。中央财政补助收入有被县教育主管部门及学校截留或挪用现象，经费不能按时足额到位。加上县级财力不能完全承担农村基础教育投资，要求配套资金的转移支付政策对县级政府缺乏吸引力，县级政府在政策执行中容易产生折扣行为。②因此，在执行到县一级教育主管部门及学校时，需要加强监管，对经费的使用有明确的监督，使其透明化，尽量做到专款专用，不给予截留，各地学校及主管部门应如实上报人数，使应受到补助的人得到相应的补助。

（二）确定全国生均教育经费的“低保”——最低标准

根据“新机制”改革的要求，2009 年中央出台了农村义务教育阶段中小学公用经费基准定额。为了进一步推进教育公平，特别是在生均经费方面的基本公平，应该确定全国范围内的生均教育经费基准以及相应的人、财、物各项指标最低投入标准。其内容应包括：义务教育教职工编制标准以及工资标准；义务教育学校基本建设标准（场地、校舍、建筑物、教学仪器设备、图书资料等具体标准）；保持学校正常运转的生均公用经费标准。③国家可根据最近几年来的全国生均教育经费水平的平均值，再结合这几年的循环增长比例、全国经济增长比例与财政增长比例以及消费价格指数的影响，制定出一个随经济发展而增长的生均教育经费标准，这个标准作为全国的生均教育经费的基准，全国各个地方都要达到这一标准，各地不足部分可以享受国家的财政补贴与转移支付。由于我国长期以

① 沈有禄．论“两免一补”政策及其改进［J］．当代教育科学，2007，22（19）：12－14.

② 张素蓉．中国西部农村基础教育经济政策研究——以四川省为例［D］．北京：北京师范大学，2007：151－152.

③ 王善迈，等．重构我国公共财政体制下的义务教育财政体制［J］．北京大学教育评论，2005，（4）：25－30.

来的公共教育经费投入不足，很难达到20世纪80年代就提出的到2000年达到教育经费占全国GDP的4%的标准，有人认为这一标准制定得过高，随着我国经济的高速发展，GDP总量在不断地增大，2007年全国GDP接近25万亿元，如果拿出4%，就是1万亿元，恐怕制定国家预算的人是舍不得划出这么一大块饼来给教育的。所以，全国生均教育经费基准不应制定得太高，省级政府可根据自身的实际情况，制定不低于国家标准的省级最低标准，发达地区的标准也应有个上限标准，不能让差距再继续扩大下去。这样既满足了全国最低标准，也兼顾了部分发达地区的特殊要求。即在此基础上，政府尤其应该实施差异性的制度安排，不均等地对待不同者，有效的公共教育资源应当优先考虑西部地区、贫困落后地区，向弱势群体倾斜。“学生受到的公费资助，不应该是均等的，均等的资助并不公平，公平的机会均等只有通过不均等的资助才能实现。”①

制定具体生均教育经费全国最低标准时，可将其按人员经费标准、公用经费标准、基建经费标准三部分分别制定标准，再将其加总，形成一个总的生均教育经费全国基准。“新机制”改革已要求中央在2009年出台农村义务教育阶段中小学公用经费基准定额，剩下的就是制定全国人员经费标准及全国基建经费标准了。具体来说可委托教育经济学、经济学领域的计量专家对基础教育成本进行核算与计量，结合国际比例制定一个适合我国国情的生均教育经费标准。具体在制定标准时要考虑“必要性”与“适度的前瞻性”相结合，凡建立的标准都应该符合普遍的切实需求，也应该具有相对稳定的适用期，也要考虑发展的变化需要，制定的标准也应具有前瞻性。“统一性”与“差异性”相结合，制定全国统一标准时，也要考虑到各地区由于地理环境、社会文化习俗乃至经济发展水平有着很大的差异，标准应具有对不同地区分类指导的意义。②

制定人员经费标准及公用经费标准时，要做到保证“三个增长”的需要，即国务院和地方各级人民政府用于实施义务教育财政拨款的增长比例应当高于财政经常性收入的增长比例，保证按照在校学生人数平均的义

---

① 张民选．理想与抉择——大学生资助政策的国际比较［M］．北京：人民教育出版社，1999：79.

② 宋家乐．农村义务教育经费财政保障机制研究［D］．长春：东北师范大学，2006：32.

务教育费用逐步增长，保证教职工工资和学生人均公用经费逐步增长。在制定生均基建经费标准时，考虑到我国基础教育阶段基本建设投入短缺，校舍面积不足，以及每年有新增危房产生的实际情况和国际平均水平，生均基建支出可预设为教育事业性支出的 10%，因此基础教育生均基建经费最低标准 = （生均人员支出最低标准 + 生均公用经费最低标准） ×0.10。[①]对那些危房比较多、改造甚少的地方，可以按照乘以大于 1 的系数标准进行调整，直到各地基本办学条件有本质的改变后，生均基建经费标准占生均事业性经费的比例（基建经费本身并不包含在事业性经费之内）可以适当调低，即上述的 0.1 的系数可以根据各地的危房改造进度与基本办学条件进行调低处理。

（三）基础教育资源的再分配——教育转移支付

我国一般把转移支付理解为政府单方面的无偿支出，政府间财政转移支付包括上下级政府间的纵向转移支付和同级政府间的横向转移支付，转移支付手段主要有三种：资金转移、税收分享和税收空间转移。教育转移支付是财政转移支付的重要组成部分，教育财政转移支付包含一般转移支付与专项转移支付。[②]

当前，在我国基础教育转移支付特别是义务教育转移支付经费必须足额列入财政预算，由人民代表大会审核和批准。县级政府建立全面需求预算，市、省、中央政府建立义务教育财政转移支付预算。在同一行政区内，对实施义务教育的学校，以学生数为标准，实行均等化拨款制度。[③]新《义务教育法》规定“国务院和省、自治区、直辖市人民政府规范财政转移支付制度，加大一般性转移支付规模和规范义务教育专项转移支付，设立专项资金，扶持农村地区、民族地区实施义务教育”。

可见，中央和省级政府应是义务教育转移支付的主体，受资助地区主

① 宋家乐. 农村义务教育经费财政保障机制研究［D］. 长春：东北师范大学，2006：34.

② 杜育红. 教育发展不平衡研究［M］. 北京：北京师范大学出版社，2000：155 - 165.

③ 王善迈，等. 重构我国公共财政体制下的义务教育财政体制［J］. 北京大学教育评论，2005（4）：25 - 30.

要为中西部地区、农村地区及少数民族地区。转移支付的核心是根据义务教育的经费需求和各级政府的财政能力来确定各级财政的支付额度。具体操作办法为，在确定了具体的生均教育经费最低标准模型后，用全国最低生均教育经费标准减去各地实际的生均教育经费，再乘以各地的学生数，得到各地应得到的补偿经费数，低于全国最低标准的，由中央、地方政府负责补足差额部分，具体的分担比例可参照“两免一补”政策中免学杂费资金由中央和地方按比例分担，即西部地区为8:2，中部地区为6:4；东部地区除直辖市外，按照财力状况分省确定。实际上，对西部省份的差额可以完全由中央政府来承担，从这几年的生均经费来看，中部省份与西部省份差距不是很大，中部省份的差额部分也可以完全由中央政府来承担，或者将其比例调高为8:2或9:1；东部则因其生均经费一般高于全国最低标准，一般不需要转移支付。

而目前我国的实际情况是，上级政府的补助主要不是通过转移支付的形式，而主要是通过税收返还的形式进行的，其具体表现为：上税多则返还多，上税少则返还少，也就是说，越是富裕的地方则越可以得到比较多的税收返还，越是贫困的地方得到的税收返还越少。税收返还还没有打破原有的财力分配格局，也没有通过对资源配置的宏观调控，来缩小各地区之间公共服务特别是教育供给方面的差距。[①]而且目前由于实行分税制，中西部落后地区的地方政府的财政支出实力还是不足以完成一般转移支付，转移支付的主体更多的要落实到中央政府头上。因此，今后的政策中应加大中央政府的一般教育转移支付力度，不仅局限于某些专项转移支付，把转移支付纳入常态化、正规化，成为教育投入的一种基本形态。

目前中央政府的财政实力足以承担对各地区的教育转移支付。中共中央党校周天勇教授认为，根据他看到的数字，2007年中央政府的税收估计全部收入在9万亿元以上，占整个国民生产总值36%。但很多收入并没有进入财政预算，包括罚款、收费、土地出让、彩票、矿山拍卖，还有交通等收费都没有进入预算，都在各部门手里，很多部门都有自己的预

① 孙霄兵，等．教育的公正与利益——中外教育经济政策研究［M］．上海：华东师范大学出版社，2005：98.

算。这 9 万亿远高于政府公布的 5.1 万亿。[①]如果我们能减少各种行政浪费、人大再拥有一点预算编制权，不让国务院预算编制委员会独自制定政府预算，让人民的利益通过人大代表得以反映在预算编制上，如果将教育转移支付也预算单列的话，那么解决各地区的教育转移支付一点问题也没有，基础教育的均衡发展也得到了坚强的财力保障。其中，人员经费与基建经费的转移支付问题恰恰是农村基础教育最重要的问题，而基建经费转移支付是间接的，需要经过许多环节、耗费很多时间，目前在转移支付总经费有限的情况下，更要考虑其使用效率，通过效率来促进基础教育的均衡发展，最终随着财力的增强而不断地增加转移支付的力度，最终在效率与公平的平衡中实现基础教育均衡发展。[②]

二、建立公共教育财政制度

（一）基础教育这一公共产品需要公共财政的支持与购买

尽管有人从产品的性质上说基础教育是一种私人产品，但是这种观点站不住脚。厉以宁教授认为政府作为供给者所提供的义务教育，特殊教育，以广播、电视等形式进行的公共教育，国家公务员教育是具有纯公共产品性质的教育服务，这种纯公共产品性质的教育服务没有排他性。高级中学这类教育服务基本上具有公共产品性质，是因为尽管这些教育服务的经费主要由政府提供，并且依赖财政部门的拨款，但与义务教育、特殊教育、广播电视形式的公开教育不同，这些教育服务不是完全没有排他性的，也就是说，一些人享用了这些教育服务之后，就减少了另一些人对这些教育服务的享用。[③]把基础教育服务当做公共产品来提供是近代以来义务教育制度的产物，另外，各国政府把基础教育当做公共产品来提供也有出于重视义务教育在民族国家共同价值形成中的作用的考量。

从经济的角度讲，经济学家们则强调普及基础教育基于以下理由是正

① 于泽远．人大代表和学者：实际收入远高于公布数字，财政实入 9 万亿干什么了？［EB/OL］．新加坡：联合早报网，［2008－03－06］．http：//www.zaobao.com/special/npc/pages3/npc080306.shtml.

② 陈东生．区域基础教育均衡发展研究——政府教育经营理论创建与实践机制选择［M］．济南：山东科学技术出版社，2007：178.

③ 厉以宁．关于教育产品的性质和对教育的经营［J］．教育发展研究，1999，20（10）：9－14.

当的：（1）基础教育是一项基本权利；（2）对普及教育有广大的公众需求；（3）这反映了对人力资本的重要投资；（4）这有助于增加学习的乐趣；（5）教育能通过多种方式提高个人的福利；（6）教育有助于整个社会的发展进步；（7）教育促进政治参与；（8）普及初等教育是社会正义的一项要求。总之，投资基础教育能使后代获得巨大且永久的收益。教育收益包括经济与社会回报，减少贫困，实现收入再分配，提高生产率，增加人们的健康产出，实现政治与经济的发展，以上所有与受教育有关的动态外部性都能改善人们的生活质量。①

正是由于基础教育的各种经济的、政治的、文化的价值及其特殊的公共性，在现代工业及民主社会已被很多国家作为一项基本服务、基本的公共产品来提供。由于基础教育对国家及地方的社会发展起着基础性作用，接受基础教育后的劳动者提高了劳动生产率，促进了经济发展，受教育者具备基本的参与政治生活的能力，具有一定的民主意识，传承了国家、民族的文化及价值观念，具有很强的外溢性，所以一般都由政府来提供基础教育。不同的教育管理体制的国家，基础教育举办的主体也不同，一般是交给地方政府来举办，国家主要是提供一些制度及法律方面的服务与战略规划和转移支付。但是作为一种公共产品，并不意味着这种产品必须由政府来生产，基础教育这种产品也可以由私人来生产，政府将其购买过来为国民服务，这也是一种提供或获得公共产品及服务的方式。如某些地区的民办中小学实际上承担着基础教育的作用，而且不是以营利为目的，那么政府就应该承认并委托这些机构来举办基础教育，为之提供补助或直接以某一价格（公立基础教育的办学成本）购买其服务。诺贝尔经济学奖得主米尔顿·弗里得曼以他的一篇名为“政府在教育中的作用”的文章提出了现代教育改革，思考怎么样才能减少政府干预。抛开州在实际的经济及社会生活中普遍采取的干预行为，他认为政府想要资助一些东西的话，它既可以资助生产者也能资助消费者，而资助生产者是种错误的方法，因为它创造了非常无效的自上而下的组织，更好的办法是资助消费者，并提出了适用于所有国民的普遍教育券的思想，通过资助消费者来获得公共产

① RANI P G. Growth and financing of elementary education in Uttar Pradesh: a province in India [J]. Education policy analysis archives, 2004, 12 (25): 1-30.

品，提高公共产品供给的效率。

（二）基础教育公共财政制度的建立及其规避行为

基础教育作为一种正外溢性很强的公共产品，理应由政府来提供。现代政府的主要职能之一就是为社会提供如国防、教育之类的公共产品。但是，从几次基础教育管理体制改革的历史可以看出，长期以来，我们的基础教育是“人民教育人民办”，教育负担基本上一直由乡（镇）、村及家长承担，就是后来管理主体上移到县以后，基层政府及家长仍承担了很大的基础教育成本负担。直到2006年的新修订的《义务教育法》确定了国家将义务教育全面纳入财政保障范围，新《义务教育法》关于教育财政保障方面的具体规定为：“国务院和地方各级人民政府将义务教育经费纳入财政预算，及时足额拨付义务教育经费。义务教育经费投入实行国务院和地方各级人民政府根据职责共同负担，省、自治区、直辖市人民政府负责统筹落实的体制。农村义务教育所需经费，由各级人民政府根据国务院的规定分项目、按比例分担。国务院和省、自治区、直辖市人民政府规范财政转移支付制度，加大一般性转移支付规模和规范义务教育专项转移支付，支持和引导地方各级人民政府增加对义务教育的投入……”可以用“义务教育经费保障机制”来概括。这以后基础教育的义务教育阶段才真正纳入了政府的公共财政保障范围。

政府把基础教育的义务教育阶段已纳入到了公共财政保障范围，高中阶段可能还要等义务教育再发展到一定的水平，国家财政实力更强了，才可能将其纳入公共财政保障范围。现在就有人大代表提议将学前教育及高中教育纳入免费教育范围，也就是纳入公共财政保障范围，估计这也是用不了多久就能实现的。温家宝总理在全国十一届人大第一次会议答记者问时指出：“我们要推进财政体制改革，使公共财政更好地进行结构调整和促进经济发展方式的转变，更好地改善民生和改善生态环境。一个国家的财政史不仅是经济的发展，而且是社会的结构和公平正义。在今后5年，我要下决心推进财政体制改革，让人民的钱更好地为人民谋利益。”①可见，以后对教育方面的财政

① 温家宝：推进财政改革 让人民的钱为人民谋利益［EB/OL］．深圳：腾讯新闻网，［2008－03－18］．http：//news. qq. com/a/20080318/004827. htm.

支持力度可能会更大，构建基础教育公共财政制度也成为可能。

考察公共财政体制建设的内容和国际经验，可以归纳出公共教育财政体制的基本特征：教育财政责任和行为的法制化、办学主体和资金来源的多元化、教育财政目标的公平化、教育财政决策的民主化。公共教育财政体制建设的具体内容体现在：建立和完善公共教育经费保障制度；实行免费义务教育并进一步推进义务教育均衡发展；完善多元办学体制；进一步完善非义务教育成本分担制度；完善义务和非义务教育阶段学生资助制度；探索建立扶持继续教育发展的制度；建立公平、透明的公共教育经费分配制度；建立并完善义务教育经费的监督管理制度，对学校的审计要经常化、制度化，对教育部门和学校的审计结论要向政府和人大报告，向社会公众公开，将义务教育经费的投入、分配和使用置于公共监督之下，对违法违纪者要追究其经济和行政乃至法律责任。①

但是将基础教育纳入公共财政保障范围时，也应规避一些容易出现的问题，具体来说表现在以下几个方面：

第一，一定要做到区域间及区域内的财政中立，至少要做到区域内的财政中立，且区域间的公共教育财政支出差距不应太大。我国在2003—2006年间的公共教育财政支出在地区间是没有做到财政中立的，相反各地区间的公共财政支出与生均预算内教育经费呈明显的正相关性，如表8.1所示。

表8.1 生均预算内教育经费与人均财政支出的相关性分析表（2－tailed）

类型 / 项目 / 年份（年）	普通小学		普通初中		普通高中	
	皮尔逊相关系数	Sig.	皮尔逊相关系数	Sig.	皮尔逊相关系数	Sig.
2003	0.932	0.000	0.982	0.000	0.961	0.000
2004	0.968	0.000	0.971	0.000	0.957	0.000
2005	0.940	0.000	0.977	0.000	0.941	0.000
2006	0.916	0.000	0.954	0.000	0.928	0.000

资料来源：根据各年份各地区的人均财政支出及生均预算内教育经费分析整理而得。

① 王善迈，等．重构我国公共财政体制下的义务教育财政体制［J］．北京大学教育评论，2005，3（4）：25－30.

从表 8.1 可知，无论是小学、初中、还是高中，历年的 Sig. 值都很小为 0，远远小于 0.05，所以各省区市的生均预算内教育经费与各地区的人均财政支出呈显著正相关性，且初中大于高中，高中大于小学。Sig. 值不是大于 0.05，不表明两者之间无相关性，也就不能说明各地的人均财政支出与各地的生均预算内教育经费无关，即财政中立在我国并不存在。

可见，在我国区域间的财政并不中立，各地的生均预算内教育经费严重依赖于各地的财政实力，地区间就不平衡。这种情况在区域内也是如此，王蓉的研究曾发现省域内的生均经费的差距要大于省际间的差距，就是明证。为此，在以后的改革中，我们应尽力通过转移支付等手段使各地区的生均经费支出水平大体相当，并使其不依赖于各地的财富实力水平。在实行义务教育经费保障新机制改革后，有望减小这种差距。

第二，避免公共教育财政支出中的腐败现象，提高支出效率。构建公共教育财政制度，除了增加公共教育支出占 GDP 及财政的比例外，还要注重其在各层级、各类型、各地区教育之间的分配，特别是增加对落后地区的基础教育的支出比例。由于增加了经费支出，我们更应该注意监督经费的使用效率，避免各种教育腐败现象，不让这种经费支出比例增加的影响被教育腐败等给削弱。如，我们的重点校、示范校等制度仍没有取消，这为重点校的领导及相关教育行政主管领导提供了“寻租”的机会；各地方也会为转移支付及各种专项补助而“跑部进钱”，形成教育主管部门间的贿赂与腐败；还有许多人为消除户籍及就近入学的限制而“择校”，凭借手中权力和社会关系超越户籍制度，利用非正常手段使已存在的不公平程度进一步加深，这当中也明显地存在权力腐败、金钱腐败等现象；就是各学校内部，也同样存在领导腐败与贿赂现象。

因此，在公共教育财政支出中不仅要体现其资源配置公平第一位的要求外，尽量达成各利益群体（地区）之间的教育利益（资源需要）平衡，同时，其资源的配置效率也是同等重要的，而这就需要加强立法及公众与媒体等外部的监督，减少资源使用中的腐败现象，提高资源的配置效率。

第三节 将接受基础教育作为公民的一项基本权利加以保护

一、将接受基础教育作为公民的“基本权利”——法律的“平等保护”

（一）作为“基本权利”的基础教育

教育作为一种目标和个人与社会发展的手段，在所有社会都得到了重视，在人类整个历史长河中也是如此。作为一种人权被认可，则是源于教育与保护和加强人类与生俱来的尊严密不可分。把教育作为一种权利已被大量的人权条约所采纳。联合国儿童权利大会参与的 192 个国家都把接受教育作为儿童的一项基本权利。其核心条款特别是通过使小学教育成为强制性的、为所有儿童免费获得的教育机会的均等基础上的教育权利。

提供免费且强制性的基础教育已在国际及国家内得到广泛的承认。在国际上，《世界人权宣言》第二十六条宣称：“每一个人都享有受教育的权利。”另外，该宣言还提到，教育应当是免费的，至少在初等教育和基本教育阶段应当如此；初等教育应当是强制义务性教育。《国际经济、社会与文化权利条约》第十三、十四条详细阐述了教育权的内容。第十三条包含了一项总体规定，即人人都享有受教育的权利，教育应当为人格之完善作出贡献。公约还具体规定了：应当为那些没有接受或者未能完成初等教育的人们提供基本教育的机会。《儿童权利公约》第二十八条，1960 年代的人力资本革命，1990 年在角姆提恩（Jomtien）召开的《为全人类的世界教育大会》以及 2000 年在达卡召开的《为全人类的世界教育宣言》，这些条约的相关规定奠定了教育在一个国家社会、经济及政治反战中的重要作用。[①]这些国际公约认为教育本身既是一种人权，也是实现其他人权的一种不可或缺的手段。作为一种天赋的权利，教育是那些在经济

---

① RANI P G. Growth and financing of elementary education in Uttar Pradesh: a province in India [J]. Education policy analysis archives, 2004, 12 (25): 1-30.

和社会方面被边缘化的成年人和儿童摆脱贫困、获得充分参与社区事务之手段的主要工具（ESC 委员会，1999）。

就国内法来说，新中国成立前夕起到临时宪法作用的《中国人民政治协商会议共同纲领》对新中国的文化教育政策作了明确规定，其最显著的特点就是保障公民的各项文化教育权利。1954 年《宪法》第 94 条规定“中华人民共和国公民有受教育的权利”，同时还规定“国家设立并且逐步扩大各种学校和其他文化教育机关，以保障公民享受这个权利”。1975 年《宪法》虽然对公民的基本权利规定很少，但第二十七条规定“公民有受教育的权利”。1978 年《宪法》第五十一条规定“公民有受教育的权利。国家逐步增加各种类型的学校和其他文化教育设施，普及教育，以保证公民享受这种权利”。这条规定也将受教育权与宪法保证结合起来。1982 年现行《宪法》第四十六条规定“中华人民共和国公民有受教育的权利和义务”，同时第十九条也对受教育权实现的宪法保证作了专门规定。1986 年颁布的《义务教育法》细化了教育权，比如第十条规定“国家对接受义务教育的学生免收学费”，第十二条“国家用于义务教育的财政拨款的增长比例，应当高于财政经常性收入的增长比例”。1995 年颁布的《教育法》第九条规定公民不分民族、种族、性别、职业、财产状况、宗教信仰等，依法享有平等的受教育机会。

但是，检查我国与教育相关的法律可以发现在基本教育权上存在问题：一是没有相应的机制来确保受教育权的实现，特别是在作为实现这种权利的手段的资源保障方面；二是对基础教育的规定非常弱，远没有达到国际公约所要求的程度。对政府来说，至关重要的一个义务就是确保有充足的经费用于基础教育，但是刚好在这个关键问题上相关的法律都没有做明确的规定。

把接受基础教育作为公民的一项基本权利，不仅是将其作为基本的经济、文化权利，更重要的是将其作为一项政治权利，而我国在这方面至今没有批准《公民权利和政治权利国际公约》。尽管 2004 年全国人大通过了《宪法》的修正案，明确把“国家尊重和保护人权”写入《宪法》。但是，中国政府自 1998 年签署《公民权利和政治权利国际公约》，一直在为批准实施这项人权公约做各种准备工作，相比《经济、社会和文化权利国际公约》，在 2001 年就经由全国人大常委会批准实施，有关政治权利的这部人权公约现在仍没有获得全国人大常委会批准。[①]在这方面我国就不如同为发展中国家的邻国印度做得好。

印度政府在其《宪法》导言的第四十五条中规定了“政府决心在十年内为所有孩子提供能上到十四岁的免费的强制性教育”。1986 年的《国家教育政策》以及 1992 年的《1992 教育项目行动》再次重申了宪法精神，即在 21 世纪到来前为所有孩子提供能上到十四岁的免费强制的满意而有质量的教育。[②]印度中央政府成立了两个委员会以研究作为既合乎民意又在财政上行得通的宪法修改以回应把小学教育作为基本权利的呼声。其中一个与教育部联合的叫塞基亚（Saikia）的委员会在 1997 年的报告中指出，“应该修改宪法并规定把 6—14 岁孩子接受免费的强制性教育作为他们的一项基本权利，父母也有基本义务来为他们的孩子提供教育机会。”塞基亚委员会的报告促成了修改宪法，该法案在 1997 年就出台了，尽管实现这个目标期限已被无数次的变更，但是 2002 年 12 月获得了通过，《基础教育作为基本权利法案》已被议会通过。

把接受基础教育作为公民的基本权利强调了中央政府在实现普及基础教育中的极其重要的作用。把教育作为基本权利的概念，能产生许多不同水平上的创新：首先是，“权利意识”的传播能对以社团与性别为基础的歧视提供政治组织与之作斗争，而这是产生对具有公平机会接受有质量基础教育的“社会一致意见（社会舆论）”的工具；其次，诉讼及诉讼的威胁能极大地提高地方社区对抗地方政府及全国的官僚机构以及其他权力中心的讨价还价的能力；第三，成功的诉讼能改变政府的预算优先权，开启朝向教育的更可信的制度承诺。[③]

把接受基础教育作为一项基本权利，一项人们生活的基本必需品，就如同亚当·斯密所说的，必需品不但是维持生活上必不可少的物品，而且

① 中国可望两年内批准人权公约［EB/OL］. 香港：凤凰新闻网，［2006-11-29］. http：//news. phoenixtv. com/mainland/200611/1129_ 17_ 40517. shtml.

② RANI P G. Growth and financing of elementary education in Uttar Pradesh：a province in India［J］. Education policy analysis archives，2004，12（25）：1-30.

③ PHILP A，NEHAL B. Human rights and public goods：education as a fundamental right in India［R］. Center for human rights and global justice working paper economic social and cultural rights series number 5，2005：12.

一国习俗及社会经济发展决定了如果没有这种消费品，就是最底层人民也觉得有伤体面及难以在现代社会生存的那些物品。①因此，把接受基础教育作为人们的基本权利，就是作为人们生活中除生命、食物需要以外的第一基本需要，这种需要没有得到满足人们就很难在现代社会生活，从事各种社会功能性活动，没有这种基本需要和基本权利的满足，人们也是羞于出现在公众生活中，也不能参与公众生活。因此，我国的法律需要明确地将接受基础教育作为公民的一项基本权利写入宪法及相关的下位法，并加以有效地实施已显得迫在眉睫。

（二）平衡我国基础教育资源配置相关利益集团的博弈

1. 教育资源配置就是各利益集团的利益博弈关系，博弈中存在强势群体与弱势群体。

任何社会都是由具有一定需要和利益的个人组成，个人又根据彼此共同的需要和利益结合为一定的社会群体或利益集团。不同的社会集团、群体和个人往往由于经济利益、政治文化权利与利益方面的追求不同及各自所具有的政治经济文化的影响力不同，做出不同的利益要求和行为选择，个人或群体（集团）的利益分化是必然之路，彼此间的利益争夺是一个普遍性的现象。每一个分化了的利益团体都会从各自利益的角度来强调其市场、其行业、其单位利益的重要性，都会千方百计地通过不同的方式争取其集团利益，甚至于“为通过制度性掠夺与侵占他人之利益寻找正当理由”。②不同的利益诉求与追求利益的影响力的不同导致了不同的个人、群体（集团）间及内部的冲突和矛盾，这就形成了各种利益集团对利益的博弈与平衡。

各种利益集团对教育利益的博弈主要是通过教育政策与教育法律规章制度等制度、法律、文件、条例及其实施细则等体现出来的对教育利益（权利及实现权利所需要的保障资源）的分配及实施。从一定意义

---

① ［英］亚当·斯密．国富论［M］．唐日松，等，译．北京：华夏出版社，2006：614.

② 易宪容．中国经济目前最大问题是制度瓶颈［EB/OL］．香港：凤凰财经网，［2006－12－25］．http：//finance. phoenixtv. com/news/opinion/200612/1225_ 196_ 53503. shtml.

上讲，教育政策实际上可以被视为政府与社会相关利益群体之间的一种契约，利益相关者可以根据教育政策的约定，在教育政策许可的范围内选择自己的行为方式，并通过理性的计算来寻求效用最大化的期待利益。①

任何一项政策，说到底都是关于利益的分配或再分配。以教育政策为例，政策实施的结果总是反映了不同集团、不同阶层或不同个人的利益，这就需要政策的制定公开、透明，反映不同集团、不同阶层、不同个人的利益要求。不同的教育政策方案往往决定着教育资源在社会中不同的分配情况，决定着社会中教育机会和权利的不同分配。而通常教育资源的分配方式是由政府决定的，政治规定了不同阶级、社会集团及其成员在占有教育资源中的机会、权利的差异。而教育资源分配通常是明显地有利于统治阶级及其集团的利益的。②在利益的博弈过程中总是存在着一部分群体的各种政治、经济、社会、文化资源处于比较不利的地位，从而造成他们在各种事关利益分配的政策的制定及实施中的弱势地位，他们就是我们通常所谓的弱势群体（集团）。而有些群体由于掌握着较多的政治、经济、文化等资源，甚至与政府部门中的某些决策者有着种种关系，他们的利益要求总能得到重视和反映，并且能够长期享受政策倾斜的优惠，这类强势群体在我国主要指沿海经济发达的地区、城镇、官僚、富商以及汉民族集居地等。相反，弱势群体，他们缺乏政治、经济、文化等资源，其利益要求很难得到重视和满足，这类弱势群体主要指贫困落后边缘地区、少数民族地区、农村、贫困家庭、残障儿童以及女童等。

在教育利益的博弈中，弱势群体的利益往往很少得到代表的反应，在多次的重复博弈中，他们可能处境越来越不利，“马太效应”可能愈演愈烈，甚至在代际效应下进一步强化。因为在社会经济、政治生活中处于弱势地位的情况如果解决不善不但影响本人的现实生活，而且影响到下一代，特别是影响对下一代的人力资本投资。另外，由于弱势群体除了自己的身体以外几乎没有其他任何资本可言，即“穷人的最大财富就是他们

① 祁型雨．利益表达与整合——教育政策的决策模式研究［M］．北京：人民出版社，2006：82.

② 袁振国．教育政策学［M］．南京：江苏教育出版社，1996：36－37.

的人力资本”。[①]因此，要加大对弱势群体的人力资本投资力度，尤其是通过基础教育资源更有利于他们的分配来保障他们教育利益的获得，从而获得更多的能改变自身不利地位的人力资本投资。否则，这种不平等可能会延续下去，甚至一代人、几代人地延续下去。正如诺齐克所说的，比方说“那些现在处境最差者可能是那些最多地遭受了不正义侵害的人或其后裔”。[②]因此，政府有义务通过制定有关的教育政策，为弱势群体提供继续受教育的机会和多样化的教育，提升他们的素质，培养其能力，使他们适应社会发展并有能力通过自己已被发展了的能力迎接市场竞争，以求自我价值的实现。而且每个社会成员潜力的充分开发无疑对社会来说是一笔巨大的财富。

2. 增加在教育利益博弈中弱势群体的代表人数，增加他们的话语权与利益。

农民等弱势群体处于天然的弱势地位，加上政府的角色定位不准，未能提供足够的公共物品和维护社会公平与正义，以及农民表达与沟通渠道的错位与缺失等因素都使得弱势群体的利益没有得到真正的代表与公平的分配。弱势群体在教育利益以及各种其他利益的博弈中处于弱势地位，最根本的原因在于，其在国家重大的利益分配制度的制定及实施中缺乏代言人。以全国人大代表为例，近几届全国人大代表构成中，工人和农民代表比例呈下降趋势，尤其是一线的工人、农民代表人数偏少。据查，“十届全国人大全部2984名代表中，干部968人，占总数的32.44%；知识分子631人，占总数五分之一强；工人、农民551人，占总数的比例为18.46%，在这18.46%中，来自一线的工人、农民代表只有34名，占代表总数的1.14%；而没有任何职务的一线工人、农民代表仅占0.4%。十届全国人大五次会议作出了‘在第十一届全国人民代表大会代表中，来自一线的工人和农民代表人数应高于上一届，在农民工比较集中的省、直辖市，应有农民工代表’的决定。十一届全国人大代表来自一线的工人

---

① ［世界银行学院写作小组］Vinod Thomas，等．增长的质量/（世界银行2000）［M］．《增长的质量》翻译组，译．北京：中国财政经济出版社，2001：45.

② ［美］罗伯特·诺齐克．无政府、国家与乌托邦［M］．何怀宏，等，译．北京：中国社会科学出版社，1991：180.

和农民代表人数高于上一届，其中有3名农民工代表”。[①]但是来自工人与农民等弱势群体的代表比例与其人数占全国人口总数的比例是不相称的，与中国的工人农民以及小商小贩占人口总数的90%以上相比，这点少得可怜的代表比例怎么能代表广大工人农民的利益，在事关他们的利益方面他们根本不具有决定性力量的票数来提出于己有利的议案，也没有能力反对某项不利于他们利益的议案。处于最不利地位的农民工在第十一届全国人大会议上也只有3名代表，如此少的代表人数，他们怎能完全反映全两亿多农民工的利益？

各种利益分配方案或多或少总是有利于方案的提议者和制定者，因为代表全国人民利益的全国人大代表他们各自也有其阶层利益，站在不同的层次上为自己的阶层说话，争取自己所属阶层的权利。如在十一届全国政协代表大会一次会议上，前“女首富”、政协委员张茵抛出三个提案，其中“高收入阶层税负太高”和“签订无限期合同不但对企业而言非常难操作，而且对劳方也不是件好事。在市场经济时代，这种大锅饭的劳动条例是要不得的”。并坚称自己是站在国家利益上说真话。倾向于张茵的观点的人认为，政协委员就应该为自己所代表的富人阶层说话，“让利益集团和利益集团相互博弈”才是真正的民主，张茵没有问题，问题在于穷人阶层代表太少。全国政协委员、北京某房地产公司老总穆麒茹称：“‘钉子户’为了他个人的利益，损害了包括开发商在内的多数人的利益，这也是房价上涨的原因之一。”[②]这都是强势群体的思维，代表了富有阶层的利益，并不能代表农民工、下岗职工等弱势群体的利益，他们的利益表达途径和渠道并不畅通。

在事关各利益群体的教育利益的政策、制度和法规、条例等的制定及实施过程中，没有足够的弱势群体的代表人数，制定的各种利益分配方案在某种程度上来说总是不能等比例地反应弱势群体的利益诉求，因此，在未来教育利益的分配方案中应更多地考虑弱势群体的利益需要，如增加代

---

① 更多新面孔“亮相”中国政治舞台［EB/OL］．长春：新文化报·新文化网，［2008－02－29］．http：//www. xwhb. net/gb/04/2008－2/29/0822900253872503_ 678_ 2. html.

② 媒体评出两会五大炮手 “场外”选手成最佳第六人［EB/OL］．香港：凤凰新闻网，［2008－03－17］．http：//news. ifeng. com/mainland/200803/0317_ 17_ 443739. shtml.

表他们利益的人大代表人数，让他们参与到对政治方案的制订及执行反馈的监督行列，给予他们更多的补贴和转移支付等来弥补在初次利益分配方案中的不公平的分配。

二、政府尽其政治责任从“资源平等”的起点促进教育公平

（一）政府的责任使然

提供基础教育尤其是义务教育是政府的重要职能和责任。然而单单就政府在法律意义上规定接受基础教育为公民的基本权利，还不足保证公民实际享有这项权利和政府真正承担了其应有的责任。因为一个人仅仅具有对某种东西的平等的法律权利，和一个人具有有效运用这种权利来保护其利益或追求其目标的能力，是根本不同的。因为，平等法律权利的价值毕竟要体现在人们运用它能干什么方面，而不能说知道拥有这些权利就满足了。当然，这不是说，一个人如果根本没有运用其平等法律权利的能力，就还不如根本不要这种权利；而是说，如果人们熟知的那些论据支持着平等的法律权利，它们当然也支持着下述结论：在运用平等法律权利的有效性方面的不平等之中，应勿使那些可以加以控制的不平等发展得过于悬殊。①

因此，在基础教育资源或权利的分配上，政府的责任就是要使每个集团或个人能拥有平等的受教育权利的能力或手段，而不仅是字面上的或表面的法律意义上的平等的受教育权。所以在教育政策决定的教育资源的分配中，公正分配的价值追求要求政府运用公共资源来构建几乎所有成员平等地享用各种机会的能力平台，特别是对受损的利益集团成员的能力补偿支持系统。政府有责任为接受义务教育的城乡弱势群体，提供比较公平的教育能力支持保障系统。在比较健全的市场经济体制和公共财政制度框架内，政府发展教育的责任往往体现出一个共同的特点，就是向促进教育公平倾斜。任何公共教育改革的实验，如果不能有效地增加处境不利地区群体的利益，也至少应做到不使他们原有的利益受损，一旦受损也有相应的修复补偿机制，政府必须为此担起足够的责任。保证公民接受义务教育权

---

① ［美］艾伦·布坎南. 伦理学、效率与市场［M］. 廖申白，等，译. 北京：中国社会科学出版社，1991：115.

利的公平，是政府发展教育的第一责任。①

（二）政府采取积极政策时应注意其程序公正与结果公正

政府在采取各种积极的基础教育资源分配均等倾向政策措施以保证弱势群体的受教育平等时，要以政策执行的某种程度上的程序公平才能保证基础教育资源配置的一定意义上的结果公平。需要考虑怎样设计政府的基础教育机会分配制度及实现这种机会所需的基础教育资源配置与补偿救济制度，其中，包括制度（及其实施政策、法律等）本身这种最重要的制度政策资源，及实现其制度设想的可利用的资源，并保证这种资源的配置过程是公平的。即需要制度及其实现制度目标的可资利用资源的分配规则或途径的程序公正，才能保证基础教育资源配置的某种结果公正。即"程序应当很好地适用于产生正义的结果"。②因为教育资源分配制度（政策）本身及其执行的公正是其对教育资源分配结果公正的前提和保障。建立一个现代性社会，基本公正的制度万万不可或缺。社会制度公正问题的实质，是如何处理社会生活中的各种利益关系；效率问题的实质，是如何实现社会资源的有效配置。③一项政策的最终执行绩效关键要看其执行过程及结果是否达到政策的预期目的，正如美国政策学家艾利森提出："在达到政策目标的过程中，方案确定的功能只占10%，而其余的90%取决于有效的执行。"④

例如，在2006年春季对西部贫困农村中小学生实行的"两免一补"政策在具体执行时有失程序公正没有完全达到政策的预期效果，没有把在民办中小学上学的农村学生纳入政策适用范围。"两免一补"政策"中央免学杂费补助资金以各省、自治区、直辖市2004年度教育事业统计公报学生数为准计算"。即财政部在拨款时，是以2004年度教育事业统计公报学生数为基准，即包括了民办中小学校的学生。而在财教〔2006〕4号

---

① 张力．政府在教育发展中的责任［J］．中国党政干部论坛，2005，18（7）：28－30.

② ［英］戴维·米勒．社会正义原则［M］．应奇，译．南京：江苏人民出版社，2001：103－104.

③ 程立显．伦理学与社会公正［M］．北京：北京大学出版社，2002：94.

④ 吴庆．公平述求与贫困治理——中国城市贫困大学生群体现状与社会救助政策［M］．北京：社会科学文献出版社，2005：14.

《关于对全国农村义务教育阶段学生免收学杂费的实施管理办法》第二条却指出享受免除学杂费的对象包括："在农村地区（含镇）义务教育阶段公办学校就读的学生；在农垦、林场等所属义务教育阶段学校就读的学生；在县城所在地义务教育阶段公办学校就读的贫困家庭学生。"①可见，把民办中小学校学生应该享受的免除学杂费的中央补助资金却给了公办学校学生。这从某种程度上说，是这种政策执行程序的不公平造成了基础教育资源配置结果的不公平，从而在一定意义上剥夺了这部分学生的基本可行能力的持续获得与扩展。

（三）保证公民基本可行能力获得公平的关键是基础教育资源配置的基本平等

根据资源平等的意义，基础教育资源配置公平首先应该是人们享有的接受基础教育权利的平等，这是一种基本善，基本的价值。即人们在这种价值期望上每个主体应受到平等的关切，给予平等的尊重，亦即人们享有接受基础教育方面的人格资源平等。但是，由于各种偶然的及先天的因素，造成人们之间的实质上的社会经济地位不平等从而造成人们在可资利用的各种形式的资源的不平等，因此造成不利地位人群子女在享有基础教育资源上的不均等，这种不均等从根本上影响到他们构建基本可行能力的机会，特别是那些辍学、失学、学习成绩较差者从根本上失去了构建基本可行能力的可能性。为此，需要政府采取补偿措施等积极手段，增加不利地位人群在基础教育方面的非人格资源，进而达到每个公民实际享有的基础教育资源大致平等。政府无论从哪个方面来说对弱势群体而言都是处于一种强势地位，是社会正义的执行者和纠正者，"就正义来说，保护弱者通常是强者的职责。"②因此，政府需要对弱势群体提供大致平等的基础教育非人格资源，才能从某方面达到基础教育资源的人格资源平等，即人人享有平等的机会接受质量大致相同的优质基础教育，保证公民的全面基础

① 《关于对全国农村义务教育阶段学生免收学杂费的实施管理办法》财教〔2006〕4号［EB/OL］. 北京：全国农村义务教育经费保障机制改革网站，［2006－08－01］. http://www.qgbzb.cee.edu.cn/article_show.asp?articleid=192.

② ［英］伦纳德·霍布豪斯. 社会正义要素［M］. 孔兆政，译. 长春：吉林人民出版社，2006：91.

性发展，实现基本可行能力的大致平等获得与发展。

为此，按照罗尔斯的正义第二原则中的差别原则，所有的社会的和经济的不平等应这样安排；使它们："适合于最少受惠者的最大利益。"①因此，作为基础教育资源配置中的最少受惠者，政府应对他们提供补偿。但是，罗尔斯的差别原则在补偿纠正这种不公平时还是存在不足的，即如果说对"最不利群体"的补偿，这就容易造成假如说对最低收入的10%人口提供平均的补偿，可是还可能存在最低5%人口的状况没有得到根本的改善。因此，应将罗尔斯的对群体的补偿改进为对个人的补偿，即如德沃金所说的对每个公民的平等的关切，给予每个不利地位公民予适度的补偿，即相当于把基础教育资源这种公共产权的使用权明晰并分配到每个个人，才能达到根本的资源配置激励与公平效果。如此，才能达到保障每个公民在接受基础教育上形成的大致平等的基本可行能力。

（四）实现当前基础教育公平的核心在于做到保证起点上的基础教育资源配置的平等

从资源配置的角度来说，"教育不平等的实质，就是政府作为资源配置的主体还没有完全对全国范围内的教育资源进行统筹规划、合理配置，确保各阶层受教育群体和个体的受教育权利与机会的相对平等"②。另外，"教育资源分配不公问题，其实是我国制度变迁过程中制度供给不足在教育领域里的折射。由制度变迁所导致的教育资源配置机制的扭曲与相关制度的供给不足是这一现象形成的主要原因"③。而追求"教育公平的本质是指在由社会转型所带动的经济利益转移而形成的不同利益群体对教育权利与资源分配的争夺过程中，如何保证弱势群体通过完善的制度来保护和避免教育资源与机会不被剥夺。教育资源配置体制的不同价值取向影响教育公平的实现。基础教育是政府对每个公民应尽的义务，应该平均地、无

---

① ［美］约翰·罗尔斯．正义论［M］．何怀宏，等，译．北京：中国社会科学出版社，1988：83.

② 黄平．重释教育的不平等性与社会分层问题［J］．当代教育论坛，2006，5（6上）：41－43.

③ 李瑞娥，伟群．我国制度变迁与教育资源分享中的公平问题——一个基于农村和城市人口受高等教育差异的比较研究［J］．当代财经，2005，26（11）：48－52.

差别地在全国所有适龄儿童中实现，这个实现不仅仅指入学的机会，还包括了所享受到的教育资源、教育条件和师资水平、身心发展等多种平等的实现"①。因此，"教育资源在学生中间平均分配，是受教育机会平等的一个必要标准"②。正如1967年美国人权委员会发表的一篇报告《公立学校的种族隔离》中指出的："充足的教育资源虽然不是达到教育机会均等的充分条件，至少是必要的条件。"③

教育资源的配置公平不仅关涉到进入教育、教育过程、影响教育结果等方面，教育权利的平等在很大程度上是需要真正执行到位的经费政策来保证的，而不仅仅是法律所规定的表面的教育权利平等。因此，政府只有对弱势群体提供大致平等的基础教育非人格资源，才能从某方面达到基础教育资源的人格资源平等，即人人享有平等的机会接受质量大致相同的优质基础教育，保证公民的全面基础性发展，实现基本可行能力的大致平等获得与发展。

（五）确保公民享有的基础教育人格资源与非人格资源配置基本平等政策的有力执行

基础教育机会均等所需的资源配置的政策执行对于可行能力的获得有着决定性的影响。这里的教育资源可以借鉴德沃金对资源的分法，可将其分为教育人格资源与教育非人格资源，教育人格资源即相当于接受基础教育这种人人都应该享有的权利，只要他是一个国家的公民，不论其身份、地位、性别、民族、家居何处都应该享有的作为享有尊严和独立人格的个体的权利。而教育非人格资源相当于保障教育人格资源的获得与公平享有所需要的教育经费投入等物质及人力的保障条件。德沃金认为，通常人们在人格资源与非人格资源的享有方面是不平等的。虽然纠正或缓和这两个资源领域的不平等需要不同的技巧，但是平等主义者必须对它们都给予注意。应该增加那些人格资源从不同方面受到损失的人的非人格资源。④因

---

① 郑骊君，尹新平．制度安排与教育公平［J］．煤炭高等教育，2006，24（3）：29－31.

② 马凤岐．教育政治学［M］．北京：人民教育出版社，2002：191.

③ 高建民．美国基础教育财政发展史研究［D］．保定：河北大学，2004：74.

④ ［美］罗纳德·德沃金．至上的美德——平等的理论与实践［M］．冯克利，译．南京：江苏人民出版社，2003：330－346.

此，在基础教育资源的配置中需要平衡与补偿这两种资源的公平的保障政策，特别是对穷人的人力资本进行投资的基础教育机会均等的资源配置政策的公正有效地执行，因为他们除了自己的身体以外几乎没有其他任何资本可言，他们所拥有的最大财富就是他们的身体及以身体为核心和载体的人力资本。对他们人力资本投资保障的剥夺就是剥夺他们的非人格教育资源，就是在剥夺他们美好生活的前景。所以基础教育机会均等的分配政策最核心的就是要做到事关人们在享受基础教育机会方面的人格资源与非人格资源的分配平等与矫正平等，这需要政府动用各种政策、法律制度来积极致力于影响公民基本可能能力获得核心的基础教育资源配置的各种程序公正与配置结果基本平等。否则，我们就只能遭受不平等之苦。正如卢梭在《论人类不平等的起源和基础》中论述的，“在人类社会上，再也没有比被人成为强弱贫富的那些外部关系更不稳定的了。所以人类的各种制度，骤然一看，好像是奠基在流动的沙滩上的一种建筑物，只有去掉这种建筑物周围的灰尘和沙砾，才能见到这一建筑底层的不可动摇的根基，才能学会尊重这一建筑的基础”①。

① ［法］卢梭．论人类不平等的起源和基础［M］．李常山，译．北京：商务印书馆，1982：68.

参考文献

一、中文文献

[1]［法］卢梭．论人类不平等的起源和基础［M］．李常山，译．北京：商务印书馆，1982.

[2]［美］C. B. Benson. 教育财政［M］//［美］Martin Carnoy. 教育经济学国际百科全书．闵维方，等，译．北京：高等教育出版社，2000.

[3]［美］阿瑟·奥肯．平等与效率——重大的权衡［M］．王忠民，等，译．成都：四川人民出版社，1988.

[4]［美］阿瑟·刘易斯．二元经济论［M］．施炜，等，译．北京：北京经济学院出版社，1989.

[5]［美］艾伦·布坎南．伦理学、效率与市场［M］．廖申白，等，译．北京：中国社会科学出版社，1991.

[6]［美］保罗·萨缪尔森，威廉·诺德豪斯．经济学（第16版）［M］．萧琛，等，译．北京：华夏出版社，1999.

[7]［美］哈维·罗森．财政学（第六版）［M］．赵志耘，译．北京：中国人民大学出版社，2003.

[8]［美］罗伯特·诺齐克．无政府、国家与乌托邦［M］．何怀宏，等，译．北京：中国社会科学出版社，1991.

[9]［美］罗纳德·德沃金．至上的美德——平等的理论与实践［M］．冯克利，译．南京：江苏人民出版社，2003.

[10]［美］迈克尔·谢若登．资产与穷人——一项新的美国福利政策［M］．高鉴国，译．北京：商务印书馆，2005.

[11]［美］约翰·罗尔斯．正义论［M］．何怀宏，等，译．北京：中国社会科学出版社，1988.

[12]［美］詹姆斯·M．布坎南，理查德·A．马斯格雷夫．公共财政与公共选择：两

参考文献

种截然不同的国家观［M］. 类承曜，译. 北京：中国财政经济出版社，2000.
［13］［美］詹姆斯·科尔曼. 教育机会均等的观念［M］//张人杰. 国外教育社会学基本文选. 上海：华东师范大学出版社，1989.
［14］［瑞典］胡森. 平等——学校和社会政策的目标［M］//张人杰. 国外教育社会学基本文选. 上海：华东师范大学出版社，1989.
［15］［世界银行学院写作小组］Vinod Thomas，等. 增长的质量/（世界银行 2000）［M］.《增长的质量》翻译组，译. 北京：中国财政经济出版社，2001.
［16］［印］阿马蒂亚·森. 论经济不平等/不平等之再考察［M］. 王利文，等，译. 北京：社会科学文献出版社，2006.
［17］［印］阿马蒂亚·森. 贫困与饥荒——论权利与剥夺［M］. 王宇，等，译. 北京：商务印书馆，2001.
［18］［印］阿马蒂亚·森. 以自由看待发展［M］. 任赜，等，译. 北京：中国人民大学出版社，2002.
［19］［英］A. P. 瑟尔瓦尔. 增长与发展［M］. 金碚，等，译. 北京：中国人民大学出版社，1992.
［20］［英］戴维·米勒. 社会正义原则［M］. 应奇，译. 南京：江苏人民出版社，2001.
［21］［英］伦纳德·霍布豪斯. 社会正义要素［M］. 孔兆政，译. 长春：吉林人民出版社，2006.
［22］［英］蒙德尔，等. 经济学解说（第三版）［M］. 胡代光，译. 北京：经济科学出版社，2000.
［23］［英］亚当·斯密. 国富论［M］. 唐日松，等，译. 北京：华夏出版社，2006.
［24］鲍传友. 中国城乡义务教育差距的政策分析［D］. 北京：北京师范大学，2006.
［25］本刊综合报道. 教育差距：中国教育政策的重大命题［J］. 校长阅刊，2005，2（9）：20－22.
［26］陈东生. 区域基础教育均衡发展研究——政府教育经营理论创建与实践机制选择［M］. 济南：山东科学技术出版社，2007.
［27］陈栋生. 构建协调发展的区域经济新格局［J］. 西南民族大学学报：人文社科版，2008，30（1）：93－97.
［28］陈玉琨. 试论高等教育的公平与效率问题［J］. 上海高教研究. 1998，19（12）：20－23.
［29］陈宗胜. 发展经济学——从贫困走向富裕［M］. 上海：复旦大学出版社，2000.
［30］成刚. 省内义务教育财政公平研究——基于西部某省小学数据的经验分析［J］.

清华大学教育研究，2008，29（5）：101－111.

[31] 程立显．伦理学与社会公正［M］．北京：北京大学出版社，2002.

[32] 邓小平．邓小平文选（第三卷）［M］．北京：人民出版社，1993.

[33] 杜育红．教育发展不平衡研究［M］．北京：北京师范大学出版社，2000.

[34] 范先佐．教育投资体制改革的理论与实践问题研究［M］．武汉：华中师范大学出版社，2003.

[35] 范先佐．论教育资源的合理配置与教育体制改革的关系［J］．教育与经济，1997，13（3）：7－15.

[36] 高鸿业．西方经济学（第二版）［M］．北京：中国人民大学出版社，2000.

[37] 高建民．美国基础教育财政发展史研究［D］．保定：河北大学，2004.

[38] 高立平．教育公平：教育权利与教育权力［J］．现代教育科学，2005，22（5）：17－19.

[39] 高如峰．重构中国农村义务教育财政体制的政策建议［J］．教育研究．2004，26（7）：18－25.

[40] 弓秀云，等．利用森指数进行贫困度量的实证分析［J］．农业技术经济，2005，24（2）：2－6.

[41] 古翠凤．我国基础教育政策变迁的路径分析［D］．桂林：广西师范大学，2006.

[42] 郭其友，等．机制设计理论：资源最优配置机制性质的解释与应用——2007年度诺贝尔经济学奖得主的主要经济学理论贡献述评［J］．外国经济与管理，2007，29（11）：1－8，17.

[43] 郭勇．转型时期我国基础教育经费政策的内容分析［D］．武汉：华中师范大学，2004.

[44] 何东昌．中华人民共和国重要教育文献［Z］．海口：海南出版社，1998.

[45] 胡俊超．区域经济协调发展的路径依赖［J］．特区经济，2006，24（6）：286－288.

[56] 胡梦鲸．台湾地区城乡国民小学教育资源分配之比较［J］．中正大学学报：社会科学分册（台湾），1995，6（1）：1－35.

[47] 胡淑文．职业学校教育资源合理配置研究［D］．天津：天津大学，2003.

[48] 胡晓鹏．不平衡增长格局下中国区域产业发展的实证研究［M］．上海：上海财经大学出版社，2006.

[49] 胡延品．中国义务教育财政投入体制的困境与对策研究［D］．北京：北京师范大学，2003.

[50] 黄平．重释教育的不平等性与社会分层问题［J］．当代教育论坛，2006，5（6上）：41－43.

参考文献

[51] 贾俊平，等．社会经济不平等及其测度［J］．统计研究，2003，23（3）：35－37.

[52] 教育部．第三次全国教育工作会议文件汇编［Z］．北京：高等教育出版社，1999.

[53] 靳希斌，等．义务教育投资理论研究［J］．辽宁师范大学学报：社科版，1993，16（1）：10－17.

[54] 靳希斌．教育经济学（第三版）［M］．北京：人民教育出版社，2005.

[55] 靳希斌．教育经济学（修订版）［M］．北京：人民教育出版社，2000.

[56] 井明．基础教育资源配置问题研究［D］．北京：中国人民大学，2006.

[57] 康宁．中国经济转型中高等教育资源配置的制度创新［M］．北京：教育科学出版社，2005.

[58] 旷乾．教育资源配置中的政府与市场——基于中国现状的分析［D］．北京：北京师范大学，2006.

[59] 李波．城乡经济协调发展中的教育均衡问题［J］．齐鲁学刊，2005，32（4）：119－122.

[60] 李瑞娥，等．我国制度变迁与教育资源分享中的公平问题——一个基于农村和城市人口受高等教育差异的比较研究［J］．当代财经，2005，26（11）：48－52.

[61] 李旸，等．河南区域经济差异的泰尔指数分析［J］．河南农业大学学报，2008，42（1）：116－120.

[62] 厉以宁．关于教育产品的性质和对教育的经营［J］．教育发展研究，1999，20（10）：9－14.

[63] 栗玉香．公共教育财政制度：生成与运行［M］．北京：中国财政经济出版社，2004.

[64] 廖楚晖．政府教育支出区域间不平衡的动态分析［J］．经济研究，2004，50（6）：41－49.

[65] 刘大革．论城镇社区学校教育资源的整合——石首市绣林社区个案研究［D］．武汉：华中师范大学，2004.

[66] 刘颂，等．城乡义务教育发展差异的政策原因探析［J］．江西教育科研，2007，24（4）：41－44.

[67] 吕海鸿．城乡义务教育资源配置研究［D］．长春：东北师范大学，2006.

[68] 罗盈．转型期我国基础教育公平及其政策研究［D］．重庆：西南政法大学，2007.

[69] 马昌博，等．义务教育，这20年为何这么难？——对话全国人大常委会委员、原国家教委副主任柳斌［N］．南方周末，2006－10－12（3）.

[70] 马丹．论马克思资源配置理论及其指导意义［J］．经济师，2007，22（7）：30－31.
[71] 马凤岐．教育政治学［M］．北京：人民教育出版社，2002.
[72] 马海涛．公共财政学［M］．北京：中国审计出版社，2000.
[73] 马早明．西方“教育机会均等”研究述评［J］．教育导刊，2001，19（15－16）：22－24.
[74] 农业部农村经济研究中心．中国农村研究报告［M］．北京：中国财政经济出版社，2002.
[75] 祁型雨．利益表达与整合——教育政策的决策模式研究［M］．北京：人民出版社，2006.
[76] 饶鹏．高等教育资源配置方式的创新研究［D］．南宁：广西大学，2005.
[77] 上海财经大学课题组．公共支出评价［M］．北京：经济科学出版社，2006.
[78] 沈百福，等．中国省级地方教育投资的区域比较研究［J］．教育与经济，1994，10（4）：1－15.
[79] 沈有禄．论“两免一补”政策及其改进［J］．当代教育科学，2007，22（19）：12－14.
[80] 沈有禄．作为避免基本可行能力剥夺的基础教育资源配置平等［J］．辽宁教育研究，2007，27（10）：67－70.
[81] 宋家乐．农村义务教育经费财政保障机制研究［D］．长春：东北师范大学，2006.
[82] 宋京．基础教育财政体制的效率：一般均衡经济学的视角［C］// 中国教育经济学研究会学术论文集．青岛：青岛大学，2006：150－153.
[83] 孙霄兵，等．教育的公正与利益——中外教育经济政策研究［M］．上海：华东师范大学出版社，2005.
[84] 孙艳霞．教育政策道德性研究——义务教育城乡差距的归因与路径探析［D］．长春：东北师范大学，2006.
[85] 陶应虎，等．统筹城乡的国际经验及启示［J］．农村经济，2006，24（10）：127－129.
[86] 万广华．经济发展与收入不均等：方法和证据［M］．上海：上海三联书店，上海人民出版社，2006.
[87] 王军．试论公共财政框架下的基础教育供给［J］．山东社会科学，2005，19（11）：80－83.
[88] 王嵘．贫困地区教育资源的开发利用［J］．教育研究，2001，23（9）：39－44.
[89] 王蓉．我国义务教育经费的地区差异研究［C］//闵维方，等．为教育提供充足

的资源（教育经济学国际研讨会论文集）. 北京：人民教育出版社，2003.

[90] 王善迈，等. 建立规范的义务教育财政转移支付制度［J］. 教育研究，2002，24（6）：3－8.

[91] 王善迈，等. 重构我国公共财政体制下的义务教育财政体制［J］. 北京大学教育评论，2005，3（4）：25－30.

[92] 王善迈. 教育经济学简明教程［M］. 北京：高等教育出版社，2000.

[93] 王善迈. 教育投入与产出研究［M］. 石家庄：河北教育出版社，1996.

[94] 王善迈. 中国义务教育财政制度改革构想［N］. 中国教育报，2000－03－12（2）.

[95] 王映莲. 对我国教育经费投入不平衡的经济分析［D］. 重庆：西南师范大学，2003.

[96] 王玉崑. 教育经济学（第二版）［M］. 北京：华文出版社，2005.

[97] 王云中. 论马克思资源配置理论的依据、内容和特点［J］. 经济评论，2004，25（1）：31－38.

[98] 王卓. 教育资源配置问题的理论研究：教育学的立场和观点［D］. 长春：东北师范大学，2005.

[99] 魏宏聚. 义务教育经费投入政策失真现象研究［D］. 重庆：西南大学，2006.

[100] 温家宝：推进财政改革 让人民的钱为人民谋利益［EB/OL］. 深圳：腾讯新闻网，［2008－03－18］. http：//news. qq. com/a/20080318/004827. htm.

[101] 翁文艳. 教育公平的多元分析［J］. 教育发展研究，2001，22（3）：62－64.

[102] 翁文艳. 西方教育公平理论述评［J］. 教育科学，2000，16（2）：62－64.

[103] 吴柏均，等. 政府主导下的区域经济发展［M］. 上海：华东理工大学出版社，1998.

[104] 吴康宁. 教育社会学［M］. 北京：人民教育出版社，2005.

[105] 吴庆. 公平述求与贫困治理——中国城市贫困大学生群体现状与社会救助政策［M］. 北京：社会科学文献出版社，2005.

[106] 夏华. 泰尔指数及其在我国行业收入差距中的应用［J］. 生产力研究，2007，21（7）：10－11.

[107] 夏松. 教育经费投入的非均衡研究——基于江苏经济水平地区差异的教育资源配置新模式［D］. 南京：南京师范大学，2005.

[108] 向丽. 义务教育阶段教育资源配置制度与教育机会均等——以武汉市东西湖区中小学为个案的研究［D］. 北京：中央民族大学，2004.

[109] 晓梅. 论教育与贫困的负相关性［J］. 社会科学研究，2002，24（4）：102－105.

[110] 谢维和. 影响教育中长期发展的三个问题 [N]. 中国教育报，2003 - 07 - 12 (4).

[111] 徐加明. 区域经济协调发展与构建和谐社会 [J]. 理论学刊，2007，24 (4)：35 - 37.

[112] 许丽英. 教育资源配置理论研究 [D]. 长春：东北师范大学，2007.

[113] 杨葆焜，范先佐. 教育经济学新论 [M]. 南京：江苏教育出版社，1995.

[114] 杨东平. 教育公平是一个独立的发展目标——辨析教育的公平与效率 [J]. 教育研究，2004，26 (7)：26 - 31.

[115] 杨东平. 中国教育公平的理想与现实 [M]. 北京：北京大学出版社，2006.

[116] 杨仁毅. 协调城乡教育资源优化配置——农村教育发展战略探讨 [J]. 职教论坛，2004，20 (4 上)：50 - 52.

[117] 杨莹. 教育机会均等——教育社会学的探索 [M]. 台北：师大书苑有限公司，1995.

[118] 叶平，等. 基础教育生均预算内公用经费基尼系数的再考查——兼与杨颖秀教授商榷 [J]. 教育研究，2007，29 (2)：48 - 55.

[119] 袁桂林. 农村义务教育"以县为主"管理体制的利弊分析及前瞻性思考 [C] // 中国教育政策评论 (2001 年). 北京：教育科学出版社，2003：288.

[120] 袁连生，王善迈. 义务教育财政转移支付制度研究 [R] //中央教育科学研究所. 中国基础教育发展研究报告 (2001). 北京：教育科学出版社，2002：3 - 10.

[121] 袁振国. 教育政策学 [M]. 南京：江苏教育出版社，1996.

[122] 袁振国. 论中国教育政策的转变：对我国重点中学平等与效益的个案研究 [M]. 广州：广东教育出版社，1999.

[123] 张敦福. 区域发展模式的社会学分析 [M]. 天津：天津人民出版社，2002.

[124] 张军. 现代产权经济学 [M]. 上海：上海三联书店，上海人民出版社，1994.

[125] 张力. 政府在教育发展中的责任 [J]. 中国党政干部论坛，2005，18 (7)：28 - 30.

[126] 张民选. 理想与抉择——大学生资助政策的国际比较 [M]. 北京：人民教育出版社，1999.

[127] 张培刚，等. 发展经济学与中国经济发展 [M]. 北京：经济科学出版社，1996.

[128] 张素蓉. 中国西部农村基础教育经济政策研究——以四川省为例 [D]. 北京：北京师范大学，2007.

[129] 张馨，杨志勇. 当代财政与财政学主流 [M]. 大连：东北财经大学出版

社，2000.

[130] 赵振华．运用非均衡政策实现区域经济协调发展［J］．中国党政干部论坛，2004，17（7）：46.

[131] 郑骊君，等．制度安排与教育公平［J］．煤炭高等教育，2006，24（3）：29－31.

[132] 中华人民共和国教育部财务司．《中国教育经费统计年鉴》（2004—2007）［Z］．北京：中国统计出版社，2005—2008.

[133] 中华人民共和国教育部发展规划司．《中国教育统计年鉴》（2003—2006）［Z］．北京：人民教育出版社，2004—2007.

[134] 钟契夫．资源配置方式研究——历史的考察和理论的探索［M］．北京：中国物价出版社，2000.

[135] 衷克定．数据统计分析与实践——SPSS for Windows［M］．北京：高等教育出版社，2005.

[136] 周金玲．义务教育及其财政制度研究［D］．杭州：浙江大学，2005.

[137] 周为民，等．效率优先、兼顾公平——通向繁荣的权衡［J］．经济研究，1986，32（2）：30－36.

[138] 朱家存．教育均衡发展政策研究［M］．北京：中国社会科学出版社，2003.

[139] 朱力．教育腐败是双重权力的腐败［J］．探索与争鸣，2004，20（2）：8－9.

[140] 朱荣科．社会主义福利经济学［M］．哈尔滨：黑龙江教育出版社，1998.

[141] 子宜．共享教育资源，谋求和谐发展［J］．内蒙古教育，2006，47（8）：1－3.

二、英文文献

[1] DENIS M. A system of equity indicators for educational system [C] // WALO H, DOUGLAS C, NORBERTO B. In pursuit of equity in education: using international indicators to compare equity policies. London: Kluwer Academic Publishers, 2001.

[2] Department of Theoretical and Experimental Education University of Liège. Equity in European educational systems: a set of indicators (February 2005 - 2nd Edition) [R]. A project supported by the European Commission Directorate General of Education and Culture Project Socrates SO2 - 61OBGE, 2005.

[3] GLEN H, SUSAN S K. Understanding and measuring equity in education: a conceptual framework [C] // WALTER G. S. Equity in education. London: The Falmer Press, 1989.

[4] HENRY M L. Equal educational opportunity and the distribution of educational

expenditures [C] // ANDREW K, HERBERT W. Rethinking educational equality. Berkeley, California: McCutchan Publishing Corporation, 1974.

[5] JAMES S C. Equality and achievement in education [M]. London: Westview Press, 1990.

[6] JOEL D S, JEFFREY M P. Educational equity and public policy: comparing results from 16 countries [R]. Montreal: UNESCO Institute for Statistics, 2007.

[7] JOHN A. The role of state legislatures in school finance reform: looking backward and looking ahead [C] // MARILYN J G. Strategies for school equity: creating productive schools in a just society. New Haven: Yale University Press, 1998.

[8] JOHN Y. State aid and the pursuit of educational equity: an overview [M] // JOHN Y. Helping children left behind: state aid and the pursuit of educational equity. London: The MIT Press, 2004.

[9] LYNNISSE R P, HARRY A G. Gains in education spending equity continue four years after fully funding the basic education program [R]. Staff Education Brief, Sep. 2003.

[10] MARC D, MARCEL C, CHRISTIAN M. Efficiency and equity [C] // WALO H, DOULAS C, NORBERTO B. In pursuit of equity in education: using international indicators to compare equity policies. London: Kluwer Academic Publishers, 2001.

[11] RANI P G. Growth and financing of elementary education in Uttar Pradesh: a province in India [J]. Education policy analysis archives, 2004, 12 (25): 1 -30.

[12] PHILP A, NEHAL B. Human rights and public goods: education as a fundamental right in India [R]. Center for human rights and global justice working paper economic social and cultural rights series number 5, 2005.

[13] ROBERT B, LEANNA S. The measurement of equity in school finance with an expenditure disparity measure [R]. Graduate School of Public Administration New York University. Document prepared for the U. S. Office of Education, Department of Health, Education, and Welfare Under Education Commission of the States Contract No. 22 -78 -13030, Nov. 1978.

[14] ROBERT B, LEANNA S. Concepts of school finance equity: 1970 to the present [C] // HELEN F L, ROSEMARY C, JANET S H. Equity and adequacy in education finance: issues and perspectives. Washington, D. C. : National Academy Press, 1999.

[15] ROF L J, EDGAR L, MORPHET, et al. The economics and financing of education [M]. New Jersey: Prentice -Hall, Inc. , 1983.

[16] THOMAS H, DAVID I. International equity indicators in education and learning in

参考文献

industrialized democracies: some recent results and avenues for future [C] // WALO H, DOUGLAS C, NORBERTO B. In pursuit of equity in education: using international indicators to compare equity policies. London: Kluwer Academic Publishers, 2001.

[17] WILLIAM H C. The Shift from Equity to Adequacy in School Finance [J]. Educational policy, 1994, 8 (8): 376 - 394.

[18] World Bank. Priorities and strategies for education: a World Bank review [R]. Washington, D. C.: 1995.

附录：原始数据附表

附表 1　2003—2006 年全国分地区普通小学学生数统计表（单位：人）

地区＼分类	2003 年			2004 年			2005 年			2006 年		
	合计	城镇	农村	合计	城镇	农村	合计	城镇	农村	合计	城镇	农村
全国	116897395	40005876	76891519	112462256	38676272	73785984	108640655	39162379	69478276	107115346	40353914	66761432
北京	546530	437565	108965	516042	424814	91228	494482	375559	118923	473275	365120	108155
天津	585446	423919	161527	554844	409792	145052	533003	404937	128066	516823	399253	117570
河北	6065832	1807192	4258640	5470049	1801132	3668917	5003578	1749494	3254084	4702450	1612677	3089773
山西	3635608	1156204	2479404	3592007	1166854	2425153	3502562	1246467	2256095	3377597	1253910	2123687
内蒙古	1733702	879372	854330	1658154	865702	792452	1596381	898731	697650	1563790	971955	591835
辽宁	2891925	1252484	1639441	2794330	1202828	1591502	2666155	1168105	1498050	2546811	1104250	1442561
吉林	1833141	851521	981620	1741380	859405	881975	1625238	857359	767879	1556078	799321	756757
黑龙江	2401918	976090	1425828	2315380	986384	1328996	2204055	1016492	1187563	2103073	983735	1119338
上海	654844	630936	23908	542898	526518	16380	540362	525777	14585	533677	526402	7275
江苏	5793921	1774881	4019040	5282096	1922087	3360009	4855321	2362171	2493150	4557486	2328121	2229365
浙江	3402942	3071744	331198	3443066	2429084	1013982	3424042	2331066	1092976	3394297	2347183	1047114
安徽	6612171	1509494	5102677	6237115	1523725	4713390	5841133	1641178	4199955	5582911	1512869	4070042
福建	3119777	1400276	1719501	2869442	1234921	1634521	2732702	1230366	1502336	2692218	1174705	1517513

续表

分类 地区	2003年			2004年			2005年			2006年		
	合计	城镇	农村	合计	城镇	农村	合计	城镇	农村	合计	城镇	农村
江西	3905386	1607298	2298088	3862115	1612091	2250024	3841576	1254906	2586670	3999286	1171127	2828159
山东	6427848	2384291	4043557	6278002	2536254	3741748	6153703	2564769	3588934	6230225	2316875	3913350
河南	10586075	2220051	8366024	10140634	2243176	7897458	9868409	2332412	7535997	9970930	2445664	7525266
湖北	5281177	1699326	3581851	4749500	1637752	3111748	4291881	1380902	2910979	3913276	1323896	2589380
湖南	4686892	1576976	3109916	4325557	1569308	2756249	4198314	1623387	2574927	4293059	1600357	2692702
广东	10253706	4417988	5835718	10496221	4650947	5845274	10670304	4698644	5971660	10569906	4765461	5804445
广西	4918503	1217997	3700506	4705591	1202735	3502856	4527888	1168233	3359655	4601201	1301738	3299463
海南	1008860	366223	642637	1001835	381941	619894	1056730	412871	643859	1047236	418003	629233
重庆	2779441	1438354	1341087	2718999	537766	2181233	2609754	668161	1941593	2523824	1156703	1367121
四川	7554308	2082391	5471917	7365754	2012060	5353694	7145093	2340081	4805012	7217750	3113806	4103944
贵州	4768740	1068817	3699923	4794083	1145755	3648328	4737645	1174666	3562979	4743780	1273347	3470433
云南	4418821	774742	3644079	4406482	829851	3576631	4412267	882831	3529436	4522624	1090108	3432516
西藏	322060	84329	237731	326952	87413	239539	327497	91219	236278	329532	97893	231639
陕西	4014754	1017475	2997279	3709746	875699	2834047	3400893	887178	2513715	3251046	935934	2315112
甘肃	3227592	792540	2435052	3155535	851097	2304438	3035794	750580	2285214	2984425	808135	2176290
青海	506906	206158	300748	512586	215837	296749	506853	190616	316237	522025	180272	341753
宁夏	669503	235711	433792	677738	264619	413119	693207	252536	440671	696760	266868	429892
新疆	2289066	643531	1645535	2218109	668711	1549398	2143833	680685	1463148	2097975	708226	1389749

注：表格中“城镇”部分数据为年鉴中原始数据的“城市”与“县镇”两部分数据之和。

资料来源：根据《中国教育统计年鉴》2003—2006年中的数据整理而得。

附表 2　2003—2006 年全国分地区普通初中学生数统计表（单位：人）

分类 地区	2003 年			2004 年			2005 年			2006 年		
	合计	城镇	农村	合计	城镇	农村	合计	城镇	农村	合计	城镇	农村
全国	66184186	34580203	31603983	64750006	33067347	31682659	61718079	33871485	27846594	59373792	33737216	25636576
北京	453446	384713	68733	386511	335829	50682	321585	258773	62812	288298	235679	52619
天津	432505	321377	111128	400568	298117	102451	359110	269703	89407	335783	255171	80612
河北	4294874	2223515	2071359	4035302	2145213	1890089	3704263	2081060	1623203	3368253	1838870	1529383
山西	1932486	926453	1006033	1927068	891883	1035185	1897840	965208	932632	1892237	981063	911174
内蒙古	1123586	789605	333981	1092223	783523	308700	1031241	756089	275152	990473	789509	200964
辽宁	1808303	905139	903164	1675350	820464	854886	1570269	776175	794094	1499946	740827	759119
吉林	1196226	781798	414428	1148001	749904	398097	1057933	731173	326760	977306	639802	337504
黑龙江	1987827	884999	1102828	1863607	844360	1019247	1695823	876972	818851	1559789	834503	725286
上海	463261	450757	12504	522475	509355	13120	466962	455463	11499	440011	434684	5327
江苏	3703519	1278374	2425145	3677793	1383227	2294566	3462294	1890712	1571582	3187076	1789463	1397613
浙江	1919386	1762685	156701	1800749	1548589	252160	1710877	1466728	244149	1729981	1491143	238838
安徽	3383157	1279816	2103341	3540957	1346856	2194101	3439620	1539076	1900544	3414456	1360761	2053695
福建	1896759	1168306	728453	1861259	1116847	744412	1769284	1114697	654587	1650310	998992	651318
江西	2286573	1201139	1085434	2178942	1164312	1014630	2012287	1062802	949485	1807153	837289	969864
山东	4852715	3301885	1550830	4392406	3080363	1312043	3959117	2751238	1207879	3608673	2187687	1420986
河南	6040927	2401013	3639914	5906674	2404125	3502549	5698301	2439628	3258673	5406380	2358731	3047649

续表

分类 地区	2003 年			2004 年			2005 年			2006 年		
	合计	城镇	农村	合计	城镇	农村	合计	城镇	农村	合计	城镇	农村
湖北	3341801	1454393	1887408	3319842	1408903	1910939	3172392	1245642	1926750	3010769	1254307	1756462
湖南	3822026	1742738	2079288	3528584	1662349	1866235	2972610	1516624	1455986	2489107	1295880	1193227
广东	4321843	2582475	1739368	4495533	2752436	1743097	4627044	3321635	1305409	4758296	3474197	1284099
广西	2449891	1681397	768494	2410467	1681698	728769	2339138	1687188	651950	2290412	1805502	484910
海南	418940	307821	111119	439092	324893	114199	466186	347848	118338	475365	362726	112639
重庆	1255823	938383	317440	1254784	318047	936737	1253778	417568	836210	1288052	946155	341897
四川	3679899	1853732	1826167	3614111	1662403	1951708	3470817	1849345	1621472	3595157	2408928	1186229
贵州	1969955	998529	971426	2049364	1078043	971321	2054382	1116839	937543	2032209	1165322	866887
云南	1921251	830621	1090630	1930879	834823	1096056	1905763	872537	1033226	1901616	1064852	836764
西藏	92060	91387	673	109148	108182	966	120706	119572	1134	127882	126494	1388
陕西	2212732	900130	1312602	2192280	611776	1580504	2139326	663003	1476323	2118803	688781	1430022
甘肃	1306024	483520	822504	1344797	513056	831741	1377671	576737	800934	1444489	658913	785576
青海	214090	116438	97652	223162	126030	97132	226991	121679	105312	224954	109376	115578
宁夏	268948	135875	133073	269277	150222	119055	280950	164831	116119	290375	176245	114130
新疆	1133353	401190	732163	1158801	411519	747282	1153519	414940	738579	1170181	425364	744817

注：表格中“城镇”部分数据为年鉴中原始数据的“城市”与“县镇”两部分数据之和。

资料来源：根据《中国教育统计年鉴》2003—2006 年中的数据整理而得。

附表 3　2003—2006 年全国分地区普通高中学生数统计表（单位：人）

分类 地区	2003 年			2004 年			2005 年			2006 年		
	合计	城镇	农村	合计	城镇	农村	合计	城镇	农村	合计	城镇	农村
全国	19648261	17544457	2103804	22203701	19652375	2551326	24090901	21754149	2336752	25144967	22824069	2320898
北京	250959	244750	6209	274803	269181	5622	278358	264732	13626	259414	244858	14556
天津	182529	160810	21719	198537	172935	25602	217180	190147	27033	216281	186529	29752
河北	1142264	1051938	90326	1293887	1200376	93511	1391138	1298126	93012	1438065	1328718	109347
山西	573639	535474	38165	647261	594944	52317	713699	653575	60124	747093	686911	60182
内蒙古	420138	409006	11132	473568	463931	9637	523497	510848	12649	561484	553371	8113
辽宁	602442	556730	45712	685199	629862	55337	744229	689567	54662	768629	714799	53830
吉林	381362	373257	8105	451637	433738	17899	489420	476955	12465	512759	498645	14114
黑龙江	486096	436865	49231	546793	491857	54936	583567	540986	42581	607896	559189	48707
上海	299095	295943	3152	313811	309875	3936	311737	307324	4413	271696	270903	793
江苏	1240038	849713	390325	1373465	974380	399085	1453420	1203594	249826	1525666	1243127	282539
浙江	787249	785352	1897	860613	855909	4704	899961	886480	13481	893173	862899	30274
安徽	899943	731395	168548	1050188	868396	181792	1169006	997098	171908	1287853	1090364	197489
福建	575152	524646	50506	659758	597103	62655	732456	681938	50518	780435	694612	85823
江西	724053	667679	56374	800049	743561	56488	849204	791817	57387	869310	789346	79964
山东	1690657	1623479	67178	1891006	1823171	67835	1965783	1899057	66726	1931767	1847330	84437
河南	1464205	1338048	126157	1687496	1539705	147791	1883854	1723576	160278	2015781	1865076	150705

续表

分类 地区	2003年			2004年			2005年			2006年		
	合计	城镇	农村	合计	城镇	农村	合计	城镇	农村	合计	城镇	农村
湖北	1072914	935872	137042	1197354	1038381	158973	1294487	1094815	199672	1347692	1167816	179876
湖南	1065740	894662	171078	1190533	990338	200195	1318513	1107521	210992	1357102	1122025	235077
广东	1137234	947570	189664	1313116	1105318	207798	1489863	1342048	147815	1634639	1491441	143198
广西	585085	568925	16160	651494	632436	19058	699644	689998	9646	739666	732138	7528
海南	88946	82980	5966	102632	95826	6806	118165	108747	9418	137974	126910	11064
重庆	407905	383745	24160	452705	280554	172151	481388	329629	151759	506077	460943	45134
四川	1130813	1034987	95826	1295105	1157983	137122	1384573	1265766	118807	1419794	1369235	50559
贵州	383052	355534	27518	444031	414341	29690	495193	469321	25872	530899	514071	16828
云南	363368	334803	28565	419758	387837	31921	483054	450692	32362	545421	522433	22988
西藏	22076	22076	0	26740	26740	0	33342	33342	0	37677	37677	0
陕西	741329	590126	151203	833275	615056	218219	906256	674026	232230	960457	709697	250760
甘肃	427011	365415	61596	499609	428207	71402	566168	515674	50494	603458	554942	48516
青海	80310	73957	6353	92122	84895	7227	100511	90608	9903	103073	87910	15163
宁夏	107479	91382	16097	118009	106303	11706	125472	116819	8653	131415	125438	5977
新疆	315178	277338	37840	359147	319236	39911	387763	349323	38440	402321	364716	37605

注：表格中“城镇”部分数据为年鉴中原始数据的“城市”与“县镇”两部分数据之和。

资料来源：根据《中国教育统计年鉴》2003—2006年中的数据整理而得。

附表 4　2006 年全国分地区普通小学专任教师数统计表（单位：人）

地区＼分类	总计				城镇				农村			
	合计	专科及以上学历人数	高中及以上学历人数	小学高级及以上职称人数	合计	专科及以上学历人数	高中及以上学历人数	小学高级及以上职称人数	合计	专科及以上学历人数	高中及以上学历人数	小学高级及以上职称人数
全国	5587557	3467922	5524248	2559142	2066954	1580662	2058854	1055693	3520603	1887260	3465394	1503449
北京	48207	41728	48080	25359	33289	29384	33232	18481	14918	12344	14848	6878
天津	39951	29588	39744	28208	31221	23607	31093	22177	8730	5981	8651	6031
河北	315278	222356	314264	141018	94454	76039	94338	50170	220824	146317	219926	90848
山西	193386	121956	192079	64660	65452	51290	65333	24654	127934	70666	126746	40006
内蒙古	116582	78262	115511	66043	57431	45075	57183	32019	59151	33187	58328	34024
辽宁	155848	93739	154843	110303	62167	49012	62013	41930	93681	44727	92830	68373
吉林	134450	101458	133699	74691	53425	44414	53307	30884	81025	57044	80392	43807
黑龙江	160511	111031	159114	85474	61832	50168	61609	36947	98679	60863	97505	48527
上海	37500	32596	37405	22554	36944	32148	36853	22246	556	448	552	308
江苏	260510	181568	259008	136040	131319	103760	130948	70286	129191	77808	128060	65754
浙江	163843	122220	162575	73367	111321	88926	110815	51380	52522	33294	51760	21987
安徽	256368	129889	255364	125199	72466	49828	72371	40567	183902	80061	182993	84632
福建	163350	91624	161801	68352	62648	43704	62435	28897	100702	47920	99366	39455
江西	195538	91608	191702	92864	52466	35042	52191	27300	143072	56566	139511	65564
山东	381673	233185	380051	211576	129884	101192	129647	66703	251789	131993	250404	144873
河南	478153	267995	474178	180551	116011	89277	115740	49835	362142	178718	358438	130716

续表

分类／地区	总计				城镇				农村			
	合计	专科及以上学历人数	高中及以上学历人数	小学高级及以上职称人数	合计	专科及以上学历人数	高中及以上学历人数	小学高级及以上职称人数	合计	专科及以上学历人数	高中及以上学历人数	小学高级及以上职称人数
湖北	209342	125431	206160	134508	69331	53835	69023	45881	140011	71596	137137	88627
湖南	247567	140268	245514	140520	84461	59579	84137	50904	163106	80689	161377	89616
广东	407584	294751	405549	194342	201143	163183	200682	102107	206441	131568	204867	92235
广西	206912	116752	203244	88917	68005	48855	67655	34972	138907	67897	135589	53945
海南	51635	29230	51192	16752	19081	13539	19044	7246	32554	15691	32148	9506
重庆	113724	78963	112343	40603	53729	42153	53408	21737	59995	36810	58935	18866
四川	306886	188848	302744	128861	136597	97249	135884	63802	170289	91599	166860	65059
贵州	188762	90456	179908	49963	56679	34721	55883	22162	132083	55735	124025	27801
云南	222022	123981	215140	85042	55412	39252	54858	28133	166610	84729	160282	56909
西藏	15961	9541	15293	1735	5579	3559	5406	1354	10382	5982	9887	381
陕西	184573	117724	181934	52629	44920	36027	44723	16782	139653	81697	137211	35847
甘肃	135491	69842	131887	45963	38824	26714	38452	15817	96667	43128	93435	30146
青海	28124	21309	27751	13262	8827	7210	8758	5356	19297	14099	18993	7906
宁夏	33108	21574	32730	15540	12365	9889	12314	6398	20743	11685	20416	9142
新疆	134718	88452	133444	44246	39671	32034	39522	18566	95047	56418	93922	25680

注：表格中“城镇”部分数据为年鉴中原始数据的“城市”与“县镇”两部分数据之和。

资料来源：根据《中国教育统计年鉴》2003—2006 年中的数据计算整理而得。

附表 5　2005 年全国分地区普通小学专任教师数统计表（单位：人）

分类 / 地区	总计				城镇				农村			
	合计	专科及以上学历人数	高中及以上学历人数	小学高级及以上职称人数	合计	专科及以上学历人数	高中及以上学历人数	小学高级及以上职称人数	合计	专科及以上学历人数	高中及以上学历人数	小学高级及以上职称人数
全国	5592453	3151506	5515035	2379850	2023869	1456845	2013972	981698	3568584	1694661	3501063	1398152
北京	47948	40444	47772	23873	32962	28496	32861	17675	14986	11948	14911	6198
天津	41076	28515	40830	26592	31892	22683	31745	20935	9184	5832	9085	5657
河北	320110	210596	319064	129471	101824	78035	101609	49504	218286	132561	217455	79967
山西	192271	110249	190871	61632	63264	46692	63098	23196	129007	63557	127773	38436
内蒙古	118988	70459	117492	62553	51993	38290	51733	27699	66995	32169	65759	34854
辽宁	163589	88844	162140	110780	65286	48419	65092	41791	98303	40425	97048	68989
吉林	137675	99742	136874	71685	56261	45521	56122	30984	81414	54221	80752	40701
黑龙江	163204	105578	161666	84062	62726	48356	62503	36077	100478	57222	99163	47985
上海	37954	31431	37797	22059	36735	30500	36592	21373	1219	931	1205	686
江苏	261646	166877	259450	128656	129452	96107	128728	64561	132194	70770	130722	64095
浙江	162183	113236	160611	68872	108864	82444	108266	47962	53319	30792	52345	20910
安徽	259493	115816	257067	115158	77121	48422	76905	39489	182372	67394	180162	75669
福建	166465	80798	164541	57694	67459	41552	67173	27157	99006	39246	97368	30537
江西	193484	78406	188831	84617	59793	34630	59226	29576	133691	43776	129605	55041
山东	377729	209913	375481	196610	146939	108613	146545	71147	230790	101300	228936	125463
河南	475511	235552	471268	170793	115526	81887	115154	48173	359985	153665	356114	122620

续表

分类 地区	总计				城镇				农村			
	合计	专科及以上学历人数	高中及以上学历人数	小学高级及以上职称人数	合计	专科及以上学历人数	高中及以上学历人数	小学高级及以上职称人数	合计	专科及以上学历人数	高中及以上学历人数	小学高级及以上职称人数
湖北	215693	120317	211473	129246	72478	53508	72039	45483	143215	66809	139434	83763
湖南	246112	125726	243498	127696	88052	57744	87596	50106	158060	67982	155902	77590
广东	403824	275076	401615	167729	194774	150573	194254	88754	209050	124503	207361	78975
广西	204788	102369	200629	85115	63060	41063	62703	31370	141728	61306	137926	53745
海南	50598	25695	50012	15968	19227	12547	19151	7219	31371	13148	30861	8749
重庆	114326	74921	112604	37097	31714	24800	31544	13514	82612	50121	81060	23583
四川	307113	171705	301762	123071	103194	71767	102518	47363	203919	99938	199244	75708
贵州	183679	73862	173817	42208	52059	28840	51257	18875	131620	45022	122560	23333
云南	219236	101592	211301	77958	46205	29991	45732	22644	173031	71601	165569	55314
西藏	14267	6441	13562	1377	5263	2747	5069	1124	9004	3694	8493	253
陕西	186644	106282	183076	48221	43025	32646	42800	15316	143619	73636	140276	32905
甘肃	130841	59096	126540	42398	35851	23325	35425	14096	94990	35771	91115	28302
青海	27478	19250	27013	10841	9663	7298	9566	5110	17815	11952	17447	5731
宁夏	33760	20184	33231	14916	12357	9305	12299	6118	21403	10879	20932	8798
新疆	134768	82534	133147	40902	38850	30044	38667	17308	95918	52490	94480	23594

注：表格中“城镇”部分数据为年鉴中原始数据的“城市”与“县镇”两部分数据之和。

资料来源：根据《中国教育统计年鉴》2003—2006年中的数据计算整理而得。

附表 6　2004 年全国分地区普通小学专任教师数统计表（单位：人）

分类 / 地区	总计				城镇				农村			
	合计	专科及以上学历人数	高中及以上学历人数	小学高级及以上职称人数	合计	专科及以上学历人数	高中及以上学历人数	小学高级及以上职称人数	合计	专科及以上学历人数	高中及以上学历人数	小学高级及以上职称人数
全国	5628860	2744625	5533809	2210010	1990987	1284213	1976707	902617	3637873	1460412	3557102	1307393
北京	48767	38916	48488	23404	37716	30436	37505	18919	11051	8480	10983	4485
天津	42122	24162	41762	24424	32209	19333	31979	19143	9913	4829	9783	5281
河北	324832	191107	323938	121972	102671	72769	102499	47686	222161	118338	221439	74286
山西	191152	92933	189157	59556	58310	39039	58101	20987	132842	53894	131056	38569
内蒙古	124319	59777	122069	57442	51094	33105	50738	24549	73225	26672	71331	32893
辽宁	167203	81415	165479	110267	66319	45631	66082	41396	100884	35784	99397	68871
吉林	140904	98214	139910	66512	55127	43444	55011	28204	85777	54770	84899	38308
黑龙江	175274	97883	173128	87224	61580	43568	61285	34111	113694	54315	111843	53113
上海	38111	29610	37874	21011	36772	28648	36550	20327	1339	962	1324	684
江苏	264937	150140	261854	122075	100803	70983	100181	48598	164134	79157	161673	73477
浙江	160075	95741	157954	63984	112603	73943	111726	46365	47472	21798	46228	17619
安徽	262528	97539	259798	101623	71285	40566	71011	34959	191243	56973	188787	66664
福建	179062	66667	168470	48537	75525	35123	66985	23214	103537	31544	101485	25323
江西	194377	66489	188851	75325	79351	35395	77846	34117	115026	31094	111005	41208
山东	378793	185382	375831	180617	148486	98862	147899	67503	230307	86520	227932	113114
河南	478499	202746	473580	162744	112072	72226	111710	43886	366427	130520	361870	118858

续表

分类 地区	总计				城镇				农村			
	合计	专科及以上学历人数	高中及以上学历人数	小学高级及以上职称人数	合计	专科及以上学历人数	高中及以上学历人数	小学高级及以上职称人数	合计	专科及以上学历人数	高中及以上学历人数	小学高级及以上职称人数
湖北	221763	112844	216881	123276	85380	57038	84537	48165	136383	55806	132344	75111
湖南	248345	107673	245071	124338	86259	49834	85703	48120	162086	57839	159368	76218
广东	396487	244404	393799	137454	182884	127052	181959	70872	213603	117352	211840	66582
广西	200546	79227	195126	81501	64873	36116	64380	30999	135673	43111	130746	50502
海南	50108	22097	49410	14691	18604	11145	18484	6637	31504	10952	30926	8054
重庆	114007	68317	112233	33479	26029	19683	25883	10703	87978	48634	86350	22776
四川	307940	147182	301525	117727	88218	56021	87465	39811	219722	91161	214060	77916
贵州	180793	54919	168865	36628	52037	23864	50899	17182	128756	31055	117966	19446
云南	218969	76175	209539	70035	43836	24123	43217	20060	175133	52052	166322	49975
西藏	13610	3956	12757	1081	5057	1860	4817	908	8553	2096	7940	173
陕西	188062	90383	183539	43769	42066	29205	41771	14045	145996	61178	141768	29724
甘肃	128725	48814	123562	39239	38183	20574	37380	13996	90542	28240	86182	25243
青海	27832	16714	27183	8728	11254	7606	11097	4824	16578	9108	16086	3904
宁夏	33903	17855	33239	14092	13340	8533	13138	6182	20563	9322	20101	7910
新疆	134915	75344	132937	37255	39144	28488	38869	16149	95771	46856	94068	21106

注：表格中"城镇"部分数据为年鉴中原始数据的"城市"与"县镇"两部分数据之和。

资料来源：根据《中国教育统计年鉴》2003—2006 年中的数据计算整理而得。

附表7　2003 年全国分地区普通小学专任教师数统计表（单位：人）

分类 地区	总计				城镇				农村			
	合计	专科及以上学历人数	高中及以上学历人数	小学高级及以上职称人数	合计	专科及以上学历人数	高中及以上学历人数	小学高级及以上职称人数	合计	专科及以上学历人数	高中及以上学历人数	小学高级及以上职称人数
全国	5702750	2310977	5580184	2053422	2057059	1152823	2036016	861260	3645691	1158154	3544168	1192162
北京	49843	35971	49545	22710	37730	27771	37529	18078	12113	8200	12016	4632
天津	43829	21940	43403	23839	33180	17540	32913	18636	10649	4400	10490	5203
河北	329165	167583	327860	104886	99702	64724	99447	40571	229463	102859	228413	64315
山西	188109	75119	185650	55937	58546	34468	58247	20869	129563	40651	127403	35068
内蒙古	127011	49043	123919	48876	52752	28830	52166	22319	74259	20213	71753	26557
辽宁	170947	73072	168846	107455	69172	43564	68852	41215	101775	29508	99994	65240
吉林	141363	92524	140185	55361	54969	40961	54791	24607	86394	51563	85394	30754
黑龙江	178122	87869	175424	83337	61578	40037	61120	32158	116544	47832	114304	51179
上海	39408	27512	39014	20516	37809	26535	37453	19728	1599	977	1561	788
江苏	268436	131294	264225	116972	92221	59427	91580	42854	176215	71867	172645	74118
浙江	159127	73092	156100	59643	140692	67690	138461	53782	18435	5402	17639	5861
安徽	266458	76240	263562	88964	69049	33320	68730	31376	197409	42920	194832	57588
福建	177248	52680	173745	45376	74091	29726	73347	23944	103157	22954	100398	21432
江西	198513	56367	191212	64257	81135	30996	79045	30917	117378	25371	112167	33340
山东	380066	161458	376161	163078	141346	86088	140584	58312	238720	75370	235577	104766
河南	488490	174552	481588	158434	113554	64553	112900	41118	374936	109999	368688	117316

续表

地区＼分类	总计				城镇				农村			
	合计	专科及以上学历人数	高中及以上学历人数	小学高级及以上职称人数	合计	专科及以上学历人数	高中及以上学历人数	小学高级及以上职称人数	合计	专科及以上学历人数	高中及以上学历人数	小学高级及以上职称人数
湖北	233902	103895	227366	122090	86303	52943	85064	45889	147599	50952	142302	76201
湖南	260704	88607	256409	124889	86328	42086	85593	47232	174376	46521	170816	77657
广东	389262	206126	386155	119474	174923	108936	173856	62393	214339	97190	212299	57081
广西	205142	59020	198078	80577	65880	29187	65149	30695	139262	29833	132929	49882
海南	49367	17775	48549	13330	18116	9216	17962	5928	31251	8559	30587	7402
重庆	115212	58553	112232	32142	66784	39178	65744	21520	48428	19375	46488	10622
四川	316029	117540	307693	114903	94920	50490	93890	41256	221109	67050	213803	73647
贵州	179367	38032	165384	30562	50169	18664	48827	15042	129198	19368	116557	15520
云南	221589	55640	209115	63030	42888	18601	41925	18393	178701	37039	167190	44637
西藏	13026	2161	11984	902	4782	1183	4466	746	8244	978	7518	156
陕西	190964	75304	184965	42289	50413	30251	49864	15134	140551	45053	135101	27155
甘肃	126740	38827	120470	36122	36082	16940	35232	12362	90658	21887	85238	23760
青海	28496	13896	27641	7378	11145	6405	10945	4116	17351	7491	16696	3262
宁夏	34531	13917	33733	13126	12225	6978	12050	5429	22306	6939	21683	7697
新疆	132284	65368	129971	32967	38575	25535	38284	14641	93709	39833	91687	18326

注：表格中“城镇”部分数据为年鉴中原始数据的“城市”与“县镇”两部分数据之和。

资料来源：根据《中国教育统计年鉴》2003—2006 年中的数据计算整理而得。

附表 8　2006 年全国分地区普通初中专任教师数统计表（单位：人）

分类 地区	总计				城镇				农村			
	合计	本科及以上学历人数	专科及以上学历人数	中学高级职称人数	合计	本科及以上学历人数	专科及以上学历人数	中学高级职称人数	合计	本科及以上学历人数	专科及以上学历人数	中学高级职称人数
全国	3463478	1423655	3336672	267523	1964235	974401	1915448	198334	1499243	449254	1421224	69189
北京	29958	24194	29679	3938	23277	19172	23066	3642	6681	5022	6613	296
天津	26533	15836	25279	5385	19754	12901	18972	4681	6779	2935	6307	704
河北	208902	95286	203876	12630	110385	57870	108672	9883	98517	37416	95204	2747
山西	119964	42912	113834	4940	59098	26531	57210	4197	60866	16381	56624	743
内蒙古	66258	30623	63922	6542	49187	24577	47976	5910	17071	6046	15946	632
辽宁	103425	42986	99822	27323	52494	31646	51763	13767	50931	11340	48059	13556
吉林	68643	42851	67593	6956	43885	29795	43421	5916	24758	13056	24172	1040
黑龙江	106740	49589	103312	14037	59118	32959	57927	10975	47622	16630	45385	3062
上海	33332	27855	33222	2605	32906	27587	32806	2583	426	268	416	22
江苏	190280	88720	183897	13789	111822	63903	109051	11303	78458	24817	74846	2486
浙江	111540	74784	110124	8348	95257	65686	94182	8030	16283	9098	15942	318
安徽	152801	55958	147338	12568	64169	29236	62915	7785	88632	26722	84423	4783
福建	98462	45464	96429	8075	60072	31115	58975	5964	38390	14349	37454	2111
江西	114222	38341	107974	13854	50728	19848	48644	8339	63494	18493	59330	5515
山东	260512	120322	253351	25860	156157	81441	152365	18441	104355	38881	100986	7419
河南	284540	84843	272095	20652	126014	49663	122744	13679	158526	35180	149351	6973

续表

分类 地区	总计				城镇				农村			
	合计	本科及以上学历人数	专科及以上学历人数	中学高级职称人数	合计	本科及以上学历人数	专科及以上学历人数	中学高级职称人数	合计	本科及以上学历人数	专科及以上学历人数	中学高级职称人数
湖北	167572	65724	157470	15701	72181	36135	69145	11360	95391	29589	88325	4341
湖南	183779	65280	176255	8570	85571	35479	83356	6222	98208	29801	92899	2348
广东	228956	91996	220841	9633	170780	77568	166139	8847	58176	14428	54702	786
广西	116325	29478	111813	4066	90000	25049	86801	3776	26325	4429	25012	290
海南	22044	9027	21282	1428	16293	7497	15820	1249	5751	1530	5462	179
重庆	68575	36802	66856	3053	50907	29363	49902	2788	17668	7439	16954	265
四川	189524	70968	180755	9749	126517	54098	121933	8564	63007	16870	58822	1185
贵州	100153	25207	96338	4271	58558	18307	56770	3783	41595	6900	39568	488
云南	104419	40074	100815	6080	59086	27759	57652	4811	45333	12315	43163	1269
西藏	6574	3615	6352	74	6521	3577	6299	74	53	38	53	0
陕西	115656	36839	109765	5052	34951	17736	34310	3228	80705	19103	75455	1824
甘肃	74025	19549	69568	1988	33645	12065	32405	1597	40380	7484	37163	391
青海	13802	5947	13377	1205	6395	3184	6241	789	7407	2763	7136	416
宁夏	15802	10254	15488	2361	9575	6881	9477	1735	6227	3373	6011	626
新疆	80160	32331	77950	6790	28932	15773	28509	4416	51228	16558	49441	2374

注：表格中“城镇”部分数据为年鉴中原始数据的“城市”与“县镇”两部分数据之和。

资料来源：根据《中国教育统计年鉴》2003—2006年中的数据计算整理而得。

附表 9　2005 年全国分地区普通初中专任教师数统计表（单位：人）

地区 \ 分类	总计				城镇				农村			
	合计	本科及以上学历人数	专科及以上学历人数	中学高级职称人数	合计	本科及以上学历人数	专科及以上学历人数	中学高级职称人数	合计	本科及以上学历人数	专科及以上学历人数	中学高级职称人数
全国	3471839	1225799	3306696	227860	1938136	852568	1877275	174651	1533703	373231	1429421	53209
北京	31095	23334	30697	3870	24652	19170	24372	3605	6443	4164	6325	265
天津	27330	13940	25684	5006	20313	11708	19338	4462	7017	2232	6346	544
河北	216566	83940	209084	10278	119966	54700	117116	8520	96600	29240	91968	1758
山西	118220	35431	110200	4197	58068	22721	55754	3534	60152	12710	54446	663
内蒙古	67007	25205	63372	5569	45622	19563	44252	5044	21385	5642	19120	525
辽宁	106439	38684	101797	24805	54927	29687	53879	12842	51512	8997	47918	11963
吉林	69956	40760	68686	6353	47688	29970	47041	5635	22268	10790	21645	718
黑龙江	109095	44796	104990	12570	60126	30430	58831	10000	48969	14366	46159	2570
上海	33557	27023	33405	2227	32660	26534	32559	2143	897	489	846	84
江苏	191014	79142	182390	11642	111358	57141	107727	9622	79656	22001	74663	2020
浙江	110015	67656	108243	6689	93220	59369	91892	6449	16795	8287	16351	240
安徽	145867	48288	138970	9988	68723	27740	66632	7022	77144	20548	72338	2966
福建	98982	35158	96503	6510	63533	26027	62157	5197	35449	9131	34346	1313
江西	116568	33181	108381	10944	60990	20438	57636	7804	55578	12743	50745	3140
山东	269057	102908	258548	23230	184919	80872	179273	17960	84138	22036	79275	5270
河南	289035	73701	273644	17907	127561	43773	123224	12348	161474	29928	150420	5559

续表

分类 地区	总计				城镇				农村			
	合计	本科及以上学历人数	专科及以上学历人数	中学高级职称人数	合计	本科及以上学历人数	专科及以上学历人数	中学高级职称人数	合计	本科及以上学历人数	专科及以上学历人数	中学高级职称人数
湖北	169084	57602	156824	12778	71654	32442	68432	9752	97430	25160	88392	3026
湖南	193125	54812	183328	7474	92878	32198	89820	5925	100247	22614	93508	1549
广东	221224	80345	211151	7810	162149	66452	156329	7173	59075	13893	54822	637
广西	117132	21525	110883	3731	82979	17379	78805	3430	34153	4146	32078	301
海南	21062	7994	20222	1377	15449	6627	14971	1204	5613	1367	5251	173
重庆	68223	32507	65972	2472	23052	14881	22598	1824	45171	17626	43374	648
四川	186516	56208	175255	7938	99383	37798	95139	6593	87133	18410	80116	1345
贵州	97083	19894	91667	3617	54668	14831	52491	3210	42415	5063	39176	407
云南	101925	32634	97479	4686	47541	19627	46179	3327	54384	13007	51300	1359
西藏	6239	3196	5983	50	6200	3170	5945	50	39	26	38	0
陕西	115038	29404	107060	4117	34172	15165	33334	2714	80866	14239	73726	1403
甘肃	70023	14847	64758	1700	29777	9234	28493	1389	40246	5613	36265	311
青海	13479	5079	12921	817	7213	3322	6970	696	6266	1757	5951	121
宁夏	15335	8820	14885	2086	9139	5838	8987	1527	6196	2982	5898	559
新疆	76548	27785	73714	5422	27556	13761	27099	3650	48992	14024	46615	1772

注：表格中“城镇”部分数据为年鉴中原始数据的“城市”与“县镇”两部分数据之和。

资料来源：根据《中国教育统计年鉴》2003—2006 年中的数据计算整理而得。

附表 10　2004 年全国分地区普通初中专任教师数统计表（单位：人）

分类 地区	总计				城镇				农村			
	合计	本科及以上学历人数	专科及以上学历人数	中学高级职称人数	合计	本科及以上学历人数	专科及以上学历人数	中学高级职称人数	合计	本科及以上学历人数	专科及以上学历人数	中学高级职称人数
全国	3476784	1012759	3260757	195655	1843790	702551	1769675	150118	1632994	310208	1491082	45537
北京	32442	21637	31874	3939	27824	19280	27349	3764	4618	2357	4525	175
天津	28292	11352	25850	4382	20908	9977	19582	4015	7384	1375	6268	367
河北	222542	69175	212075	9497	118975	46116	114855	7997	103567	23059	97220	1500
山西	116405	28046	106395	3436	52412	18274	49955	2840	63993	9772	56440	596
内蒙古	67595	19168	62596	4418	45590	15506	43638	4096	22005	3662	18958	322
辽宁	109022	34135	103607	23281	56885	27009	55519	12275	52137	7126	48088	11006
吉林	70754	37586	69351	5394	46727	27389	45994	4843	24027	10197	23357	551
黑龙江	116824	38198	110545	11264	57662	25602	56117	8851	59162	12596	54428	2413
上海	34067	26245	33795	2049	33135	25772	32900	1991	932	473	895	58
江苏	189493	67594	178608	10323	79218	41133	77047	7517	110275	26461	101561	2806
浙江	109587	55738	107026	5234	93721	50081	91845	5098	15866	5657	15181	136
安徽	144396	41181	135568	8142	60133	22423	58135	5727	84263	18758	77433	2415
福建	99417	23314	96296	5179	61374	17711	59753	4195	38043	5603	36543	984
江西	116548	27378	106481	8540	63962	18278	59677	6433	52586	9100	46804	2107
山东	276822	84724	261717	19591	194076	68911	185649	15512	82746	15813	76068	4079
河南	289537	64675	270789	15679	122602	38465	117835	10757	166935	26210	152954	4922

续表

分类 / 地区	总计				城镇				农村			
	合计	本科及以上学历人数	专科及以上学历人数	中学高级职称人数	合计	本科及以上学历人数	专科及以上学历人数	中学高级职称人数	合计	本科及以上学历人数	专科及以上学历人数	中学高级职称人数
湖北	169315	51613	154914	10366	78102	30953	73701	8375	91213	20660	81213	1991
湖南	198536	42826	185746	6485	91829	25764	87804	5138	106707	17062	97942	1347
广东	213640	65269	200581	6303	135349	48252	128142	5428	78291	17017	72439	875
广西	115918	14559	107601	3609	80343	12066	75038	3326	35575	2493	32563	283
海南	20828	7106	19912	1151	15291	5980	14792	1008	5537	1126	5120	143
重庆	67984	26420	64793	2140	18885	11548	18464	1577	49099	14872	46329	563
四川	186905	45256	57917	6573	87809	29436	-30717	5426	99096	15820	88634	1147
贵州	93128	15863	85487	3041	51533	12188	48733	2725	41595	3675	36754	316
云南	99642	23149	93574	3460	44210	13945	42488	2552	55432	9204	51086	908
西藏	5677	2586	5377	28	5639	2562	5340	28	38	24	37	0
陕西	113497	23205	101783	3705	30670	12282	29782	2388	82827	10923	72001	1317
甘肃	67566	11362	60981	1606	26465	6894	24938	1251	41101	4468	36043	355
青海	13496	4054	12692	590	7843	2941	7462	544	5653	1113	5230	46
宁夏	15337	6736	14781	1957	8602	4425	8419	1400	6735	2311	6362	557
新疆	71572	22609	68045	4293	26016	11388	25439	3041	45556	11221	42606	1252

注：表格中“城镇”部分数据为年鉴中原始数据的“城市”与“县镇”两部分数据之和。

资料来源：根据《中国教育统计年鉴》2003—2006 年中的数据计算整理而得。

附表 11　2003 年全国分地区普通初中专任教师数统计表（单位：人）

分类 / 地区	总计				城镇				农村			
	合计	本科及以上学历人数	专科及以上学历人数	中学高级职称人数	合计	本科及以上学历人数	专科及以上学历人数	中学高级职称人数	合计	本科及以上学历人数	专科及以上学历人数	中学高级职称人数
全国	3466735	826016	3190831	169283	1888621	600719	1790377	132496	1578114	225297	1400454	35787
北京	34269	19953	33400	4115	28851	17720	28152	3887	5418	2233	5248	228
天津	29398	9704	26133	4237	21813	8746	19976	3950	7585	958	6157	287
河北	224580	45703	209804	7601	118250	31870	112287	6542	106330	13833	97517	1059
山西	114847	21819	102039	2866	53871	15660	50775	2408	60976	6159	51264	458
内蒙古	67463	14529	60499	3740	45343	12115	42538	3421	22120	2414	17961	319
辽宁	111348	30841	104722	20086	58481	24875	56788	11045	52867	5966	47934	9041
吉林	71435	34040	69462	4905	46959	25379	46024	4376	24476	8661	23438	529
黑龙江	119901	32076	111275	10000	58713	22486	56691	7999	61188	9590	54584	2001
上海	34203	24467	33781	1862	33234	24002	32851	1821	969	465	930	41
江苏	185182	57584	172292	9739	72475	34377	70188	6953	112707	23207	102104	2786
浙江	109535	43570	106060	4161	100162	41521	97400	4109	9373	2049	8660	52
安徽	138549	34606	128617	6793	57922	19414	55497	5052	80627	15192	73120	1741
福建	99925	15713	96429	4357	63056	12560	61225	3653	36869	3153	35204	704
江西	116604	23286	104627	6162	62934	15656	58062	4892	53670	7630	46565	1270
山东	283182	71461	263561	15932	193987	57504	183087	12625	89195	13957	80474	3307
河南	291623	55011	267612	14646	121310	32434	115304	10022	170313	22577	152308	4624

续表

分类／地区	总计				城镇				农村			
	合计	本科及以上学历人数	专科及以上学历人数	中学高级职称人数	合计	本科及以上学历人数	专科及以上学历人数	中学高级职称人数	合计	本科及以上学历人数	专科及以上学历人数	中学高级职称人数
湖北	167211	43663	150210	8962	79107	27192	73744	7388	88104	16471	76466	1574
湖南	203096	36690	186244	6089	92281	22397	87064	4943	110815	14293	99180	1146
广东	205399	54226	189033	5751	127210	40530	118554	4848	78189	13696	70479	903
广西	115717	11488	104736	3500	79210	9755	72429	3217	36507	1733	32307	283
海南	20135	5928	18991	1061	14724	4969	14100	922	5411	959	4891	139
重庆	67999	20674	63484	1866	52008	17988	49261	1744	15991	2686	14223	122
四川	188498	35513	168970	5422	97724	26149	91243	4656	90774	9364	77727	766
贵州	87899	11898	78657	2529	47728	9447	44726	2270	40171	2451	33931	259
云南	98724	16625	91162	2783	44004	10682	41775	2133	54720	5943	49387	650
西藏	4973	1990	4600	15	4943	1973	4571	15	30	17	29	0
陕西	111614	17911	95535	3509	45566	12504	42506	2621	66048	5407	53029	888
甘肃	65999	8777	57801	1313	25626	5674	23806	1069	40373	3103	33995	244
青海	13253	3245	12140	444	7507	2302	7084	412	5746	943	5056	32
宁夏	15818	4750	14964	1671	8224	3126	7969	1149	7594	1624	6995	522
新疆	68356	18275	63991	3166	25398	9712	24700	2354	42958	8563	39291	812

注：表格中“城镇”部分数据为年鉴中原始数据的“城市”与“县镇”两部分数据之和。

资料来源：根据《中国教育统计年鉴》2003—2006年中的数据计算整理而得。

附表 12　2006 年全国分地区普通高中专任教师数统计表（单位：人）

分类 地区	总计				城镇				农村			
	合计	本科及以上学历人数	中学高级职称人数	中学一级及以上职称人数	合计	本科及以上学历人数	中学高级职称人数	中学一级及以上职称人数	合计	本科及以上学历人数	中学高级职称人数	中学一级及以上职称人数
全国	1387182	1199321	282510	751963	1259733	1102638	267154	694806	127449	96683	15356	57157
北京	20581	19877	5297	12417	19450	18811	5134	11938	1131	1066	163	479
天津	15101	13861	4214	9055	13334	12313	4031	8204	1767	1548	183	851
河北	78219	67054	11940	39119	72007	62311	11449	36585	6212	4743	491	2534
山西	45158	37725	7134	20278	41548	35164	6869	19055	3610	2561	265	1223
内蒙古	28858	24088	6457	17041	28355	23704	6356	16720	503	384	101	321
辽宁	39794	36563	11784	23891	36896	34057	10977	22265	2898	2506	807	1626
吉林	25976	24023	6313	16965	25180	23395	6221	16454	796	628	92	511
黑龙江	35788	31619	9734	21994	32732	29229	8966	20215	3056	2390	768	1779
上海	18030	17695	4883	12495	17948	17619	4873	12441	82	76	10	54
江苏	93879	83661	18740	47730	77821	71134	17060	40938	16058	12527	1680	6792
浙江	58566	56021	12189	30967	56579	54179	11936	30078	1987	1842	253	889
安徽	55564	48248	13416	31141	47227	41932	12125	26998	8337	6316	1291	4143
福建	49593	41725	9750	26869	44277	37526	9180	24605	5316	4199	570	2264
江西	48520	36943	12736	29309	43608	33754	11883	26676	4912	3189	853	2633
山东	111858	99694	19486	52152	106466	95871	18714	49882	5392	3823	772	2270
河南	91866	78242	15703	42549	84497	73074	15086	40177	7369	5168	617	2372

续表

分类 地区	总计				城镇				农村			
	合计	本科及以上学历人数	中学高级职称人数	中学一级及以上职称人数	合计	本科及以上学历人数	中学高级职称人数	中学一级及以上职称人数	合计	本科及以上学历人数	中学高级职称人数	中学一级及以上职称人数
湖北	68109	60024	17937	43426	59794	53657	16804	38917	8315	6367	1133	4509
湖南	72268	63096	14843	44196	60419	53453	13633	38561	11849	9643	1210	5635
广东	95581	82274	15871	53259	87427	76483	15207	49513	8154	5791	664	3746
广西	38048	30913	5744	19779	37602	30602	5725	19629	446	311	19	150
海南	7712	6629	1772	4185	7069	6144	1665	3885	643	485	107	300
重庆	27207	24033	4990	14364	24594	21918	4724	13175	2613	2115	266	1189
四川	76016	63003	16386	41849	73247	60932	16036	40580	2769	2071	350	1269
贵州	28121	23962	5768	14553	27089	23211	5543	14015	1032	751	225	538
云南	34046	30263	6559	17723	32493	29013	6382	17065	1553	1250	177	658
西藏	2103	1847	135	718	2103	1847	135	718	0	0	0	0
陕西	47220	39345	8597	23371	33983	29233	7106	18300	13237	10112	1491	5071
甘肃	32081	23164	4387	14997	29341	21640	4216	14110	2740	1524	171	887
青海	6963	5298	1367	4794	5836	4499	1246	4171	1127	799	121	623
宁夏	7541	6961	1953	4743	7160	6671	1916	4578	381	290	37	165
新疆	26815	21470	6425	16034	23651	19262	5956	14360	3164	2208	469	1674

注：表格中“城镇”部分数据为年鉴中原始数据的“城市”与“县镇”两部分数据之和。

资料来源：根据《中国教育统计年鉴》2003—2006年中的数据计算整理而得。

附表 13　2005 年全国分地区普通高中专任教师数统计表（单位：人）

分类 地区	总计				城镇				农村			
	合计	本科及以上学历人数	中学高级职称人数	中学一级及以上职称人数	合计	本科及以上学历人数	中学高级职称人数	中学一级及以上职称人数	合计	本科及以上学历人数	中学高级职称人数	中学一级及以上职称人数
全国	1299460	1084490	250697	693707	1175132	996293	236988	639983	124328	88197	13709	53724
北京	19875	19134	4936	11874	18981	18304	4796	11493	894	830	140	381
天津	14207	12728	3834	8440	12634	11483	3701	7746	1573	1245	133	694
河北	73403	60175	10795	35941	68513	56723	10426	34090	4890	3452	369	1851
山西	41583	33727	6498	18839	38152	31341	6229	17715	3431	2386	269	1124
内蒙古	26649	21169	5504	15873	25971	20728	5388	15472	678	441	116	401
辽宁	38208	34652	11066	22996	35427	32315	10336	21446	2781	2337	730	1550
吉林	24292	22513	5485	15714	23611	22007	5426	15291	681	506	59	423
黑龙江	34093	29347	8839	20912	31313	27375	8232	19246	2780	1972	607	1666
上海	18239	17861	4567	12426	17985	17629	4497	12234	254	232	70	192
江苏	88801	77104	16338	44269	74556	66552	14889	38457	14245	10552	1449	5812
浙江	56882	53810	10863	28731	56004	53001	10754	28318	878	809	109	413
安徽	51112	42985	11911	28867	43628	37633	10905	25264	7484	5352	1006	3603
福建	45328	35879	8201	23303	42406	33815	7886	22214	2922	2064	315	1089
江西	46565	33122	11378	27307	43197	31269	10798	25542	3368	1853	580	1765
山东	108076	93016	17662	47842	104199	90229	17192	46360	3877	2787	470	1482
河南	84038	69375	13972	38794	76782	64781	13377	36434	7256	4594	595	2360

续表

分类 地区	总计				城镇				农村			
	合计	本科及以上学历人数	中学高级职称人数	中学一级及以上职称人数	合计	本科及以上学历人数	中学高级职称人数	中学一级及以上职称人数	合计	本科及以上学历人数	中学高级职称人数	中学一级及以上职称人数
湖北	64433	54652	16085	40550	55565	48298	14962	35839	8868	6354	1123	4711
湖南	68324	56790	13491	41128	58276	48991	12564	36517	10048	7799	927	4611
广东	86079	71977	13077	47074	77594	66062	12474	43265	8485	5915	603	3809
广西	35249	26937	5406	18218	34736	26633	5379	18007	513	304	27	211
海南	6590	5517	1589	3796	6017	5077	1485	3493	573	440	104	303
重庆	25774	22078	4247	12940	17548	15923	3575	9899	8226	6155	672	3041
四川	72408	56495	14631	39089	65798	51993	13789	36094	6610	4502	842	2995
贵州	25638	21125	5045	12966	24168	20116	4736	12234	1470	1009	309	732
云南	29760	25551	5566	16074	27548	23874	5319	15128	2212	1677	247	946
西藏	1922	1564	109	586	1922	1564	109	586	0	0	0	0
陕西	44100	35009	7377	21416	31933	26583	6176	16931	12167	8426	1201	4485
甘肃	29127	19723	3893	13791	26307	18397	3720	12851	2820	1326	173	940
青海	6571	4786	965	4226	5943	4360	956	4005	628	426	9	221
宁夏	6981	6247	1748	4472	6485	5875	1693	4260	496	372	55	212
新疆	25153	19442	5619	15253	21933	17362	5219	13552	3220	2080	400	1701

注：表格中“城镇”部分数据为年鉴中原始数据的“城市”与“县镇”两部分数据之和。

资料来源：根据《中国教育统计年鉴》2003—2006年中的数据计算整理而得。

附表 14　2004 年全国分地区普通高中专任教师数统计表（单位：人）

地区＼分类	总计				城镇				农村			
	合计	本科及以上学历人数	中学高级职称人数	中学一级及以上职称人数	合计	本科及以上学历人数	中学高级职称人数	中学一级及以上职称人数	合计	本科及以上学历人数	中学高级职称人数	中学一级及以上职称人数
全国	1190681	947700	220147	629381	1054875	858937	206263	573011	135806	88763	13884	56370
北京	18672	17825	4658	11356	18327	17504	4582	11138	345	321	76	218
天津	13105	11115	3290	7761	11605	10132	3168	7135	1500	983	122	626
河北	67536	53073	10098	32428	62639	49830	9697	30632	4897	3243	401	1796
山西	36985	28261	5430	16922	34047	26392	5211	15921	2938	1869	219	1001
内蒙古	24593	18195	4675	14697	24092	17914	4608	14443	501	281	67	254
辽宁	35586	31754	9989	21457	32737	29527	9277	19736	2849	2227	712	1721
吉林	22302	20496	4639	14363	21514	19899	4576	13933	788	597	63	430
黑龙江	32648	26687	8236	20410	29098	24359	7511	18296	3550	2328	725	2114
上海	17832	17435	4169	11888	17576	17204	4115	11697	256	231	54	191
江苏	82855	69562	13887	40321	59843	52915	11786	31548	23012	16647	2101	8773
浙江	53303	49364	9503	25952	52956	49083	9488	25837	347	281	15	115
安徽	45646	37248	10416	26025	37970	32234	9387	22317	7676	5014	1029	3708
福建	40132	29298	6660	19579	36733	27241	6401	18463	3399	2057	259	1116
江西	43653	28079	10040	25036	40423	26617	9541	23421	3230	1462	499	1615
山东	102278	83526	15608	43656	98471	80848	15170	42303	3807	2678	438	1353
河南	75961	61322	12619	35245	69099	56990	12039	33057	6862	4332	580	2188

续表

分类 地区	总计				城镇				农村			
	合计	本科及以上学历人数	中学高级职称人数	中学一级及以上职称人数	合计	本科及以上学历人数	中学高级职称人数	中学一级及以上职称人数	合计	本科及以上学历人数	中学高级职称人数	中学一级及以上职称人数
湖北	60334	49313	14317	37726	53109	44742	13467	34002	7225	4571	850	3724
湖南	62361	48803	11973	37244	52595	42032	11146	32963	9766	6771	827	4281
广东	75330	59817	10652	40333	63468	51384	9763	35051	11862	8433	889	5282
广西	32727	23739	5330	16889	31709	23296	5249	16569	1018	443	81	320
海南	5608	4514	1394	3488	5230	4262	1332	3277	378	252	62	211
重庆	24067	19223	3715	11731	14954	13112	2984	8347	9113	6111	731	3384
四川	66453	48412	12487	34917	59262	44392	11711	31914	7191	4020	776	3003
贵州	22488	17662	4388	11587	20889	16584	4075	10790	1599	1078	313	797
云南	25076	20117	4572	14269	23061	18723	4347	13360	2015	1394	225	909
西藏	1694	1324	82	493	1694	1324	82	493	0	0	0	0
陕西	40745	30138	6925	19631	29218	23040	5782	15667	11527	7098	1143	3964
甘肃	25458	15646	3326	12248	21773	14295	3171	11066	3685	1351	155	1182
青海	5906	3881	758	3480	5446	3591	755	3372	460	290	3	108
宁夏	6538	5390	1543	4192	5783	4927	1453	3853	755	463	90	339
新疆	22809	16481	4768	14057	19554	14544	4389	12410	3255	1937	379	1647

注：表格中“城镇”部分数据为年鉴中原始数据的“城市”与“县镇”两部分数据之和。

资料来源：根据《中国教育统计年鉴》2003—2006 年中的数据计算整理而得。

附表15　2003年全国分地区普通高中专任教师数统计表（单位：人）

分类 地区	总计				城镇				农村			
	合计	本科及以上学历人数	中学高级职称人数	中学一级及以上职称人数	合计	本科及以上学历人数	中学高级职称人数	中学一级及以上职称人数	合计	本科及以上学历人数	中学高级职称人数	中学一级及以上职称人数
全国	1070575	810520	191670	568987	956263	742553	180538	521358	114312	67967	11132	47629
北京	17179	16025	4301	10429	16677	15612	4208	10157	502	413	93	272
天津	12024	9891	2982	7103	10738	9105	2873	6585	1286	786	109	518
河北	61285	44677	8427	27692	56456	41874	8047	26079	4829	2803	380	1613
山西	32500	23997	4804	15410	30359	22784	4651	14713	2141	1213	153	697
内蒙古	22472	15332	4049	13336	21868	14996	3964	13026	604	336	85	310
辽宁	32668	28785	8861	19955	30172	26843	8257	18410	2496	1942	604	1545
吉林	20903	18713	3813	12702	20392	18348	3760	12396	511	365	53	306
黑龙江	29728	23320	7253	19228	26455	21261	6629	17237	3273	2059	624	1991
上海	17252	16709	3986	11330	17019	16501	3953	11157	233	208	33	173
江苏	74635	60127	12012	37078	52012	44877	10113	28264	22623	15250	1899	8814
浙江	48770	43397	8083	23498	48628	43304	8078	23447	142	93	5	51
安徽	40980	32304	9253	24121	33554	27753	8390	20544	7426	4551	863	3577
福建	35853	24206	5656	16947	33068	22644	5479	16167	2785	1562	177	780
江西	39160	23421	8151	22084	35970	21973	7674	20493	3190	1448	477	1591
山东	91629	72066	13491	39030	87700	69596	13126	37765	3929	2470	365	1265
河南	67217	52690	11466	31847	61137	49098	10949	29924	6080	3592	517	1923

续表

分类 地区	总计				城镇				农村			
	合计	本科及以上学历人数	中学高级职称人数	中学一级及以上职称人数	合计	本科及以上学历人数	中学高级职称人数	中学一级及以上职称人数	合计	本科及以上学历人数	中学高级职称人数	中学一级及以上职称人数
湖北	56540	43434	12360	35296	50108	39831	11663	31919	6432	3603	697	3377
湖南	56185	41044	10824	33831	47669	35776	10104	30144	8516	5268	720	3687
广东	66190	50192	8953	35294	55286	43104	8191	30747	10904	7088	762	4547
广西	29258	20019	5015	15405	28383	19616	4939	15073	875	403	76	332
海南	4768	3656	1181	2991	4447	3433	1143	2849	321	223	38	142
重庆	21561	15974	3318	10569	20329	15373	3240	10172	1232	601	78	397
四川	58600	39400	10877	31355	53500	37081	10356	29223	5100	2319	521	2132
贵州	19413	14293	3701	10141	18006	13654	3534	9584	1407	639	167	557
云南	21497	16300	3856	12795	19710	15138	3647	11929	1787	1162	209	866
西藏	1488	1117	75	442	1488	1117	75	442	0	0	0	0
陕西	36823	25158	6409	18429	29076	21291	5617	15540	7747	3867	792	2889
甘肃	21754	12505	2803	10744	18473	11433	2642	9642	3281	1072	161	1102
青海	5360	3224	632	3163	4952	2997	629	3054	408	227	3	109
宁夏	5907	4485	1377	3875	4851	3808	1226	3380	1056	677	151	495
新疆	20976	14059	3701	12867	17780	12332	3381	11296	3196	1727	320	1571

注：表格中“城镇”部分数据为年鉴中原始数据的“城市”与“县镇”两部分数据之和。

资料来源：根据《中国教育统计年鉴》2003—2006年中的数据计算整理而得。

附表 16　2006 年全国分地区普通小学教职工数统计表（单位：人）

分类 地区	总计				城镇				农村			
	教职工数		代课教师数	代课及兼任教师总数	教职工数		代课教师数	代课及兼任教师总数	教职工数		代课教师数	代课及兼任教师总数
	合计	专任教师数			合计	专任教师数			合计	专任教师数		
全国	6119992	5587557	311833	329984	2342698	2066954	57457	64052	3777294	3520603	254376	265932
北京	61313	48207	236	342	42186	33289	201	279	19127	14918	35	63
天津	47916	39951	207	273	38097	31221	172	238	9819	8730	35	35
河北	338714	315278	9113	10132	105562	94454	2233	2634	233152	220824	6880	7498
山西	209485	193386	18675	19370	74522	65452	4189	4526	134963	127934	14486	14844
内蒙古	138487	116582	3222	3461	68223	57431	1468	1555	70264	59151	1754	1906
辽宁	180474	155848	4088	5024	73531	62167	254	342	106943	93681	3834	4682
吉林	160189	134450	1374	1559	67040	53425	630	756	93149	81025	744	803
黑龙江	184214	160511	745	1125	73897	61832	168	265	110317	98679	577	860
上海	48610	37500	302	518	47858	36944	292	508	752	556	10	10
江苏	288430	260510	5134	5432	145491	131319	2683	2920	142939	129191	2451	2512
浙江	179848	163843	0	939	123301	111321	0	709	56547	52522	0	230
安徽	268327	256368	13013	13957	78020	72466	2852	3027	190307	183902	10161	10930
福建	173913	163350	3422	3627	68691	62648	1140	1260	105222	100702	2282	2367
江西	202991	195538	8053	8829	55683	52466	700	934	147308	143072	7353	7895
山东	415117	381673	7091	7831	146222	129884	2479	2812	268895	251789	4612	5019
河南	505033	478153	9578	12549	128957	116011	2855	3474	376076	362142	6723	9075

续表

分类 地区	总计				城镇				农村			
	教职工数		代课教师数	代课及兼任教师总数	教职工数		代课教师数	代课及兼任教师总数	教职工数		代课教师数	代课及兼任教师总数
	合计	专任教师数			合计	专任教师数			合计	专任教师数		
湖北	225803	209342	17264	17815	77442	69331	2664	2868	148361	140011	14600	14947
湖南	263305	247567	3726	4326	92384	84461	691	908	170921	163106	3035	3418
广东	467730	407584	47086	47829	234709	201143	15172	15531	233021	206441	31914	32298
广西	234827	206912	40520	41100	78231	68005	3116	3283	156596	138907	37404	37817
海南	57578	51635	1291	1378	22432	19081	261	312	35146	32554	1030	1066
重庆	126432	113724	8274	8584	60936	53729	1488	1634	65496	59995	6786	6950
四川	336132	306886	23730	24755	152476	136597	3998	4518	183656	170289	19732	20237
贵州	200576	188762	15676	16198	61923	56679	1086	1239	138653	132083	14590	14959
云南	234630	222022	22566	22841	61024	55412	852	911	173606	166610	21714	21930
西藏	16646	15961	1780	1857	5943	5579	83	105	10703	10382	1697	1752
陕西	200256	184573	15886	16514	50687	44920	1750	2021	149569	139653	14136	14493
甘肃	140031	135491	18718	19475	41508	38824	1666	1825	98523	96667	17052	17650
青海	29209	28124	1707	1742	9278	8827	271	273	19931	19297	1436	1469
宁夏	33981	33108	1738	2179	12790	12365	244	331	21191	20743	1494	1848
新疆	149795	134718	7618	8423	43654	39671	1819	2074	106141	95047	5799	6349

注：表格中“城镇”部分数据为年鉴中原始数据的“城市”与“县镇”两部分数据之和。

资料来源：根据《中国教育统计年鉴》2003—2006 年中的数据计算整理而得。

附表 17　2005 年全国分地区普通小学教职工数统计表（单位：人）

分类 地区	总计				城镇				农村			
	教职工数		代课教师数	代课及兼任教师总数	教职工数		代课教师数	代课及兼任教师总数	教职工数		代课教师数	代课及兼任教师总数
	合计	专任教师数			合计	专任教师数			合计	专任教师数		
全国	6132155	5592453	330658	349589	2299039	2023869	55296	63194	3833116	3568584	275362	286395
北京	61352	47948	251	372	42532	32962	219	302	18820	14986	32	70
天津	49629	41076	181	248	39395	31892	158	225	10234	9184	23	23
河北	343697	320110	10540	11982	113883	101824	2513	2891	229814	218286	8027	9091
山西	208261	192271	19636	20379	71916	63264	3772	4101	136345	129007	15864	16278
内蒙古	138645	118988	3417	3724	61144	51993	1223	1278	77501	66995	2194	2446
辽宁	190548	163589	2932	3758	77404	65286	163	368	113144	98303	2769	3390
吉林	163366	137675	1256	1480	70783	56261	504	693	92583	81414	752	787
黑龙江	188256	163204	751	1126	75419	62726	131	212	112837	100478	620	914
上海	50031	37954	492	946	48456	36735	452	904	1575	1219	40	42
江苏	289751	261646	6108	6662	143903	129452	2668	3113	145848	132194	3440	3549
浙江	177886	162183	0	965	120548	108864	0	771	57338	53319	0	194
安徽	271815	259493	13811	14478	82869	77121	3365	3522	188946	182372	10446	10956
福建	177134	166465	3099	3386	73831	67459	897	1063	103303	99006	2202	2323
江西	200291	193484	7377	8272	63258	59793	1067	1449	137033	133691	6310	6823
山东	410394	377729	7377	8111	166221	146939	2571	2731	244173	230790	4806	5380
河南	502187	475511	8943	10920	128343	115526	2311	2856	373844	359985	6632	8064

续表

分类 地区	总计				城镇				农村			
	教职工数		代课教师数	代课及兼任教师总数	教职工数		代课教师数	代课及兼任教师总数	教职工数		代课教师数	代课及兼任教师总数
	合计	专任教师数			合计	专任教师数			合计	专任教师数		
湖北	232888	215693	17385	18019	81259	72478	2398	2634	151629	143215	14987	15385
湖南	261560	246112	3455	4014	96171	88052	808	1020	165389	158060	2647	2994
广东	463715	403824	47084	48287	226814	194774	14469	14869	236901	209050	32615	33418
广西	233177	204788	46380	47401	72583	63060	3355	3792	160594	141728	43025	43609
海南	56516	50598	1561	1700	22549	19227	528	589	33967	31371	1033	1111
重庆	127433	114326	9113	9355	36165	31714	779	835	91268	82612	8334	8520
四川	337939	307113	23749	25058	116360	103194	3107	3728	221579	203919	20642	21330
贵州	196785	183679	19588	20280	57349	52059	1320	1702	139436	131620	18268	18578
云南	232227	219236	23571	23754	51040	46205	625	676	181187	173031	22946	23078
西藏	14967	14267	2173	2209	5708	5263	104	124	9259	9004	2069	2085
陕西	203262	186644	20407	21199	49010	43025	1880	2236	154252	143619	18527	18963
甘肃	135276	130841	19195	19483	38268	35851	1678	1762	97008	94990	17517	17721
青海	28551	27478	1460	1505	10177	9663	58	74	18374	17815	1402	1431
宁夏	34663	33760	1460	1784	12811	12357	148	176	21852	21403	1312	1608
新疆	149953	134768	7535	8361	42870	38850	1654	2127	107083	95918	5881	6234

注：表格中“城镇”部分数据为年鉴中原始数据的“城市”与“县镇”两部分数据之和。

资料来源：根据《中国教育统计年鉴》2003—2006 年中的数据计算整理而得。

附表18　2004年全国分地区普通小学教职工数统计表（单位：人）

地区＼分类	总计				城镇				农村			
	教职工数		代课教师数	代课及兼任教师总数	教职工数		代课教师数	代课及兼任教师总数	教职工数		代课教师数	代课及兼任教师总数
	合计	专任教师数			合计	专任教师数			合计	专任教师数		
全国	6171358	5628860	378614	396582	2262580	1990987	59017	66398	3908778	3637873	319597	330184
北京	62191	48767	279	400	48631	37716	206	299	13560	11051	73	101
天津	50989	42122	271	360	39927	32209	155	244	11062	9913	116	116
河北	348392	324832	13467	14061	114612	102671	2698	2950	233780	222161	10769	11111
山西	206361	191152	20834	21677	66493	58310	3433	3628	139868	132842	17401	18049
内蒙古	142319	124319	4484	5163	60209	51094	1301	1573	82110	73225	3183	3590
辽宁	194973	167203	3790	5244	78726	66319	373	978	116247	100884	3417	4266
吉林	165872	140904	1323	1693	68903	55127	526	826	96969	85777	797	867
黑龙江	201911	175274	939	1065	74383	61580	184	205	127528	113694	755	860
上海	51369	38111	407	677	49632	36772	378	645	1737	1339	29	32
江苏	292204	264937	7819	8362	112379	100803	1739	2089	179825	164134	6080	6273
浙江	176132	160075	0	610	124848	112603	0	485	51284	47472	0	125
安徽	275401	262528	14560	15181	76978	71285	2662	2795	198423	191243	11898	12386
福建	182185	170962	3378	3672	73832	67425	814	921	108353	103537	2564	2751
江西	202340	194377	7073	7621	83098	79351	1674	1979	119242	115026	5399	5642
山东	410264	378793	8097	8765	167134	148486	2160	2497	243130	230307	5937	6268
河南	504468	478499	12357	14784	124303	112072	2929	3806	380165	366427	9428	10978

续表

分类 / 地区	总计				城镇				农村			
	教职工数		代课教师数	代课及兼任教师总数	教职工数		代课教师数	代课及兼任教师总数	教职工数		代课教师数	代课及兼任教师总数
	合计	专任教师数			合计	专任教师数			合计	专任教师数		
湖北	239549	221763	20820	21450	95267	85380	2966	3309	144282	136383	17854	18141
湖南	263448	248345	3549	4113	94104	86259	702	875	169344	162086	2847	3238
广东	455679	396487	45929	46753	213931	182884	16355	16816	241748	213603	29574	29937
广西	230087	200546	60849	61933	74804	64873	4496	4847	155283	135673	56353	57086
海南	55433	50108	1529	1624	21465	18604	276	319	33968	31504	1253	1305
重庆	127262	114007	11250	11425	29859	26029	775	806	97403	87978	10475	10619
四川	341358	307940	25244	26811	100240	88218	2579	3065	241118	219722	22665	23746
贵州	192532	180793	24224	24823	57226	52037	1207	1387	135306	128756	23017	23436
云南	232561	218960	25114	25389	48586	43827	671	727	183975	175133	24443	24662
西藏	14378	13610	2868	2932	5504	5057	143	175	8874	8553	2725	2757
陕西	204007	188062	26072	26606	47921	42066	2519	2707	156086	145996	23553	23899
甘肃	133383	128725	21550	22101	40563	38183	3297	3447	92820	90542	18253	18654
青海	28926	27832	1230	1277	11824	11254	353	374	17102	16578	877	903
宁夏	35076	33903	1804	1966	13892	13340	272	277	21184	20563	1532	1689
新疆	150308	134915	7504	8044	43306	39144	1174	1347	107002	95771	6330	6697

注：表格中“城镇”部分数据为年鉴中原始数据的“城市”与“县镇”两部分数据之和。

资料来源：根据《中国教育统计年鉴》2003—2006年中的数据计算整理而得。

附表 19　2003 年全国分地区普通小学教职工数统计表（单位：人）

分类 地区	总计				城镇				农村			
	教职工数		代课教师数	代课及兼任教师总数	教职工数		代课教师数	代课及兼任教师总数	教职工数		代课教师数	代课及兼任教师总数
	合计	专任教师数			合计	专任教师数			合计	专任教师数		
全国	6256185	5702750	423857	444353	2341376	2057059	59212	66660	3914809	3645691	364645	377693
北京	63174	49843	167	287	48371	37730	112	227	14803	12113	55	60
天津	52603	43829	462	520	40832	33180	272	330	11771	10649	190	190
河北	352846	329165	18028	18776	111315	99702	2641	2913	241531	229463	15387	15863
山西	202648	188109	25607	26738	67161	58546	3404	3614	135487	129563	22203	23124
内蒙古	145166	127011	4878	5530	62659	52752	1226	1541	82507	74259	3652	3989
辽宁	199829	170947	3839	4877	82208	69172	288	577	117621	101775	3551	4300
吉林	166592	141363	1519	1905	68594	54969	406	630	97998	86394	1113	1275
黑龙江	204820	178122	1205	1419	74847	61578	342	434	129973	116544	863	985
上海	54157	39408	423	745	52114	37809	382	701	2043	1599	41	44
江苏	297083	268436	14380	15134	103494	92221	1816	2057	193589	176215	12564	13077
浙江	175366	159127	0	1058	155019	140692	0	913	20347	18435	0	145
安徽	279648	266458	15698	16988	74506	69049	2697	2887	205142	197409	13001	14101
福建	189027	177248	4287	4662	80956	74091	874	1021	108071	103157	3413	3641
江西	207306	198513	6720	7520	85098	81135	1854	2255	122208	117378	4866	5265
山东	410968	380066	8261	9033	160043	141346	1757	2122	250925	238720	6504	6911
河南	516735	488490	15988	18762	126449	113554	2456	3294	390286	374936	13532	15468

续表

分类 / 地区	总计				城镇				农村			
	教职工数		代课教师数	代课及兼任教师总数	教职工数		代课教师数	代课及兼任教师总数	教职工数		代课教师数	代课及兼任教师总数
	合计	专任教师数			合计	专任教师数			合计	专任教师数		
湖北	252645	233902	21674	22294	96171	86303	3568	3745	156474	147599	18106	18549
湖南	275811	260704	4278	4909	94059	86328	622	892	181752	174376	3656	4017
广东	447013	389262	46029	46815	204576	174923	15653	15936	242437	214339	30376	30879
广西	235014	205142	65747	66701	75544	65880	5009	5297	159470	139262	60738	61404
海南	54869	49367	1894	2067	20944	18116	242	326	33925	31251	1652	1741
重庆	129140	115212	11277	11519	76358	66784	2670	2808	52782	48428	8607	8711
四川	350201	316029	28586	30075	109185	94920	2040	2451	241016	221109	26546	27624
贵州	191695	179367	26519	27575	55291	50169	1434	1666	136404	129198	25085	25909
云南	235740	221589	26713	27044	47568	42888	716	771	188172	178701	25997	26273
西藏	13767	13026	3287	3330	5171	4782	187	201	8596	8244	3100	3129
陕西	206447	190964	30955	31405	56688	50413	2065	2205	149759	140551	28890	29200
甘肃	131752	126740	22883	23549	38661	36082	2974	3139	93091	90658	19909	20410
青海	29692	28496	1319	1380	11706	11145	206	217	17986	17351	1113	1163
宁夏	35833	34531	1488	1546	12884	12225	206	211	22949	22306	1282	1335
新疆	148598	132284	9746	10190	42904	38575	1093	1279	105694	93709	8653	8911

注：表格中“城镇”部分数据为年鉴中原始数据的“城市”与“县镇”两部分数据之和。

资料来源：根据《中国教育统计年鉴》2003—2006年中的数据计算整理而得。

附表 20　2006 年全国分地区普通中学教职工数统计表（单位：人）

分类 地区	总计				城镇				农村			
	教职工数		代课教师数	代课及兼任教师总数	教职工数		代课教师数	代课及兼任教师总数	教职工数		代课教师数	代课及兼任教师总数
	合计	专任教师数			合计	专任教师数			合计	专任教师数		
全国	5784564	4850660	115691	144009	3919696	3223968	76646	99630	1864868	1626692	39045	44379
北京	75402	50539	494	1046	63355	42727	478	1006	12047	7812	16	40
天津	54851	41634	479	1021	45008	33088	423	955	9843	8546	56	66
河北	340581	287121	7571	8430	222601	182392	5539	6235	117980	104729	2032	2195
山西	198703	165122	12984	14634	126028	100646	8231	9554	72675	64476	4753	5080
内蒙古	123928	95116	3543	4336	101103	77542	3052	3606	22825	17574	491	730
辽宁	177916	143219	1131	2225	111602	89390	353	1108	66314	53829	778	1117
吉林	125398	94619	1475	2053	92446	69065	1142	1664	32952	25554	333	389
黑龙江	174745	142528	798	1713	113515	91850	590	1456	61230	50678	208	257
上海	73275	51362	1639	2595	72601	50854	1622	2578	674	508	17	17
江苏	340852	284159	3467	4379	228378	189643	2263	3051	112474	94516	1204	1328
浙江	198158	170106	0	1707	177611	151836	0	1665	20547	18270	0	42
安徽	241850	208365	9371	11278	133333	111396	5916	7363	108517	96969	3455	3915
福建	171006	148055	1803	3028	121021	104349	1123	2136	49985	43706	680	892
江西	182336	162742	1966	2757	108184	94336	1310	1994	74152	68406	656	763
山东	462298	372370	5142	5899	328977	262623	3965	4538	133321	109747	1177	1361
河南	434114	376406	8205	10071	250287	210511	6793	8102	183827	165895	1412	1969

续表

分类 地区	总计				城镇				农村			
	教职工数		代课教师数	代课及兼任教师总数	教职工数		代课教师数	代课及兼任教师总数	教职工数		代课教师数	代课及兼任教师总数
	合计	专任教师数			合计	专任教师数			合计	专任教师数		
湖北	275389	235681	9910	10568	158002	131975	5103	5599	117387	103706	4807	4969
湖南	300958	256047	2665	3520	176762	145990	1824	2607	124196	110057	841	913
广东	377490	324537	12478	13549	302072	258207	9703	10581	75418	66330	2775	2968
广西	191906	154373	5074	6528	159322	127602	3832	5073	32584	26771	1242	1455
海南	36686	29756	908	1086	28628	23362	790	947	8058	6394	118	139
重庆	114144	95782	2070	2712	90373	75501	1195	1717	23771	20281	875	995
四川	311353	265540	4905	6652	237011	199764	3042	4407	74342	65776	1863	2245
贵州	144303	128274	2323	3166	98895	85647	1183	1768	45408	42627	1140	1398
云南	160042	138465	1744	2104	107898	91579	656	956	52144	46886	1088	1148
西藏	9477	8677	71	179	9424	8624	71	179	53	53	0	0
陕西	193560	162876	4984	6224	85219	68934	1988	2977	108341	93942	2996	3247
甘肃	118578	106106	3115	3871	72555	62986	1552	2090	46023	43120	1563	1781
青海	23047	20765	533	657	14171	12231	289	350	8876	8534	244	307
宁夏	26852	23343	1091	1304	19600	16735	509	667	7252	6608	582	637
新疆	125366	106975	3752	4717	63714	52583	2109	2701	61652	54392	1643	2016

注：表格中“城镇”部分数据为年鉴中原始数据的“城市”与“县镇”两部分数据之和。

资料来源：根据《中国教育统计年鉴》2003—2006 年中的数据计算整理而得。

附表 21 2005 年全国分地区普通中学教职工数统计表（单位：人）

分类 / 地区	总计				城镇				农村			
	教职工数		代课教师数	代课及兼任教师总数	教职工数		代课教师数	代课及兼任教师总数	教职工数		代课教师数	代课及兼任教师总数
	合计	专任教师数			合计	专任教师数			合计	专任教师数		
全国	5720244	4771299	116950	149535	3818345	3113268	75478	102643	1901899	1658031	41472	46892
北京	75837	50970	718	1200	64510	43633	699	1167	11327	7337	19	33
天津	55322	41537	474	954	45442	32947	448	924	9880	8590	26	30
河北	345193	289969	6797	7870	231048	188479	5116	6106	114145	101490	1681	1764
山西	193835	159803	13491	15795	121933	96220	8920	11070	71902	63583	4571	4725
内蒙古	121784	93656	3366	4160	93613	71593	2720	3203	28171	22063	646	957
辽宁	180016	144647	936	2092	113508	90354	215	907	66508	54293	721	1185
吉林	124819	94248	1625	2481	95150	71299	1244	2054	29669	22949	381	427
黑龙江	176524	143188	1042	2208	113737	91439	602	1537	62787	51749	440	671
上海	75451	51796	1214	2982	73810	50645	1184	2952	1641	1151	30	30
江苏	337789	279815	4445	5487	225521	185914	2492	3343	112268	93901	1953	2144
浙江	194890	166897	0	1838	175279	149224	0	1778	19611	17673	0	60
安徽	228966	196979	9148	11399	134424	112351	5696	7416	94542	84628	3452	3983
福建	167811	144310	2351	3579	123618	105939	1403	2324	44193	38371	948	1255
江西	183459	163133	2607	4114	119486	104187	1692	3048	63973	58946	915	1066
山东	470584	377133	5511	6505	365372	289118	4912	5712	105212	88015	599	793
河南	431625	373073	7051	8873	244590	204343	5021	6459	187035	168730	2030	2414

续表

分类 地区	总计				城镇				农村			
	教职工数		代课教师数	代课及兼任教师总数	教职工数		代课教师数	代课及兼任教师总数	教职工数		代课教师数	代课及兼任教师总数
	合计	专任教师数			合计	专任教师数			合计	专任教师数		
湖北	273146	233517	8742	9314	153608	127219	4764	5280	119538	106298	3978	4034
湖南	305413	261449	3263	4273	182353	151154	2029	2946	123060	110295	1234	1327
广东	360341	307303	11932	13007	282970	239743	8727	9610	77371	67560	3205	3397
广西	191316	152381	6371	8316	148867	117715	4620	6304	42449	34666	1751	2012
海南	34331	27652	795	968	26548	21466	675	824	7783	6186	120	144
重庆	112965	93997	1505	2004	50570	40600	461	767	62395	53397	1044	1237
四川	306141	258924	4814	6629	199313	165181	2772	4088	106828	93743	2042	2541
贵州	138949	122721	2683	3654	91649	78836	1333	2095	47300	43885	1350	1559
云南	153997	131685	1718	1998	90169	75089	545	735	63828	56596	1173	1263
西藏	9006	8161	38	91	8967	8122	38	91	39	39	0	0
陕西	191041	159138	4864	6247	82900	66105	2188	3366	108141	93033	2676	2881
甘肃	111495	99150	3954	4853	65301	56084	1954	2801	46194	43066	2000	2052
青海	22370	20050	501	548	15212	13156	359	401	7158	6894	142	147
宁夏	25828	22316	967	1089	18383	15624	486	565	7445	6692	481	524
新疆	120000	101701	4027	5007	60494	49489	2163	2770	59506	52212	1864	2237

注：表格中“城镇”部分数据为年鉴中原始数据的“城市”与“县镇”两部分数据之和。

资料来源：根据《中国教育统计年鉴》2003—2006 年中的数据计算整理而得。

附表 22　2004 年全国分地区普通中学教职工数统计表（单位：人）

分类 地区	总计				城镇				农村			
	教职工数		代课教师数	代课及兼任教师总数	教职工数		代课教师数	代课及兼任教师总数	教职工数		代课教师数	代课及兼任教师总数
	合计	专任教师数			合计	专任教师数			合计	专任教师数		
全国	5623981	4667465	120535	155025	3592055	2898665	73035	100407	2031926	1768800	47500	54618
北京	76347	51114	1022	1489	69066	46151	967	1423	7281	4963	55	66
天津	55223	41397	747	1459	45095	32513	694	1402	10128	8884	53	57
河北	344686	290078	6410	7690	223186	181614	4199	5371	121500	108464	2211	2319
山西	186674	153390	10986	12546	111009	86459	7221	8576	75665	66931	3765	3970
内蒙古	121274	92188	3485	4414	92574	69682	2581	3143	28700	22506	904	1271
辽宁	180225	144608	1295	2783	113239	89622	351	1220	66986	54986	944	1563
吉林	123022	93056	1948	3580	91089	68241	1592	3151	31933	24815	356	429
黑龙江	185184	149472	1001	1671	109537	86760	544	1162	75647	62712	457	509
上海	76222	51899	1860	3608	74564	50711	1833	3581	1658	1188	27	27
江苏	330488	272348	5714	7007	172290	139061	1816	2725	158198	133287	3898	4282
浙江	191700	162890	0	2027	173585	146677	0	2005	18115	16213	0	22
安徽	222229	190042	8631	11402	119078	98103	4607	6535	103151	91939	4024	4867
福建	163985	139549	2446	3680	116003	98107	1418	2444	47982	41442	1028	1236
江西	180557	160201	2963	4276	119821	104385	1806	2897	60736	55816	1157	1379
山东	473687	379100	5749	6817	371132	292547	4833	5635	102555	86553	916	1182
河南	424093	365498	6664	8227	231095	191701	4770	5782	192998	173797	1894	2445

续表

分类 地区	总计				城镇				农村			
	教职工数		代课教师数	代课及兼任教师总数	教职工数		代课教师数	代课及兼任教师总数	教职工数		代课教师数	代课及兼任教师总数
	合计	专任教师数			合计	专任教师数			合计	专任教师数		
湖北	269895	229649	8053	8905	158573	131211	4192	4965	111322	98438	3861	3940
湖南	303636	260897	3540	4496	174112	144424	1950	2805	129524	116473	1590	1691
广东	339997	288970	11668	12544	237491	198817	8441	9115	102506	90153	3227	3429
广西	189618	148645	9381	11260	143801	112052	6522	7995	45817	36593	2859	3265
海南	32936	26435	463	605	25556	20520	368	502	7380	5915	95	103
重庆	111385	92051	1996	2459	42893	33839	597	874	68492	58212	1399	1585
四川	302361	253358	4880	6922	179863	147071	2690	3950	122498	106287	2190	2972
贵州	131660	115616	3397	4763	85135	72422	1352	2154	46525	43194	2045	2609
云南	147274	124718	1927	2329	81881	67271	546	811	65393	57447	1381	1518
西藏	8247	7371	44	119	8209	7333	44	119	38	38	0	0
陕西	185508	154242	6461	8049	75729	59888	3728	5081	109779	94354	2733	2968
甘肃	105341	93024	3493	4272	57043	48238	1309	1963	48298	44786	2184	2309
青海	21853	19402	206	277	15463	13289	134	204	6390	6113	72	73
宁夏	25627	21875	1046	1216	17269	14385	540	671	8358	7490	506	545
新疆	113047	94381	3059	4133	56674	45570	1370	2126	56373	48811	1689	2007

注：表格中“城镇”部分数据为年鉴中原始数据的“城市”与“县镇”两部分数据之和。

资料来源：根据《中国教育统计年鉴》2003—2006 年中的数据计算整理而得。

附表23　2003年全国分地区普通中学教职工数统计表（单位：人）

分类 地区	总计				城镇				农村			
	教职工数		代课教师数	代课及兼任教师总数	教职工数		代课教师数	代课及兼任教师总数	教职工数		代课教师数	代课及兼任教师总数
	合计	专任教师数			合计	专任教师数			合计	专任教师数		
全国	5496535	4537310	119041	155573	3550554	2844884	67206	96723	1945981	1692426	51835	58850
北京	76484	51448	1397	2131	67974	45528	1246	1931	8510	5920	151	200
天津	55107	41422	581	1181	45044	32551	499	1085	10063	8871	82	96
河北	339848	285865	5551	6777	215092	174706	3207	4140	124756	111159	2344	2637
山西	180083	147347	9309	10711	108550	84230	4969	5984	71533	63117	4340	4727
内蒙古	118311	89935	3461	4498	89396	67211	2660	3351	28915	22724	801	1147
辽宁	179521	144016	1098	2551	112427	88653	264	1197	67094	55363	834	1354
吉林	122120	92338	1409	2308	89942	67351	1069	1905	32178	24987	340	403
黑龙江	186384	149629	1221	2085	108584	85168	620	1408	77800	64461	601	677
上海	76853	51455	2169	4132	75203	50253	2095	4055	1650	1202	74	77
江苏	318703	259817	7508	9233	157690	124487	2300	3538	161013	135330	5208	5695
浙江	187820	158305	0	2410	177160	148790	0	2303	10660	9515	0	107
安徽	210197	179529	7358	10432	111639	91476	4017	6563	98558	88053	3341	3869
福建	160212	135778	2974	4435	114246	96124	1542	2735	45966	39654	1432	1700
江西	176175	155764	2808	4400	114053	98904	1568	2931	62122	56860	1240	1469
山东	468627	374811	4584	5666	358290	281687	3608	4502	110337	93124	976	1164
河南	417707	358840	6905	8882	221963	182447	4349	5892	195744	176393	2556	2990

续表

分类 地区	总计				城镇				农村			
	教职工数		代课教师数	代课及兼任教师总数	教职工数		代课教师数	代课及兼任教师总数	教职工数		代课教师数	代课及兼任教师总数
	合计	专任教师数			合计	专任教师数			合计	专任教师数		
湖北	263879	223751	7766	8869	156503	129215	4108	5083	107376	94536	3658	3786
湖南	301306	259281	4400	5465	169283	139950	2097	3030	132023	119331	2303	2435
广东	323075	271589	11679	12655	221492	182496	8237	9055	101583	89093	3442	3600
广西	187457	144975	9998	11750	140216	107593	6635	8023	47241	37382	3363	3727
海南	31537	24903	502	671	24178	19171	415	576	7359	5732	87	95
重庆	110133	89560	2366	2976	90211	72337	1471	2036	19922	17223	895	940
四川	297743	247098	5621	8062	187109	151224	2973	4531	110634	95874	2648	3531
贵州	123132	107312	3648	5244	78323	65734	1277	2275	44809	41578	2371	2969
云南	143290	120221	2420	2723	78435	63714	871	1060	64855	56507	1549	1663
西藏	7334	6461	129	199	7303	6431	129	199	31	30	0	0
陕西	178330	148437	4307	5564	92270	74642	1622	2565	86060	73795	2685	2999
甘肃	100004	87753	3555	4259	52826	44099	1374	1986	47178	43654	2181	2273
青海	21257	18613	170	281	14760	12459	95	197	6497	6154	75	84
宁夏	25549	21725	1009	1145	15963	13075	817	940	9586	8650	192	205
新疆	108357	89332	3138	3878	54429	43178	1072	1647	53928	46154	2066	2231

注：表格中“城镇”部分数据为年鉴中原始数据的“城市”与“县镇”两部分数据之和。

资料来源：根据《中国教育统计年鉴》2003—2006年中的数据计算整理而得。

附表 24　2006 年全国分地区普通小学办学条件统计表

分类 / 地区	总计				城镇				农村			
	校舍建筑面积（平方米）	计算机台数（台）	图书册数（册）	固定资产总值（元）	校舍建筑面积（平方米）	计算机台数（台）	图书册数（册）	固定资产总值（元）	校舍建筑面积（平方米）	计算机台数（台）	图书册数（册）	固定资产总值（元）
全国	586395772	4035645	1482221928	354312889000	202871254	2318473	605442531	167857239700	383524518	1717172	876779397	186455649300
北京	5220624	95078	20645236	5446805000	3695861	67215	14516750	4197453400	1524763	27863	6128486	1249351600
天津	3457043	45023	8542002	2263448400	2644322	34956	6350652	1707944000	812721	10067	2191350	555504400
河北	27173717	274032	107897200	18493905800	8051792	96435	33001986	5942598500	19121925	177597	74895214	12551307300
山西	17862060	113984	45033443	10970993400	4983802	48903	15024958	3585480400	12878258	65081	30008485	7385513000
内蒙古	8609064	56520	21385324	4786856200	4062564	34247	12473517	2668181400	4546500	22273	8911807	2118674800
辽宁	12532117	151884	39095213	7573110000	5319651	84071	21180418	3963400000	7212466	67813	17914795	3609710000
吉林	9042149	97586	30151895	7125370100	3844731	58521	14507477	4311439200	5197418	39065	15644418	2813930900
黑龙江	12335442	112774	28713597	6814962400	4711613	64385	12336665	3305961100	7623829	48389	16376932	3509001300
上海	3948203	78601	14792883	7206450200	3866347	77409	14565894	6268816500	81856	1192	226989	937633700
江苏	27285799	321358	85599326	24301244600	14064381	182284	42941213	15375066100	13221418	139074	42658113	8926178500
浙江	22105554	248791	64589411	18768709300	14683897	184646	45717095	14366877000	7421657	64145	18872316	4401832300
安徽	24461290	121546	61330870	12187049300	6427421	76858	19678393	4836428800	18033869	44688	41652477	7350620500
福建	20806302	166758	48293626	11066870000	6372285	79208	21071290	4570480000	14434017	87550	27222336	6496390000
江西	20081101	78925	38440741	8617475100	4572614	40084	10653566	2341735100	15508487	38841	27787175	6275740000
山东	30293383	311110	80665485	19147402300	11063574	160243	31682552	9799167000	19229809	150867	48982933	9348235300
河南	45392166	163031	141568791	22102064900	10466162	84393	32622751	6916058800	34926004	78638	108946040	15186006100

续表

分类 地区	总计				城镇				农村			
	校舍建筑面积（平方米）	计算机台数（台）	图书册数（册）	固定资产总值（元）	校舍建筑面积（平方米）	计算机台数（台）	图书册数（册）	固定资产总值（元）	校舍建筑面积（平方米）	计算机台数（台）	图书册数（册）	固定资产总值（元）
湖北	28888045	116523	58966657	12280155500	7151361	65364	18931096	4488327600	21736684	51159	40035561	7791827900
湖南	31986850	144586	77722118	15888112700	8470171	71135	26890354	5949611200	23516679	73451	50831764	9938501500
广东	65786708	504410	174585816	57787482500	29251699	357017	91089363	31534901300	36535009	147393	83496453	26252581200
广西	28333083	74663	50047240	11289523900	7150992	54490	18474605	3861454200	21182091	20173	31572635	7428069700
海南	5103268	22423	10041322	3923399700	1806839	13663	4069142	1912848500	3296429	8760	5972180	2010551200
重庆	14625914	113704	26157138	7468867200	6116029	62375	12156475	4094275200	8509885	51329	14000663	3374592000
四川	32810117	198954	57222996	14767229300	12813133	115162	26309990	7649193200	19996984	83792	30913006	7118036100
贵州	15883877	77092	30827236	6337879900	4210755	39108	10638494	2077234600	11673122	37984	20188742	4260645300
云南	24877582	54313	40317119	11357730900	5298507	33714	13044102	3333093700	19579075	20599	27273017	8024637200
西藏	2322088	9555	3561734	2274393300	680445	4252	1131331	1062341800	1641643	5303	2430403	1212051500
陕西	18862830	118127	54861542	9611625000	3723154	47702	13594941	2675737000	15139676	70425	41266601	6935888000
甘肃	12313779	66382	28595101	5964463700	2973009	29808	8798196	1875463800	9340770	36574	19796905	4088999900
青海	2495845	17724	4930871	1430432200	671533	8934	1702682	520194900	1824312	8790	3228189	910237300
宁夏	2791741	23857	7817190	1614996400	980793	13290	2827869	750470700	1810948	10567	4989321	864525700
新疆	8708031	56331	19822805	5443879800	2741817	28601	7458714	1915004700	5966214	27730	12364091	3528875100

注：表格中“城镇”部分数据为年鉴中原始数据的“城市”与“县镇”两部分数据之和。

资料来源：根据《中国教育统计年鉴》2003—2006 年中的数据整理而得。

附表 25　2005 年全国分地区普通小学办学条件统计表

分类 / 地区	总计				城镇				农村			
	校舍建筑面积（平方米）	计算机台数（台）	图书册数（册）	固定资产总值（元）	校舍建筑面积（平方米）	计算机台数（台）	图书册数（册）	固定资产总值（元）	校舍建筑面积（平方米）	计算机台数（台）	图书册数（册）	固定资产总值（元）
全国	580551335	3668667	1479450009	337575321100	195775382	2135535	589570635	160040739000	384775953	1533132	889879374	177534582100
北京	5128862	77126	21240816	4662428900	3644572	55430	14771917	3658103300	1484290	21696	6468899	1004325600
天津	3506373	42992	8645411	2256059200	2697016	33457	6541717	1619142300	809357	9535	2103694	636916900
河北	27269927	255937	114134462	17358529100	8692858	100323	36542722	6837205000	18577069	155614	77591740	10521324100
山西	17223093	106953	43807815	13470115800	4756917	43899	14237909	7306106800	12466176	63054	29569906	6164009000
内蒙古	8936769	56742	21769457	4881329500	3750236	32833	11817331	2568314600	5186533	23909	9952126	2313014900
辽宁	13104442	136174	40006772	7650970000	5483040	73838	20778617	3826840000	7621402	62336	19228155	3824130000
吉林	9071862	92654	30668024	5962790500	4007360	60129	15339182	3890802100	5064502	32525	15328842	2071988400
黑龙江	12422635	110611	29421891	6551448900	4755987	62950	12639584	3171702400	7666648	47661	16782307	3379746500
上海	3879460	67387	14854950	5136527700	3759678	65760	14458401	5011874400	119782	1627	396549	124653300
江苏	27184065	260392	87076837	21849924500	13568405	159177	42361494	14130878000	13615660	101215	44715343	7719046500
浙江	21334619	221533	63060447	17001156100	14035140	165275	44624660	12967693400	7299479	56258	18435787	4033462700
安徽	24286270	94664	62261705	10897260700	6740010	67875	20401111	4290388700	17546260	26789	41860594	6606872000
福建	20358454	153287	47786672	12509120000	6893642	80074	21608163	4717190000	13464812	73213	26178509	7791930000
江西	19820498	71906	37303957	11035053400	5435403	41443	12073704	3379597800	14385095	30463	25230253	7655455600
山东	29342394	282047	76703337	18347863900	12244825	165012	33755148	10315555600	17097569	117035	42948189	8032308300
河南	44842746	155887	141528359	19674230500	10424416	84050	33229304	5725526300	34418330	71837	108299055	13948704200

续表

分类 / 地区	总计				城镇				农村			
	校舍建筑面积（平方米）	计算机台数（台）	图书册数（册）	固定资产总值（元）	校舍建筑面积（平方米）	计算机台数（台）	图书册数（册）	固定资产总值（元）	校舍建筑面积（平方米）	计算机台数（台）	图书册数（册）	固定资产总值（元）
湖北	29269252	113874	62473796	11693031900	7341120	65879	19905233	4294328800	21928132	47995	42568563	7398703100
湖南	32308137	133242	76998431	13167776200	9005935	72984	28520550	6112935600	23302202	60258	48477881	7054840600
广东	63684668	461313	166852720	52719865400	27553671	325632	84047618	28000919600	36130997	135681	82805102	24718945800
广西	28542536	67933	50702979	11014006500	6565244	49434	16681606	3722259700	21977292	18499	34021373	7291746800
海南	4892627	20528	9664690	3839083300	1763537	13481	4108350	1589088000	3129090	7047	5556340	2249995300
重庆	14503405	112805	25228623	7624941200	3664770	40158	6757520	3432277600	10838635	72647	18471103	4192663600
四川	33540417	197663	58690511	15450954700	9697607	89473	19663884	6591120000	23842810	108190	39026627	8859834700
贵州	15065228	72239	28366443	5666028300	3886824	36330	9153089	1793374300	11178404	35909	19213354	3872654000
云南	24525036	46046	39903554	10798921000	4451721	28194	11320893	2739341400	20073315	17852	28582661	8059579600
西藏	2244577	7780	3347825	1806921100	661054	3506	1116237	686294900	1583523	4274	2231588	1120626200
陕西	19020051	103110	56464253	8941688600	3547114	46041	13400822	2778135200	15472937	57069	43063431	6163553400
甘肃	12012111	64635	28161008	6696534000	2718071	27889	8151769	2135771100	9294040	36746	20009239	4560762900
青海	2282264	14441	4979454	1719904900	751322	8843	1832917	427929600	1530942	5598	3146537	1291975300
宁夏	2674643	21471	7851367	1387545400	889499	12439	2724921	629794700	1785144	9032	5126446	757750700
新疆	8273914	45295	19493443	5803309900	2388388	23727	7004262	1690247800	5885526	21568	12489181	4113062100

注：表格中“城镇”部分数据为年鉴中原始数据的“城市”与“县镇”两部分数据之和。

资料来源：根据《中国教育统计年鉴》2003—2006年中的数据整理而得。

附表 26　2004 年全国分地区普通小学办学条件统计表

分类 地区	总计				城镇				农村			
	校舍建筑面积（平方米）	计算机台数（台）	图书册数（册）	固定资产总值（元）	校舍建筑面积（平方米）	计算机台数（台）	图书册数（册）	固定资产总值（元）	校舍建筑面积（平方米）	计算机台数（台）	图书册数（册）	固定资产总值（元）
全国	578892590	3182886	1421451482	315465349000	192178688	1842178	562323731	143043791400	386713902	1340708	859127751	172421557600
北京	5051184	63792	22070160	4074830100	3993893	49799	17423717	3395005200	1057291	13993	4646443	679824900
天津	3447568	36809	8624915	2270039600	2637578	29006	6337535	1710556900	809990	7803	2287380	559482700
河北	27316836	223004	108586059	17575180100	8370329	91117	34558038	5737854300	18946507	131887	74028021	11837325800
山西	16856570	86550	40438027	8610517800	4294138	35969	12842109	2512982400	12562432	50581	27595918	6097535400
内蒙古	9128331	56579	21058222	4188697300	3597582	32690	11592907	2011692000	5530749	23889	9465315	2177005300
辽宁	13478835	119120	41154648	7352320000	5519227	61865	20733167	3652260000	7959608	57255	20421481	3700060000
吉林	9319123	88982	30292904	5288749900	3969452	57073	15026601	2933528800	5349671	31909	15266303	2355221100
黑龙江	12706336	102700	28512800	6633417400	4531279	57360	11770320	3153001500	8175057	45340	16742480	3480415900
上海	3838368	56455	15209586	4586655500	3712694	54951	14669628	4473828000	125674	1504	539958	112827500
江苏	27153473	215040	88143987	18657240100	10551279	108284	32443885	9395749200	16602194	106756	55700102	9261490900
浙江	20436333	188481	58833724	15127289200	13966715	145596	44197146	12055219000	6469618	42885	14636578	3072070200
安徽	24344011	83060	60707300	12969165600	6167978	62148	19115985	3744254700	18176033	20912	41591315	9224910900
福建	20347160	131459	48717448	10034220000	6869939	70347	21587016	4652120000	13477221	61112	27130432	5382100000
江西	19179377	72745	33981641	8506506000	7543700	41972	14872045	4009690600	11635677	30773	19109596	4496815400
山东	29370811	225217	74092801	15952849900	12195106	143082	33107978	9250299100	17175705	82135	40984823	6702550800
河南	44569000	135364	140138660	19052675800	9837714	75628	32382602	5839047200	34731286	59736	107756058	13213628600

续表

分类 / 地区	总计				城镇				农村			
	校舍建筑面积（平方米）	计算机台数（台）	图书册数（册）	固定资产总值（元）	校舍建筑面积（平方米）	计算机台数（台）	图书册数（册）	固定资产总值（元）	校舍建筑面积（平方米）	计算机台数（台）	图书册数（册）	固定资产总值（元）
湖北	30197146	100225	61136508	12573209700	8919024	64754	22217670	4922890900	21278122	35471	38918838	7650318800
湖南	33321396	115125	75099947	13492154300	9304272	63190	28590038	6577148100	24017124	51935	46509909	6915006200
广东	61577084	393220	157959900	50087023100	26470642	265474	74451383	25670272700	35106442	127746	83508517	24416750400
广西	28994607	68764	46126417	11394908200	7102719	48095	16658538	4487168600	21891888	20669	29467879	6907739600
海南	4914447	18755	9812997	3601188700	1781750	13129	4041628	1684569700	3132697	5626	5771369	1916619000
重庆	14102032	104912	22583319	8218647800	2950904	32009	5236421	4084716100	11151128	72903	17346898	4133931700
四川	34091786	178637	55833579	14831851800	8563101	71676	16870765	5158784700	25528685	106961	38962814	9673067100
贵州	14622492	62600	24539468	5347508900	3784055	33741	8183878	1754441800	10838437	28859	16355590	3593067100
云南	24519158	36191	39421141	9753346500	4262269	24373	10663910	2477584300	20256889	11818	28757231	7275762200
西藏	2095872	5635	2451994	1824219900	577081	2459	783790	585073800	1518791	3176	1668204	1239146100
陕西	19179120	87563	52407262	7926047600	3479649	39670	12506119	2355790100	15699471	47893	39901143	5570257500
甘肃	11572638	56418	24374731	7112333200	2970420	25059	7914503	1562217100	8602218	31359	16460228	5550116100
青海	2194382	12084	4314163	999462100	833465	8355	1830505	419604700	1360917	3729	2483658	579857400
宁夏	2627123	19389	6954736	1539431000	956213	11304	2744407	659980000	1670910	8085	4210329	879451000
新疆	8339991	38011	17872438	5884661900	2464521	22003	6969497	2117945100	5875470	16008	10902941	3766716800

注：表格中“城镇”部分数据为年鉴中原始数据的“城市”与“县镇”两部分数据之和。

资料来源：根据《中国教育统计年鉴》2003—2006 年中的数据整理而得。

附表 27 2003 年全国分地区普通小学办学条件统计表

分类 / 地区	总计				城镇				农村			
	校舍建筑面积（平方米）	计算机台数（台）	图书册数（册）	固定资产总值（元）	校舍建筑面积（平方米）	计算机台数（台）	图书册数（册）	固定资产总值（元）	校舍建筑面积（平方米）	计算机台数（台）	图书册数（册）	固定资产总值（元）
全国	577161373	2678411	1410676033	319833792000	196712346	1643591	571996956	147433682000	380449027	1034820	838679077	172400110000
北京	5049012	57009	22966436	5109994800	3933151	44711	17808478	3177053800	1115861	12298	5157958	1932941000
天津	3446301	27857	8830975	1882771300	2602963	23303	6395150	1268022800	843338	4554	2435825	614748500
河北	28052921	194185	108675352	16894377600	8279337	80923	33161708	6349427600	19773584	113262	75513644	10544950000
山西	16446675	71282	40154450	9402942800	4335902	31905	13202379	3985029800	12110773	39377	26952071	5417913000
内蒙古	9371884	49319	21119796	4341474600	3658368	31079	11798430	2111583600	5713516	18240	9321366	2229891000
辽宁	13852967	110650	42873519	7463520000	5643339	60536	21259246	3569010000	8209628	50114	21614273	3894510000
吉林	9471727	80808	30873701	5304401500	3937594	51737	14919163	2687253500	5534133	29071	15954538	2617148000
黑龙江	12957312	99893	29397068	6609056200	4497377	54543	11960783	2929167200	8459935	45350	17436285	3679889000
上海	3817751	49657	15737078	4300619300	3673359	48102	15104482	4182547400	144392	1555	632596	118071900
江苏	27096364	179766	89539302	19415886300	9232211	87202	29856339	8504416300	17864153	92564	59682963	10911470000
浙江	19816033	151932	56535022	13197045800	17589707	142454	52510942	12037693800	2226326	9478	4024080	1159352000
安徽	23952069	63184	60695835	10968543500	5839815	47606	18421003	4051823500	18112254	15578	42274832	6916720000
福建	20360054	112733	49283661	11955630000	7446801	62154	23558938	5547820000	12913253	50579	25724723	6407810000
江西	18827575	58032	32929551	9698560900	7372288	36998	14417813	4527191900	11455287	21034	18511738	5171369000
山东	29411571	183071	72439594	14799170400	11717552	118852	31270722	8215226400	17694019	64219	41168872	6583944000
河南	44231787	121586	140297366	19943555800	9677358	70109	32297366	6779615800	34554429	51477	107801984	13163940000

续表

分类 / 地区	总计				城镇				农村			
	校舍建筑面积（平方米）	计算机台数（台）	图书册数（册）	固定资产总值（元）	校舍建筑面积（平方米）	计算机台数（台）	图书册数（册）	固定资产总值（元）	校舍建筑面积（平方米）	计算机台数（台）	图书册数（册）	固定资产总值（元）
湖北	31327118	94591	63709353	13535603300	8961101	60155	22864906	5446290300	22366017	34436	40844447	8089313000
湖南	34450905	100687	76317271	14014630400	9186157	56022	29079907	5938514400	25264748	44665	47237364	8076116000
广东	58261545	286488	147987575	45415331700	24234322	197347	68416339	22559971700	34027223	89141	79571236	22855360000
广西	29095032	54170	45922498	10372427100	6939260	41436	16118133	3373716100	22155772	12734	29804365	6998711000
海南	4943555	16286	9596392	3348671500	1796609	11075	3710339	1521495500	3146946	5211	5886053	1827176000
重庆	13874378	93262	22065728	13354425700	7410538	62442	13280150	7577259700	6463840	30820	8785578	5777166000
四川	34633548	161522	55408703	16032925100	9273722	71809	18636462	6673661100	25359826	89713	36772241	9359264000
贵州	14104434	52843	21947065	5693315000	3562382	28859	7265225	1832126000	10542052	23984	14681840	3861189000
云南	24499754	27502	38845629	9306024600	4114791	19282	10317433	2384989600	20384963	8220	28528196	6921035000
西藏	1976002	2872	1836040	1246366500	532540	1528	662922	456261900	1443462	1344	1173118	790104600
陕西	19318315	72074	51433013	7823712000	4277166	40599	14912021	2758723000	15041149	31475	36520992	5064989000
甘肃	11355483	45104	23798729	8006976100	2808214	22301	7527756	3894889100	8547269	22803	16270973	4112087000
青海	2225578	10607	4119871	2375442500	860208	7372	1710334	403885500	1365370	3235	2409537	1971557000
宁夏	2533293	17465	6995889	2679085900	865060	10918	2490520	879479900	1668233	6547	4505369	1799606000
新疆	8400430	31974	18343571	5341303400	2453154	20232	7061567	1809542900	5947276	11742	11282004	3531760500

注：表格中“城镇”部分数据为年鉴中原始数据的“城市”与“县镇”两部分数据之和。

资料来源：根据《中国教育统计年鉴》2003—2006 年中的数据整理而得。

附表 28　2006 年全国分地区普通初中办学条件统计表

分类 地区	总计				城镇				农村			
	校舍建筑面积（平方米）	计算机台数（台）	图书册数（册）	固定资产总值（元）	校舍建筑面积（平方米）	计算机台数（台）	图书册数（册）	固定资产总值（元）	校舍建筑面积（平方米）	计算机台数（台）	图书册数（册）	固定资产总值（元）
全国	379677347	3190183	894932516	252956854900	206870953	1851605	466381051	158049534700	172806394	1338578	428551465	94907320200
北京	2778143	39702	8701301	3255149400	1888004	28408	5737326	2298045300	890139	11294	2963975	957104100
天津	1926050	22487	5127678	1299252900	1398824	16576	3445987	978854600	527226	5911	1681691	320398300
河北	19702903	193880	84914095	14593678800	10239172	101595	38565694	8903080100	9463731	92285	46348401	5690598700
山西	11339869	82274	26981902	7822968200	4987314	35871	11070236	3801946300	6352555	46403	15911666	4021021900
内蒙古	5904364	43773	14523822	3951051300	4133650	31435	10305137	3017100100	1770714	12338	4218685	933951200
辽宁	10175540	124646	25938787	6371630000	4946306	68920	13257761	3506440000	5229234	55726	12681026	2865190000
吉林	5543970	71633	15489511	4430430700	3605391	45689	9516742	3264135400	1938579	25944	5972769	1166295300
黑龙江	8668188	91758	19015818	6061549000	4447443	52642	8625223	3759712900	4220745	39116	10390595	2301836100
上海	4717646	83345	13531369	6986659700	4674176	82589	13347634	6917696700	43470	756	183735	68963000
江苏	22662348	208888	53464765	20482695900	12533720	124591	28082635	13484535100	10128628	84297	25382130	6998160800
浙江	18430680	178863	41623681	17964670100	15647872	153913	34663470	15636064700	2782808	24950	6960211	2328605400
安徽	15059875	124419	38916806	8273327300	5341883	52746	13478694	3704972500	9717992	71673	25438112	4568354800
福建	9591588	80621	20321039	5738000000	4517772	39791	9881374	2762030000	5073816	40830	10439665	2975970000
江西	12821894	69378	22584146	5355873400	4894300	29687	8237266	2521722700	7927594	39691	14346880	2834150700
山东	29445949	282652	67016548	19641295200	17230706	185313	39462175	13265887800	12215243	97339	27554373	6375407400
河南	31881593	205964	89548759	15643403100	13748127	95841	35349046	7815472500	18133466	110123	54199713	7827930600

续表

分类 地区	总计				城镇				农村			
	校舍建筑面积（平方米）	计算机台数（台）	图书册数（册）	固定资产总值（元）	校舍建筑面积（平方米）	计算机台数（台）	图书册数（册）	固定资产总值（元）	校舍建筑面积（平方米）	计算机台数（台）	图书册数（册）	固定资产总值（元）
湖北	22568489	126135	40811626	12752591800	8718009	58068	16498833	5263958100	13850480	68067	24312793	7488633700
湖南	22867132	151132	56103542	11598983600	9728951	62743	21937036	5159809800	13138181	88389	34166506	6439173800
广东	32604550	291684	79850253	28672310900	24209724	218350	58965497	22203992500	8394826	73334	20884756	6468318400
广西	16442574	89839	27550173	7712782000	12219029	69954	20386110	5894549400	4223545	19885	7164063	1818232600
海南	2477481	17797	4495823	1896430300	1541915	10970	2808018	1094785400	935566	6827	1687805	801644900
重庆	7476019	52654	9301735	4630627400	5228258	36669	6606134	3677520100	2247761	15985	2695601	953107300
四川	19923823	157185	29793931	10377036000	11607849	86034	16534154	6691749000	8315974	71151	13259777	3685287000
贵州	9160142	84646	22776554	4844055600	5076711	46394	12661482	2897645200	4083431	38252	10115072	1946410400
云南	11577914	55241	17562575	6496579800	6102274	33042	9685423	3547896800	5475640	22199	7877152	2948683000
西藏	891335	2700	1022458	1103717200	875709	2677	1001638	1086784700	15626	23	20820	16932500
陕西	10211503	109581	30212064	5575608500	2732131	29455	7264960	1721415700	7479372	80126	22947104	3854192800
甘肃	5154103	58192	12016621	4251237800	1808731	19958	3992465	1212186400	3345372	38234	8024156	3039051400
青海	998503	13219	1794728	678535400	327842	3829	614720	227997600	670661	9390	1180008	450537800
宁夏	1525283	19194	3259652	1171588800	813204	10759	1628775	583897900	712079	8435	1630877	587690900
新疆	5147896	56701	10680754	3323134800	1645956	17096	2769406	1147649400	3501940	39605	7911348	2175485400

注：表格中“城镇”部分数据为年鉴中原始数据的“城市”与“县镇”两部分数据之和。

资料来源：根据《中国教育统计年鉴》2003—2006 年中的数据整理而得。

附表 29　2005 年全国分地区普通初中办学条件统计表

分类 地区	总计				城镇				农村			
	校舍建筑面积（平方米）	计算机台数（台）	图书册数（册）	固定资产总值（元）	校舍建筑面积（平方米）	计算机台数（台）	图书册数（册）	固定资产总值（元）	校舍建筑面积（平方米）	计算机台数（台）	图书册数（册）	固定资产总值（元）
全国	363000880	2823402	877797806	227199343000	196007647	1688025	458884604	141011752800	166993233	1135377	418913202	86187590200
北京	2656668	32971	9195895	2488274200	1910382	24352	6143149	1951083900	746286	8619	3052746	537190300
天津	1927127	22938	5227299	1166227800	1401810	16706	3660215	851474000	525317	6232	1567084	314753800
河北	19678772	189151	87496919	13283855700	10896155	105426	42427244	8520586200	8782617	83725	45069675	4763269500
山西	10367487	66951	25795940	6865350200	4642698	32149	10590144	3275947500	5724789	34802	15205796	3589402700
内蒙古	5653748	38089	13809230	3387712100	3616240	26361	9085026	2212203700	2037508	11728	4724204	1175508400
辽宁	9194022	95368	23090652	5344840000	4762202	57312	11844966	3069730000	4431820	38056	11245686	2275110000
吉林	5360406	65154	16027147	3754242500	3746974	46091	10672890	2993026500	1613432	19063	5354257	761216000
黑龙江	8531833	86021	18802565	5621973400	4396558	50605	8220474	3519664500	4135275	35416	10582091	2102308900
上海	4658124	75231	13367449	5753022800	4530502	73746	12984655	5632462700	127622	1485	382794	120560100
江苏	21582727	176977	53102328	16944968200	11992510	107675	27855634	11127527000	9590217	69302	25246694	5817441200
浙江	17514738	163917	41647770	15576591300	14769573	140714	34233576	13971827000	2745165	23203	7414194	1604764300
安徽	13890255	82650	35613869	7867798600	5505827	43789	13412691	3903112500	8384428	38861	22201178	3964686100
福建	9280569	73708	19810070	5067260000	4681133	39335	10223563	2442580000	4599436	34373	9586507	2624680000
江西	12406349	59693	22672830	6123686500	5892648	33022	10556748	2942240200	6513701	26671	12116082	3181446300
山东	28622606	269559	66358296	18536254100	19628872	197396	44572840	13935069200	8993734	72163	21785456	4601184900
河南	31114432	185294	90791583	15486487600	13333982	92181	36854649	8119224000	17780450	93113	53936934	7367263600

续表

分类 地区	总计				城镇				农村			
	校舍建筑面积（平方米）	计算机台数（台）	图书册数（册）	固定资产总值（元）	校舍建筑面积（平方米）	计算机台数（台）	图书册数（册）	固定资产总值（元）	校舍建筑面积（平方米）	计算机台数（台）	图书册数（册）	固定资产总值（元）
湖北	22057984	122367	42161650	10720783600	8445963	56350	16622876	4985847800	13612021	66017	25538774	5734935800
湖南	22310826	148478	55234480	11084852200	9919302	67361	23247675	4799130500	12391524	81117	31986805	6285721700
广东	30463998	265035	76800866	25694814900	21997859	191689	55177601	19125495600	8466139	73346	21623265	6569319300
广西	15894494	81238	26078662	7406259600	10842703	62361	18059253	5313515600	5051791	18877	8019409	2092744000
海南	2225102	15608	4261866	2010236900	1402266	9656	2645291	1018371600	822836	5952	1616575	991865300
重庆	7418242	52662	9289359	4139028800	2377578	17755	2821468	1877244600	5040664	34907	6467891	2261784200
四川	18367970	137462	28302591	9000448300	8518592	60373	11903935	4872391200	9849378	77089	16398656	4128057100
贵州	8093463	72414	19880967	3842179600	4363649	39465	10472680	2113492600	3729814	32949	9408287	1728687000
云南	11204328	38555	16978567	5829005700	4528388	19606	7250526	2572312900	6675940	18949	9728041	3256692800
西藏	1222719	3654	1419995	1381896300	1205536	3635	1414325	1365056600	17183	19	5670	16839700
陕西	9722732	91568	29486007	5258131300	2537598	27619	7360060	1695139300	7185134	63949	22125947	3562992000
甘肃	4652174	44201	10808693	3218144900	1569931	15963	3471543	964133300	3082243	28238	7337150	2254011600
青海	858177	9139	1722472	447162700	310452	4073	632135	212361700	547725	5066	1090337	234801000
宁夏	1331538	15289	2976234	809656300	719630	9499	1621673	456586900	611908	5790	1354561	353069400
新疆	4726270	42060	9585555	3088196900	1549134	15760	2845099	1172913700	3177136	26300	6740456	1915283200

注：表格中“城镇”部分数据为年鉴中原始数据的“城市”与“县镇”两部分数据之和。

资料来源：根据《中国教育统计年鉴》2003—2006 年中的数据整理而得。

附表30　2004年全国分地区普通初中办学条件统计表

分类 地区	总计				城镇				农村			
	校舍建筑面积（平方米）	计算机台数（台）	图书册数（册）	固定资产总值（元）	校舍建筑面积（平方米）	计算机台数（台）	图书册数（册）	固定资产总值（元）	校舍建筑面积（平方米）	计算机台数（台）	图书册数（册）	固定资产总值（元）
全国	349983624	2453378	850951211	211085040500	178603008	1435934	418748054	125754554500	171380616	1017444	432203157	85330486000
北京	2704013	26265	9521041	2234163300	2105580	21058	7273281	1690941700	598433	5207	2247760	543221600
天津	1942382	20476	5221947	1344618900	1421612	14811	3583206	878619100	520770	5665	1638741	465999800
河北	19429962	172642	86281837	12819486100	10240612	94361	40303944	7565399800	9189350	78281	45977893	5254086300
山西	9615720	59350	24014954	5708777300	3934337	26806	9270184	2324844300	5681383	32544	14744770	3383933000
内蒙古	5481816	35146	13668106	2744695700	3405558	24834	8953390	1850316100	2076258	10312	4714716	894379600
辽宁	8932146	86686	22032427	5515120000	4755685	51226	11475709	3467750000	4176461	35460	10556718	2047370000
吉林	5333986	58305	15763956	4464550300	3674949	41680	9928689	3779710100	1659037	16625	5835267	684840200
黑龙江	8678256	83195	19498393	5533805700	4125093	45599	7693278	3341880400	4553163	37596	11805115	2191925300
上海	4558008	66832	13207556	5729113900	3368160	65541	12821031	5635772600	118948	1291	386525	93341300
江苏	20379135	149802	50781378	15344385400	8216009	70904	18185433	8309730800	12163126	78898	32595945	7034654600
浙江	16796523	140946	39898715	13786476200	14273013	121722	33540334	12384844700	2523510	19224	6358381	1401631500
安徽	13275243	65673	34732736	6665456000	4674100	36609	11557872	3027691200	8601143	29064	23174864	3637764800
福建	9210017	66826	18597533	4409170000	4586187	34911	9174756	2295500000	4623830	31915	9422777	2113670000
江西	11835259	54604	22114176	4615806800	5967199	30926	10797033	2286590800	5868060	23678	11317143	2329216000
山东	28068103	236810	65906369	17021131000	19597487	175467	44664044	12933624600	8470616	61343	21242325	4087506400
河南	30497047	160953	93069618	14599991900	12603532	80691	35959929	7097601800	17893515	80262	57109689	7502390100

续表

分类 地区	总计				城镇				农村			
	校舍建筑面积（平方米）	计算机台数（台）	图书册数（册）	固定资产总值（元）	校舍建筑面积（平方米）	计算机台数（台）	图书册数（册）	固定资产总值（元）	校舍建筑面积（平方米）	计算机台数（台）	图书册数（册）	固定资产总值（元）
湖北	21770245	105237	41776398	11713239600	9164840	57515	18472822	4855216800	12605405	47722	23303576	6858022800
湖南	21957460	135637	54381779	11252505000	9541214	59923	23163567	6104345800	12416246	75714	31218212	5148159200
广东	28182586	227960	69992631	22290290300	16690667	143983	40412168	14400464100	11491919	83977	29580463	7889826200
广西	15522325	71074	24927948	6810168400	10309812	56029	16928137	4657714300	5212513	15045	7999811	2152454100
海南	2054395	12679	3809233	1442355900	1257879	7868	2372075	835648000	796516	4811	1437158	606707900
重庆	7033706	48852	8718546	3849745500	1681170	13286	1908586	1830087800	5352536	35566	6809960	2019657700
四川	17769499	118166	27666145	9645051700	7105526	47455	9925952	5246168400	10663973	70711	17740193	4398883300
贵州	7140606	61591	16955860	3281175500	3866039	35995	9135935	1821821600	3274567	25596	7819925	1459353900
云南	10733596	25381	16749795	5430099400	3983150	13821	6705817	2266360100	6750446	11560	10043978	3163739300
西藏	1007599	2825	929804	1158061800	1003492	2806	923724	1155708800	4107	19	6080	2353000
陕西	9218786	77431	27278404	5005594300	2136691	22116	5955242	1328250700	7082095	55315	21323162	3677343600
甘肃	4388702	33871	10354670	2791004000	1385005	12984	3124191	818517600	3003697	20887	7230479	1972486400
青海	845986	5968	1602108	405081200	370855	2971	602780	208433700	475131	2997	999328	196647500
宁夏	1184534	12513	2639765	784989200	624534	8022	1351779	402306300	560000	4491	1287986	382682900
新疆	4435983	29682	8857383	2688930200	1462131	14014	2583166	952692500	2973852	15668	6274217	1736237700

注：表格中“城镇”部分数据为年鉴中原始数据的“城市”与“县镇”两部分数据之和。

资料来源：根据《中国教育统计年鉴》2003—2006 年中的数据整理而得。

附表 31　2003 年全国分地区普通初中办学条件统计表

分类 / 地区	总计				城镇				农村			
	校舍建筑面积（平方米）	计算机台数（台）	图书册数（册）	固定资产总值（元）	校舍建筑面积（平方米）	计算机台数（台）	图书册数（册）	固定资产总值（元）	校舍建筑面积（平方米）	计算机台数（台）	图书册数（册）	固定资产总值（元）
全国	334730429	2118469	820437062	204292050000	176070506	1278778	413286954	120836180000	158659923	839691	407150108	83455870000
北京	2643664	23615	9904407	1942085000	2029697	18621	7556753	1535835600	613967	4994	2347654	406249400
天津	1872463	18773	5646027	1215654000	1362381	13754	3956774	784436200	510082	5019	1689253	431217800
河北	18762013	157124	83962072	12932690000	9768125	83649	38162234	6091615000	8993888	73475	45799838	6841075000
山西	9127936	51787	23613095	4682593000	3999330	25494	9849845	2127566000	5128606	26293	13763250	2555027000
内蒙古	5129934	33227	12918433	2427062000	3158110	22918	8601254	1612569600	1971824	10309	4317179	814492400
辽宁	8863296	78131	21207543	5065720000	4821959	46295	11027890	3263480000	4041337	31836	10179653	1802240000
吉林	5119615	52050	15875666	4022925000	3441764	37052	9940271	3334103900	1677851	14998	5935395	688821100
黑龙江	8449585	75918	19357693	6510526000	4074101	41926	7701581	3753036000	4375484	33992	11656112	2757490000
上海	4358336	55772	12873681	5534994000	4216146	54475	12432772	5421144500	142190	1297	440909	113849500
江苏	18891408	125879	49183325	14425200000	7033355	57780	16224859	6599698000	11858053	68099	32958466	7825502000
浙江	15617473	113723	37764360	12231390000	14219651	104877	34586398	11576757100	1397822	8846	3177962	654632900
安徽	12305669	47219	33448656	6416581000	4275739	28186	11342812	2698704000	8029930	19033	22105844	3717877000
福建	8926810	56800	17930677	5265660000	4534805	29825	8919087	3229590000	4392005	26975	9011590	2036070000
江西	11362145	49936	20862232	5746750000	5585421	27723	10289509	2913079000	5776724	22213	10572723	2833671000
山东	27362884	199102	64990417	15518980000	18746718	145634	43474207	11514698000	8616166	53468	21516210	4004282000
河南	29593519	150879	93037929	15215860000	12269708	75690	35552128	8405461000	17323811	75189	57485801	6810399000

续表

分类 地区	总计				城镇				农村			
	校舍建筑面积（平方米）	计算机台数（台）	图书册数（册）	固定资产总值（元）	校舍建筑面积（平方米）	计算机台数（台）	图书册数（册）	固定资产总值（元）	校舍建筑面积（平方米）	计算机台数（台）	图书册数（册）	固定资产总值（元）
湖北	21265329	93145	40828938	10830250000	9077636	51848	18726185	5070332000	12187693	41297	22102753	5759918000
湖南	21597500	121681	52607674	9441599000	9310557	52986	21871156	4053632000	12286943	68695	30736518	5387967000
广东	25916452	185807	64670358	23932290000	15135464	115649	36385838	13566800000	10780988	70158	28284520	10365490000
广西	15146533	60516	23297341	6142280000	9928911	48570	15673151	4227803000	5217622	11946	7624190	1914477000
海南	1900400	9875	3424208	1377706000	1157178	6245	2088267	802075200	743222	3630	1335941	575630800
重庆	6785241	47323	8679100	4823367000	5055255	36447	6334877	4064358300	1729986	10876	2344223	759008700
四川	17201536	107640	26957629	8131044000	8108670	49888	11561413	4686461000	9092866	57752	15396216	3444583000
贵州	6300833	42995	13331377	2611066000	3479470	27003	7237493	1548010000	2821363	15992	6093884	1063056000
云南	10492853	18577	16337712	5063997000	3882741	10787	6602248	2063823000	6610112	7790	9735464	3000174000
西藏	708909	1635	555169	655287400	704802	1616	553169	652937400	4107	19	2000	2350000
陕西	8861749	70460	24979739	4754554000	3249528	32353	9564411	1793505000	5612221	38107	15415328	2961049000
甘肃	4144809	29524	9856319	3139369000	1254718	11356	2933835	1211562000	2890091	18168	6922484	1927807000
青海	765979	5166	1419178	383894500	326778	2489	492165	184568200	439201	2677	927013	199326300
宁夏	1112344	10779	2397186	1524790000	534495	6926	1182356	1300901000	577849	3853	1214830	223889000
新疆	4143212	23411	8518921	2325879000	1327293	10716	2462016	747631000	2815919	12695	6056905	1578248000

注：表格中“城镇”部分数据为年鉴中原始数据的“城市”与“县镇”两部分数据之和。

资料来源：根据《中国教育统计年鉴》2003—2006 年中的数据整理而得。

附表 32　2006 年全国分地区普通高中办学条件统计表

地区＼分类	总计				城镇				农村			
	校舍建筑面积（平方米）	计算机台数（台）	图书册数（册）	固定资产总值（元）	校舍建筑面积（平方米）	计算机台数（台）	图书册数（册）	固定资产总值（元）	校舍建筑面积（平方米）	计算机台数（台）	图书册数（册）	固定资产总值（元）
全国	365021674	2660502	566177258	327209366400	330421581	2440070	514555379	302279043400	34600093	220432	51621879	24930323000
北京	6826130	90842	15735077	9529764600	6395843	85869	14989445	9135110200	430287	4973	745632	394654400
天津	3707727	42157	6715448	3833811100	3415863	40215	6539171	3203624400	291864	1942	176277	630186700
河北	19224647	137725	26912607	14929284900	17348115	126132	24478561	13685407000	1876532	11593	2434046	1243877900
山西	10993388	75526	15778064	9375499700	10128607	70144	14851867	8808558000	864781	5382	926197	566941700
内蒙古	6190983	44506	8817466	4615798600	6012817	43433	8594439	4515465100	178166	1073	223027	100333500
辽宁	8628885	78566	13454944	8529190000	8104607	74013	12924485	8178790000	524278	4553	530459	350400000
吉林	5139049	47933	8473084	5164575200	4975836	46482	8100069	5062780600	163213	1451	373015	101794600
黑龙江	6545721	61974	8799235	6427272600	5818207	55943	7700148	5944878100	727514	6031	1099087	482394500
上海	6274986	87858	12825491	10303572100	6238734	87535	12759127	10256715100	36252	323	66364	46857000
江苏	26658491	209985	43934529	30204924300	22737837	185646	36880594	27075703900	3920654	24339	7053935	3129220400
浙江	18616749	146468	30075836	22356497800	18018439	142701	29197908	21808121200	598310	3767	877928	548376600
安徽	15735765	120275	25488417	14376893600	13150260	101862	21606923	12865216100	2585505	18413	3881494	1511677500
福建	14680778	113136	32604342	12881060000	12940231	101818	28822004	11561140000	1740547	11318	3782338	1319920000
江西	12944213	74869	16608370	8349089300	11415703	68125	15002987	7621730900	1528510	6744	1605383	727358400
山东	26060904	175926	31859239	23513318500	23896041	164768	29740926	21287701500	2164863	11158	2118313	2225617000
河南	22793236	117041	30973855	16719417600	21212065	109743	29109019	15820221700	1581171	7298	1864836	899195900

续表

分类 地区	总计				城镇				农村			
	校舍建筑面积（平方米）	计算机台数（台）	图书册数（册）	固定资产总值（元）	校舍建筑面积（平方米）	计算机台数（台）	图书册数（册）	固定资产总值（元）	校舍建筑面积（平方米）	计算机台数（台）	图书册数（册）	固定资产总值（元）
湖北	16850344	80970	19376742	13010808000	15016772	72809	17495389	12008266300	1833572	8161	1881353	1002541700
湖南	20613157	128941	27143337	16568604600	17443892	110094	23490363	14590250500	3169265	18847	3652974	1978354100
广东	30751148	239689	63500483	30522193500	27516013	218708	56917233	27168607000	3235135	20981	6583250	3353586500
广西	11359732	69016	18588112	6320603700	11228771	68492	18414032	6286676000	130961	524	174080	33927700
海南	2726628	17149	3380724	2643942700	2482585	15410	3046416	2436136500	244043	1739	334308	207806200
重庆	9055899	52137	9139028	7817943000	8187021	47570	8132097	7341271900	868878	4567	1006931	476671100
四川	21184881	114256	27730954	16464678400	20686960	111340	27037825	16031732000	497921	2916	693129	432946400
贵州	6331500	46769	11702243	4299856400	5806016	43613	10936420	3999851000	525484	3156	765823	300005400
云南	8401622	54811	11578017	7014474300	7963128	52093	11062119	6738211800	438494	2718	515898	276262500
西藏	1003803	3841	1150185	1111658500	1003803	3841	1150185	1111658500	0	0	0	0
陕西	9944702	87038	18998448	8178874900	7386148	68356	14266927	6712073400	2558554	18682	4731521	1466801500
甘肃	6350388	57934	11201211	4847174800	5777733	53159	10235047	4505387300	572655	4775	966164	341787500
青海	1455895	14360	2404818	946273600	1225355	11991	2055845	834316800	230540	2369	348973	111956800
宁夏	1753000	15327	2323507	1784377200	1657518	14449	2159810	1729014100	95482	878	163697	55363100
新疆	6217323	53477	8903445	4567932900	5230661	43716	6857998	3954427600	986662	9761	2045447	613505300

注：表格中“城镇”部分数据为年鉴中原始数据的“城市”与“县镇”两部分数据之和。

资料来源：根据《中国教育统计年鉴》2003—2006 年中的数据整理而得。

附表 33　2005 年全国分地区普通高中办学条件统计表

分类 地区	总计				城镇				农村			
	校舍建筑面积（平方米）	计算机台数（台）	图书册数（册）	固定资产总值（元）	校舍建筑面积（平方米）	计算机台数（台）	图书册数（册）	固定资产总值（元）	校舍建筑面积（平方米）	计算机台数（台）	图书册数（册）	固定资产总值（元）
全国	331337081	2419038	526657527	287390723000	299639874	2219781	477820372	265652869700	31697207	199257	48837155	21737853300
北京	6517577	76743	14935401	8611751100	6134674	73303	14211232	8311517900	382903	3440	724169	300233200
天津	3489829	38868	6308691	3334818400	3235604	37293	6135257	2740070300	254225	1575	173434	594748100
河北	17304152	122458	25753150	13471144300	16074061	115210	23777085	12778987200	1230091	7248	1976065	692157100
山西	9875912	66201	15309132	8528036000	9103147	61544	14513914	8034677200	772765	4657	795218	493358800
内蒙古	5575851	38504	8447097	3740472700	5391669	37339	8121186	3622879800	184182	1165	325911	117592900
辽宁	8105392	72751	12411013	7693270000	7581298	69365	11995377	7331580000	524094	3386	415636	361690000
吉林	4758544	45223	7790905	5150821000	4639241	44324	7535936	5071596000	119303	899	254969	79225000
黑龙江	5966219	56249	8331831	6865687100	5370374	51072	7319766	6481935000	595845	5177	1012065	383752100
上海	6100296	81897	12997679	8728750800	6030424	81131	12861566	8669792800	69872	766	136113	58958000
江苏	25063230	194458	43289415	27153827700	21429666	171713	36004207	24474034300	3633564	22745	7285208	2679793400
浙江	17401044	134340	28404176	19257090500	17091200	132761	27991255	19036581300	309844	1579	412921	220509200
安徽	13720049	108219	23436915	11506228400	11614298	93267	19993669	10513860400	2105751	14952	3443246	992368000
福建	12962199	101462	29783774	10303670000	11948120	94927	27651134	9545630000	1014079	6535	2132640	758040000
江西	12502423	68807	15128772	8076885000	11370189	64016	13898805	7287585300	1132234	4791	1229967	789299700
山东	24848836	168537	30659128	22515172500	23696909	162459	29217628	21439550900	1151927	6078	1441500	1075621600
河南	19321632	103109	26536994	13621462300	17770238	96258	24765935	12547489800	1551394	6851	1771059	1073972500

续表

分类/地区	总计				城镇				农村			
	校舍建筑面积（平方米）	计算机台数（台）	图书册数（册）	固定资产总值（元）	校舍建筑面积（平方米）	计算机台数（台）	图书册数（册）	固定资产总值（元）	校舍建筑面积（平方米）	计算机台数（台）	图书册数（册）	固定资产总值（元）
湖北	15396121	74362	17293058	11777249000	13599552	66693	15336966	10679089000	1796569	7669	1956092	1098160000
湖南	19015548	122071	25790664	14058400300	16485451	107404	22859682	12678674100	2530097	14667	2930982	1379726200
广东	27059958	216084	57008169	26969743000	23742726	192867	49875999	23485056500	3317232	23217	7132170	3484686500
广西	9810820	62136	16706964	5477367900	9633005	61421	16429174	5419240300	177815	715	277790	58127600
海南	2234966	14658	2871838	2738373500	2020538	13101	2581677	2575914300	214428	1557	290161	162459200
重庆	7855803	49440	8281674	6465138300	5529173	35176	5766796	5238854600	2326630	14264	2514878	1226283700
四川	19542316	105028	25568900	14096402200	18315848	98404	24137680	13379594200	1226468	6624	1431220	716808000
贵州	5554685	42436	10156389	3718535100	5072313	39269	9412564	3382876200	482372	3167	743825	335658900
云南	7532104	45823	12131850	5729973400	6906885	42217	11429442	5318571400	625219	3606	702408	411402000
西藏	499219	2372	473082	734141700	499219	2372	473082	734141700	0	0	0	0
陕西	8975470	79686	17815827	6948810200	6669729	62631	13573258	5716995000	2305741	17055	4242569	1231815200
甘肃	5744906	52879	10526271	3671622800	5159622	47597	9389668	3319397000	585284	5282	1136603	352225800
青海	1390775	12585	2182715	724662500	1279914	11668	2050924	672057600	110861	917	131791	52604900
宁夏	1562677	14836	2232221	1455841800	1449568	13839	2063368	1393994300	113109	997	168853	61847500
新疆	5648528	44816	8093832	4265373500	4795219	37140	6446140	3770645300	853309	7676	1647692	494728200

注：表格中“城镇”部分数据为年鉴中原始数据的“城市”与“县镇”两部分数据之和。

资料来源：根据《中国教育统计年鉴》2003—2006 年中的数据整理而得。

附表 34　2004 年全国分地区普通高中办学条件统计表

分类 地区	总计				城镇				农村			
	校舍建筑面积（平方米）	计算机台数（台）	图书册数（册）	固定资产总值（元）	校舍建筑面积（平方米）	计算机台数（台）	图书册数（册）	固定资产总值（元）	校舍建筑面积（平方米）	计算机台数（台）	图书册数（册）	固定资产总值（元）
全国	303964972	2134739	487087208	245649466600	269089718	1925692	431377888	221535123400	34875254	209047	55709320	24114343200
北京	6257219	65588	14627384	6206205600	6129368	63955	14361087	6069240600	127851	1633	266297	136965000
天津	3166275	32623	5854747	2287117900	2930232	31228	5683443	2171952600	236043	1395	171304	115165300
河北	15754447	107656	23076961	11321556000	14574509	101084	21077363	10709485000	1179938	6572	1999598	612071000
山西	8969960	58948	14085984	6407690800	8329842	54844	13275177	5970056900	640118	4104	810807	437633900
内蒙古	5206127	35586	8443079	2972932100	5058728	34747	8204857	2913374700	147399	839	238222	59557400
辽宁	7193097	62886	10512705	5605640000	6678543	59675	10124497	5298840000	514554	3211	388208	306800000
吉林	4557005	41287	7710616	4662358500	4423322	40267	7435909	4585879500	133683	1020	274707	76479000
黑龙江	5641282	53344	7986462	6566599300	4940913	47141	6875840	6142167100	700369	6203	1110622	424432200
上海	5692937	70341	12921892	7277557200	5622302	69657	12756185	7202389200	70635	684	165707	75168000
江苏	23022917	169570	40868489	23549379000	16843854	131826	29419673	18853505900	6179063	37744	11448816	4695873100
浙江	16071360	120822	26309299	18217595800	15979534	120299	26182037	18089655500	91826	523	127262	127940300
安徽	12490459	99245	21776858	10647003200	10249959	83163	18055599	8643278700	2240500	16082	3721259	2003724500
福建	11830131	87732	28345835	8087390000	10670563	80586	25931364	7407160000	1159568	7146	2414471	680230000
江西	11354651	64466	14455419	6236530000	10388412	59974	13284314	5795416100	966239	4492	1171105	441113900
山东	23787521	156993	28516325	19413137700	22661457	150686	27193553	18311870100	1126064	6307	1322772	1101267600
河南	17461327	89105	23366855	11162127300	16197841	82933	21839008	10241797500	1263486	6172	1527847	920329800

续表

分类 地区	总计				城镇				农村			
	校舍建筑面积（平方米）	计算机台数（台）	图书册数（册）	固定资产总值（元）	校舍建筑面积（平方米）	计算机台数（台）	图书册数（册）	固定资产总值（元）	校舍建筑面积（平方米）	计算机台数（台）	图书册数（册）	固定资产总值（元）
湖北	14212395	66985	16713041	11129794400	12715354	61239	15087890	10416323700	1497041	5746	1625151	713470700
湖南	17298176	105681	23462771	11462221200	14809715	92786	20511988	10142990100	2488461	12895	2950783	1319231100
广东	24603534	187620	51842225	23278271900	19889684	158368	40975950	19067592600	4713850	29252	10866275	4210679300
广西	9145988	55978	15626423	4642660000	8811255	54825	15135532	4541121500	334733	1153	490891	101538500
海南	2054492	12728	2983496	2128604100	1889142	11776	2718848	2012459200	165350	952	264648	116144900
重庆	7233681	46313	7786674	6106568300	4710996	31583	5268686	3999894800	2522685	14730	2517988	2106673500
四川	17662417	91965	23594763	12732402800	16296101	85578	22061957	12190299900	1366316	6387	1532806	542102900
贵州	4791665	36270	8449735	2654218500	4245355	32997	7654737	2412222600	546310	3273	794998	241995900
云南	6736765	36198	9974515	4624798300	6117371	33896	9231475	4347532900	619394	2302	743040	277265400
西藏	435915	2046	337519	941220200	435915	2046	337519	941220200	0	0	0	0
陕西	8233567	68421	16158195	6327962400	6144609	53887	12488067	5322604000	2088958	14534	3670128	1005358400
甘肃	5067371	44022	9406352	3405945400	4373213	38820	8343053	2796997700	694158	5202	1063299	608947700
青海	1204918	10496	2048964	533733300	1132077	9887	1881393	507957800	72841	609	167571	25775500
宁夏	1427099	13329	2080613	1228292600	1259747	11613	1732792	1081007700	167352	1716	347821	147284900
新疆	5400274	39595	7763012	3831952800	4579816	33426	6248095	3348829300	820458	6169	1514917	483123500

注：表格中“城镇”部分数据为年鉴中原始数据的“城市”与“县镇”两部分数据之和。

资料来源：根据《中国教育统计年鉴》2003—2006 年中的数据整理而得。

附表 35　2003 年全国分地区普通高中办学条件统计表

分类 地区	总计				城镇				农村			
	校舍建筑面积（平方米）	计算机台数（台）	图书册数（册）	固定资产总值（元）	校舍建筑面积（平方米）	计算机台数（台）	图书册数（册）	固定资产总值（元）	校舍建筑面积（平方米）	计算机台数（台）	图书册数（册）	固定资产总值（元）
全国	273613355	1813251	444803404	215244390000	243703806	1651010	396502201	197036290000	29909549	162241	48301203	18208100000
北京	5968791	55789	14810748	5588838000	5796518	54168	14404814	5413995400	172273	1621	405934	174842600
天津	3001160	27664	5795969	2287072000	2796655	26370	5593785	2093921300	204505	1294	202184	193150700
河北	13744609	89206	21943097	10060400000	12640515	83881	19998635	9521278300	1104094	5325	1944462	539121700
山西	7750514	46482	11862134	5092462000	7215894	43298	11207094	4774477900	534620	3184	655040	317984100
内蒙古	4763580	32107	7816225	2838413000	4592757	30877	7506141	2751948000	170823	1230	310084	86465000
辽宁	6373913	53718	9345788	4132960000	5928213	51498	8943079	3875250000	445700	2220	402709	257710000
吉林	4032368	36291	6525519	4450025000	3919213	35429	6275238	4384355000	113155	862	250281	65670000
黑龙江	5187215	49072	7567705	6115396000	4463670	43322	6415793	5733926600	723545	5750	1151912	381469400
上海	5175834	58919	11925073	8291566000	5117950	58290	11787045	8222132000	57884	629	138028	69434000
江苏	20590835	144679	37516790	20295420000	14489250	110160	26323117	16184764000	6101585	34519	11193673	4110656000
浙江	14875608	102296	23980174	15874550000	14853698	102211	23957343	15863594100	21910	85	22831	10955900
安徽	11191742	80130	20469972	9378944000	9060155	67346	16764427	8053642000	2131587	12784	3705545	1325302000
福建	10450293	72026	25274963	7508790000	9390256	66735	23094653	7018300000	1060037	5291	2180310	490490000
江西	9963284	56110	13164713	7012981000	9019083	51369	11881188	6465536200	944201	4741	1283525	547444800
山东	21444509	132289	25282056	17043910000	20347272	126129	24211111	15961531000	1097237	6160	1070945	1082379000
河南	15036314	76615	21211668	9196877000	14032282	71789	20103162	8769078100	1004032	4826	1108506	427798900

续表

分类 地区	总计				城镇				农村			
	校舍建筑面积（平方米）	计算机台数（台）	图书册数（册）	固定资产总值（元）	校舍建筑面积（平方米）	计算机台数（台）	图书册数（册）	固定资产总值（元）	校舍建筑面积（平方米）	计算机台数（台）	图书册数（册）	固定资产总值（元）
湖北	13456058	58744	16463963	9398737000	12067666	54524	15033270	8736753500	1388392	4220	1430693	661983500
湖南	15561419	88823	21856152	9408099000	13523841	78964	19462481	8376683000	2037578	9859	2393671	1031416000
广东	22414029	162334	46039335	20642820000	17623263	137355	36566643	16943289000	4790766	24979	9472692	3699531000
广西	8616598	48112	14418323	3700507000	8312615	47185	13995915	3610323200	303983	927	422408	90183800
海南	1934658	11381	2772406	1976459000	1770378	10511	2542500	1864179200	164280	870	229906	112279800
重庆	6480405	39290	7020650	4716523000	6162729	37474	6595352	4590213500	317676	1816	425298	126309500
四川	15768729	79958	20121892	11082650000	14748390	75540	19087389	10596096700	1020339	4418	1034503	486553300
贵州	4192839	30125	6836740	2469985000	3830605	27907	6182237	2302651600	362234	2218	654503	167333400
云南	6019559	27857	9649065	3511935000	5415725	25879	8852899	3236584500	603834	1978	796166	275350500
西藏	293065	1588	320313	299485800	293065	1588	320313	299485800	0	0	0	0
陕西	7431337	61653	14903033	5742944000	6085990	52375	12689037	5139475300	1345347	9278	2213996	603468700
甘肃	4409084	35065	8614232	2420961000	3800071	30818	7515371	2179092500	609013	4247	1098861	241868500
青海	1157207	8110	1817750	522393800	1096970	7671	1698192	477184800	60237	439	119558	45209000
宁夏	1278463	11969	2061967	812752200	1075548	10147	1636599	730554500	202915	1822	425368	82197700
新疆	5049336	34849	7414989	3369522000	4233569	30200	5857378	2865981300	815767	4649	1557611	503540700

注：表格中“城镇”部分数据为年鉴中原始数据的“城市”与“县镇”两部分数据之和。

资料来源：根据《中国教育统计年鉴》2003—2006 年中的数据整理而得。

后　记

本书是在我就读北京师范大学时的博士毕业论文的基础上修改而成。正是教育科学出版社“教育博士文库”的出版资助，才使该书得以出版，早日与读者见面，否则不知道该书稿会尘封到猴年马月。在此非常感谢！不管如何，三年博士积淀的成果能与大家见面总是件高兴的事情，其对我以后的研究工作也是莫大的鼓舞。在整个书稿的出版过程中，感谢“教育博士文库”的专家们对书稿提出的修改意见，使本书稿能进一步得以完善。也要特别感谢教育科学出版社的李芳女士，她对书稿的修改提出了诸多建设性的建议，有她的热情严谨、及时的帮助与沟通才使得该书稿及时修改并出版。

总觉得探索象牙塔中的高深学问是件很神秘和高尚的事情，怀着对学术的向往与追求，硕士毕业后带着这种美好的愿景，我有幸成为靳希斌先生的博士生。在恩师的帮助和指导下向着教育经济学研究的道路一路前行，尽管这条道路并不平坦，但每每这时导师总是鼓励我，使我鼓足了勇气坦然面对这一切。

记得在报考导师的博士研究生时，导师对我写了这样一段话“祝小沈同学努力奋斗，祝小沈同学奋斗成功——靳希斌”。带着导师的祝福，万分荣幸地加入了“靳门”。在这个大师门中，感觉如同家一般温暖，导师就像父亲一样，虽然话语不多，但总是随时惦记着、关心着我们这些大孩子，让我深深地感受到导师的人格魅力，原来大师就如导师这样：有慈父般的关怀与严谨的治学态度。

师母杨玉恩老师对我们这些大孩子也充满了慈母般的关爱，每次去导师家，师母总是把好吃的都摆出来让我们好好改善生活，她把学生当成自己的儿女，这让我们每次去导师家都感受到了如归家般的温暖。

感谢导师为我选了教育资源配置与教育公平方面的研究，在综合考虑后选定了基础教育资源配置公平研究这个题目，论文从选题、论文框架、写作到修改都倾注了导师大量的心血。在开题时得到了曲恒昌教授、毛祖桓教授、王玉崑教授、曲绍卫教授、栗玉香教授、胡咏梅教授的无私教诲，在众位前辈及师兄师姐的帮助指点下，使我得以匡正以前的一些不实际的研究思路，以保证论文的顺利完成。

感谢曲恒昌教授为我指点迷津，曲老师也指导我沿着某些领域及话题展开研究，使我受益匪浅。在王善迈教授开的公共部门经济学及教育经济学名著选读两门课程上也深受启发。在参加各种答辩中，也聆听和接受了张兴教授、徐中伟教授、高洪源教授、孟繁华教授、杜育红教授、李宝元教授的教导，受益颇多。

感谢国务院发展研究中心中国发展研究基金会“通用汽车·中国发展研究青年奖学金”“博士论文奖学金”2007 年度项目《基础教育资源配置公平研究》(基培字第 P02 号）及广西大学科研基金项目《中国基础教育公平——基于区域资源配置的比较视角》（XBS090164）对本研究的资助，解决了研究经费的燃眉之急。

感谢师门的李桂荣、魏真、田丽娟、胡咏梅、张素蓉、栗玉香、徐玲师姐，袁东、曲绍卫、韩洪文、田汉族、张翼、石邦宏、尹洪斌、明航师兄，王炳明、童宏宝、任川辉、邱小建、胡耀宗师弟对我的鼓励与照顾，使我在困难时总能在兄弟姐妹般的关怀与鼓舞中前进。

感谢周志发、周国华、孙德芳、孙杰、孔令帅、李伟、班建武、容中奎、张艳华、张艳敏、郑一丹、梁东荣、田小红、戴伟芬、李致、王树福、余保华、肖庆华、宋兵波、马继迁、贾琳琳、贾万刚等同学，与他们在一起感受师大的学术氛围，也受到他们智慧的碰撞，使我三年的学习生活不再单调、乏味，而是充满着欢乐与激情。

感谢我的舍友赵应生及杜瑞军，应生还为我提供了一些非常宝贵的内部资料。

感谢教育学院的陈强老师、陈纨老师、刘春荣老师以及袁慧老师，他们为我提供了学习和生活上的诸多帮助与方便。

特别感谢我的爱人谯欣怡，从小儿青缘出生至半岁多一直都是她在照顾，三年求学总是聚少离多，感谢她这三年默默的付出与支持。感谢我二姐沈友萍在这段时间也帮着照顾我小儿。

新的生活，新的开始，以后肩上的担子更重了，责任也更大了，我将谨记各位前辈和朋友及同学们的教诲，在你们的支持与关怀中继续前行。

沈有禄

2011 年 9 月 8 日于广西大学

出 版 人　所广一
责任编辑　李　芳
版式设计　孙欢欢
责任校对　张　珍
责任印制　曲凤玲

图书在版编目（CIP）数据

中国基础教育公平：基于区域资源配置的比较视角/沈有禄著.—北京：教育科学出版社，2011.12
（教育博士文库）
ISBN 978-7-5041-6035-5

Ⅰ.①中…　Ⅱ.①沈…　Ⅲ.①基础教育-教育资源-资源配置-研究-中国　Ⅳ.①G639.2

中国版本图书馆 CIP 数据核字（2011）第 187652 号

教育博士文库
中国基础教育公平——基于区域资源配置的比较视角
ZHONGGUO JICHU JIAOYU GONGPING——JIYU QUYU ZIYUAN PEIZHI DE BIJIAO SHIJIAO

出版发行	教育科学出版社		
社　　址	北京·朝阳区安慧北里安园甲 9 号	**市场部电话**	010-64989009
邮　　编	100101	**编辑部电话**	010-64989235
传　　真	010-64891796	**网　　址**	http://www.esph.com.cn

经　　销	各地新华书店		
制　　作	国民灰色图文中心		
印　　刷	保定市中画美凯印刷有限公司	**版　　次**	2011 年 12 月第 1 版
开　　本	169 毫米×239 毫米　16 开	**印　　次**	2011 年 12 月第 1 次印刷
印　　张	29	**印　　数**	1—3 000 册
字　　数	437 千	**定　　价**	58.00 元